A Reforma da Tributação das Empresas

A Reforma da Tributação das Empresas

UMA VISÃO PARA O EMPRESARIADO BRASILEIRO

2021

Coordenadores

Fabricio Alves Quirino

Luiz Cláudio Cardona Pereira

ALMEDINA

A REFORMA DA TRIBUTAÇÃO DAS EMPRESAS
UMA VISÃO PARA O EMPRESARIADO BRASILEIRO

COORDENADORES: Fabricio Alves Quirino, Luiz Cláudio Cardona Pereira

DIRETOR ALMEDINA BRASIL: Rodrigo Mentz
EDITORA JURÍDICA: Manuella Santos de Castro
EDITOR DE DESENVOLVIMENTO: Aurélio Cesar Nogueira
ASSISTENTES EDITORIAIS: Isabela Leite e Larissa Nogueira

DIAGRAMAÇÃO: Almedina
DESIGN DE CAPA: FBA

ISBN: 9786556273938
Dezembro, 2021

Dados Internacionais de Catalogação na Publicação (CIP)
(Câmara Brasileira do Livro, SP, Brasil)

A Reforma da tributação das empresas : uma visão para o empresariado brasileiro / coordenadores Fabricio Alves Quirino, Luiz Cláudio Cardona Pereira. -- São Paulo : Almedina, 2021.
Vários autores.

Bibliografia.
ISBN 978-65-5627-393-8

1. Direito empresarial - Brasil 2. Direito tributário - Brasil 3. Empresas - Tributação 4. Tributos - Leis e legislação I. Quirino, Fabricio Alves. II. Pereira, Luiz Cláudio Cardona.

21-85776 CDU-34:336.2:338.93(81)

Índices para catálogo sistemático:

1. Brasil : Empresas : Tributação : Direito tributário 34:336.2:338.93(81)

Cibele Maria Dias - Bibliotecária - CRB-8/9427

Este livro segue as regras do novo Acordo Ortográfico da Língua Portuguesa (1990).

EDITORA: Almedina Brasil
Rua José Maria Lisboa, 860, Conj.131 e 132, Jardim Paulista | 01423-001 São Paulo | Brasil
editora@almedina.com.br
www.almedina.com.br

SOBRE OS COORDENADORES

Fabricio Alves Quirino

Advogado inscrito na OAB – Ordem dos Advogados do Brasil e na OAP – Ordem dos Advogados Portugueses, com atuação na União Europeia. Pós Graduado em Corporate Finance pela Faculdade de Direito da Universidade de Lisboa. Mestrando em Direito Fiscal e Financeiro pela Faculdade de Direito da Universidade de Lisboa. Doutorando em Direito pela Universidade de Salamanca. Árbitro Suplente na CAMARB. Membro do Grupo de Trabalho para tratar da Reforma Tributária da ACMINAS – Associação Comercial do Estado de Minas Gerais.

Foi Presidente de Mesa e Associado do NELB - Núcleo de Estudo Luso-Brasileiro da Faculdade de Direito da Universidade de Lisboa. Associado do NELB - Núcleo de Estudo Luso-Brasileiro da Faculdade de Direito da Universidade de Lisboa. Sócio Fundador da ACR Advogados & Consultores Reunidos. Sócio Fundador da ACR Consultoria e Assessoria Tributária, com sede em São Paulo/SP e filiais em Belo Horizonte/MG e Nova Lima/MG.

Luiz Cláudio Cardona Pereira

Mestrando em Ciências Jurídicas pela Universidade de Lisboa. Especialista pós-graduado em Processo Civil Contemporâneo e Bacharel em Direito pela Universidade Federal de Pernambuco. Conselheiro Académico da Faculdade de Direito da Universidade de Lisboa. Presidente do Conselho de Presidentes do Núcleo de Estudo Luso-Brasileiro da Faculdade de Direito da Universidade de Lisboa e Diretor da Revista Jus Scriptum, do mesmo Núcleo. Vice-Presidente do Núcleo Acadêmico de Lisboa do IBDFAM. Sócio do escritório Cardona&Wanderley Advogados Associados. Advogado e consultor jurídico. Foi Conselheiro Pedagógico da Faculdade de Direito da Universidade de Lisboa (2019-21), Diretor (2018-19), Presidente (2019-20) e Presidente da Assembleia (2020-21) do Núcleo de Estudo Luso-Brasileiro da Faculdade de Direito da Universidade de Lisboa, Vice-Presidente do Núcleo de História do Direito também da FDUL (2020-21).

SOBRE OS AUTORES

Adriene Maria de Miranda Veras
Graduada em Direito pela Universidade Federal de Minas Gerais – UFMG. Possui especialização em Direito Tributário e cursos avançados em Direito Ambiental, Imobiliário, Constitucional, Processo Civil e Consumidor, bem como em Bioética. Foi conselheira no CARF, representando o contribuinte, de 2001 a 2015. Autora de artigos jurídicos.

Aguinaldo Ribeiro
Deputado Federal pela Paraíba, natural de Campina Grande. Está em seu terceiro mandato como Deputado Federal pelo partido Progressistas. Foi Ministro das Cidades nos anos de 2012 e 2013 e Líder do Governo na Câmara em 2017 e 2018. Atualmente, é o líder da Maioria no Congresso Nacional.

Alexandre Piquet
Bacharel em Direito pela Faculdade Milton Campos e Doutor em Direito (Juris Doctor) pela Saint Thomas University em Miami, Florida. Advogado licenciado nos EUA, especialista em Direito Internacional, Empresarial, Imigratório e Imobiliário.

Amanda Bonfim
Bacharel em Ciências Contábeis pela Faculdade de Ciências Contábeis e Administrativas Machado Sobrinho, Bacharel em Direito pelo Instituto Vianna Junior, pós-graduada pelo MBA de Gestão Financeira, Controladoria e

Auditoria da Fundação Getúlio Vargas e membro do Grupo e Estudos Técnicos Tributários do CRC/MG. Há mais de 20 anos atua como empresária, sendo sócia diretora de Globo Ético Contabilidade Com Segurança, empresa com 41 anos de mercado, sendo considerado um dos maiores escritórios de contabilidade e consultoria da região, contando com uma carteira de clientes diversificada nos ramos de indústria, comércio e serviço. Ao longo de sua carreira, especializou-se em planejamento tributário e societário, tendo realizado mais de 20.000 atendimentos a empresários e profissionais.

Bernardo Motta Monteiro
Mestrando em Economia pelo Instituto Superior de Economia e Gestão da Universidade de Lisboa. Economista pela Universidade Federal do Rio de Janeiro. Economista e Consultor independente.

Breno Ferreira Martins Vasconcelos
Pesquisador e Professor da pós-graduação da FGV Direito SP e do INSPER. Doutorando na FGV Direito SP. LL.M. em Direito Tributário pela Universidade de Bologna, Itália. Mestre em Direito Tributário pela PUC-SP. Sócio de Mannrich e Vasconcelos Advogados.

Dalmar do Espírito Santo Pimenta
Advogado Tributarista. Sócio do escritório Pimenta & Pimenta Sociedade de Advogados. Mestre em Direito Empresarial pela Faculdade de Direito Milton Campos. Especialista em Direito Processual Civil pela Pontifícia Universidade Católica do Rio Grande do Sul – PUC/RS

Especialista em Direito de Empresas pelo IBMEC Business School Diretor da Associação Comercial e Empresarial de Minas Gerais – ACMINAS.

Daniela Silveira Lara
Mestre em Direito Tributário pela FGV Direito SP. Advogada.

Eduardo Maneira
Presidente da Comissão Especial de Direito Tributário da OAB Nacional. Professor de Direito Tributário da Faculdade Nacional de Direito da UFRJ.

Fernando Daniel de Moura Fonseca
Residência Pós-Doutoral em Direito Tributário na Universidade Federal de Minas Gerais (UFMG). Mestre e Doutor em Direito Tributário pela Universidade de São Paulo (USP). Master of Laws (LL.M.) pela New York University (NYU). Especialista em Direito Tributário pela Fundação Getúlio Vargas (FGV). Advogado e Contador. Professor da Faculdade de Direito Milton Campos.

Gustavo Brigagão
Presidente nacional do Centro de Estudos das Sociedades de Advogados (CESA); presidente honorário da Associação Brasileira de Direito Financeiro (ABDF); vice-presidente do Fórum Permanente de Direito Tributário da Escola da Magistratura do Rio de Janeiro; membro do General Council da International Fiscal Association (IFA); membro do Conselho de Administração da Câmara Britânica (BRITCHAM); diretor da Federação das Câmaras de Comércio do Exterior (FCCE); professor na pós-graduação de Direito Tributário da Fundação Getúlio Vargas – FGV, sócio do escritório Brigagão, Duque Estrada – Advogados.

Hélcio Honda
Advogado, Sócio fundador da sociedade Honda, Teixeira, Araujo, Rocha Advogados. Graduado em Direito pela PUC-SP, com extensão universitária pela USP em "Direito Tributário Atual" e especialista em Direito Empresarial pela Universidade Mackenzie (1989. Foi juiz do Tribunal de Impostos e Taxas do Estado de São Paulo (de 2004 a 2008). Diretor titular do Departamento Jurídico da FIESP e CIESP, Vice-Presidente do Conselho Superior de Assuntos Jurídicos e Legislativos (Conjur) da Fiesp; conselheiro do Conselho Superior da Câmara de Conciliação Mediação e Arbitragem da Fiesp/Ciesp; Conselheiro efetivo do Conselho Superior de Direito da Fecomércio SP e Presidente da Comissão Especial De Direito Tributário Da OAB SP em 2016. Reconhecido pelos serviços prestados à Força Aérea Brasileira com a medalha "Mérito Santos Dumont" (Portaria 798/SCGC de 31.5.17. Recebeu ainda a Láurea de Reconhecimento pelos serviços prestados a advocacia em 2018 pela OAB SP. Agraciado com a Comenda do Círculo Militar de São Paulo com a Ordem do Mérito Circulista, no grau de Oficial em 2020. Concluiu

seminário e curso de inverno na Universidade de Paris I Panthéon – Sorbonne (2011). Participou dos cursos "Executive seminar in global advocacy and international lobbyng na George Washington University (2018)" e "Washington and the World: leadership lessons from Washington na Georgetown University (2019). Vice-Presidente do InCEC (Instituto Cristão de Ensino e Cultura), braço de capacitação e assistencialismo da Igreja Batista do Povo. Certificado pela Universidade hebraica de Jerusalém no curso "The significance of the Dead Sea Scrolls: archaelogy, history, literature and religion" (2020)

José Anchieta da Silva
Advogado. Presidente da Associação Comercial e Empresarial de Minas. Presidente da Academia Mineira de Letras Jurídicas. Mestre em Direito Comercial pela Faculdade de Direito da Universidade Federal de Minas Gerais. Doutorando em Ciências jurídico-empresariais na Faculdade de Direito da Universidade de Lisboa.

José Roberto Rodrigues Afonso
Pós-doutorado em Administração Pública pela Universidade de Lisboa. Doutor em Economia pela Universidade de Campinas. Mestre em Economia pela Universidade Federal do Rio de Janeiro. Professor da Pós-Graduação do Instituto Brasileiro de Ensino e Pesquisa. Investigador do Centro de Administração e Polícias Públicas da Universidade de Lisboa. Economista e Contabilista.

Lais Khaled Porto
Doutoranda em Direito Constitucional pelo Instituto Brasileiro de Ensino e Pesquisa. Mestre em Direito Constitucional e pós-graduada em Direito Tributário e Finanças Públicas pelo Instituto Brasileiro de Ensino e Pesquisa. Professora do Instituto Brasileiro de Ensino e Pesquisa. Advogada e bacharel em Direito pela Universidade Federal do Pará.

Leonardo Andrade Rezende Alvim
Procurador (PGFN), Professor (ESDHC e Insper), Pesquisador (Insper), Doutorando (UFMG).

Luiz Flávio Paína Resende Alves
Mestrando em Taxation of Cross-Border Investiment pela University of Miami, Mestre em Direito Empresarial pelas Faculdades Milton Campos. Advogado e Consultor em tributação internacional.

Luíza Bárbara Guimarães Alves
Bacharel em Direito pela Universidade Dom Hélder Câmara. Pós-graduanda em Direito Tributário pela PUC/MINAS. Sócia do escritório de advocacia Jabour Brandão Alkmim.

Manoel Mário de Souza Barros
Advogado. Especialista em Direito Tributário e Empresarial. Professor de Direito do Agronegócio e Ciências Públicas da ESAGRO (Escola Superior do Agronegócio). Presidente da Comissão do Direito do Agronegócio da OAB/MG. Titular da CDAA/OAB Nacional, Diretor Executivo do Agronegócio da CIN (Câmara Internacional de Negócio).

Marcelo Jabour Rios
Doutor em Direito pela USP. Professor dos cursos de Pós-Graduação em Direito Tributário da PUC/MG e da Fundação Dom Cabral. Sócio fundador da Jabour Brandão Alkmim.

Maria do Carmo Cardoso
Desembargadora do Tribunal Regional Federal da 1ª Região.

Maria Raphaela Dadona Matthiesen
Especialista em Direito Tributário pela FGV Direito SP. Pesquisadora no INSPER. Advogada de Mannrich e Vasconcelos Advogados.

Misabel Abreu Machado Derzi
Doutora em Direito Tributário pela Universidade Federal de Minas Gerais (UFMG). Professora Titular de Direito Tributário e Financeiro da Universidade Federal de Minas Gerais (UFMG) e da Faculdade de Direito Milton Campos (FDMC). Presidente Honorária da Associação Brasileira de Direito Tributário (Abradt). Membro da Fondation des Finances Plubiques (Fondafip).

Paulo Honório de Castro Júnior
Graduado em Direito e Mestrando em Direito Tributário pela Universidade Federal de Minas Gerais – UFMG. Mestrando em Direito Financeiro pela Universidade de São Paulo – USP. Pós-Graduado pelo Instituto Brasileiro de Estudos Tributários – IBET. Presidente do Instituto Mineiro de Direito Tributário – IMDT. Professor de Direito Tributário e Financeiro em cursos de Pós-Graduação e de Extensão. Advogado.

Renata Souza Rocha
Advogada, sócia da sociedade Honda, Teixeira, Araujo, Rocha Advogados. Graduada em Direito pela Universidade Mackenzie, com especialização em Direito Tributário pela PUC/SP e em Direito Empresarial pela FGV/SP. Foi Conselheira do Conselho de Recursos da Previdência Social (CRPS) e do Conselho Administrativo de Recursos Fiscais (CARF) de 2008 a 2012. Membro da Comissão de Direito Tributário da OAB/SP em 2016. Mestranda em Direito Internacional pela Universidade de Toulouse – França.

Roberto Coelho Rocha
Senador da República.

Sandro de Vargas Serpa
Mestre em Economia do Setor Público pela UnB. Especialista em Direito Tributário pela Universidade Católica de Brasília (UCB). Auditor-Fiscal da Receita Federal do Brasil. Subsecretário de Tributação e Contencioso da Receita Federal do Brasil. Foi Adido Tributário e Aduaneiro junto à Embaixada do Brasil em Washington, DC, EUA.

Tathiane Piscitelli
Doutora em Direito Tributário pela USP. Professora da FGV Direito SP.

Tatiana Midori Migiyama
Bacharela em Ciências Contábeis pela Faculdade de Economia, Administração e Contabilidade da Universidade de São Paulo – FEA/USP. Bacharela em Direito pela Faculdade Metropolitanas Unidas. Pós Graduada em Direito Tributário pelo Instituto Brasileiro de Estudos Tributários – IBET/USP.

Contadora. Advogada licenciada. Conselheira Titular da 3ª Turma da Câmara Superior de Recursos Fiscais do Conselho Administrativo de Recursos Fiscais do Ministério da Economia – CARF. Vice-Presidente da 1ª Câmara da 3ª Seção do CARF. Professora em cursos de Pós-graduação lato sensu. Coautora de diversos livros técnicos.

Ex-Membro da ANBIMA – Associação Brasileira das Entidades dos Mercados Financeiro e de Capitais.

NOTA DOS AUTORES

O Livro "As Reformas da Tributação das Empresas – Uma visão para o empresariado brasileiro" é resultado do exitoso Ciclo de Palestras sobre a Reforma da Tributação das Empresas, promovido pelo NELB, Núcleo de Estudos Luso Brasileiro da Faculdade de Direito da Universidade de Lisboa, realizado ao longo do 2º semestre de 2020. A obra é formada por 21 artigos de 29 autores especialistas na área tributária e afins, resultado das discussões havidas no ciclo de palestras.

Importante frisar que os artigos dos autores foram desenvolvidos durante o 1º quadrimestre do ano de 2021, sendo que, na ocasião, não contávamos com algumas propostas de reformas tributárias que foram apresentadas nos 2º e 3º quadrimestres de 2021 no Congresso Nacional Brasileiro.

O Ciclo de Palestras, que se encontra disponível online em *youtube.com/nelblisboa*, demonstrou-se de uma atualidade ímpar. Após um ano dos primeiros encontros, os assuntos e temas debatidos, bem como as intervenções dos palestrantes, boa parte deles autores desta obra, permanecem contemporâneos e desafiadores.

Considerando a formação e atuação diversificada e especializada dos profissionais envolvidos na elaboração desse Livro, a obra foca nas propostas que iniciaram e se encontram mais avançadas em debate relativamente à tributação sobre o consumo, em especial a PEC 110/2019, que iniciou no Senado Federal; a PEC 45/2019, que iniciou na Câmara dos Deputados, e o Projeto de Lei 3.887/2020, em tramitação na Câmara dos Deputados. Contudo, há artigos sobre as matrizes da Renda e do Patrimônio, dentre outros assuntos relacionados com a tributação nacional e com a tributação internacional.

A obra conta com artigos de autoria de Advogados militantes e especialistas no Brasil e no Exterior, Consultores, Contadores, Procurador da Fazenda Nacional, Subsecretário da Receita Federal, Magistrados, Conselheiros do CARF, Deputado Federal e Senador da República, todos envolvidos nas mais diversas áreas do pensamento jurídico e fases do processo legislativo, e por isso o livro é uma contribuição de peso para parlamentares, magistrados, conselheiros, professores, estudantes de direito da licenciatura e dos cursos de mestrados, doutorados e pós-graduações, auditores e técnicos das receitas federal, estaduais e municipais, advogados, economistas, contadores, e principalmente aos mais diversos segmentos do empresariado brasileiro, além dos estrangeiros que pretendem conhecer melhor e investir no Brasil, todos a quem dedicamos o livro.

Convidamos o leitor a desfrutar desses artigos para que possamos, com as reflexões de todos os atores desse processo, contribuir de uma forma significativa para o debate do tema.

Lisboa, outubro de 2021.

FABRICIO ALVES QUIRINO
LUIZ CLÁUDIO CARDONA PEREIRA
Coordenadores

AGRADECIMENTOS

Agradecemos a Deus, nossas famílias, amigos, colegas e aos autores que contribuíram com essa obra.

À estrutura, organização e material didático, humano e corpo docente proporcionado aos alunos dos Cursos de Mestrados e Doutorados da Faculdade de Direito da Universidade de Lisboa, reconhecidamente uma das mais importantes e prestigiadas Faculdades de Direito da Europa.

Agradecemos ao NELB, Núcleo de Estudos Luso-Brasileiro da Faculdade de Direito da Universidade de Lisboa, onde dois brasileiros, um Mineiro e outro Pernambucano, puderam se conhecer e encontrar, para juntos, em parceria, desenvolverem esse trabalho que se apresenta.

Agradecemos ao Professor e Ministro Gilmar Mendes pela contribuição em prefaciar a obra.

Agradecemos ao Advogado e Senador Rodrigo Pacheco pela colaboração ao posfaciar o livro.

Agradecemos ainda à Editora Almedina pelo total apoio e aceitação na edição deste livro.

Agradecemos, por fim, à todas as entidades que contribuíram para o Ciclo de Palestras sobre a Reforma da Tributação das Empresas, promovido pelo NELB – Núcleo de Estudos Luso-Brasileiro da Faculdade de Direito da Universidade de Lisboa, realizado ao longo do 2º semestre de 2020:

- ABDF – Associação Brasileira de Direito Financeiro
- ABRADT – Associação Brasileira de Direito Tributário

- FIESP – Federação das Indústrias do Estado de São Paulo
- SICEPOT/MG – Sindicato da Indústria da Construção Pesada no Estado de Minas Gerais
- Convention & Visitors Bureau – Campos do Jordão e Região
- SINDINFOR/MG – Sindicato da Indústria de Software e da Tecnologia da Informação do Estado de Minas Gerais
- SINDESP – Sindicato das Empresas de Segurança e Vigilância do Estado de Minas Gerais
- SETRABH – Sindicato das Empresas de Transporte de Passageiros de Belo Horizonte
- SINCOVAGA/BH – Sindicato do Comércio Varejista de Gêneros Alimentícios de Belo Horizonte
- CIJF – Centro Industrial de Juiz de Fora/MG
- AMIS/MG – Associação Mineira de Supermercados
- ACIUB – Associação Comercial e Industrial de Uberlândia
- ACIPA – Associação Comercial e Industrial de Pouso Alegre
- ACIUBÁ – Associação Comercial e Industrial de Ubá
- CDL – Clube de Dirigentes Logistas de João Monlevade
- Transfácil
- FIEG – Federação das Indústrias do Estado de Goiás
- FAEG – Federação da Agricultura e Pecuária – Goiás
- SENAR – Serviço Nacional de Aprendizagem Rural – Goiás
- FEDERAMINAS – Federação das Associações Comerciais e Empresariais do Estado de Minas Gerais
- FECON/MG – Federação dos Contabilistas do Estado de Minas Gerais
- IMETPrev – Instituto Mineiro de Estudos Tributários e Previdenciários
- ACMINAS – Associação Comercial e Empresarial de Minas Gerais
- IMDT – Instituto Mineiro de Direito Tributário
- ABIH/MG – Associação Brasileira da Indústria de Hotéis de Minas Gerais
- CRC/MG – Conselho Regional de Contabilidade de Minas Gerais
- Faculdade de Sabará
- BACCF – Brazilian-American Chamber of Commerce of Flórida

PREFÁCIO

O título atinente à tributação e ao orçamento na Constituição Federal representa parcela fundamental do modelo de Estado desenhado no texto constitucional. A atividade financeira de arrecadação de receitas para atender às necessidades públicas está na base de toda e qualquer atividade estatal.

A construção do Estado Democrático de Direito, anunciado pelo art. 1º da Constituição, passa por custos e estratégias que vão além da declaração de direitos. Não há Estado Social sem que haja também Estado fiscal; são como duas faces da mesma moeda. Se todos os direitos fundamentais têm, em alguma medida, uma dimensão positiva, todos implicam custos.

O tributo, principal forma de receita pública do Estado Moderno, revelase componente fundamental de sua estrutura, bem como do modelo econômico adotado no país. A efetivação dos direitos fundamentais, declarados e assegurados na Constituição, não se faz sem o dispêndio de recursos, fato que não se limita aos direitos prestacionais. Dessa forma, o tema de tributação conectase com o próprio cerne da Constituição, os direitos e as garantias fundamentais.

Contudo, apesar dessa essencialidade, sabe-se que o nosso atual Sistema Tributário Nacional possui diversos entraves, que deflagraram um cenário de elevada litigância tributária no país, tanto no âmbito administrativo como no judicial. Some-se a isso a pulverização excessiva das competências tributárias e a heterogeneidade da legislação que hoje regulamenta os mais variados tributos, cada um com suas particularidades e competências. Há, hoje, uma grande quantidade de leis e atos normativos esparsos, que certamente tornam a tributação no Brasil algo extremamente complexo.

Esses problemas demandam soluções urgentes que visem a simplificar e racionalizar seus mecanismos de instituição, cobrança e fiscalização, a fim de se corrigir essa realidade. Dessa forma, muito se tem discutido sobre as melhores soluções para se desintrincar o atual modelo.

Nesse sentido, a reforma tributária é um tema que está na pauta prioritária do Congresso Nacional, haja vista ser quase um consenso a necessidade de se buscar, com urgência, uma solução que simplifique o nosso Sistema Tributário. No entanto, em que pese a relevância do assunto, fato é que os principais aspectos práticos das proposições ainda não foram muito bem explorados. Ainda estamos distantes de uma solução, o que torna essencial o desenvolvimento de estudos técnicos sobre todos os pontos que tocam o tema, de forma a convidar comunidade acadêmica, os operadores do direito e todos os cidadãos para o debate. Nesse particular, é de fundamental importância que se discuta os reflexos da reforma tributária para o empresariado brasileiro, uma das grandes bases da nossa economia.

Esta obra, dando continuidade ao sucesso do Ciclo de Palestras sobre *"As Reformas da Tributação das Empresas – Uma visão para o empresariado brasileiro"*, promovido pelo Núcleo de Estudos Luso Brasileiro da Faculdade de Direito da Universidade de Lisboa (NELB) em parceria com 28 Entidades Empresariais e Sindicais, compila as valiosas pesquisas dos debatedores voltadas especificamente para o tema. Este livro certamente será uma grande contribuição para os estudos sobre a reforma tributária e servirá como importante referência para os futuros trabalhos.

Desejo a todos uma ótima leitura!

GILMAR FERREIRA MENDES
Ministro do Supremo Tribunal Federal
Doutor pela Universidade de Müster, na Alemanha

SUMÁRIO

1.

CONSIDERAÇÕES A FAVOR DA ADOÇÃO DAS DIRETRIZES ESG COMO PREMISSA PARA A REFORMA TRIBUTÁRIA

Adriene Maria de Miranda Veras

Introdução

A gestão das empresas mediante "condução responsável" quanto ao meio ambiente, governança corporativa e social (ESG) tem gerados resultados positivos seja reduzindo adversidades como incrementando os ganhos.

Uma vez cientes desses resultados positivos e a necessidade urgente de acelerar o crescimento socioeconômico do Brasil, revela-se importante aproveitar o momento em que se debate uma reforma tributária para a introdução de medidas fiscais que induzam as empresas à adoção de medidas que atendam tais critérios.

A tributação, além da arrecadação de receitas para o Governo, tem importante papel na realização dos interesses públicos. Os tributos são mecanismos efetivos de indução de comportamentos, quando devidamente estudados e desenhados, seja onerando as atividades mais prejudiciais ou induzindo as mais desejadas.

Nesse contexto, o presente artigo pretende demonstrar a relevância tanto da adoção de condutas alinhados com as diretrizes ESG quanto da possibilidade de a reforma tributária vir a ser um instrumento de crescimento do país através da utilização desses critérios como princípios norteadores das alterações a serem adotadas.

Propõe-se, assim, uma revisão do papel da reforma tributária para que essa seja palco de mudança sólida e alavanca para o desenvolvimento socioeconômico do país, tendo como escopo a transparência, a ética e a segurança, fomentando a sustentabilidade em sentido amplo.

1. Desenvolvimento

1.1 Diretrizes ESG e sua relevância para o desenvolvimento socioeconômico do Brasil

Concomitante ao avanço das atividades e operações empresariais, inúmeras novas relações, com diversos escopos e complexidades, foram também se estabelecendo e gerando a necessidade de uma progressiva e constante evolução da abordagem do tratamento a elas a ser dispensado.

Houve, também, a elevação exponencial da desigualdade social, da escassez do atendimento das necessidades básicas, da poluição e do desmatamento, da discriminação de raça e gênero e várias outras consequências adversas graves, como, por exemplo, o atualmente muito debatido vazamento de dados pessoais, bem como propagação das famigeradas *fake news*.

Os governos e a sociedade organizada vêm atuando no levantamento de dados, no estudo, na regulamentação das atividades empresariais, das relações por elas implementadas e dos seus efeitos adversos, bem como na coibição das práticas reputadas danosas ou que implicam risco de dano à sociedade, a fim de assegurar o crescimento econômico, mas que esse seja sustentável, condutor de progresso social, respeitando os direitos mais comezinhos da sociedade e preservando o meio ambiente.

Como um dos resultados desses esforços, passou-se a demandar uma postura ampla e complexa das empresas pautada na "condução responsável" quanto ao meio ambiente, governança corporativa e social (ESG)[1]. Isso, não

[1] ESG: Environmental, social and corporate governance

apenas quanto às suas relações *interna corporis*, como também das suas relações com o governo, a comunidade e o espaço que impactam.

As empresas, antes responsáveis apenas pelos danos que a sua atividade diretamente causava, passaram a ser compelidas pela sociedade a antever, identificar e zelar para que, nem suas atividades nem sua cadeia de fornecedores gerem nem mesmo eventual risco de impactos adversos, aplicando as melhores práticas para assegurar a observância dos direitos humanos, trabalhistas, consumeristas e de proteção ao meio ambiente.

Nesse diapasão, em 1976, a OCDE – Organização para a Cooperação e Desenvolvimento Econômico, no âmbito da Declaração sobre Investimento Internacional e Empresas Multinacionais, apresentou uma série de diretrizes voluntárias para a condução responsável de uma empresa relacionadas a uma variedade de áreas como o emprego, relações industriais, direitos humanos, meio-ambiente, concorrência, tributação, tecnologia, combate à corrupção.[2]

Com a mesma preocupação, o secretário-geral das Nações Unidas, Kofi Annan, propôs o Pacto Global no Fórum Econômico Mundial realizado em Davos em 31 de janeiro de 1999, convocando as lideranças empresariais a se unirem para a promoção de ações e parcerias na busca de uma economia global mais sustentável e inclusiva[3].

O Pacto Global se baseia em dez princípios com abrangência nas áreas de direitos humanos, direitos do trabalho e proteção ambiental, os quais têm como referência a Declaração Universal de Direitos Humanos, a Declaração da Organização Internacional de Trabalho sobre os Princípios Fundamentais e Direitos no Trabalho e a Declaração do Rio sobre Meio Ambiente e Desenvolvimento.[4]

Em julho de 2001, foi publicado o Livro Verde da Comissão Europeia com o objetivo promover um quadro europeu para a responsabilidade social das

2 OECD (2011), OECD Guidelines for Multinational Enterprises, OECD Publishing. http://dx.doi.org/10.1787/9789264115415-en. Acessado em 06 de junho de 2021

3 Pacto Global. Disponível em www.pactoglobal.org.br/a-iniciativa. Acessado em 05 de junho de 2021.

4 Disponível em https://www.pactoglobal.org.br/10-principios. Acessado em 05 de junho de 2021

empresas e estabelece as diretrizes básicas de responsabilidade social e ambiental para as empresas europeias.[5]

Outros documentos voltados à responsabilidade social (ESG) das empresas foram produzidos pela ONU e seus órgãos, tal como um guia das medidas a serem adotadas para condução responsável do negócio[6]

O guia traz orientações práticas para a implementação das diretrizes mediante recomendações que, se adotadas, ajudam as empresas a evitar impactos adversos referentes às relações de emprego, direitos humanos, meio ambiente, corrupção, consumidores e governança corporativa.

No Brasil, o Instituto Ethos define responsabilidade social como a forma de gestão que relaciona a ética e a transparência da empresa com todos os públicos com os quais ela interage e pelo estabelecimento de metas empresariais compatíveis com o desenvolvimento sustentável da sociedade, preservando recursos ambientais e culturais para as gerações futuras, respeitando a diversidade e promovendo a redução das desigualdades sociais.[7]

Uma empresa socialmente responsável é aquela que possui a capacidade de ouvir os interesses das diferentes partes (acionistas, funcionários, prestadores de serviço, fornecedores, consumidores, comunidade, governo e meio-ambiente) e conseguir incorporá-los no planejamento de suas atividades, buscando atender às demandas de todos e não apenas dos acionistas ou proprietários.

A importância da gestão das empresas com escopo nos princípios da responsabilidade social é, portanto, evidente.

No entanto, apesar de todo o movimento em torno das questões relativas ao meio ambiente e governança corporativa e social (ESG), uma pesquisa mostra que, no Brasil, a adesão empresas tem avançado rapidamente apenas com relação às questões trabalhistas e do consumidor, o que se reputa decorrente da sua maior regulamentação, não sendo priorizadas medidas referentes a outros temas afetados à responsabilidade social, tais como o meio ambiente e governança social.

[5] European Comission. The Green Book. Promoting an european framework for corporate social responsability, Green paper (2001)

[6] OECD (2018), OECD Due Diligence Guidance for Responsible Business Conduct

[7] Instituto Ethos de Empresas e Responsabilidade Social. Conceitos básicos e indicadores da responsabilidade social empresarial. São Paulo, junho de 2007. 5ª edição. Junho de 2011

Segundo estudos feitos pela Akatu, cujos resultados foram apresentados no relatório sobre Práticas e Perspectivas da Responsabilidade Social Empresarial no Brasil, apenas "21% das empresas da amostra principal têm entre 0 e 12 práticas de RSE implementadas, 29% possuem entre 13 e 22 práticas, 30% têm de 23 a 33 e 20% declaram adesão a 34 ou mais práticas, de um total de 56 práticas avaliadas." [8]

As ações mais frequentemente implementadas pelas empresas que compuseram a amostra principal dizem respeito à utilização dos dados cadastrais dos clientes ou consumidores somente com sua prévia autorização (73% têm ações implementadas) e assegurar aos trabalhadores uma remuneração que garanta um nível de vida adequado para eles e suas famílias (72%).

Outra pesquisa da Akatu[9] aponta que o consumidor brasileiro em relação à responsabilidade social, é menos engajado na hora de " premiar" (comprar os produtos ou falar bem) e " punir" (evitar os produtos ou falar mal) as empresas como resposta ao nível de responsabilidade socioambiental.

Denota-se, assim, que há ainda um grande desligamento dos consumidores brasileiros com relação à responsabilidade social, o que ajuda a explicar a baixa adesão das empresas às práticas atinentes.

Voltando aos resultados da pesquisa apresentada pela Akatu acerca das "Práticas e Perspectivas da Responsabilidade Social Empresarial no Brasil", tem-se, ainda, que, dentre as poucas empresas que efetivamente adotam práticas de responsabilidade social, as grandes empresas representam percentual bem maior que as empresas de pequeno porte, de maior número no Brasil, vez que detêm recursos suficientes para influenciar o ambiente e impor regras para a realização dos negócios de acordo com princípios da responsabilidade social.

A implementação de medidas atentas ao meio ambiente e à governança corporativa e social (ESG) deve ser incentivada e implementada por todas as

[8] Akatu. Práticas e Perspectivas da Responsabilidade Social Empresarial no Brasil. Disponível em https://akatu.org.br/pesquisa-akatu-mostra-maior-adesao-das-empresas-as-praticas-de-sustentabilidade/ Acessado em 05 de junho 2021.

[9] Akatu. Panorama do Consumo Consciente no Brasil: desafios barreias e motivações. Disponível em https://akatu.org.br/pesquisa-akatu-2018-traca-panorama-do-consumo-consciente-no-brasil/. Acessado em 05 de junho de 2021

empresas, considerando sempre as respectivas características, com o envolvimento de toda a sociedade, pois sua repercussão é bastante positiva.

Pesquisas da Ernest Young[10] mostram que um crescente número de investidores e administradores de fundos está apoiando e direcionando os seus recursos para empresas que demonstram de forma proativas terem consciência ambiental, ética e cidadã, evitando, de outro lado, aqueles que parecem ignorar tais assuntos. E isso não decorre apenas do engajamento cada vez maior em causas dessa natureza. Pesquisas igualmente mostram que essas empresas apresentam menor risco de impactos adversos e, por consequência, os investimentos, na esteira, a médio e longo prazo também apresentam menor risco.

Um exemplo recente é a carta anual para CEOs da BlackRock, a maior gestora de investimentos do mundo. Foram anunciadas uma série de iniciativas para colocar a prática de investimentos sustentáveis no centro da construção de carteiras e da gestão de risco. Uma mensagem clara de que removeriam os seus investimentos em empresas com alto risco ambiental.[11]

Além disso, são constantes as notícias que mostram que a tendência à maior consciência e exigência pelos consumidores, preferindo adquirir produtos e serviços de empresas engajadas.

Uma pesquisa global da Nielsen Company[12] constatou que os consumidores estão cada vez mais dispostos a pagar mais por produtos sustentáveis. Dos entrevistados, 66% disseram estar dispostos a pagar mais por produtos e serviços que vêm de empresas que estão comprometidas com um impacto social e ambiental positivo, acima dos 55% em 2014 e 50% em 2013.

O mesmo ocorre com relação à mão de obra. A crescente conscientização dos jovens os tem levado a optar por trabalhar em empresas que "fazem a diferença" e, especialmente as que estão atentas à inclusão social e diversidade.

No cenário internacional, não é de hoje que a Europa vem pressionando os países com que se relaciona economicamente, especialmente o Brasil, para a preservação ambiental, o que tende a se acirrar.

[10] Ernerst Young. Disponível em https://www.ey.com/en_gl/assurance/does-nonfinancial-reporting-tell-value-creation-story. Acessado em 05 de junho de 2021.

[11] BlackRock. Carta Anual de Larry Fink a CEOs de 2019. Disponivel em https://www.blackrock.com/br/2019-larry-fink-carta-ceo. Acessado em 05 de junho de 2021

[12] The Nielsen Company. The Sustainability Imperative. New insights on consumers expectations. October 2015.

Observe-se que o Plano de Recuperação da União Europeia para o pós-covid está estritamente articulado com as estratégias estruturais de crescimento de longo prazo consubstanciadas no Pacto Ecológico Europeu (Green Deal) e no Plano de Transformação Digital.[13]

O Pacto Ecológico Europeu é um conjunto de iniciativas políticas da Comissão Europeia com o objetivo abrangente de tornar a Europa neutra em termos climáticos em 2050. Prevê metas de redução das emissões de gases com efeito de estufa até 2030 para, pelo menos, 50% e para 55% dos níveis de 1990. É a estratégia de crescimento de longo prazo da Europa.

Conforme explica a Carta IEDI Edição 1039, os investimentos europeus, tanto públicos quanto privados, devem necessariamente direcionar para atividades que não causam danos ambientais:

> Em consonância com Pacto Ecológico, os investimentos públicos e privados na recuperação da economia financiados com os recursos do Fundo Next Generation EU devem respeitar o juramento verde de "não causar danos". As prioridades identificadas no Semestre Europeu, os Planos Nacionais de Energia e Alterações Climáticas (NECP) e os Planos de Transição Justa deverão orientar estes investimentos.
> Os investimentos ecologicamente sustentáveis serão apoiados por 25% do orçamento da UE consagrados aos investimentos climáticos e também pelo financiamento adicional para o Horizonte Europa, refletindo o papel crucial da pesquisa e inovação na mudança para um ambiente limpo, economia circular, competitiva e neutra para o clima." [14]

ESG é, por conseguinte, o novo normal para os negócios e finanças e o é para todos, tanto para as grandes como para as pequenas empresas. A sua consideração deve ser premissa em qualquer política pública como na gestão de qualquer empresa seja qual for o seu tamanho. Do contrário, não haverá crescimento e sim a exclusão do mercado.

13 Disponível em https://www.consilium.europa.eu/pt/meetings/european-council/2020/07/17-21/. Acessado em 05 de junho de 2021.

14 Instituto de Estudos para o Desenvolvimento Industria – IEDI – https://iedi.org.br/cartas/carta_iedi_n_1039.html. Acesso em 01/06/2021.

Ciente desses resultados positivos que a implementação das práticas atreladas a questões relativas ao meio ambiente e à governança corporativa e social produz e da necessidade urgente de acelerar o crescimento socioeconômico do Brasil, mostra-se imperioso aproveitar o momento em que se debate uma reforma tributária para a introdução de medidas fiscais que induzam as empresas a adotá-las.

1.2 Complexidade da implantação de medidas atreladas às diretrizes ESG pelas empresas

Chama-se atenção que a "conduta responsável" que aqui se trata, que atenda às diretrizes ESG, não é aquela que impõe a adoção de medidas para evitar a ocorrência de danos diretos a terceiros ou ao meio ambiente e, com isso, afasta a sua responsabilidade civil, administrativa ou penal.

Igualmente não se está tratando apenas de *compliance*, cujo foco é o cumprimento das normas legais e regulamentares, das políticas e diretrizes estabelecidas para o negócio e para as atividades da empresa, a fim de evitar, detectar e tratar quaisquer desvios ou inconformidades que possam ocorrer.

A conduta responsável de acordo com as diretrizes ESG e que importa em crescimento socioeconômico é um conjunto de práticas que demandam uma atuação proativa, completa, eficiente e sensível aos efeitos que sua atividade econômica e sua cadeia de suprimento produzem a terceiros no que toca ao meio ambiente, progresso social e governança.

O alvo do sistema de gerenciamento não é mais evitar a ocorrência do dano, mas eventual risco de qualquer impacto adverso na comunidade e no meio ambiente. O espectro da atuação que se demanda das empresas para que a sua condução das atividades possa ser considerada responsável, portanto, é bem maior e mais complexo.

A adoção de práticas de responsabilidade social vai muito além daquele dever de boa administração previsto no art. 153 da Lei das S/A, segundo o qual o administrador da empresa deve empregar cuidado e diligência "que todo homem ativo e probo costuma empregar na administração dos seus próprios negócios".

O agir de forma responsável, sustentável, atendendo as diretrizes ESG ultrapassa, e muito, os liames da responsabilidade civil decorrente da ocorrência de um dano a terceiro que deve ser ressarcido. Isso pois, a empresa a eles comprometida, deve trabalhar em contínuo processo de identificação, prevenção, cessação e mitigação do risco de um eventual impacto adverso das suas atividades e cadeia de fornecedores, bem como dedica-se a medidas proativas para a concretização dos pilares, tais como os seguintes exemplos[15]:

E	S	G
Ambiental	**Social**	**Governança Corporativa**
• Pegada de Carbono	• Condições de trabalho	• Estrutura da diretoria
• Emissões tóxicas	• Segurança do produto	• Auditoria
• Gestão de resíduos	• Qualidade do produto	• Ética nos negócios
• Fonte da matéria prima	• Saúde & Segurança	• Corrupção
• Consumo de água	• Segurança química	• Solidez financeira
• Biodiversidade	• Capital humano	• Controle acionário
• Financiamento sustentável	• Nutrição	• Independência do conselho
• Energia renovável		• Diversidade do conselho
• Manejo da terra		Direitos dos acionistas

Vale dizer, as empresas devem ter a iniciativa na adoção de medidas e práticas que assegurem não apenas que a legislação seja atendida em todos os seus aspectos (*compliance*), mas também sua atividade não impacte negativamente (ocorrência de ocorrências adversas) na região em que instaladas e aos seus empregados, prestadores de serviços e fornecedores, mitigando problemas, como os trabalhistas, consumidores, meio ambiente e a corrupção.

Sobressai, do exposto, a complexidade desse processo de identificação e da tomada de medidas de responsabilidade social. Evidencia-se, também, a amplitude do espectro dessas medidas que envolvem matérias de toda a ordem (meio ambiente, trabalhista, governança corporativa, direitos humanos, concorrência, tributação, tecnologia e combate à corrupção).

Tanto a complexidade do processo como a amplitude das medidas, especialmente para as empresas cujos recursos humanos e financeiros são escassos, certamente constituem relevantes obstáculos para a adoção de práticas

[15] XpertXP. ESG: Investimentos sustentáveis e rentáveis. https://conteudos.xpi.com.br/internacional/esg-investimentos-sustentaveis-e-rentaveis/. Acessado em 05 de junho de 2021.

de responsabilidade social, notadamente se considerados todos os custos já necessários para a realização de uma atividade empresarial no Brasil.

Não podemos olvidar, no entanto, que, como demonstrado, os impactos positivos da implementação de práticas de responsabilidade social no desenvolvimento socioeconômico são incontestes, em virtude do que se mostra imperioso incentivar a sua adoção pelas empresas, não podendo ser relegada a segundo plano.

1.3 Função extrafiscal da tributação

A função dos tributos mais conhecida é a de obtenção de receitas, isso é, a fiscal. Contudo, a tributação possui outra função, a extrafiscal, que se revela como instrumento de intervenção estatal no meio social e na economia, influenciando diretamente na tomada de decisões, como bem explica o seguinte trecho do boletim *Tax and Economic Growth* da OCDE[16]:

> *Tax systems are primarily aimed at financing public expenditures. Tax systems are also used to promote other objectives, such as equity, and to address social and economic concerns. They need to be set up to minimise taxpayers "compliance costs and government's administrative cost, while also discouraging tax avoidance and evasion. But taxes also affect the decisions of households to save, supply labour and invest in human capital, the decisions of firms to produce, create jobs, invest and innovate, as well as the choice of savings channels and assets by investors. What matters for these decisions is not only the level of taxes but also the way in which different tax instruments are designed and combined to generate revenues (what this paper will henceforth refer to as tax structures). The effects of tax levels and tax structures on agents" economic behaviour are likely to be reflected in overall living standards.*

A tributação, com efeito, constitui eficaz medida indutora ou inibidora de comportamentos e essa função não é recente. Alfredo Augusto Becker já afirmava, em 1963, que "a principal finalidade de muitos tributos (que

[16] OECD Economics Department and the OECD Centre for Tax Policy and Administration (CTPA). Tax and economic growth. Summary and main findings. https://www.oecd.org/mena/competitiveness/41997578.pdf. Acessado em 06 de junho de 2021

continuarão a surgir em volume e variedade sempre maiores pela progressiva transfiguração dos tributos de finalismo clássico ou tradicional) não será a de um instrumento de arrecadação de recursos para o custeio de despesas públicas, mas a de um instrumento de intervenção estatal no meio social e na economia privada".[17]

Por extrafiscalidade entende-se a utilização do tributo como forma de estimular ou desestimular condutas, tornando-as menos ou mais onerosas. Explora-se, com ela, a função indutora do tributo ou regulatória. E ambas as funções fiscal e extrafiscal dos tributos coexistem como explica Hugo de Brito Machado Segundo[18]:

> Nessa hipótese, não se tem função exercida de maneira exclusiva e excludente de outra, mas, apenas, em maior ou menor grau relativamente a outra, dizendo-se extrafiscal aquele em que essa função prepondera em relação à fiscal (ou à parafiscal). Dito de outro modo, um tributo até pode ser, apenas, fiscal, ou, apenas, parafiscal, se contrastadas essas duas funções. Mas, se entra em cena a função extrafiscal, ela, sempre, estará presente, em maior ou menor grau, em qualquer tributo. Quando houver preponderância dela, dir-se-á que o tributo é extrafiscal.

Vale dizer, todo tributo apresenta feição fiscal, pois implica o recolhimento de receitas aos cofres públicos, como também, apresenta algum caráter de extrafiscalidade, pois, "como fundamento de sua instituição, há objetivos a serem implantados, ainda que sejam genéricos, como a partilha das despesas estatais para manter a operatividade de certo ente público"[19].

A extrafiscalidade da tributação atua, seja onerando ou desonerando, certas situações identificadas como desejáveis para a realização de um interesse público, bem como os que lhe seriam inconvenientes.

[17] BECKER, Alfredo Augusto. Teoria Geral do Direito tributário. São Paulo: Saraiva, 1963, p. 536

[18] SEGUNDO, Hugo de Brito Machado. Ciência do direito tributário, economia comportamental e extrafiscalidade. Rev. Bras. Polít. Públicas, Brasília, v. 8, nº 2, 2018 p.647.

[19] TOMÉ, Fabiana Del Padre. Extrafiscalidade tributária: estrutura e função instrumentalizadora de políticas públicas. In: Paulo de Barros Carvalho; Robson Maia Lins. (Org.). Ensaios sobre Jurisdição Federal. 1ª ed. São Paulo: Noeses, 2014, v. 1, p. 777-806.

A indução positiva se dá mediante o favorecimento, com a redução da carga tributária ou até mesmo sua exoneração total.

Outro mecanismo de indução de conduta positiva é a concessão dos benefícios fiscais, bastante utilizados para incrementar a produção, o comércio e o consumo.

Geraldo Ataliba e José Artur Lima Gonçalves anotam, quanto aos incentivos fiscais que seu "fim último é, sempre, o de impulsionar ou atrair os particulares para a prática das atividades que o Estado elege como prioritárias, tornando, por assim dizer, os particulares em participantes e colaboradores das metas postas como desejáveis ao desenvolvimento econômico e social por meio da adoção do comportamento ao qual são condicionados"[20].

De outro lado, a indução negativa, ou seja, o estímulo a um comportamento omissivo, se efetiva pelo agravamento do ônus incidente sobre essa conduta que não se deseja, desencorajando a sua prática, seja por meio da instituição de um tributo específico, seja pela majoração da tributação já incidente.

Um exemplo da indução negativa é a majoração das alíquotas do imposto de importação e do IPI-Importação para inibir a importação de determinado produto e, com isso, incrementar o consumo do similar nacional.

É o que ocorre, também, com o Imposto Territorial Rural (ITR), incidente de maneira mais onerosa no caso dos imóveis inexplorados ou de baixa produtividade, buscando atender, desse modo, à função social da propriedade e desestimulando latifúndios improdutivos.

Em ambas as vertentes, sejam indutoras ou inibidoras da função extrafiscal dos tributos, alerta-se que, ao lado da influência dos fins colimados, a exigência ou exoneração fiscal deve necessariamente atender ao regime jurídico dos tributos, seus princípios e limitações.

Em razão disso, o legislador, ao recorrer à função extrafiscal dos tributos como mecanismo para a consecução de políticas públicas, precisa estar atendo para devidamente balancear princípios e limitações para que a norma não apenas não seja reputada inconstitucional, mas para que surta os efeitos almejados. Inclusive porque estímulos financeiros nem sempre funcionam, podendo apresentar efeito inverso ao pretendido.

[20] ATALIBA, Geraldo e Geraldo Ataliba e GONÇALVES, José Artur Lima. Crédito-prêmio de IPI – direito adquirido – recebimento em dinheiro. Revista de Direito Tributário nº 55,p. 167.

O Prof. Hugo de Brito Machado Segundo alerta que "estudos empíricos de economia comportamental e de neurociência revelam, todavia, que estímulos e desestímulos econômicos nem sempre funcionam, e às vezes têm efeito inverso ao pretendido."

Com efeito, explica o professor, embasado em trabalho de Samuel Bowles[21], que estímulos e desestímulos econômicos são capazes de corroer motivações para a adoção de condutas desejáveis, havendo três razões identificadas que levam a um resultado inverso do previsto.

A primeira razão para o insucesso da concessão de incentivos está ligada ao fato de que pode levar a um "desligamento" dos sentimentos morais, fazendo com que aquele a quem ela é direcionada passe ver a questão como sendo meramente econômica, sendo a multa um preço a pagar para poder praticar a conduta correspondente.

A segunda razão reside no fato de que os incentivos e as punições transmitem aos seus destinatários uma "mensagem" que interfere em outras inclinações para as condutas humanas, reforçando-as ou revertendo-as.

E a terceira razão de insucesso dos incentivos consiste na "necessidade de autonomia" que eles eventualmente despertam naquele cuja conduta deveria ser por ele estimulada. O sujeito, que até então seria capaz de adotar a postura que se quer incentivar espontaneamente, pode sentir-se controlado por quem concede o incentivo, passando por isso a fazer justamente o contrário, para se livrar da sensação de controle.

Nesse contexto, o legislador, ao recorrer à função extrafiscal dos tributos como mecanismo para a consecução de políticas públicas, deve tomar todos os cuidados necessários para não alterar as motivações dos contribuintes gerando efeitos diversos dos pretendidos.

Ocorre que os riscos que se apresentam para que um programa de incentivos fiscais seja efetivo não invalida a relevante capacidade da tributação de ser veículo de transformação socioeconômica do país mediante a indução da adoção pelas empresas de práticas voltadas às diretrizes ESG.

21 BOWLES, Samuel. *The moral economy*: why good incentives are no substitute for good citizens. New Haven: Yale University Press. 2016

1.4 Revisão do papel da reforma tributária para que seja veículo de efetivo crescimento socioeconômico mediante a adoção como premissa das diretrizes ESG

Não há dúvida de que o sistema tributário atual que vige no Brasil apresenta uma série de problemas.

Conforme dados divulgados no *Discussion Paper* 211 do IPEA[22], uma empresa de médio porte gasta 2600 horas por ano para cumprimento das normas fiscais, enquanto em países desenvolvidos se gasta em média 200 horas. Em 25 anos, ocorreram 15 reformas tributárias acrescidas da edição de 309.147 novas leis, o que significa 31 novas normas por dia. Uma empresa que atua apenas internamente tem que atender 3512 normas tributárias.

Quanto à litigiosidade, são 16 ações de natureza tributária para cada 10.000 habitantes, taxa bem maior que nos Estados Unidos (1 por habitante) e no Canada (2 por habitante), por exemplo[23].

Não se olvida que a tributação onera gravemente a folha de salário, induzindo o informalismo e gerando os consequentes problemas sociais dele advindo, em virtude do que tal tema não pode ser deixado para depois. É urgente que a reforma tributária traga mecanismos que enseje a criação de postos formais de trabalho.

[22] SACHSIDA, Adolfo e DE MENDONCA, Mario Jorge Cardoso. Tax and growth in a developing country: The case of Brazil. Institute for Applied Economic Research-IPEA. Discussion Paper 2011. Brasília, julho de 2016

[23] *"According to the 2015 edition of Doing Business, a World Bank report which measures business regulations for local firms around the world, in Brazil a medium size company wastes 2,600 hours per year with tax bureaucracy. Catar and Arab Emirates are the fastest countries in this measure, with companies located there spending just 41 hours per year with tax bureaucracy. Developed countries around the world as United Kingdom (110 hours per year), France (137 hours per year), United States (175 hours per year), and Germany (218 hours per year) have a much faster way to deal with the tax bureaucracy than Brazil. And even other developing countries in the world as Mexico (334 hours per year), and Argentina (405 hours per year) performs better than Brazil. After Brazil, the second worst country in the sample is Bolivia where companies spend 1,025 hours with tax bureaucracy. That is, Brazil is almost three times slower than the second worst country in its ability to deal with the bureaucracy of taxes."* (SACHSIDA, Adolfo e DE MENDONCA, Mario Jorge Cardoso. Tax and growth in a developing country: The case of Brazil. Institute for Applied Economic Research-IPEA. Discussion Paper 2011. Brasília, julho de 2016)

Resta claro, portanto, que a estrutura tributária vigente no país é confusa, cara, extensa e complexa, prejudicando tanto a competividade das empresas brasileiros como o crescimento da economia.

Os tributos, ademais, incidem em cascata afetando diretamente a competitividade do produto brasileiro, além do fato de que não há a devida restituição dos créditos acumulados quando da exportação, os quais acabam por seguir com o preço do produto.

Há também a guerra fiscal entre os estados e municípios.

Esses são apenas alguns dos problemas do sistema tributário atual que precisam ser sanados.

Nesse diapasão, não há dúvida de que uma reforma tributária é imprescindível, especialmente diante da urgente necessidade de crescimento econômico e desenvolvimento social do país.

No entanto, as propostas em tramitação apresentam alguns problemas. Por exemplo, tanto as PECs 45 e 110 como o PL 3887 proposto pelo governo federal se concentram apenas em alguns pontos referentes à tributação sobre consumo, deixando mazelas estruturais ainda sem a necessária solução.

Sérias, igualmente, são as dúvidas acerca da efetividade das medidas propostas para melhorar a governança as empresas e dos entes estatais, notadamente com relação à transparência e à segurança jurídica.

As propostas em tramitação, apesar de focarem na tributação sobre o consumo em relação à qual estudos mostram que é a capaz de ajudar no crescimento econômico[24], nada de efetivo trazem, dando apenas uma nova roupagem aos problemas sistemáticos existentes.

As propostas de emenda constitucional, também, tratam de aspectos que deveriam ser disciplinados por meio de lei ordinária, como a simplificação das obrigações acessórias, matéria de natureza evidentemente legal.

Merece críticas, ainda, a sugestão de adoção de uma alíquota única e indistinta para todos os setores, os quais possuem características singulares. A alíquota única, por exemplo, impactará sobremaneira as micro e pequenas empresas que são responsáveis por mais da metade dos empregos no Brasil.

[24] HEADY, C. et al. Tax policy for economic recovery and growth. Economic Journal, v. 121, n. 550, p. F59-F80, 2011.

No que toca à extrafiscalidade da tributação, mecanismo que, como visto acima, é relevante para a realização de políticas públicas, a PEC 45 propõe a vedação da concessão de benefícios fiscais.

Ocorre que o engessamento indiscriminado da concessão de benefícios fiscais afetará o campo de manobras governamentais. Os incentivos fiscais, quando previamente estudados e averiguado que trarão mais benefícios que os seus custos, são instrumentos de atração de investimentos que não podem ser ignorados.

É certo que Terry F. Buss, professor na Suffolk University, em artigo sobre os efeitos dos incentivos fiscais no crescimento econômico, conclui que esses, em sua maioria, não são bons nem ruins do ponto de vista de eficiência econômica. No entanto, o mesmo autor orienta que programas de incentivos fiscais podem induzir crescimentos econômico, devendo, para tanto, o governo concedente: a) assegure que os benefícios auferidos superem os custos, não apenas fiscais, mas também sociais, b) faça avalições periódicas da evolução dos programas de incentivos e comparação com a situação inicial; c) exija das empresas o cumprimento das obrigações contratadas em troca dos incentivos; d) conceda incentivos a diversos setores e não apenas à um; e) assegure que os empreendimentos não impactem negativamente empresas já instaladas; e f) haja com transparência, demonstrando todos os aspectos dos incentivos a investimentos privados.[25]

Desse modo, a proposta de vedação a concessão de benefícios fiscais precisa, no mínimo, ser objeto de mais estudos sobre o seu impacto na atração de investimentos, bem como devem ser sugeridas medidas alternativas, o que não foi feito.

Mais. As medidas sugeridas não tiveram como princípios norteadores a governança corporativa e social e especialmente à sustentabilidade, que é, conforme demonstrado, uma tendência mundial de tributação. Carecem de previsões que impactem essas questões.

Falando em sustentabilidade, há aqueles que argumentam que taxar a emissão de gás carbono e dar incentivos fiscais a poluidores anularia

[25] BUSS, Terry F. The Effect of State Tax Incentives on Economic Growth and Firm Location Decisions: An Overview of the Literature. Economic Development Quarterly/February 2001. P 101-102

objetivos da reforma de acabar com desigualdades, gerar segurança jurídica e transparência.

No entanto, a questão deve ser enfrentada, pois não são poucos os estudos que mostram que a "tributação verde" pode trazer resultados positivos, sendo que seus custos são pequenos e superados pelo desenvolvimento gerado.

Por exemplo, estudo polonês produzido em conjunto pelas University of Szczecin e West Pomeranian University of Technology Szczecin, em relações aos países europeus, demonstrou que houve o incremento das receitas de países que adotaram o denominado "imposto verde", bem como que a taxação da emissão de gás carbônico provou ser efetivo instrumento na sua redução.[26]

O estudo, também, aponta que a tributação verde desencoraja comportamentos poluidores, motiva a comunidade e empresas a inovar em sustentabilidade, promove a produção de energia elétrica por fontes renováveis.

Segundo a OCDE, a adoção da tributação verde tem várias vantagens, além da preservação ambiental, como a arrecadação de receitas e o aumento da transparência.[27]

Desse modo, a "tributação verde" não pode ser relegada para segundo plano, devendo ser objeto de análise e consideração.

No Brasil, ao ensejo da reforma tributária, um grupo formado por diversas organizações da sociedade civil no âmbito da Frente Parlamentar Mista Ambientalista, apresentou ao Congresso Nacional algumas propostas para uma reforma tributária sustentável[28].

Propõe-se a inclusão do §10 no artigo 152-A da PEC nº 45/2019 para criar uma ferramenta de devolução parcial do IBS recolhido sobre operações que contribuam efetivamente para a redução mensurável de emissões de gases de efeito estufa por meio de mecanismo compensatório.

26 ZIOLOA, Magdalena, BAKB, Iwona e CHEBAB, Katarzyna. University of Szczecin, Faculty of Economics and Management, Szczecin, Poland / West Pomeranian University of Technology Szczecin, Faculty of Economics, Szczecin, Polan. Environmental taxes – how public policy makers can use them in the decision-making process? Published by Elsevier B.V. 2019.

27 OCDE. Environmental Taxation. A Guide for Policy Makers. 2011.

28 STAMATO, Adriana, TOMASONI, Giovani, REZENDE, João Pedro Quintanilha. A 'reforma tributária verde' e o pagamento por serviços ambientais. Disponível https://www.conjur.com.br/2020-out-26/opiniao-reforma-tributaria-verde. Acessado em 05 de junho de 2021.

Sugere-se, também, a ampliação do alcance da atual Cide combustíveis para uma contribuição designada Cide carbono de modo que não seriam taxados apenas os combustíveis fósseis, mas todas as emissões.

Contudo, essas propostas, apesar de bem-vindas e necessárias, são insuficientes, pois atendem apenas questões referentes à proteção ao meio ambiente e ainda assim de forma muito incipiente. É necessário que as diretrizes de demais naturezas (social e governança) também sejam consideradas, pois o crescimento, para ser robusto, não pode se apoiar em apenas um viés de medidas.

Nesse contexto, diante da capacidade da função extrafiscal dos tributos ser instrumento gerador de crescimento e ciente dos resultados positivos decorrentes da implementação de práticas de medidas que atendem os critérios do ESG, revela-se necessário, quando menos, repensar, o papel da reforma tributária em debate.

Haja vista a crise socioeconômica sem precedentes que vive o país, agravada pela pandemia da COVD-19, a reforma tributária não pode mais ter apenas o fim de simplificar a tributação para, com isso, diminuir a burocracia e reduzir a litigiosidade fiscal.

O objetivo final almejado deve ser o crescimento socioeconômico sólido e, para tanto, a reforma tributária deverá, quando menos, ampliar seus princípios norteadores, abrangendo questões de ordem ambiental, trabalhista, governança corporativa, direitos humanos, concorrência, tecnologia e combate à corrupção.

A reforma deve buscar soluções rápidas e eficientes para que a tributação seja também motor propulsor do desenvolvimento, sobressaindo a sua função extrafiscal e não somente a fiscal.

As empresas precisam ser induzidas a adotarem medidas e práticas que assegurem que a legislação seja atendida em todos os seus aspectos *(compliance)*, como também que a sua atividade não impacte negativamente (ocorrências adversas) na região em que instaladas e aos seus empregados, prestadores de serviços e fornecedores, mitigando problemas, como os trabalhistas, consumidores, meio ambiente e a corrupção.

Nesse diapasão, como contribuição desse artigo, sugere-se a implementação de tributação progressiva na proporção do devido atendimento pelas empresas das diretrizes ESG. A partir de uma alíquota padrão, uma empresa que não pratique medidas atreladas às diretrizes terá a sua carga tributária agravada mediante a imposição de uma alíquota maior. De outro lado, as empresas que as adotarem em seus processos de gestão, considerando a mesma alíquota padrão, terão a sua carga fiscal reduzida pela incidência de uma alíquota menor.

Note-se que a graduação das alíquotas incidentes, nesse exemplo, se justifica não apenas pelo atendimento das diretrizes ESG, que configura relevante fator de crescimento socioeconômico, mas também como forma de compensação pelo impacto que a atividade gera na sociedade. Isso porque, uma empresa que não segue as diretrizes ESG apresenta maior risco de adversidades cujos danos recaem sobre a sociedade, notadamente aquela onde está situada. Enquanto isso, de forma oposta, são conhecidos e devidamente controlados os riscos da atividade de uma empresa cuja gestão efetivamente atende às diretrizes ESG, sendo pequenos e eventuais caso ocorram.

E a medida da adesão das empresas às diretrizes ESG para fins definição da carga tributária incidente pode ser auferida mediante certificações como a ISO[29], já conhecidas no Brasil e com órgãos acreditadores experientes[30].

Acrescente-se que a certificação trará, ademais, conhecimento de qualidade e relevante aos empresários e, com isso, implicará uma melhora substancial do sistema de gestão empresarial. Assegurará o cumprimento da legislação, bem como mostrará para o consumidor do produto, seja nacional ou estrangeiro, credibilidade de que toda cadeia produtiva é segura e que respeita os direitos dos trabalhadores, da comunidade e do meio ambiente.

Diante todo o exposto, como contribuição desse artigo, propõe-se a adoção na reforma tributária em exame das diretrizes ESG como princípio norteador como um caminho para que tributação seja efetivo instrumento indutor de crescimento socioeconômico.

[29] ISO significa International Organization for Standardization (Organização Internacional de Normalização), e seu objetivo é promover o desenvolvimento de normas, testes e certificação. As normas ISO, de forma genérica, referem-se aos sistemas de gestão referentes à qualidade dos produtos e serviços, ao meio ambiente, à saúde do trabalho e com a qualidade da informação que se usa e/ou possui, abrangendo toda a cadeia produtiva. As normas estão adequadas a um padrão de qualidade que é aceito e valorizado em 164 países.

[30] No Brasil, a ABNT e o INMETRO estão diretamente envolvidos nessa certificação.

Conclusões

A prática de medidas lastreadas pelas diretrizes ESG deve ser o novo normal para os negócios e finanças, tanto para as grandes como para as pequenas empresas. Estudos evidenciam os resultados positivos que a implementação das práticas atreladas a questões relativas ao meio ambiente e à governança corporativa e social produz.

Diante da necessidade urgente de acelerar o crescimento socioeconômico do Brasil, não se pode fechar os olhos e negar as graves mazelas do sistema tributário que em nada contribuem para o fortalecimento do país. Ao contrário, é fator de inibição, em virtude do que se mostra imperioso aproveitar o momento em que se debate uma reforma tributária.

A tributação, além da arrecadação de receitas para o Governo, tem importante papel na realização dos interesses socioeconômicos e políticas públicas. Os tributos são mecanismos efetivos de indução de comportamentos, quando devidamente elaborados, seja onerando as atividades mais prejudiciais ou induzindo as mais desejadas.

No entanto, as propostas para a reforma tributária em tramitação apresentam problemas, devendo o seu papel ser revisto para que essa seja o palco da mudança sólida tão necessária e ela tem aptidão para tal desafio.

Nesse contexto, diante dos resultados positivos decorrentes da implementação de práticas de medidas que atendem à diretrizes ESG, o presente artigo propõe que a reforma tributária tenha as referidas diretrizes como premissa e por escopo a busca da transparência, ética e segurança, mitigando problemas ambientais, trabalhistas, de transparência, bem como dos consumidores.

Como demonstrado, a adoção de práticas que atendem as diretrizes ESG é o novo paradigma mundial e já mostrou que gera crescimento socioeconômico aos envolvidos.

O sistema tributário deve mudar de papel e deixar de ser o vilão para consistir no motor propulsor do desenvolvimento.

Referências

Akatu. Panorama do Consumo Consciente no Brasil: desafios barreias e motivações. Disponível em https://akatu.org.br/pesquisa-akatu-2018-traca-panorama-do-consumo-consciente-no-brasil/. Acessado em 05 de junho de 2021

Akatu. Práticas e Perspectivas da Responsabilidade Social Empresarial no Brasil. Disponível em https://akatu.org.br/pesquisa-akatu-mostra-maior-adesao-das-empresas-as-praticas-de-sustentabilidade/ Acessado em 05 de junho 2021.

ATALIBA, Geraldo e Geraldo Ataliba e GONÇALVES, José Artur Lima. Crédito-prêmio de IPI – direito adquirido – recebimento em dinheiro. Revista de Direito Tributário nº 55,p. 167.

BECKER, Alfredo Augusto. Teoria Geral do Direito tributário. São Paulo: Saraiva, 1963, p. 536

BlackRock. Carta Anual de Larry Fink a CEOs de 2019. Disponível em https://www.blackrock.com/br/2019-larry-fink-carta-ceo. Acessado em 05 de junho de 2021

BOMFIM, Diego Maciel Costa. Extrafiscalidade. Identificação, Fundamentação, limitação e controle. Tese de Doutorado sob orientação do Prof. Paulo Ayres Barreto. Faculdade de Direito da Universidade de São Paulo – USP. 014.

BOWLES, Samuel. *The moral economy*: why good incentives are no substitute for good citizens. New Haven: Yale University Press. 2016

Branco, M. C., & da Silva Baptista, I. C. Compromisso com a RSE no Pacto Global da Organização das Nações Unidas. Innovar, 25(58), 81-90. doi: 10.15446/innovar.v25n58.52427. 2015

BRASIL. Lei 6.404, de 15 de dezembro de 1976. Dispõe sobre as Sociedades por Ações.

BUSS, Terry F. The Effect of State Tax Incentives on Economic Growth and Firm Location Decisions: An Overview of the Literature. Economic Development Quarterly/ February 2001. P 101-102

Ernerst Young. Disponível em https://www.ey.com/en_gl/assurance/does-nonfinancial-reporting-tell-value-creation-story. Acessado em 05 de junho de 2021.

European Comission. The Green Book. Promoting an european framework for corporate social responsability, Green paper (2001).

FERREIRA Cassia Bianca Lebrão. A responsabilidade social empresarial e o Direito. Dissertação de Mestrado. Pontifícia Universidade Católica de São Paulo. 2006.

HEADY, C. et al. Tax policy for economic recovery and growth. Economic Journal, v. 121, n. 550, p. F59-F80, 2011.

Instituto Brasileiro de Governança Corporativa (IBGC). Código das melhores práticas de governança corporativa. 5.ed./Instituto Brasileiro de Governança Corporativa. – São Paulo, SP: IBGC, 2015.

Instituto de Estudos para o Desenvolvimento Industria – IEDI – https://iedi.org.br/cartas/carta_iedi_n_1039.html. Acesso em 01/06/2021. Acessado em 04 de junho de 2021.

Instituto Ethos de Empresas e Responsabilidade Social. Conceitos básicos e indicadores da responsabilidade social empresarial. São Paulo, junho de 2007. 5ª edição. Junho de 2011.

NELSON, Mathew. Environmental, social and governance (ESG) or nonfinancial factors have become integral to the investment decision-making process. https://www.ey.com/en_gl/assurance/does-nonfinancial-reporting-tell-value-creation-story. 2018. Acessado em 04 de junho de 2021

NIELSEN. Escolhas sustentáveis: Como empresas socialmente responsáveis lucram com isso? https://www.nielsen.com/br/pt/insights/article/2015/escolhas-sustentaveis--como-empresas-socialmente-responsaveis-lucram-com-isso/. Acessado em 05 de junho de 2021

NIELSEN Company. Escolhas sustentáveis. Como empresas socialmente responsáveis lucram com isso? Disponível em https://nielseniq.com/global/pt/insights/analysis/2015/escolhas-sustentaveis-como-empresas-socialmente-responsaveis-lucram-com-isso/. Acessado em 05 de junho de 2021.

Nielsen Company. The Sustainability Imperative. New insights on consumers expectations. Disponível em https://www.nielsen.com/wp-content/uploads/sites/3/2019/04/global--sustainability-report-oct-2015-1.pdfOctober 2015. Acessado em 05 de junho de 202

OCDE. Environmental Taxation. A Guide for Policy Makers. 2011.

OCDE. Os Princípios da OCDE sobre o Governo das Sociedades. 2004.

OCDE. Recomendação do Conselho da OCDE sobre integridade pública. https://www.oecd.org/gov/ethics/integrity-recommendation-brazilian-portuguese.pdf

OECD (2011), OECD Guidelines for Multinational Enterprises, OECD Publishing. http://dx.doi.org/10.1787/9789264115415-en. Acessado em 06 de junho de 2021

OECD (2018), OECD Due Diligence Guidance for Responsible Business Conduct

OECD Economics Department and the OECD Centre for Tax Policy and Administration (CTPA). Tax and economic growth. Summary and main findings. https://www.oecd.org/mena/competitiveness/41997578.pdf. Acessado em 06 de junho de 2021

OECD. Launch of the OECD Due Diligence Guidance on Responsible Business Conduct – OECD Watch Contribution, 20 June 2018

PEREIRA, Rodrigo Mendes. Responsabilidade Social: Uma Atitude a Ser Adotada Pelos Indivíduos e Pelas Empresas. https://www.oabsp.org.br/comissoes2010/gestoes--anteriores/direito-terceiro-setor/artigos/responsabilidade-social-uma-atitude-a--ser-adotada-pelos-individuos-e-pelas-empresas-dr.-rodrigo-mendes-pereira/. 2005. Acessado em 05 de junho de 2021.

SACHSIDA, Adolfo e DE MENDONCA, Mario Jorge Cardoso. Tax and growth in a developing country: The case of Brazil. Institute for Applied Economic Research-IPEA. Discussion Paper 2011. Brasília, julho de 2016)

SEGUNDO, Hugo de Brito Machado. Ciência do direito tributário, economia comportamental e extrafiscalidade. Rev. Bras. Polít. Públicas, Brasília, v. 8, nº 2, 2018 p.647.

STAMATO, Adriana, TOMASONI, Giovani, REZENDE, João Pedro Quintanilha. A 'reforma tributária verde' e o pagamento por serviços ambientais. Disponível https://www.conjur.com.br/2020-out-26/opiniao-reforma-tributaria-verde. Acessado em 05 de junho de 2021.

TOMÉ, Fabiana Del Padre. Extrafiscalidade tributária: estrutura e função instrumentalizadora de políticas públicas. In: Paulo de Barros Carvalho; Robson Maia Lins. (Org.). Ensaios sobre Jurisdição Federal. 1ª ed. São Paulo: Noeses, 2014, v. 1, p. 777-806.

TOMEI. Patricia A. Responsabilidade social de empresas: análise qualitativa da opinião do empresariado nacional. Rev. adm. empres. vol.24, no.4 São Paulo, Oct./Dec. 1984, https://doi.org/10.1590/S0034-75901984000400029 . Acessado em 04 de junho de 2021

XpertXP. ESG: Investimentos sustentáveis e rentáveis. https://conteudos.xpi.com.br/internacional/esg-investimentos-sustentaveis-e-rentaveis/. Acessado em 05 de junho de 2021.

ZIOLOA, Magdalena, BAKB, Iwona e CHEBAB, Katarzyna. University of Szczecin, Faculty of Economics and Management, Szczecin, Poland / West Pomeranian University of Technology Szczecin, Faculty of Economics, Szczecin, Polan. Environmental taxes – how public policy makers can use them in the decision-making process? Published by Elsevier B.V. 2019.

2.
UMA REFORMA TRIBUTÁRIA JUSTA, SIMPLES E TRANSPARENTE

Aguinaldo Ribeiro

Introdução

Poucos anos após a promulgação da Constituição Federal, iniciaram-se as discussões por uma profunda reforma da estrutura tributária brasileira, especialmente da tributação sobre o consumo, para enfrentar problemas bem conhecidos por todos nós e que mencionei ao apresentar o Plano de Trabalho no âmbito deste colegiado em março de 2020:

> *"(...) o sistema é injusto e cumulativo, onera exportações, é ineficaz na prevenção da guerra fiscal, gera inúmeras e custosas batalhas administrativas e judiciais, inibe o investimento e impõe uma fiscalização a um tempo onerosa, porque burocrática, e incapaz de combater a sonegação e a irregularidade".*

Trata-se de um debate que veio amadurecendo a cada legislatura e entendo que agora reunimos as condições para aprovar um novo modelo de tributação sobre bens e serviços. Inauguraram a discussão nesta legislatura duas propostas de Reforma Tributária: a Proposta de Emenda à Constituição (PEC) nº 45, de 2019, e a PEC nº 110, de 2019.

A PEC nº 45, de 2019, apresentada em 3 de abril daquele ano, teve parecer de admissibilidade aprovado na Câmara dos Deputados em 22 de maio, tendo sido instalada a respectiva Comissão Especial em 10 de julho. Por sua vez, a PEC nº 110, de 9 de julho de 2019, teve parecer apresentado pelo nobre colega, Senador Roberto Rocha, na Comissão de Constituição, Justiça e Cidadania do Senado Federal, em 18 de setembro de 2019, ainda pendente de apreciação.

Realizaram-se diversas audiências públicas e seminários regionais com o intuito de promover a discussão e colher as contribuições de toda a sociedade, de norte a sul, a tema tão relevante para o país. Em ambas as Casas do Congresso Nacional, apresentaram-se propostas de alteração dos textos em debate. Os Deputados ofereceram mais de 200 emendas à PEC nº 45, de 2019, e os Senadores, quase 150.

Em um cenário de expectativas e de muito trabalho por reformas estruturantes, com vistas a fortalecer a economia do país, em benefício do cidadão brasileiro, Câmara dos Deputados e Senado Federal decidiram reunir esforços em 19 de fevereiro de 2020 para, no prazo de 45 dias, produzir uma proposta que congregasse as diversas forças políticas ao redor de um texto positivo e viável.

Os trabalhos vinham de um ritmo intenso em cada uma das Casas do Congresso Nacional e o debate para construção de um texto convergente estava avançando, até sermos surpreendidos pelo recrudescimento da pandemia da Covid-19 no mês seguinte. Além da reunião de instalação da Comissão Mista, logramos realizar uma audiência pública com a Sra. Rita de La Feria, uma das maiores especialistas do mundo em imposto sobre valor agregado. Após um período de suspensão dos trabalhos, para que pudéssemos enfrentar os grandes desafios impostos pela disseminação da Covid-19, retomamos as nossas reuniões em ambiente virtual.

Continuamos em meio à pandemia da Covid-19 e se impõe a adoção de medidas que atenuem os seus efeitos econômicos. Se a modernização do sistema tributário nacional era necessária, agora se revela mais urgente, pelo impacto positivo sobre a taxa de crescimento do país, com geração de empregos e renda para os cidadãos brasileiros, portanto.

Antes de passar para a descrição detalhada das PECs sob análise e do histórico de reuniões realizadas por esse colegiado, lembro outro trecho do Plano de Trabalho por mim apresentado no início dos nossos trabalhos:

> *"(...) a finalidade precípua desta Comissão Mista é debater as principais propostas de reforma tributária, combinando esforços no sentido de consolidar as ideias em um único texto que, levado a ambas as Casas do Parlamento, venha ser aprovado e mude, de forma profunda e definitiva, o sistema tributário nacional, resgatando a confiança no sistema político brasileiro, renovando a esperança de um futuro melhor e contribuindo decisivamente para a retomada da prosperidade econômica e o sentimento de justiça social".*

PEC nº 45, de 2019

A PEC nº 45, de 2019, de autoria do Deputado Baleia Rossi e outros, propõe alterações profundas no sistema tributário nacional, em relação aos tributos que incidem sobre o consumo e à repartição das receitas tributárias deles decorrentes.

Propõe-se a unificação da tributação do consumo numa mesma base de incidência, com a substituição do Imposto Sobre Produtos Industrializados (IPI), da Contribuição para o Programa de Integração Social (PIS), da Contribuição para o Financiamento da Seguridade Social (Cofins), do Imposto sobre Operações relativas à Circulação de Mercadorias e sobre Prestações de Serviços de Transporte Interestadual e Intermunicipal e de Comunicação (ICMS) e do Imposto sobre Serviços de Qualquer Natureza (ISS) pelo Imposto sobre Bens e Serviços (IBS). O novo tributo seria instituído por meio de lei complementar, em projeto de iniciativa do Presidente da República, encaminhado para apreciação do Congresso Nacional no prazo de 180 dias da promulgação da Emenda à Constituição.

A iniciativa busca estabelecer uma definição ampla para o fato gerador do IBS, ao reunir bens e serviços na sua base de incidência, e a não cumulatividade plena, com dedução do tributo que incide sobre as operações anteriores, mesmo que indiretamente relacionado à atividade produtiva. Assim, passaria a prevalecer o denominado crédito físico, não financeiro. Pretende ainda efetivar a completa desoneração das exportações, garantida a manutenção dos créditos.

Apesar de lei complementar instituir o IBS e definir os seus contornos, cada esfera federativa – federal, estadual e municipal – exerceria a sua competência tributária mediante a fixação de alíquotas próprias, em lei ordinária do ente, que juntas comporiam a alíquota total do tributo, aplicável uniformemente a todos os bens, tangíveis e intangíveis, serviços e direitos, inclusive na importação, e segundo o princípio do destino. Até o ente federativo estabelecer a respectiva alíquota de IBS, prevaleceria a "alíquota de referência", determinada pelo Senado Federal, com base em cálculo realizado pelo Tribunal de Contas da União (TCU), em patamar equivalente ao necessário para reproduzir a arrecadação dos tributos substituídos.

Como medida de simplificação, além da aplicação da mesma alíquota para todos os bens, serviços e direitos, evita-se a profusão de tratamentos diferenciados, ao não se permitir a concessão de isenções, incentivos ou benefícios tributários ou financeiros vinculados ao imposto. A exceção a tal regra estaria circunscrita à devolução do IBS recolhido pelos contribuintes de baixa renda.

O regime diferenciado e favorecido do Simples Nacional permaneceria vigente. Porém, as empresas do Simples poderiam optar pelo recolhimento apartado do IBS, de modo a poderem se aproveitar do regime de não cumulatividade do imposto.

Os lançamentos de débito e crédito do tributo seriam escriturados por estabelecimento, com apuração e pagamento do IBS devido de forma centralizada. A correspondente receita arrecadada seria distribuída aos entes federados na proporção do saldo líquido de débitos e créditos a eles atribuídos.

A lei complementar instituidora do IBS criaria o comitê gestor do tributo, com representantes de cada esfera federativa, responsável pela regulamentação e gestão do imposto, pela atuação coordenada da fiscalização federal, estadual e municipal, pela distribuição dos recursos arrecadados, e pela representação judicial e extrajudicial dos entes, competência esta que seria exercida, de forma coordenada, pelos procuradores da Fazenda Nacional, dos Estados e dos Municípios. Além de o regulamento do imposto ser único para todo o território nacional, haveria regras uniformes para o processo administrativo fiscal do IBS.

Além do IBS, a PEC acrescenta a possibilidade de criação de impostos seletivos, com finalidade extrafiscal, ao rol de competências tributárias da União. A seletividade tributária poderia ser aplicada para desestimular o consumo de determinados bens, serviços ou direitos.

O novo texto constitucional promove alterações substanciais no regime de repartição de receitas, com o estabelecimento de "alíquotas singulares", correspondentes a destinações específicas de parcela da alíquota do IBS, federal, estadual ou municipal. Pela sistemática proposta, uma fração da alíquota do IBS teria a mesma destinação das atuais aplicações da receita arrecadada com os tributos substituídos.

Busca-se assim conferir maior flexibilidade aos entes na gestão dos recursos arrecadados com o IBS. Seriam estabelecidas "alíquotas singulares de referência", as quais reproduziriam os percentuais hoje fixados para destinações e vinculações constitucionais. Lei ordinária federal, estadual ou municipal, conforme for o caso, poderia fixar percentual diferente, observadas duas condições: a primeira de que a União estabeleça alíquotas singulares em patamar não inferior àquelas fixadas a título de Fundo de Participação do Estados (FPE), Fundo de Participação dos Municípios (FPM), programas de financiamento ao setor produtivo das Regiões Norte, Nordeste e Centro-Oeste, e transferência aos Estados e ao Distrito Federal, proporcionalmente ao valor das respectivas exportações de produtos industrializados (Fpex); e, como segunda condição, dirigida desta vez para União, Estados, Distrito Federal e Municípios, de que a soma das alíquotas singulares referentes à aplicação em saúde e educação seja superior à soma das respectivas alíquotas singulares de referência. Outra mudança significativa na repartição de receitas tributária reside na partilha da cota-parte dos Municípios referente ao IBS, na fração equivalente à cota-parte do ICMS, cujo critério de distribuição passaria do valor agregado para a população municipal.

Para implementar o IBS, a PEC nº 45, de 2019, propõe uma transição de dez anos, iniciada por uma fase de teste de dois anos, que seria utilizada como base para posterior definição da alíquota do novo tributo. Na fase seguinte, da transição propriamente dita, ao longo de oito anos, os atuais tributos sobre o consumo seriam substituídos pelo IBS.

Na fase de teste, seria cobrada uma alíquota de IBS de 1%, com o intuito de mensurar o potencial arrecadatório do imposto. Em contrapartida, ficaria estabelecido que a alíquota da Cofins e da Cofins-importação seria reduzida para compensar essa nova incidência, de modo a manter a carga tributária.

Após o período de dois anos, teria início a transição da atual para a nova tributação do consumo. Nos oito anos subsequentes, seriam reduzidas em 1/8 as alíquotas fixadas na legislação de cada ente de todos os tributos que serão substituídos – PIS, Cofins, IPI, ICMS e ISS. Realiza-se, então, o cálculo de qual seria a elevação da alíquota do IBS necessária para cobrir a perda de receita decorrente da redução das alíquotas dos tributos substituídos. Em seguida, fixa-se a alíquota de referência do IBS, a cada ano, por Resolução do Senado Federal, de modo a compensar a redução de receitas dos tributos citados acima. Ao final do sétimo ano desse período de transição, os tributos substituídos são extintos e o IBS começa a ser cobrado integralmente.

Além da transição para os contribuintes, a PEC nº 45, de 2019, prevê uma transição de cinquenta anos para o modelo de repartição dos recursos arrecadados com o IBS, cuja receita passaria a pertencer ao Estado e ao Município de destino das operações com bens e serviços. O começo da denominada transição federativa coincidiria com o início da redução das alíquotas estaduais e municipais, ou seja, após o período de teste de dois anos.

Nos primeiros vinte anos da transição federativa, a distribuição de recursos reporia a perda real de receita dos Estados e dos Municípios decorrente da redução do ICMS e ISS respectivamente. Aumentos ou reduções promovidos pelos entes nas "alíquotas de referência" do IBS seriam computados no valor a eles repassado. Nos trinta anos seguintes, essa distribuição seria realizada com base no princípio do destino, de forma crescente e gradual, à razão de 1/30 por ano.

Apresentada na Câmara dos Deputados em 3 de abril de 2019, a PEC nº 45, de 2019, teve a sua admissibilidade aprovada na Comissão de Constituição e Justiça e de Cidadania em 22 de maio daquele ano. Está pendente de apreciação pela Comissão Especial destinada a lhe proferir parecer de mérito, tendo sido apresentadas 219 Emendas, 204 delas com apoiamento regimental e versando sobre variados aspectos da estrutura tributária brasileira. A Comissão Especial, em que também sou relator, realizou diversas reuniões deliberativas, audiências públicas e seminários por todo o país, que em muito auxiliaram na construção dos entendimentos que passaremos a expor mais à frente em nosso relatório.

PEC nº 110, de 2019

A PEC nº 110, de 2019, de autoria do Senador Davi Alcolumbre e outros, também procede a uma ampla revisão do sistema tributário nacional. Apresentada em 9 de junho de 2019, reproduz o substitutivo à PEC nº 293, de 2004, aprovado em 11 de dezembro de 2018 pela Comissão Especial da Câmara dos Deputados, sob a relatoria do ex-Deputado Federal Luiz Carlos Hauly, após meses de intensos debates e negociações. No Senado Federal, a PEC nº 110, de 2019, tem como relator o Senador Roberto Rocha, que se manifestou pela aprovação da matéria na forma de um substitutivo, ainda pendente de apreciação pela Comissão de Constituição, Justiça e Cidadania.

Propõe-se a extinção de um número maior de tributos, nove ao todo: IPI, Cofins, inclusive Cofins-Importação, Contribuições para o PIS e para o Programa de Formação do Patrimônio do Servidor Público (PIS/Pasep), Contribuição de Intervenção no Domínio Econômico sobre Combustíveis (CIDE-combustíveis), Imposto sobre Operações de Crédito, Câmbio e Seguro, ou relativas a Títulos ou Valores Imobiliários (IOF), Salário Educação, ICMS e ISS. No lugar desses tributos, um IBS estadual incidiria sobre o consumo, também com características de um IVA moderno.

O IBS seria disciplinado por lei complementar, cujo projeto seria de iniciativa de governadores, prefeitos, assembleias legislativas, câmaras de vereadores, bancadas estaduais de Deputados Federais ou Senadores, ou de comissão mista de Deputados Federais e Senadores instituída para esse fim, representadas todas as regiões e observado o mínimo de um terço dos Estados e Distrito Federal, ou, conforme o caso, um terço dos Municípios ou Municípios cujo conjunto corresponda a um terço da população nacional.

O tributo seria uniforme em todo o território nacional, observado o princípio do destino, e não cumulativo, assegurado o crédito relativo às operações com bens e serviços empregados, usados ou consumidos na atividade econômica, ressalvados os caracterizados como de uso ou consumo pessoal, bem assim o crédito integral e imediato na aquisição de bens do ativo imobilizado e o aproveitamento dos saldos credores acumulados. Não incidiria sobre exportações, garantida a manutenção e o aproveitamento do imposto cobrado nas operações anteriores, sobre a mera movimentação ou transmissão financeiras, nem nas prestações de serviço de radiodifusão sonora e de sons e imagens de recepção livre e gratuita. Não integraria a sua própria base de cálculo nem a base de cálculo do imposto seletivo e poderia ser cobrado na liquidação financeira das operações.

A devolução de tributos incidentes sobre bens e serviços adquiridos pelos extratos sociais de baixa renda prevista na PEC nº 45, de 2019, replica-se na PEC nº 110, de 2019. A proposta do Senado, no entanto, prevê outras exceções à vedação na concessão de isenções, incentivos ou benefícios tributários ou financeiros vinculados ao IBS. Por meio de lei complementar, alimentos, medicamentos, transporte público coletivo de passageiros urbano e de caráter urbano, bens do ativo imobilizado, saneamento básico e educação infantil, ensino fundamental, médio e superior e educação profissional poderiam ter tratamento tributário favorecido.

A regulamentação, a arrecadação, a fiscalização e a cobrança do IBS seria realizada em conjunto pelas administrações tributárias dos entes. As divergências relativas ao IBS seriam resolvidas pelo Superior Tribunal de Justiça.

A iniciativa mantém o tratamento tributário diferenciado e favorecido para as micro e pequenas empresas, e para a Zona Franca de Manaus, cujo benefício fiscal consistiria num crédito presumido para cobrir as diferenças de custo de logística e transporte dos empreendimentos ali mantidos.

A proposta atribui à União a competência para a instituição de imposto sobre operações com petróleo e seus derivados, combustíveis e lubrificantes de qualquer origem, gás natural, cigarros e outros produtos do fumo, energia elétrica, determinados serviços de telecomunicações, bebidas, e veículos automotores novos, terrestres, aquáticos e aéreos. Esse imposto seletivo, incidente também sobre as importações, poderia ter alíquotas diferenciadas, desde que não superiores à alíquota do IBS (exceto no caso de cigarros e outros produtos do fumo e de bebidas alcoólicas), com incidência monofásica, não integrando a sua própria base de cálculo ou a do IBS.

Além das mudanças na tributação do consumo, a PEC nº 110, de 2019, prevê diversas alterações na tributação da renda e da propriedade. Incorpora a Contribuição Social sobre o Lucro Líquido (CSLL) ao Imposto de Renda (IR) e determina a incidência deste sobre verbas indenizatórias na parcela que superar o valor do gasto ou do patrimônio material indenizado.

Quanto à tributação da propriedade, propõe a federalização do Imposto sobre Transmissão *Causa Mortis* e Doação (ITCMD). Uma parcela do produto arrecadado com o tributo, definida em lei, seria destinada ao financiamento das respectivas atividades de arrecadação, fiscalização e cobrança, as quais poderiam ser compartilhadas com os Municípios.

Estende a embarcações e aviões o alcance do Imposto sobre Propriedade de Veículos Automotores (IPVA), hoje restrito aos terrestres. O imposto teria alíquotas mínimas e máximas fixadas em lei complementar, a qual também regularia a concessão e a revogação de isenções, incentivos e benefícios fiscais.

Em relação ao Imposto sobre Propriedade Predial e Territorial Urbana (IPTU) e ao Imposto sobre Transmissão *Inter Vivos* de Bens Imóveis (ITBI), lei complementar estabeleceria alíquotas mínimas, limites para concessão de benefícios ficais e reajustes mínimos da base de cálculo nos casos em que o legislador local não atualizasse o valor dos bens sujeitos à tributação. Além disso, a arrecadação, a fiscalização e a cobrança desses impostos poderiam ser realizadas pela União, mediante convênio.

A proposta mantém a sistemática atual de repartição das receitas tributárias, com a diferença de que municípios passariam a contar com o total das receitas arrecadadas com o IPVA e o ITCMD. Do produto da arrecadação com o imposto seletivo, vinte por cento pertenceria aos Estados e ao Distrito Federal. Prevê-se a criação de um fundo para os Estados e outro para os Municípios, com vistas à redução da disparidade da receita *per capita* na mesma esfera federativa. Até o décimo quinto exercício subsequente ao de publicação da Emenda Constitucional, parcela dos fundos poderá ser utilizada para reduzir eventuais perdas de receitas dos municípios com a Reforma Tributária.

A iniciativa incorpora à Constituição normas sobre a administração tributária dos entes, com ampliação de sua autonomia e regulação do regime jurídico de seus quadros funcionais. Cria o Comitê Gestor da Administração Tributária Nacional, composto por representantes dos Estados, do Distrito Federal e dos Municípios, para administrar e coordenar determinadas atividades dos fiscos subnacionais. Possibilita ainda a desoneração da folha salarial por meio da instituição de adicional de alíquota de IBS, substitutiva da contribuição patronal.

A PEC nº 110, de 2019, estabelece uma transição de cinco anos para os contribuintes. No primeiro ano, de teste, a União instituiria uma contribuição sobre operações com bens e serviços, de acordo com as mesmas regras do IBS estadual, a uma alíquota de 1%, cujo valor pago poderia ser compensado com os valores recolhidos a título de Cofins, preservada a destinação para a seguridade social.

Do segundo ao quinto ano subsequentes, as alíquotas do IBS e do imposto seletivo seriam fixadas de modo a proporcionarem a mesma arrecadação dos tributos substituídos, os quais teriam as suas alíquotas reduzidas anualmente à razão de um quinto. Caberia à lei complementar definir a forma de aproveitamento dos saldos credores dos tributos substituídos pelo IBS.

Por sua vez, a transição federativa ocorreria ao longo de quinze anos. Nos primeiros cinco anos, a arrecadação do imposto seletivo e do IBS seria distribuída aos entes na proporção da participação de cada um deles na receita líquida dos tributos substituídos, observadas as transferências e as vinculações constitucionais.

Nos dez anos seguintes, essa participação seria reduzida gradativamente, à razão de 1/10, até a arrecadação do imposto seletivo e do IBS passar a ser distribuída integralmente pelo destino das operações. As mudanças na distribuição do produto arrecadado com o IR, o ITCMD e o IPVA também seguiriam regra de transição semelhante do sexto ao décimo quarto ano subsequentes ao da publicação da Emenda Constitucional.

Descrito o teor da PEC nº 110, de 2019, seguem as propostas de alteração do nobre colega Senador Roberto Rocha ao texto original, relator da matéria no Senado Federal, reunidas no substitutivo constante da complementação de voto publicada em 2 de dezembro de 2019, da qual destacamos a seguir as inovações incorporadas.

O substitutivo à PEC nº 110, de 2019, propõe um modelo dual para o IBS, com a fusão dos tributos federais incidentes sobre o consumo – IPI, Cofins, inclusive Cofins-Importação, Contribuições para o PIS/Pasep, CIDE-combustíveis, IOF e salário-educação –, em um IBS federal; e do ICMS e do ISS em outro IBS, estadual.

A não cumulatividade do IBS estaria garantida com a comprovação do pagamento, não mera cobrança, do tributo nas etapas anteriores ou concomitantes da cadeia de circulação dos bens, serviços e direitos. Poderia ser admitido, em lei complementar, o creditamento da contribuição patronal paga por setores intensivos em mão de obra.

Explicita-se que as operações de seguro, cosseguro, previdência complementar e capitalização integrariam do campo de incidência do IBS, ao contrário das locações e das cessões de bens e direitos, relativos aos imóveis.

Como regra geral, haveria uma alíquota padrão de IBS, à exceção de determinados bens, serviços, atividades ou setores da economia ou em razão da utilização de novas tecnologias, que poderiam ter alíquotas diferenciadas. O substitutivo ainda acrescenta ao rol de operações que poderiam ser objeto da concessão de isenções, incentivos ou benefícios tributários ou financeiros vinculados ao IBS: cadeia produtiva da saúde; embalagens, resíduos ou remanentes oriundos de sistema de logística reversa; biocombustíveis; produtos de higiene pessoal; operações de seguro, cosseguro, previdência complementar e capitalização; produtos que originem biocombustíveis, observadas as exigências fixadas em lei; gás de cozinha para uso residencial; produtos para pesquisa e desenvolvimento. Prevê ainda a possibilidade de lei complementar estabelecer regimes aduaneiros especiais que permitam estímulo às exportações.

A substituição dos tributos pelo IBS, federal e estadual, e pelo imposto seletivo não prejudicaria as respectivas isenções, incentivos e benefícios ficais ou financeiros-ficais concedidos por prazo certo e em função de determinadas condições vigentes quando da publicação dos novos impostos.

Lei complementar definiria a forma de aproveitamento dos saldos credores dos tributos substituídos pelo IBS, como também disciplinaria a conversão desses saldos em títulos da dívida pública, de livre negociação, com prazo de resgate não superior a vinte anos.

Além de ser composto por representantes das administrações tributárias subnacionais, o Comitê Gestor da Administração Tributária, agora Subnacional, teria representantes dos contribuintes. O órgão teria as suas despesas rateadas pelos Estados e pelos Municípios e seria assessorado por um conselho consultivo, vinculado ao Senado Federal.

No substitutivo apresentado, o imposto seletivo retoma a característica extrafiscal, assim como no texto original da PEC nº 45, de 2019, vedada a incidência sobre insumos da cadeia produtiva. Lei complementar, e não lei ordinária como na PEC nº 110, de 2019, poderia estabelecer alíquotas diferenciadas.

Quanto ao IPVA, o substitutivo possibilita o estabelecimento de alíquotas diferenciadas em função do valor e do tempo de uso do veículo, explicitando a não incidência do imposto sobre veículos utilizados exclusivamente na pesca artesanal ou sobre aqueles aquáticos destinados às populações indígenas e ribeirinhas que os utilizem para atividades de subsistência.

A base de cálculo do IPTU não captaria mais o componente predial. Esse imposto e o ITBI, além das alíquotas mínimas previstas na PEC nº 110, de 2019, teriam alíquotas máximas fixadas em lei complementar, a qual também estabeleceria critérios e procedimentos administrativos para definição de base de cálculo. Poderiam ser firmados convênios dos Municípios com os Estados, não mais com a União, para arrecadação, fiscalização e cobrança dos referidos impostos.

Em relação à repartição das receitas tributárias, os recursos federais destinados à região Norte mediante programas de financiamento ao setor produtivo poderiam ser destinados ao financiamento de projetos em toda a Amazônia Legal, cuja abrangência corresponde à totalidade dos Estados do Acre, Amapá, Amazonas, Mato Grosso, Pará, Rondônia, Roraima e Tocantins, e a parte do Estado do Maranhão.

O texto apresentado prevê que lei complementar poderia instituir fundo de desenvolvimento, custeado com 3% da arrecadação do IBS federal e do IBS estadual, para financiar projetos de saneamento, redução da pobreza, preservação do meio ambiente, infraestrutura, inovação e difusão de tecnologia e fomento direto a atividades produtivas.

A cada dez anos, o Senado Federal reavaliaria a distribuição da carga tributária nacional entre as várias bases de incidência e entre os entes federativos, de forma a tornar o sistema tributário nacional mais progressivo, por meio do aumento proporcional da tributação da renda e do patrimônio. Caberia ainda aos senadores avaliarem a arrecadação dos Municípios com mais de cem mil habitantes e correspondente necessidade de medidas compensatórias, se for o caso.

O substitutivo modifica o texto constitucional para dispor que cabe à lei complementar estabelecer normas gerais sobre o adequado tratamento tributário às sociedades cooperativas, não mais aos atos cooperativos praticados pelas sociedades cooperativas. Atribui ainda à lei complementar veicular normas gerais sobre tratamento diferenciado e favorecido para agricultura, pecuária, atividades agroindustriais, pesqueiras e florestais.

Elimina a imunidade sobre papel destinado à impressão de livros, jornais e periódicos. Estende a imunidade de impostos e contribuições sociais das entidades de assistência social às aquisições de medicamentos e dispositivos médicos, no mercado interno e mediante importação.

Por fim, o substitutivo à PEC nº 110, de 2019, exclui da relação de bens da União os terrenos de marinha e seus acrescidos localizados em ilhas costeiras que sediem Municípios, exceto as áreas afetadas ao serviço público e a unidades ambientais federais; assegura ao Maranhão a participação nas receitas auferidas pela Base de Alcântara, com aplicação na preservação de seu patrimônio histórico, cultural e artístico, em infraestrutura e no atendimento às comunidades vulneráveis; proíbe a exportação de ouro em estado bruto, permitida a exportação do ouro em estado diferente do bruto desde que comprovada a origem do metal; determina que lei complementar definiria os Municípios pertencentes à região de Matopiba, as diretrizes para os seus programas de desenvolvimento e as correspondentes fontes de financiamento; e cria a Zona de Processamento de Exportações do Maranhão (Zema), com duração de pelo menos trinta anos.

Tentativas de reforma tributária após a promulgação da Constituição de 1988

Como resultado do modelo concebido na Constituição de 1988, a base da tributação sobre o consumo foi fracionada nos três entes federativos – o IPI, a Cofins e a contribuição para o PIS/Pasep, na competência da União; o ICMS, na competência dos estados; e o ISS, na competência dos municípios –, cada um legislando conforme as suas prioridades, muitas vezes em prejuízo do cidadão, que viu a carga tributária crescer substancialmente nas últimas três décadas. Não bastasse o aumento da carga tributária, a legislação foi tornando-se mais complexa, e por mais que o parlamento engendrasse amplos debates sobre a Reforma Tributária possível e necessária, não logramos êxito em avançar de fato na modernização de nosso sistema, tão importante para recolocar o Brasil no eixo do crescimento e desenvolvimento econômicos, após a grave crise experimentada pelo país na década de 1980.

Logo no início da década de 1990, o Governo Collor criou a Comissão Executiva de Reforma Fiscal, para fazer um amplo diagnóstico da situação fiscal brasileira e apresentar propostas de solução. O grupo elaborou extenso e aprofundado relatório analisando as diversas dimensões da crise fiscal brasileira, essenciais para enfrentar a hiperinflação que o país não conseguia debelar. No trabalho, havia propostas para aperfeiçoar a tributação da renda, do consumo e do patrimônio, e criar um imposto sobre transações financeiras.

Em relação à tributação do consumo, há mais de trinta anos já se evidenciava a tendência pela adoção do IVA e dos impostos seletivos. O primeiro contribuiria para facilitar a integração econômica regional e internacional, ao tornar transparente o tratamento tributário conferido à produção e ao comércio em cada país. Os impostos seletivos, por sua vez, proporcionariam aumento de arrecadação, com baixo custo administrativo, onerando produtos cujo consumo se quisesse desestimular pelos efeitos nocivos à saúde e ao meio ambiente.

Desse modo, recomendou-se a adoção de um IVA, mediante a incorporação do IPI e do ISS em nível estadual, para consolidar os ganhos observados com a ampliação da base do ICM, originando o ICMS, acompanhada pela total desoneração de investimentos e importações e pela implementação do princípio do destino. Além disso, previu-se a instituição de impostos seletivos sobre "produção, circulação, distribuição ou consumo de bebidas, veículos automotores, energia, tabaco, combustíveis e derivados de petróleo, nacionais ou estrangeiros, serviços de telecomunicações bem como, quando definidos em lei como ativo financeiro ou instrumento cambial, sobre o ouro e outros metais preciosos, pedras preciosas e semipreciosas".

Em agosto de 1995, o Poder Executivo encaminhou ao Congresso Nacional a PEC nº 175[1], em que se propôs o IVA dual – federal e estadual –, em substituição ao IPI e ao ICMS, em seu texto original. Cada ente cobraria o seu IVA com base em regras uniformes, válidas para todos o território nacional. A Comissão Especial destinada a apreciar a matéria aprovou o substitutivo apresentado pelo relator, Deputado Mussa Demes, no final de 1999, mas perdeu apoio do próprio governo e acabou não sendo apreciada em Plenário.

Logo no início do primeiro Governo Lula, o Poder Executivo apresentou nova proposta de Reforma Tributária por meio da PEC nº 41, de 2003,[2] que contou com o apoio de todos os governadores e dez prefeitos de capital. Ao contrário da PEC nº 175, de 1995, a PEC nº 41, de 2003, não trazia alterações significativas na forma de tributação do consumo, mas sim buscava aperfeiçoar

1 https://www.camara.leg.br/proposicoesWeb/fichadetramitacao?idProposicao=14498
2 https://www.camara.leg.br/proposicoesWeb/fichadetramitacao?idProposicao=113717

as normas constitucionais dos tributos existentes, em especial do ICMS, para contornar as distorções verificadas nos anos que se seguiram à promulgação da Constituição Cidadã.

Além de alguns ajustes na tributação sobre o patrimônio, a PEC nº 41, de 2003, previa um regulamento único para o ICMS, editado por órgão colegiado integrado por representantes de cada Estado e do Distrito Federal. As alíquotas interestaduais e internas passariam a ser definidas em resolução do Senado Federal, com iniciativa e quórum de aprovação qualificados. As alíquotas internas seriam uniformes em todo o território nacional, em número máximo de cinco. Caberia à lei estadual apenas instituir o imposto.

Algumas propostas da PEC nº 41, 2003, avançaram na discussão, obtiveram consenso e consubstanciaram a Emenda à Constituição (EC) nº 42, promulgada em 19 de dezembro de 2003.[3] Dentre outras providências, a referida EC ampliou o campo de incidência das contribuições sociais e de intervenção no domínio econômico, ao incluir nele as importações de produtos estrangeiros ou serviços. Além disso, desonerou as exportações da incidência do ICMS. Ambas as medidas tiveram por objetivo equiparar a carga tributária entre produtos e serviços importados e nacionais.

Ainda foram promovidas alterações nos tributos sobre o patrimônio. Para imprimir maior eficiência na fiscalização e na cobrança do ITR, essas atividades puderam passar a ser exercidas pelos municípios, ainda que o tributo continuasse no rol de tributos federais. Para o IPVA, passou a existir a possibilidade de os estados instituírem alíquotas diferenciadas em função do tipo e da utilização do veículo e de o Senado Federal fixar alíquotas mínimas, para contornar o problema da guerra fiscal.

A PEC nº 228[4], de 2004, objeto do desdobramento da PEC nº 41, de 2003 (PEC nº 74, na numeração do Senado Federal), continha os pontos que não haviam obtido consenso durante a tramitação da matéria nas duas Casas Legislativas. Mais uma vez, parte do texto foi aprovado pelo Congresso Nacional e resultou na EC nº 44, promulgada em 30 de junho de 2004,[5] que estabeleceu a destinação de parcela do produto arrecadado pela União com a

3 http://www.planalto.gov.br/ccivil_03/constituicao/Emendas/Emc/emc42.htm

4 https://www.camara.leg.br/proposicoesWeb/fichadetramitacao?idProposicao=150410

5 http://www.planalto.gov.br/ccivil_03/constituicao/Emendas/Emc/emc44.htm

CIDE-combustíveis para os Estados e o Distrito Federal. A outra parte do texto da PEC nº 228, de 2004, sobre a qual ainda não havia acordo, foi desmembrada na PEC nº 255[6], a qual, por sua vez, originou a PEC nº 285[7] e a PEC nº 293[8], todas de 2004. A PEC nº 285, de 2004, foi declarada prejudicada com a promulgação da EC nº 55, de 2007,[9] que aumentou a participação dos municípios na arrecadação do IR e do IPI. A PEC nº 293, de 2004, viria a ser deliberada quase quinze anos depois, como veremos mais adiante.

O relator da PEC nº 228, de 2004, Deputado Virgílio Guimarães, protocolou nova tentativa de reforma tributária em 2007, por meio da PEC nº 31, de 2007,[10] em linha com o que vinha sendo discutido para o ICMS. O debate sobre a necessidade de mudança da tributação sobre o consumo não arrefeceu e, em 28 de fevereiro de 2008, já no segundo Governo Lula, o Poder Executivo apresentou nova versão de proposta, a PEC nº 233,[11] na tentativa de avançar nas discussões já travadas durante a tramitação da PEC nº 41, de 2003, e das PECs dela derivadas.

A PEC nº 233, de 2008, apensada à PEC nº 31, de 2007, unificava contribuições sociais em um IVA federal e estabelecia novas regras para o ICMS, cujas alíquotas seriam fixadas em resolução do Senado Federal, de iniciativa e quórum de aprovação qualificados, inclusive a alíquota padrão aplicável. O ICMS teria regulamentação única, sob competência de órgão colegiado, presidido por representante da União e integrado por representantes de cada unidade federada. A referida PEC modificava também regras da repartição de receitas e criava os fundos de desenvolvimento regional e de equalização de receitas.

Ao final de 2008, o parecer do relator à PEC nº 31, de 2007, e apensadas, Deputado Sandro Mabel, foi aprovado pela Comissão Especial destinada a apreciá-las. No entanto, as discussões sobre a matéria somente voltaram a ganhar força com a criação e a instalação da "Comissão Especial destinada a analisar, estudar e formular proposições relacionadas à Reforma Tributária"

6 https://www.camara.leg.br/proposicoesWeb/fichadetramitacao?idProposicao=159054
7 https://www.camara.leg.br/proposicoesWeb/fichadetramitacao?idProposicao=256022
8 https://www.camara.leg.br/proposicoesWeb/fichadetramitacao?idProposicao=259094
9 http://www.planalto.gov.br/ccivil_03/constituicao/Emendas/Emc/emc55.htm
10 https://www.camara.leg.br/proposicoesWeb/fichadetramitacao?idProposicao=347421
11 https://www.camara.leg.br/proposicoesWeb/fichadetramitacao?idProposicao=384954

[12], em 22 de julho de 2015. Dois anos mais tarde, em 22 de agosto de 2017, o relator, Deputado Luiz Carlos Hauly, apresentou minuta de PEC, cujo teor passou a ser apreciado no âmbito da "Comissão Especial destinada a proferir parecer à Proposta de Emenda à Constituição nº 293-A, de 2004, do Poder Executivo"[13], criada em 29 de maio de 2018. O substitutivo proposto pelo relator, mais uma vez o Deputado Luiz Carlos Hauly, foi aprovado em 11 de dezembro de 2018 e seu texto coincide com o da PEC nº 110, de 2019, que será objeto de detalhamento na próxima sessão.

Desde a promulgação da Constituição de 1988, três PEC foram aprovadas em Comissão Especial – a PEC nº 175, de 1995, no segundo Governo Fernando Henrique Cardoso, a PEC nº 31, de 2007 (com grande parte do conteúdo da PEC nº 233, de 2008), no segundo Governo Lula, e a PEC nº 293, de 2004, no Governo Temer –, mas nenhuma delas foi apreciada em Plenário.[14]

Em nível constitucional, a EC nº 42, de 2004, consubstanciou a reforma mais significativa, mas ainda assim insuficiente frente às necessidades que se evidenciavam à época e que perduram até hoje. Algumas reformas infraconstitucionais, como a previsão do regime não cumulativo para incidência da contribuição para o PIS/Pasep e da Cofins, com a publicação das Leis de nº 10.637, de 2002, e 10.833, de 2003, tampouco se revelaram exitosas para colocar o país numa trajetória de crescimento econômico sustentado, que desonerasse o setor produtivo, promovesse efetivamente a competitividade da produção nacional, e gerasse empregos e renda para a população brasileira, com uma distribuição mais justa da carga tributária entre os diversos setores e estratos sociais.

Persiste a má qualidade da tributação sobre o consumo no país, derivada da ainda presente cumulatividade dos tributos no processo produtivo e da falta de coordenação e cooperação entre os entes federados.

[12] https://www2.camara.leg.br/atividade-legislativa/comissoes/comissoes-temporarias/especiais/55a-legislatura/reforma-tributaria

[13] https://www2.camara.leg.br/atividade-legislativa/comissoes/comissoes-temporarias/especiais/55a-legislatura/pec-293-04-reforma-tributaria

[14] https://www2.camara.leg.br/atividade-legislativa/estudos-e-notas-tecnicas/publicacoes-da-consultoria-legislativa/fiquePorDentro/temas/sistema-tributario-nacional-jun-2019/Textobase2.pdf

Concluo esse breve histórico sobre as tentativas de Reforma Tributária pós-constituinte, com trecho do Relatório da Comissão Executiva de Reforma Fiscal do início da década de 1990, que mesmo após o transcurso de mais de trinta anos se revela ainda mais atual e merece a nossa reflexão:

> *"(...) O IVA é o passo definitivo na direção da autonomia federativa, iniciada com o processo de abertura política e de elaboração da nova Constituição. A autonomia dos estados membros de uma federação não pode descansar na solução aparentemente fácil do aumento de transferências. É necessário que ela seja reforçada por um maior compromisso das autoridades públicas com os seus contribuintes, e vice-versa. A ética tributária, profundamente arranhada nos últimos anos, só será restabelecida na medida em que as alíquotas dos impostos forem fixadas em níveis aceitáveis, e em que houver clara percepção, por parte do contribuinte, do montante de sua contribuição para o financiamento das ações a cargo do estado. A tributação do consumo, segundo o figurino moderno do IVA, estabelece um vínculo estreito entre a base imponível dos governos estaduais e o poder aquisitivo de sua população. A transferência de parte desse poder aquisitivo para o poder público, sob a forma de tributos, deve estar fundamentada no reconhecimento de que ela corresponde ao legítimo pagamento dos bens e serviços de interesse coletivo, que integram o conjunto das responsabilidades públicas de competência dos governos estaduais. A contrapartida da autonomia é a responsabilidade. Contribuintes responsáveis são uma decorrência da legitimação do gasto público propiciada pelo fortalecimento dos laços de co-responsabilidade entre o estado, a administração pública e o cidadão-consumidor-contribuinte. O IVA é uma peça importante para o fortalecimento dessa relação (...)".*

Substitutivo

O desafio de se reformar o sistema tributário de um país é tão árduo quanto mais complexas forem suas relações sociais e econômicas internas e mais democrática for a participação de suas instituições neste processo reformador. Acresça-se a isso nossa formatação em três níveis federativos, cada um com competência tributária própria deferida pela Carta Constitucional.

Nossa intrincada e oscilante legislação fiscal decorre da preocupação do legislador constituinte em projetar um sistema que garanta a autonomia financeira dos entes federados, destinando-os atribuições legislativas que julgou compatíveis com sua capacidade e aptidão. Contudo, o diagnóstico atual de nosso sistema tributário desmorona as mais meritórias intenções de seus arquitetos, na medida em que nos deparamos com conflitos federativos, insegurança jurídica aos contribuintes e injustiça fiscal.

Na tentativa de se remediar o insanável, têm-se promovido pontuais reformas às disposições constitucionais, por vezes arcaicas diante das novas relações entre agentes econômicos. Não sendo atacados problemas estruturais de nossa tributação, assistimos à perenização de nossos embaraços tributários.

Em relação às normas inferiores à Carta, a confusão é completa, espraiando-se o caos por unidades produtivas, residências, escritórios e repartições públicas, sendo-lhes comum apenas a batalha diária do convívio com nosso definhado sistema tributário.

Diante deste obscuro cenário, aceitamos o múnus que nos foi atribuído, na certeza de que a atual conjuntura do País não apenas favorece, mas depende vitalmente de profundas modificações em seu arcabouço jurídico. Enganam-se aqueles que pensam que remendos fracionados são capazes de soerguer um modelo falido, correndo o risco de, em sua empreitada, descobrirem que em matéria tributária portas largas levam sempre a caminhos curtos.

O substitutivo que ora apresentamos busca promover, a partir do diálogo com o Governo Federal, Estados e Municípios, bem como o setor econômico e a sociedade civil, uma intensa e muito necessária reformulação do sistema tributário nacional.

Não se encontra presente a pretensão de se esgotarem todas as mazelas que hoje lhe permeiam, fazendo-se necessário contínuo avanço por parte deste Congresso Nacional. Tampouco se espera que o presente texto seja blindado a opiniões divergentes, muito pelo contrário. Estas são ansiosamente aguardadas, para que iluminem aspectos aprimoráveis no texto. Ainda, temos ciência de que algumas repercussões práticas desta reforma tributária estarão condicionadas à futura aprovação de normas infraconstitucionais que a viabilizem.

Nada obstante, temos por certo que a proposta se baliza pelos princípios mais caros à harmonização da atuação da Federação e de sua relação com os contribuintes, como se poderá testemunhar adiante.

Conclusões

Diante de todo o exposto até aqui, resta demonstrada não apenas a emergencial necessidade de alterações estruturais na tributação do consumo no Brasil, mas também a aptidão e a viabilidade de nossa proposta para fazê-las. Para além das diversas soluções de ordem prática, jurídica, procedimental e federativa veiculadas, concluímos com a expectativa de que a instituição do IBS unificado seja a pedra angular de uma nova era do desenvolvimento socioeconômico nacional.

Nessa inédita fase, é primordial que tenhamos em mente, tanto na análise desta proposta como na sua futura regulamentação, a busca pelo aumento da qualidade de vida do cidadão. Para tanto, que se priorize o amistoso ambiente de negócios do ponto de fiscal, com harmonia na relação da administração tributária com os contribuintes. Não esqueçamos, pois, da busca da redução da desigualdade econômica, efetivando o acesso de todos os cidadãos aos bens e serviços essenciais.

O povo está cansado de ser forçadamente cobaia de políticas tributárias descompromissadas, que cruzam suas vidas e, quando se vão, deixam pilhas de processos nos tribunais e rastros na retalhada legislação fiscal.

3.
A EVOLUÇÃO DO INSTITUTO DO TRUST NO BRASIL E O NECESSÁRIO DESDOBRAMENTO JURÍDICO DOS SEUS CONCEITOS PARA A CORRETA DETERMINAÇÃO DAS HIPÓTESES TRIBUTÁRIAS

Alexandre Piquet
Luiz Flávio Paína Resende Alves

O presente estudo tem como escopo analisar a evolução do instituto do *trust* no Brasil sob o enfoque tributário. Primeiramente é realizada uma abordagem histórica para verificação da origem dos conceitos. Em seguida, faz-se uma análise perfunctória quanto ao tratamento tributário dos *trusts* nos Estados Unidos e, posteriormente, lista-se a sequência de pronunciamentos oriundos de repartições do governo brasileiro sobre o instituto *trust* com o intuito de identificar as tendências normativas internas. Passa-se então a uma análise da redação do projeto de lei nº 4.758 de 29/09/2020, que visa a regulamentação da "fidúcia" como instituto de natureza similar ao *trust*. Ao final, a Solução de Consulta nº41/2020 é trazida ao debate como mais recente ato interpretativo da Receita Federal Brasileira a respeito de *trusts* estrangeiros. Em conclusão, propõe-se o aprofundamento dos conceitos do *trust* e a necessária classificação dos diversos tipos de *trust* para melhor enquadramento tributário no Brasil, alertando-se para uma perigosa tendência de generalização do sinalizada pelo fisco brasileiro.

Introdução

O instituto do *trust* surgiu na Roma Antiga e foi aprimorado pelos Ingleses durante o período das Cruzadas[1]. Seu propósito era oferecer proteção patrimonial em benefício dos familiares dos soldados que seguiam para as guerras. Em geral, transferia-se a titularidade dos bens para um amigo ou irmão, que se comprometia em revertê-los em benefício dos descendentes ou demais parentes diretos do soldado.

Há também relatos que o *trust* era utilizado com o propósito de driblar o costume e lei local. Isso porque as propriedades eram sempre passadas de geração para geração tendo como beneficiário o primogênito, permitindo que a propriedade da terra permanecesse concentrada sempre na mesma família. Contudo, certos chefes de família, no intuito de transferir a propriedade para filhas herdeiras ou para herdeiros mais novos, passaram a vender a terra a um terceiro que manteria os bens em "confiança" (*trust*, em Inglês) para o benefício de filho mais novo ou da filha.

Nos tempos modernos, o *trust* ainda segue a mesma base de arranjo contratual, isto é, uma pessoa (concedente ou *settlor*) transfere ativos para outra pessoa (agente fiduciário ou *trustee*) e a instrui para manter a propriedade em benefício de uma terceira pessoa (beneficiário ou *beneficiary*). Sendo assim, o *trust* nada mais é do que um contrato entre o *settlor* e o *trustee* que gerará efeitos ao *beneficiary*.

[1] HAYTON, David J., *The Law of Trusts*. London: Sweet & Maxwell, *1989*, p. 10. *"Equitable estates arose when it became the practice for a knight going off to the Crusades to vest his estate in land in a friend to hold "the use of" the knight, and, until his return, the knight's lady and children, since legal actions had to be brought by an adult male claiming a better right to possession of the land than some interloper. The land would be defenseless against such interloper if the knight were abroad for ten years without having earlier vested his estate in the land in friend. If the friend refused to retransfer the estate in land on the knight's return there was no remedy in the common law courts since the friend was the estate owner in their eyes. The knight could only petition the king to remedy the wrong since in equity the "friend" should be forced to recognize the knight's interest and retransfer the estate"*.

1. Natureza jurídica

A Convenção de Haia de 1985[2] estabeleceu, ainda que de forma limitada, o conceito de *trust*, que se transcreve *in verbis*:

> "(...) *A trust has the following characteristics:*
> *the assets constitute a separate fund and are not a part of the trustee's own estate; title to the trust assets stands in the name of the trustee or in the name of another person in behalf of the trustee; the trustee has the power and the duty, in respect of which is accountable, to manage, employ or dispose of the assets in accordance with the terms of the trust and the special duties imposed upon him by law.(...)*"

Com efeito, a Convenção de Haia ainda estabeleceu que o Estado-membro que vier a reconhecer o *trust* em sua respectiva jurisdição deverá necessariamente admitir os seguintes requisitos mínimos:

i) Que os credores pessoais do "*trustee*" não possam de qualquer forma reivindicar bens integrantes do "trust";
ii) Que os bens integrantes do "*trust*" sejam apartados em caso de insolvência ou falência do "*trustee*";
iii) Que os bens do "*trust*" de nenhuma forma sejam atingidos pelos regimes matrimoniais e sucessórios do "*trustee*";
iv) Que os bens do "*trust*" possam ser recuperados quando o "*trustee*", violando o compromisso assumido, os tenha indevidamente alienado, em prejuízo para o "*trust*".

Os alicerces sobre os quais, ao longo do tempo, se construiu o instituto, devidamente consolidados pela convenção de Haia, denotam claramente a natureza contratual do *trust*, isto é, um contrato estabelecido entre o *settlor* e o *trustee*, podendo (ou não) gerar efeito a terceiros (beneficiários).

2 PAÍSES BAIXOS. Hague Conference and Private International Law. Convention of 1 July 1985 on the Law Applicable to Trusts and on their Recognition. Disponível em: < https://www.hcch.net/en/instruments/conventions/full-text/?cid=59>. Acesso em: 20 maio.2021.

Tal contrato poderá ser gratuito ou oneroso, caso o *trustee* seja um profissional que trabalhe mediante pagamento de honorários. Será, de regra, bilateral, mas poderá ser plurilateral caso seja estabelecida alguma condição a ser implementada por algum dos beneficiários.

Em geral, é um contrato realizado na forma escrita (formal), no entanto poderá ser reconhecido como trato verbal (*implied trust*). Tem caráter personalíssimo, dado o elemento da "confiança" estabelecida na figura do *trustee*.

Por fim, para os países em que já existe o reconhecimento do instituto, o contrato seria típico, ao passo que para os demais a formação se daria mediante o ajuste misto de vários institutos ou eventualmente um contrato atípico.

Há, no entanto, uma característica no instituto do *trust*, que atualmente se mostra determinante para a análise da natureza jurídica do ato de transferência dos ativos do *settlor* para o *trustee*: a revogabilidade. Dada a importância do tema, separou-se um tópico específico para tratamento do assunto, conforme abordagem seguinte.

2. A revogabilidade do trust: comparativo entre Brasil e EUA

Conforme definição do léxico, o verbo revogar significa tornar nulo ou sem efeito determinado ato. Trazendo o conceito para o instituto do *trust*, revogar seria o cancelamento dos efeitos do contrato do *trust*, ou seja, o *settlor* tomaria novamente para si todos os direitos inerentes aos bens outrora transferidos ao *trustee*, sobretudo os direitos de propriedade dos ativos.

No Brasil, em sendo o ato de transferência dos ativos ao *trustee* uma espécie de "doação com encargos", tal doação somente poderia ser revogada por ingratidão do donatário ou eventual inexecução do encargo[3], respeitado o prazo decadencial de 1 (um) ano contado da data da ciência do evento pelo doador[4].

Nos Estados Unidos, por seu turno, é prerrogativa do *settlor* definir sobre a irrevogabilidade do *trust*, de modo que se o *trust* é instituído com tal cláusula, o *settlor* poderia ao seu arbítrio revogar o instrumento a qualquer momento.

[3] Artigo 555 do Código Civil Brasileiro.

[4] Artigo 559 do Código Civil Brasileiro.

Também conhecido como *living trust* ou *grantor trust*, o *trust* revogável pode ser comparado a uma espécie de "testamento sofisticado" em que o instituidor planeja de forma consciente a sucessão e, ao mesmo tempo, mantém o controle dos ativos durante a sua vida.

Já no *trust* irrevogável ou *non-grantor* a transferência dos ativos é realizada por doação, de modo que o *settlor* passa a não deter nenhum controle sobre os ativos, não lhe sendo permitido alterar nenhum termo ou dissolver o instrumento, salvo se por ordem de um diretor ou protetor, eventualmente nomeado pelo *settlor* no ato de formação do instrumento.

Destarte, a revogabilidade é um poder próprio de um *grantor trust*, que para fins de legislação tributária americana, caracteriza-se pelo Trust em que o *grantor* (outra denominação para *settlor*) ainda mantém poderes sobre os ativos eventualmente transmitidos para a guarda de um *trustee*. Eis o que reza a seção 671 do IRC (Internal Revenue Code)[5]:

> *Where it is specified in this subpart that the grantor or another person shall be treated as the owner of any portion of a trust, there shall then be included in computing the taxable income and credits of the grantor or the other person those items of income, deductions, and credits against tax of the trust which are attributable to that portion of the trust to the extent that such items would be taken into account under this chapter in computing taxable income or credits against the tax of an individual. Any remaining portion of the trust shall be subject to subparts A through D. No items of a trust shall be included in computing the taxable income and credits of the grantor or of any other person solely on the grounds of his dominion and control over the trust under section 61 (relating to definition of gross income) or any other provision of this title, except as specified in this subpart.*

Com efeito, em um *grantor trust* o *settlor* ainda mantém ingerência sobre os ativos detidos pelo *trustee*, como por exemplo: (i) o poder de decidir quem recebe os rendimentos do *trust*; (ii) o poder de votar ou dirigir o voto em

5 ESTADOS UNIDOS. Legal Information Institute. *26 U.S. Code § 671. Trust income, deductions, and credits attributable to grantors and others as substantial owners.* Disponível em: <https://www.law.cornell.edu/uscode/text/26/671>. Acesso em: 20 maio 2021.

empresas mantidas pelo *trust*; (iii) o poder de controlar os investimentos; e, por fim, (iv) o poder de revogar o *trust*, conforme reprodução da seção 676 do IRC[6]:

> *676 – POWER TO REVOKE*
> *(a) General rule*
> *The grantor shall be treated as the owner of any portion of a trust, whether or not he is treated as such owner under any other provision of this part, where at any time the power to revest in the grantor title to such portion is exercisable by the grantor or a non-adverse party, or both.*

É importante mencionar que a ausência de poderes para se revogar um contrato de *trust* ou até mesmo a disposição expressa quanto à irrevogabilidade, por si só, não caracteriza um *"non-grantor" trust*. Embora a revogabilidade seja um dos principais pontos de análise, poderá ocorrer casos em que a corte americana entenda pela caracterização do *grantor trust* em razão de outras características, conforme citado acima.

Sem embargo, para os *trusts* classificados como *"grantor"*, o *settlor* é, para fins tributários, considerado proprietário dos ativos, alterando sobremaneira os efeitos fiscais tanto em termos de rendimento, quanto em termos sucessórios.

Em termos sucessórios, por exemplo, todos os ativos listados no *trust* seguem sendo considerados bens de titularidade do *settlor* e, portanto, ingressam na base de cálculo para fins do imposto sucessório. Sob a ótica cível, os ativos em gestão de um *grantor trust* poderiam ser afetados em caso de falência ou insolvência do *settlor*.

Em suma, é extremamente importante estabelecer o comparativo entre o *grantor* e *non-grantor trust* para fins de se determinar a natureza jurídica do *trust*. Se *grantor*, podemos afirmar que a transferência dos ativos (caso seja ultimada, dado que não é um requisito essencial para se formar um *trust*) tem natureza precária; se *non-grantor*, a natureza jurídica do ato de transferência dos ativos (aqui sim, um requisito essencial) é de doação definitiva com caráter irresolúvel.

[6] ESTADOS UNIDOS. Legal Information Institute. 26 U.S. Code § 676. Power to revoke. Disponível em: <https://www.law.cornell.edu/uscode/text/26/676>. Acesso em: 20 maio 2021.

3. *Trust* e o direito brasileiro

Embora o *trust* seja muito utilizado em inúmeras jurisdições, ainda não existe regulamentação no direito brasileiro sobre o instituto. O que há de mais semelhante é o fideicomisso regulamentado no Código Civil Brasileiro, mas limitado às contidas regras de testamento.

No entanto, a globalização impede que o sistema jurídico brasileiro simplesmente ignore o instituto, sobretudo porque inúmeros brasileiros formaram e/ou são beneficiários de *trusts* estrangeiros.

De forma tangencial, a Receita Federal do Brasil e o Banco Central do Brasil vêm prestando esclarecimentos sobre *trusts* no exterior, que, de alguma maneira, se relacionam com residentes fiscais no Brasil.

A questão, contudo, ganhou novos contornos ao longo do ano de 2020, quando dois importantes episódios colocaram o *trust* em posição de destaque no cenário jurídico brasileiro: (i) a Solução de Consulta da Receita Federal Brasileira nº 41; e (ii) o projeto de Lei nº 4.758 de autoria do Deputado Enrico Misasi.

Os mencionados destaques ilustram de certa forma que o *trust*, que até o momento engatinhava no direito brasileiro, passa a esboçar seus primeiros passos, sendo, por conseguinte, relevante iniciar desde já as análises críticas, a fim de que haja o devido alinhamento com o alicerce histórico desenvolvido no direito comparado.

5. Escorço legislativo

5.1 O Conceito de *Trust* segundo a Nomenclatura Brasileira de Serviços – NBS

O Ministério da Economia[7] define a NBS como:

[7] BRASIL. Ministério da Economia. Nomenclatura Brasileira de serviços, intangíveis e outras operações que produzam variações no patrimônio. Disponível em: <https://www.gov.br/produtividade-e-comercio-exterior/pt-br> acesso em 20 maio 2021.

> (...) o classificador nacional para a identificação dos serviços e intangíveis que produzam variações no patrimônio e viabiliza a adequada elaboração, fiscalização e avaliação de políticas públicas de forma integrada. Visando a competitividade do setor, propicia a harmonização de ações voltadas ao fomento empreendedor, à tributação, às compras públicas, ao comércio exterior, entre outras(...).

Com efeito, a Portaria Conjunta RFB/SCS nº 2.000, de 18 de dezembro de 2018, cuidou de apresentar a classificação do *trust* para fins jurídicos e contratuais no Brasil. O Anexo I, em seu capítulo 9 (Serviços financeiros e serviços relacionados), assim conceituou o instituto:

> *Trust*: as relações jurídicas criadas, em vida ou após a morte, por determinada pessoa (o outorgante ou instituidor), com a finalidade de colocar seus bens sob o controle de uma outra pessoa (o *trustee* ou curador), que irá administrá-los em favor do beneficiário ou para alguma finalidade específica.

Indo além, a nota explicativa 1.095.23 do Anexo II do mesmo diploma legal, expõe que:

> "1.0905.23 Serviços de gestão e administração de *trust*: Para os fins desta subposição, o serviço de gestão e administração de *trust* tem como principal função realizar a gestão do patrimônio, conforme as diretrizes de administração e utilização definidas por meio de contrato formal estabelecido entre o outorgante e o beneficiário.
> O *trust* possui as seguintes características:
> – **Os bens constituem um fundo separado e não são parte do patrimônio do curador.**
> – Os títulos relativos aos bens do *trust* ficam em nome do curador ou em nome de alguma outra pessoa em benefício do curador.
> – O curador tem poderes e deveres, em respeito aos quais ele deve gerenciar, empregar ou dispor de bens em consonância com os termos do *trust* e os deveres especiais impostos a ele pela lei."
>
> (destacou-se)

As disposições ora citadas, embora não possam ser consideradas como lei (*stricto sensu*), tem o condão de dar diretrizes interpretativas para as cortes brasileiras e, sobretudo, para a Receita Federal.

Do que restou afirmado, é importante frisar que o patrimônio eventualmente gerido pelo curador (*trustee*) não é afetado por eventuais credores do próprio *trustee*. Ficando claro que a gestão é realizada em benefício de outrem (*settlor*).

5.2 Lei 13.254 de 13 de janeiro de 2016

A Lei 13.254 de 2016, também denominada "Lei da Repatriação", estabeleceu o Regime Especial de Regularização Cambial e Tributária – RERCT, com o objetivo de permitir que os contribuintes com bens ou direitos de origem lícita, não declarados ou declarados incorretamente tivessem a oportunidade de regularizar seu patrimônio com anistia criminal e tributária.

Como era de se esperar, o polêmico assunto tratado na Lei deu ensejo à edição de um "Manual" de "Perguntas e Respostas", formalmente batizado como Ato Declaratório Interpretativo nº 5, de 11 de julho de 2016. O manual cuidou de tratar também sobre dúvidas relacionadas a *trusts* e, não obstante, fez publicar interpretações da Receita Federal Brasileira sobre *trust*. Vejamos:

> "34) Quem pode declarar um *trust*?
> Nos termos do caput do art. 9º da Instrução Normativa RFB nº 1.627, de 2016, é declarante do trust seu beneficiário, inclusive seu instituidor, caso figure na condição de beneficiário em 31 de dezembro de 2014. Para usufruir dos benefícios do RERCT, também poderá declarar a Dercat o instituidor do trust que não figure, em 31 de dezembro de 2014, na condição de beneficiário.
> 35) Na hipótese de haver termo ou condição para adquirir ou perder a qualidade de beneficiário do trust, quem poderá optar pelo RERCT?
> No caso de trust em que houver termo ou condição que importe a perda da qualidade de beneficiário, cujo fato não ocorreu até 31 de dezembro de 2014, o beneficiário à época deverá declarar o trust.

> No caso de não ocorrência de termo ou condição, até 31 de dezembro de 2014, para a aquisição da condição de beneficiário e não havendo qualquer outro beneficiário designado, competirá ao instituidor optar pelo RERCT.
>
> 36) Caso a pessoa desconheça ser beneficiária de trust, ela poderá declarar?
>
> A adesão ao RERCT é opcional para aquelas pessoas que desejam regularizar ativos e buscar os benefícios de anistia penal.
>
> Caso a pessoa desconheça a existência do trust, ela não poderá aderir por razões óbvias e ficará sujeita a sanções tributárias e criminais caso a RFB identifique esses ativos após 31 de outubro de 2016.
>
> 37) A documentação contábil-financeira a ser mantida por declarante no caso de trusts [...] deverá ser preparada de acordo com quais princípios contábeis?
>
> A documentação contábil-financeira concernente aos trust deverá ser confeccionada de acordo com os princípios contábeis da jurisdição do trustee. [...]
>
> [...] A documentação contábil-financeira também poderá ser preparada de acordo com os princípios contábeis vigentes no Brasil, desde que assinada por profissional habilitado para tanto."

Da leitura do excerto acima, é possível concluir que (i) o beneficiário é a parte responsável para declarar a existência do ativo (ou direito sobre rendimentos desse ativo) no exterior; (ii) mesmo não tendo ciência do *trust* o beneficiário poderá eventualmente ser punido por não declarar; e (iii) a contabilidade do *trust* poderá ser realizada de acordo com princípios contábeis da jurisdição do *trustee.*

Neste momento já é visível a incompatibiliade do fisco Brasileiro em relação ao *trust,* na medida em que impõe a obrigatoriedade ao beneficiário em declarar um ativo que, tecnicamente, não lhe pertence. Trata-se de um direito ou uma expectativa de um direito.

Por outro lado, demonstra uma possível aceitação dos conceitos jurídicos de outras jurisdições para fins de adoção dos princípios contábeis.

5.3 Projeto de Lei nº 4.758 de 29/09/2020

Já ao final do ano de 2020, o deputado federal Enrico Misasi entendeu por bem inaugurar o tema no cenário legislativo apresentando o projeto de Lei para instituição da "Fidúcia" no Brasil.

Em sua justificativa, assim fez constar[8]:

> No direito brasileiro há precedentes legislativos que regulamentam a afetação e a propriedade fiduciária, mas restringem-se a situações específicas, como são os casos da incorporação imobiliária, da parceria público-privada, da garantia fiduciária na comercialização de bens, da securitização de créditos, das operações de crédito do agronegócio, além de outras atividades.
>
> Nos termos da proposição, trata-se de negócio jurídico pelo qual uma pessoa, denominada fiduciante, transmite a outra, denominada fiduciário, certos bens ou direitos para que este, o fiduciário, os administre em proveito de uma terceira pessoa ou do próprio fiduciante, de acordo com o estabelecido no ato de constituição da fidúcia.
>
> Do mesmo modo que no *trust*, os bens objeto do contrato de fidúcia são transmitidos ao fiduciário, mas ao invés de ingressarem no seu patrimônio, são alocados em um patrimônio separado, no qual permanecem afetados a determinada finalidade, vedada sua apropriação pelo fiduciário em proveito próprio.

Em geral, o projeto apresentado demonstra certa compatibilidade com as normas vigentes no direito comparado, mas peca em questões cruciais ao engessar o instituto em alguns pontos que deveriam ser objeto de discricionariedade das partes e, por outro lado, se omite em questões que deveriam ser positivadas.

O projeto demonstra bom avanço no §3º do artigo 3º ao estabelecer que o patrimônio afetado à fidúcia seria autônomo, só respondendo por dívidas

[8] BRASIL. Camara Legislativa. Projeto de Lei nº 4.758/2020. Disponível em: < https://www.camara.leg.br/proposicoesWeb/fichadetramitacao?idProposicao=2263549> acesso em 20 maio 2021.

e obrigações vinculadas à própria finalidade da fidúcia, vedando o redirecionamento de tais obrigações ao patrimônio do fiduciário e fiduciante, mas não se pronuncia se eventuais obrigações do fiduciante poderiam afetar o patrimônio dado em fidúcia.

Por outro lado, peca ao impor limitações ao fiduciário (*trustee*) de alienar ou gravar bem imóvel, estabelecida no artigo 5º. Segundo redação do mencionado dispositivo, todo imóvel transferido em fidúcia a um fiduciário deveria ser gravado com restrição na matrícula, impossibilitando o fiduciário de aliená-lo ou gravá-lo. Ora, tal limitação não seria um contrassenso ao próprio objeto da lei (fidúcia)? A princípio, na medida em que se elege um *trustee* para a condição de agente fiduciário, entende-se que há confiança naquele ente/pessoa, de modo que gravames ou limitações nos títulos dos bens engessaria eventuais movimentações de ativos que estariam abaixo do *trust*.

Além disso, estabelece no artigo 12, I, que o fiduciante (*settlor*) teria o direito de "*revogar a fidúcia, promover a destituição do fiduciário e nomear seu subsitito, independentemente de qualquer justificativa ou motivo*". Com base neste poder, o Brasil coloca um rótulo de *grantor trust* em todos os *trusts* (ou fidúcias) que seriam formados caso tal legislação estivesse em vigor.

Tal disposição certamente tornaria o *trust* brasileiro (fidúcia) desprotegido em termos cíveis, posto que as cortes locais, seguindo a tendência jurisprudencial externa, certamente entenderiam que a ingerência do fiduciante descaracterizaria a desafetação do patrimônio em relação a futuras responsabilidades do próprio fiduciante. Por conseguinte, impactaria diretamente na forma de tratamento tributário em outras jurisdições, dificultando ainda mais o alinhamento do fisco brasileiro com o sistema usual dentro do direito comparado.

6. O entendimento da RFB exarado na solução de consulta nº41 de 31 de março de 2020

Em 31 de março de 2020, a Receita Federal do Brasil enfim formalizou seu entendimento sobre a tributação de rendimentos oriundos de um *trust* no exterior.

Dada a importância a este estudo, o teor da consulta será examinado detalhadamente, a iniciar pelo relatório, que relata a existência de um *trust* em Bahamas formado pelo esposo da consulente, falecido em 2016.

Diante disso, a consulente indagou se os valores recebidos do *trust*, provenientes do exterior, caracterizaram fato gerador de Imposto de Renda Pessoa Física (IRPF) ou Imposto sobre Transmissão "Causa Mortis" e Doação (ITCMD).

Destaca-se, por oportuno, que o relatório não informou (seja por omissão da consulente ou por parte da RFB) se o *trust* havia sido formado na condição de revogável ou irrevogável, ou se o seu instituidor recolheu ITCMD no momento da transferência dos ativos ao *trust*.

Tampouco, a solução de consulta aprofundou em detalhes importantes quanto à natureza dos valores recebidos: se seriam lucros de investimentos ou retorno de capital outrora aportado pelo esposo da consulente.

Já na fundamentação, o texto afasta a interpretação quanto à eventual incidência do ITCMD por ser um tributo de competência Estadual, o que desautoriza a RFB em apresentar qualquer interpretação neste particular.

Em sequência, apresenta a definição de *trust*, conforme artigo 2º da Convenção de Haia e destaca a ausência de maiores detalhes e conteúdo na consulta apresentada[9]:

> 10. Observe-se que o termo *trust* pode ter mais de uma acepção, sendo uma delas aquela prevista na Convenção de Haia, realizada em 01/07/1985, com entrada em vigor 01/01/1992, da qual o Brasil não é signatário.
>
> 11. No Artigo 2º da Convenção, temos que: "o termo *trust* se refere a relações
> jurídicas criadas – intervivos ou após a morte – por alguém, o outorgante, quando os bens forem colocados sob controle de um curador para o benefício de um beneficiário ou para alguma finalidade específica." (grifos acrescidos)

[9] BRASIL. Ministério da Fazenda. Solução de Consulta COSIT Nº 41, de 31 de Março de 2020. Disponível em: <http://normas.receita.fazenda.gov.br/sijut2consulta/link.action?visao=anotado&idAto=108304> Acesso em 20 maio 2021.

> 12. Conforme citado pela consulente, o *trust* tem elementos subjetivos que seriam: *settlor, trustee* e beneficiário.
>
> 13. O *settlor* é aquele que, por meio de uma manifestação unilateral de vontade,
>
> destina parte ou o todo de seu patrimônio para formar o *trust*.
>
> 14. O *trustee* é a pessoa ou instituição que irá administrar os bens, ressaltando-se que os bens não se confundem com o patrimônio pessoal do *trustee*, mas formam um patrimônio à parte.
>
> 15. O beneficiário consiste em um ou mais indivíduos indicados pelo *settlor*, para,
>
> conforme termos e prazos estabelecidos na constituição do *trust*, receber do *trustee* o que for objeto do *trust* ("res"), condicionado ou não a evento futuro definido pelo *settlor*. Este, pode, também, determinar que o beneficiário vá recebendo os frutos da "res" ao longo do tempo.
>
> 16. Como elementos objetivos há o objeto ("res") e um ato de vontade (*trust deed*). O *trust deed* determina todas as condições sob as quais serão administrados os bens, como as obrigações do *trustee*, prazo de duração do *trust*, entre outros itens.
>
> **17. No presente caso, pelas informações prestadas pela consulente sobre o *trust* em questão, não é possível saber sobre o seu conteúdo, finalidade e condições. Sendo assim, faz-se uma análise baseada no que declara a consulente.**
>
> (Destacou-se)

Conforme destaque acima, nota-se que o teor da consulta enviada à Receita Federal se mostrou parco em conteúdo, o que de certa forma pareceu ter prejudicado uma análise mais detida e detalhada por parte do fisco.

Em sendo assim, a consulta foi direcionada para a situação mais gravosa possível, isto é, a interpretação de que eventual recurso recebido de um *trust* estrangeiro seria considerado uma renda de fonte estrangeira, tributando-se mediante incidência de alíquota progressiva mensal (carnê-leão/27,5%).

A despeito da aparente ausência de conhecimento da consulente (e/ou de seu representante) quanto às minúcias que envolvem o instituto, a Receita Federal perdeu uma oportunidade de se pronunciar por completo sobre o tema, avançando em hipóteses e possíveis enquadramentos tributários, conforme o contexto fático e jurídico.

Destarte, ao dar ao *trust* tratamento similar ao das empresas "*off-shore*", o fisco coloca as duas situações (que são completamente distintas) nos mesmos cestos, podendo induzir os demais operadores do direito ao fatal erro de que o *trust* teria o mesmo tratamento tributário que uma empresa "*off-shore*".

Ora, primeiramente necessário distinguir se o *trust* restou formado sob a condição de revogável ou não-revogável. Tal característica, conforme já ventilado alhures, altera por completo a natureza jurídica dos aportes e, por conseguinte, altera a natureza jurídica da transferência dos recursos aos beneficiários.

Em suma, pode-se dizer que, sendo o aporte dos ativos em um *trust* irrevogável uma doação[10], é curial entender que a transferência de titularidade se dá de forma gratuita, incidindo imposto sobre doação (ITCMD).

Nesta ordem de ideias, partindo-se da premissa de que os ativos não são mais de titularidade do *settlor* e, que também não pertencem ao beneficiário, não há outra interpretação além da que a remessa desse recurso ao beneficiário tem, novamente, natureza gratuita.

Tendo como premissa principal que os fundos existentes no *trust* não pertencem ao beneficiário e sim ao *trustee* (que inclusive poderá ter poderes para substituir beneficiários seja diretamente ou indiretamente, através de um diretor), tem-se que o beneficiário detém meramente uma expectativa de direito de recebimento, o que dependerá de diversos fatores e/ou condições previamente estabelecidas no instrumento de formação do *trust* ("*deed of trust*").

Destarte, não há como se enquadrar tais recebimentos no conceito brasileiro[11] de renda, já que não há relação direta de posse e/ou propriedade sobre

[10] O conceito de doação está devidamente delineado no art. 538 do Código Civil Brasileiro: "Considera-se doação o contrato em que uma pessoa, por liberalidade, transfere do seu patrimônio bens ou vantagens para o de outra".

[11] Conceito de renda está devidamente estabelecido no art. 43, I, do Código Tributário Nacional: "O imposto, de competência da União, sobre a renda e proventos de qualquer natureza tem como fato gerador a aquisição da disponibilidade econômica ou jurídica: I – de renda, assim entendido o produto do capital, do trabalho ou da combinação de ambos".

os ativos que geraram a renda, eis aqui os ensinamentos de Rubens Gomes de Sousa:

> (...) o fato gerador do imposto de renda será sempre, com efeito, o aparecimento de uma relação de propriedade ou de posse entre um rendimento e o contribuinte, seja este de fato ou de direito, isto é, quer esteja o contribuinte em relação pessoal com a matéria tributável, quer se trate simplesmente de um contribuinte por força de designação legal (...)[12]

Seguindo a mesma linha, Gisele Lemke avalia a teoria das fontes com precisão:

> Ao definir renda (em sentido estrito) como o produto do capital, do trabalho ou da contribuição de ambos, o Código Tributário adotou a teoria da renda-produto ou a teoria das fontes. Isto não significa que tenha sido adotada essa teoria com todos os elementos colocados pelos seus partidários para a conceituação de renda. Até porque eles mesmos divergem entre si. Quando se afirma que o Código adotou a teoria de fontes, o que se pretende é dizer que ele excluiu a teoria da renda-acréscimo patrimonial para definição de renda (em sentido estrito), exigindo que esta decorra de uma fonte produtiva (capital, trabalho ou a combinação de ambos)[13].

Com efeito, eventual distribuição de um *trust* para seus beneficiários tem, em regra, natureza de doação, porquanto ausente relação de posse e/ou propriedade entre o capital e o beneficiário.

Não obstante, também não há espaço para aplicabilidade do §2º do art. 43 do Código Tributário Nacional[14], tampouco o artigo 8º da Lei

[12] SOUSA, Rubens Gomes de. O fato gerador do imposto de renda. In Estudo de Direito Tributário, São Paulo, 1950, p.174

[13] LEMKE, Gisele-Imposto de Renda -Os conceitos de Renda e de Disponibilidade Econômica e Jurídica- São Paulo: Dialética, 1998, p. 63

[14] Art. 43 (...) § 2º Na hipótese de receita ou de rendimentos oriundos do exterior, a lei estabelecerá as condições e o momento em que se dará sua disponibilidade, para fins de incidência do imposto referido neste artigo.

Federal 7.713/88[15], na medida em que o fato da fonte estar situada no exterior e a eventual ausência de tributação na fonte, evidentemente, não têm o condão de alterar a natureza jurídica do rendimento.

Nesse diapasão, merece destaque a impossibilidade constitucional de que a lei tributária venha alterar a definição, o conteúdo e o alcance de conceitos de direito privado para definir ou limitar competência tributária nos termos do art. 110 do Código Tributário Nacional, o que, em outras palavras, significa dizer que o legislador brasileiro não pode à sua conveniência estampar um rótulo escrito "renda" em recebíveis que tenha natureza de doação meramente porque tem origem estrangeira ou porque não restou tributado na fonte, sob pena de se flertar com a insegurança jurídica.

7. Do necessário aprofundamento sobre a natureza do *trust* estrangeiro para se determinar a hipótese de incidência tributária

A despeito de todo o exposto no item anterior, a natureza dos rendimentos de um *trust* aos seus respectivos beneficiários deve ser analisada conforme o caso concreto, sendo necessário avaliar diversos aspectos para o correto enquadramento tributário.

A cláusula revogatória definitivamente é um divisor de águas para a correta análise e definição da natureza jurídica dos aportes realizados pelo *settlor* ao *trustee*, de modo que o *trust* irrevogável tem natureza de doação ao *trustee*, sendo inclusive necessário que o *settlor* retire os ativos doados de sua declaração de imposto de renda no Brasil. Neste contexto, não há como enquadrar as distribuições do *trust* dentro do conceito de renda, pelo simples fato de que os ativos pertencem a um terceiro, o *trustee*.

Neste caso, estar-se-ia dentro do campo de incidência do imposto sobre doações, instituído no artigo 155, inciso I, §1º, inciso III, da Constituição da República Brasileira, sendo imperioso mencionar que a instituição do imposto sobre doações e herança oriundos do exterior depende de lei complementar

15 Art. 8º Fica sujeito ao pagamento do imposto de renda, calculado de acordo com o disposto no art. 25 desta Lei, a pessoa física que receber de outra pessoa física, ou de fontes situadas no exterior, rendimentos e ganhos de capital que não tenham sido tributados na fonte, no País.

ainda não promulgada, o que torna a hipótese atípica para fins tributários, conforme recente entendimento do Supremo Tribunal Federal[16].

O *trust* revogável, por outro lado, tem características próprias de um "testamento sofisticado", de acordo com a tendência e evolução do direito comparado, sendo admitida a manutenção dos ativos na declaração de imposto de renda do *settlor*.

Neste caso, o *trust* revogável no exterior tem tratamento similar às famigeradas empresas "*off-shore*", sendo certo que a eventual distribuição de recursos para o próprio *settlor* tem sim natureza de renda para todos os efeitos, incidindo a alíquota de imposto de renda para pessoas físicas no Brasil (27,5%). Já a distribuição para demais beneficiários (que não seja o próprio *settlor*), também configuraria doação (enquanto o *settlor* estiver vivo) ou herança (após o eventual falecimento do *settlor*).

No entanto, nos casos em que a distribuição de um *trust* revogável tem como destinatário o próprio *settlor*, é também necessário identificar se a distribuição é originária de eventual lucro gerado dentro da estrutura do *trust* ou se decorre de redução do capital aportado incialmente no *trust*. A primeira, passível de incidência da alíquota do imposto de renda para pessoa física, conforme mencionado no parágrafo anterior, enquanto a segunda modalidade não se enquadraria em hipótese tributária do imposto de renda, salvo em caso de variação cambial positiva, que teria incidência de imposto de renda sobre o ganho de capital. Tal diferenciação é muito comum quando se recebe recursos de uma estrutura empresarial "*off-shore*" e que também se aplicaria para distribuições oriundas de um *trust* revogável.

Conclusões

O instituto do *trust* é secular e largamente utilizado em jurisdições com íntima relação com o Brasil, como por exemplo, os Estados Unidos. Destarte, conquanto o instituto do *trust* ainda tenha um longo caminho a percorrer dentro

[16] BRASIL. Supremo Tribunal Federal. Recurso Extraordinário nº 851.108. Relator: Dias Toffoli. Acórdão em 01/03/2021. Publ. 20/04/2021. Tese de Repercussão geral firmada: "*É vedado aos estados e ao Distrito Federal instituir o ITCMD nas hipóteses referidas no art. 155, § 1º, III, da Constituição Federal sem a intervenção da lei complementar exigida pelo referido dispositivo constitucional.*"

do cenário jurídico brasileiro, é necessário cuidado aos operadores do direito para que os conceitos e interpretações já validadas no direito comparado ao longo de séculos sejam devidamente acolhidos e aplicados no Brasil.

Embora ainda existam poucos pronunciamentos tributários sobre o *trust*, é notável a tendência de generalização do instituto e o enquadramento tributário na situação mais gravosa possível. De fato, é uma posição confortável para o fisco, que, neste contexto, irá sempre arrecadar o máximo, independente da situação fática do contribuinte, e, para o judiciário, que se abstém de aprofundar e ter que se pronunciar sobre mares ainda pouco navegados.

No entanto, é salutar entender que este temerário caminho nada mais faz do que plantar insegurança jurídica no país, afastando-o das melhores práticas tributárias internacionais e, consequentemente, de investimentos externos.

Com efeito, a administração fiscal brasileira, o poder legislativo e judiciário, devem debruçar-se sobre o instituto, indo a fundo nos conceitos históricos já enraizados e definições tributárias elementares, a começar pela correta distinção de tratamento entre um *trust* revogável e irrevogável.

Referências

BRASIL. Camara Legislativa. Projeto de Lei nº 4.758/2020. Disponível em: < https://www.camara.leg.br/proposicoesWeb/fichadetramitacao?idProposicao=2263549> acesso em 20 maio 2021.

BRASIL. Ministério da Fazenda. Solução de Consulta COSIT Nº 41, de 31 de Março de 2020. Disponível em: <http://normas.receita.fazenda.gov.br/sijut2consulta/link.action?visao=anotado&idAto=108304> Acesso em 20 maio 2021.

BRASIL. Supremo Tribunal Federal. Recurso Extraordinário nº 851.108. Relator: Dias Toffoli. Acórdão em 01/03/2021. Publ. 20/04/2021.

BRASIL. Ministerio da Economia. Nomenclatura Brasileira de serviços, intangíveis e outras operações que produzam variações no patrimônio. Disponível em: <https://www.gov.br/produtividade-e-comercio-exterior/pt-br> acesso em 20 maio 2021.

ESTADOS UNIDOS. Legal Information Institute. *26 U.S. Code § 671. Trust income, deductions, and credits attributable to grantors and others as substantial owners.* Disponível em: <https://www.law.cornell.edu/uscode/text/26/671>. Acesso em: 20 maio 2021

FORESTER, Gerd. O "Trust" do Direito Anglo-Americano e os negócios fiduciários no Brasil. Perspectiva de Direito Comparado (Considerações sobre o Acolhimento do "Trust" pelo Direito Brasileiro). Porto Alegre: Sergio Antonio Fabris Editor. 2013.

ESTADOS UNIDOS. Legal Information Institute. 26 U.S. Code § 676. Power to revoke. Disponível em: <https://www.law.cornell.edu/uscode/text/26/676>. Acesso em: 20 maio 2021.

LEMKE, Gisele-Imposto de Renda -Os conceitos de Renda e de Disponibilidade Econômica e Jurídica- São Paulo: Dialética, 1998.

HAYTON, David J., *The Law of Trusts*. London: Sweet & Maxwell, *1989*.

PAÍSES BAIXOS. Hague Conference and Private International Law. Convention of 1 July 1985 on the Law Applicable to Trusts and on their Recognition. Disponível em: < https://www.hcch.net/en/instruments/conventions/full-text/?cid=59>. Acesso em: 20 maio.2021.

produzam variações no patrimônio. Disponível em: <https://www.gov.br/produtividade-e-comercio-exterior/pt-br> acesso em 20 maio 2021.

SOUSA, Rubens Gomes de. O fato gerador do imposto de renda. In Estudo de Direito Tributário, São Paulo, 1950.

BEYER, Gerry W. Wills, Trusts, and Estates. Examples and Explanations. New York: Wolters Kluwer. 2015.

4.
AS REFORMAS TRIBUTÁRIAS E SEUS ASPECTOS HISTÓRICOS

Amanda Bonfim

Introdução: o discurso vazio e a mudança que nunca aconteceu

Mais do que a técnica, prevalece a história.

Somente com a compreensão das circunstâncias que influenciaram o rumo de nosso desenvolvimento seremos capazes de compreender o nosso sistema tributário, sua elaboração e desenvolvimento, bem como suas distorções.

Através da narrativa dos fatos ocorridos no Brasil, seremos capazes de entender a construção de cada uma de nossas sete Constituições Federais, passando pelo Brasil Império, República Velha e Era Vargas e, então, vamos para uma análise mais profunda a partir dos anos 50, da Constituição Federal de 1966 e do sistema tributário adotado desde então com a promulgação da Carta Magna de 1988.

A partir de então, seremos capazes de enxergar a tendência, que o Governo tem, de aumentar a carga tributária diante de sua incapacidade de alcançar o equilíbrio das contas públicas.

E, por outro viés, será exposta os reais motivos de uma eventual redução da carga tributária, qual seja, a suscetibilidade em ceder a pressões interna ou externas, ao mesmo tempo que, lança mão de artifícios legais para compensar tais perdas.

Sob o codinome de Antônio Vieira, o jesuíta Manoel da Costa, conhecedor da vida no Brasil Império e das ambiguidades de seus contemporâneos já dizia: "Desse mundo povoado de ladrões não escapa nem mesmo o rei, que pode roubar de três formas diferentes: quando rouba a si, gastando em coisas inúteis; quando rouba dos vassalos, pedindo tributos excessivos e inúteis; quando rouba aos estranhos, fazendo-lhes guerra sem causa".[1]

Talvez poderíamos reduzir essas três formas de Vieira em uma só, qual seja, cobrar de seus vassalos tributos excessivos, já que, ao final de tudo, é a partir dos tributos que se pagam as coisas inúteis e a guerra sem causa.

Mas afinal, você sabe quanto paga de impostos? Um empresário, de uma forma geral, tem consciência do valor da carga tributária no Brasil, mas ainda assim, será que ele sabe, o tempo todo, o quanto sai do bolso dele para se pagar os impostos? Ou pior, você sabe dizer por que paga tantos impostos?

O Estado nasce da necessidade de se organizar, controlar, cuidar e prosperar uma sociedade. Na essência, administrador e administrados deveriam estar em sintonia, mas se por um lado o administrador deve ser financiado pelo administrado, quanto se quer (ou, se deve) pagar por isso?

De todas as possibilidades que o governo possui para obter receitas em razão de sua manutenção e contraprestação, o tributo é a de maior relevância. Pago por todos, uns mais que os outros, o fato é que, se por um lado o Estado quer receber mais, por outro o contribuinte quer pagar menos e permeando essa dicotomia, surgem as distorções do nosso sistema tributário vigente: corrompido, arcaico, complexo e ineficiente.

Em trecho do seu livro "A Corrupção na História: Conceitos e desafios metodológicos", a autora Adriana Romero faz uma dissertação profunda acerca do tema e se posiciona: "No caso do governo político, uma das causas da corrupção residia, sem dúvida, no amor excessivo às riquezas. Tratadistas e moralistas condenaram, em uníssono, os homens que, levados pela cobiça, antepunham as próprias conveniências aos interesses da sociedade".[2]

No plano abstrato, a Constituição Federal/88 tratou de todas as necessidades do brasileiro no que tange aos direitos e garantias individuais.

[1] Vieira, Antônio: ARTE de furtar, composta no ano de 1652, reimpressa e oferecida ao Ilmo. Sr. F.B. Targini, ex-thesoureiro mor do Erário do Rio de Janeiro. Pg – 70.

[2] Romeiro, A. Corrupção e poder no Brasil. Grupo Autêntica, 2017. Pg – 22.

Com relação ao sistema tributário o legislador constituinte também não falhou: ali estão as melhores regras de tributação, princípios importantes, limitações claras, competências bem definidas, amplitude nas bases tributárias e, claro, previsão de imunidades e direitos especiais para situações especiais.

Então, onde está o problema? Para que uma reforma? O que se deve levar em conta para se promover a reforma tributária? A justiça fiscal? O que é justo? Qual o limite da justiça quando interesses antagônicos estão em questão?

No Brasil, desde que se fala em tributos, se fala em reforma tributária, seja nas revoltas sufocadas em praça pública, nas reuniões de empresários, nas promessas eleitorais, nas pretensões políticas ou no meio acadêmico. O assunto não é novo, assim como as propostas não são, mas ao final de tantas propostas, comissões e discussões, o que nos sobram são os mesmos e já conhecidos problemas do sistema tributário nacional, além da esperança de que, dessa vez, vai dar certo.

Nosso sistema tributário, tal qual é hoje, nasceu na década de 60, no governo militar de Castello Branco, criado em um ambiente de regime militar e cerceamento de direitos individuais.

O cenário predominante era do autoritarismo e da política de segurança nacional em detrimento dos direitos e liberdades individuais.

Com o fim do poderio militar, uma nova Constituição é promulgada em 1988 juntamente com novas esperanças e novas regras tributárias.

As mudanças não foram significativas e em relação a estrutura de tributação, manteve-se o IR e o IPI como carro chefe na arrecadação da União e o ICMS como a "menina dos olhos" dos Estados. Não era interessante mexer demais nesta estrutura, já que a essa altura o IR já estava consolidado como o grande responsável pela arrecadação nacional[3] e o Governo Federal sabia que perderia uma fatia do bolo para a arrecadação estadual, o que, como veremos adiante, foi resolvido com as inúmeras possibilidades de se criar contribuições sobre a folha de salário.

[3] O Imposto de Renda é instituído no Brasil pela Lei 4.625 de 31/12/1922, mas consolida-se como o principal tributo em arrecadação em 1979. Da Nobrega, Cristóvão Barcelos, História do Imposto de Renda no Brasil, um enfoque sobre a Pessoa Física (1922-2013), Publicação da Receita Federal do Brasil. Ed 2013.

A grande questão é que a arrecadação parece não ter fim, já que historicamente os tributos no Brasil foram criados para suprir os gastos públicos que, por sua vez, também não têm fim.

Quando olhamos para países com elevada carga tributária, mas com retorno em forma de bons serviços e boas políticas sociais, a alta carga tributária não é de fato um problema. Da mesma forma, como regra geral, países assim tender a simplificar seu sistema tributário, trabalhando em questões pontuais e residuais.

O que quero dizer é que a alta carga tributária nem seria mesmo uma questão a ser debatida, se o resultado de uma arrecadação tão elevada fosse garantia de que o tributo cumprisse seu objetivo, qual seja: retornar para o cidadão na forma de serviços de qualidade prestados pelo Estado.

Então acabamos voltando ao ponto inicial deste artigo, mas agora sob um novo questionamento: a Reforma Tributária vai resolver o problema do país?

Primeira parte: um apelo à história!

Nos bancos das escolas, ainda sem maturidade para entendermos verdadeiramente o significado de revoltas populares, vimos professores contarem a história de pessoas como Tiradentes. Enforcado e esquartejado em praça pública, serviu de lição para aqueles que não concordavam com os impostos cobrados da população brasileira. A história é sempre a mesma: quem recebe, quer receber mais, quem paga, quer pagar menos e, no meio disso, os intelectuais discutindo o que deve ser feito, os políticos sabendo exatamente o que vai ser feito e o povo certo de que tudo vai acontecer, menos a tão sonhada redução da carga tributária. E, igualmente nos dias de hoje, pessoas se revoltam, gritam, esperneiam, xingam na hora de pagar o tributo, mas por força do avanço de nosso sistema jurídico, ninguém é condenado à morte por isso.

Em época de mais pessoas e pouco governo, os homens sedentários ofereciam voluntariamente presentes aos seus inúmeros deuses, como forma de agradecer a colheita e a fartura. Esses presentes eram denominados "tributos aos deuses".

Na evolução e crescimento das sociedades, líderes proclamados cobravam tributos para garantir segurança e um mínimo de sistema jurídico. Mas a ganância, o poder e a cobiça, sempre presentes na humanidade corrompiam cada vez mais a troca que se estabelecia entre administrador e administrado. O papel dos líderes foi maculado e este processo foi se tornando cada vez mais robusto na medida que a ambição dos chefes de estado crescia. O povo então era patrocinador de guerras, conquistas, invasões, exército, igreja, castelos, conselhos, rainhas, prostitutas e toda vontade do soberano, sem limites.

Lendo esse resumo superficial da história, talvez algumas pessoas pensem em como melhoramos.

De fato, melhoramos: chefes de estados, na sua maioria são eleitos pela vontade do povo, direitos e liberdades individuais, bem como o limite dos poderes de soberanos são a maioria e ninguém mais é enforcado e esquartejado em praça pública (ao menos legalmente). Além disso, para os revoltosos, mídias sociais e o melhor de tudo: temos uma Carta Magna bem redigida, justa e democrática.

A Constituição e os tributos

Brasil Império e a primeira Reforma Tributária

Ao todo, o Brasil foi berço de 7 Constituições.

O Brasil era território cobiçado por suas riquezas pelos próprios portugueses que insistiam na exploração colonial, por portugueses nascidos no Brasil[4] que queriam autonomia política e por outras nações europeias, como a Holanda e a Espanha, que não perdiam a oportunidade de morder um pedaço do território brasileiro.

Após anos de exploração econômica o Brasil teve seus anos de glória com as benfeitorias trazidas ao país pela família real desde a vinda de D. João VI em 1808, ano em que fugiu de Portugal, amedrontado pelo potencial bélico de Napoleão Bonaparte.

[4]. Na época do Brasil Colônia, o vocábulo "brasileiro" designava apenas o nome dos comerciantes de pau brasil. Só depois da independência do Brasil se pode diferenciar brasileiros e portugueses. Até então, filhos de portugueses nascidos no Brasil eram portugueses.

Mas quando a família real portuguesa retorna a Portugal, leva consigo a maior parte das riquezas trazidas e deixa uma nação completamente desfalcada e endividada.

Já nesta época, a dívida externa, fruto de tratados econômicos desfavoráveis com a Inglaterra e inúmeros empréstimos tomados, era tão alta quanto impossível de se pagar.[5]

Neste caos político e econômico, pressionado de todas as formas, coube à D. Pedro I o trono brasileiro e a tarefa de seguir com o processo de independência e rompimento com a Coroa Portuguesa.

Não podemos deixar de mencionar que o processo de independência do Brasil foi muito mais um arranjo político do que uma ruptura propriamente dita e nesse contexto nasceu a Constituição Federal de 1824.

O sistema tributário nacional surge então sem grandes pretensões. Entre as extrações vegetais, a cultura da cana de açúcar e o tráfego negreiro, as maiores preocupações estavam em, não apenas controlar, mas também participar, de certa forma, dos benefícios de todo tipo de evasão e contrabando, já que a distância territorial facilitava tais desvios.

[5] Certamente a vantagem não foi percebida pelos brasileiros pelo simples fato de que mal nos livramos da metrópole, caímos nas garras da Inglaterra, credora de uma enorme dívida pública já preocupante nesta época. Como se já não houvesse dívidas suficientes com os tratados comerciais de Portugal e Inglaterra, a cada necessidade, pedia-se mais e mais dinheiro. Observe, a título de exemplo, o Decreto de 30 de julho de 1822, cujo teor era unicamente de solicitar mais empréstimos:
DECRETO- *DE 30 DE JULHO DE 1822*
Manda cortrahir um Ernprestimo para fazer face ás mais urgentcs despesas do Estado.
Sendo um dos Meus mais Sagrados Deveres, como Regente e Perpetuo Defensor deste Reino, acudir-lhe com prompto e eficaz remedio na crise de suas actuaes circumstancias, e proporcionar-lhe todos aquelles meios que mais concorram a manter sua segurança, prosperidade e independencia; e outrosim estando plenamente convencido ele que tão gloriosa tarefa só póde bem dempenhar-se por meio de energicas e opportunas medidas, cuja execução demanda despezas extraordinarias e immediatas, que não podem esperar pela Sancção da Assembléa Constituinte e Legisla ti v a, ainda não installada : Hei por bem Encarregar a Martim Francisco Ribeiro de Andrada, do Meu Conselho de Estado, Ministro e Secretario de Estado dos Negocios da Fazenda e Presidente do Thesouro Publico, ele contrahir um emprestimo de 400:000$000, debaixo das condições que com este baixam, e serão relogiosamente observadas. O que o mesmo assim terá entendido e cumprira.
Palacio do Rio de Janeiro om 30 de Julho de 1822.
Com *a rubrica de S. A. R. o Príncipe Regente.*

Não havia muito o que se regular, já que a economia era pouco desenvolvida (vez que os ciclos econômicos surgiam e morriam à própria sorte), o governo era central e, nesta época, manter a arrecadação de tributos para o financiamento de toda estrutura pública nacional, sem remessas a Portugal já era, por si só, uma grande e vantajosa Reforma Tributária.

À época do Brasil Imperial, tributava-se, principalmente, a extração vegetal (pau-brasil), as produções da cana de açúcar, o tráfico de escravos e o comércio exterior. Havia ainda o tributo sobre as grandes crises nacionais e internacionais, cobrado quando da guerra do Paraguai em 1864 a 1870.

Os esforços de D Pedro I em estabelecer uma tributação capaz de equalizar a balança comercial não alcançaram os objetivos pretendidos e o Brasil independente, nasce e cresce preso às dívidas externas.

Somente no reinado de D. Pedro II, com reformas mais profundas, o Brasil consegue equilibrar receitas e despesas. Neste período, ou seja, 20 anos depois da Constituição Federal do Império é que se teve a primeira disposição tributária acerca do imposto de renda para quem recebia dos cofres públicos.

O que se observa na história é que sempre que se propõe uma reforma tributária, por mais que o discurso seja de prosperidade e justiça, por mais que se alterem, se unam ou simplifiquem impostos, o resultado pretendido é um só: aumentar o tributo para que seja capaz de pagar as despesas do país.

Durante o período colonial e depois no Brasil Império, o sistema tributário é criado na medida da necessidade de obter recursos para atingir um objetivo.

Por fim, não obstante D João VI e seus sucessores tenham sido grandes estadistas, inclusive para o desenvolvimento do país, no quesito sistema tributário, o Brasil Império é marcado por desequilíbrio entre arrecadação e despesas, falta de normas claras, despreocupação com a constitucionalidade das leis tributárias e elevado índice de contrabando e sonegação de impostos.

República regada a Café com Leite!

Quase 70 anos depois de proclamada a independência do Brasil, tendo passado por profundas rupturas, surge a Constituição de 1891 logo após a Proclamação da República em 1889.

A República veio na forma de um Governo Provisório, fruto de um Golpe de Estado e articulada por militares que queriam, a todo custo, romper com a monarquia. Ao romper, todo o discurso de mudanças evaporou-se durante o então Governo Provisório do Marechal Deodoro da Fonseca.

Nesta época, podemos dizer, já havia o "jeito brasileiro" de resolver questões complexas. E o Governo Provisório, ironicamente denominado *Self-Goverment*[6], pelo diplomata norte americano incumbido do reconhecimento da recém proclamada república, já caía em contradições.

Antes acusara o monarca de ditador e agora, nem mesmo havia instituído uma Constituição Federal e já infringia direitos e liberdades individuais. Prendeu pessoas, censurou a imprensa, aumentou o salário do funcionalismo público e, claro, buscou todos os meios de se prolongar no poder.

Lembrando o contexto histórico, o Brasil República tinha na agricultura cafeeira mais da metade da economia nacional e a cooperação entre governo central e os donos do café ditavam as regras do jogo. O Governo cedia às determinações dos barões do café e produtores de leite. Havia um forte poderio entre as Províncias de Minas Gerais e São Paulo que se revezavam no comando

[6] Transcrição de artigo escrito à Revistas Portuguesas sobre práticas adotadas pelos militares quando da instauração da República no Brasil em 1889: "O GOVERNO DOS ESTADOS UNIDOS MANDA UM SIMPLES ENCARREGADO DE NEGÓCIOS RECONHECER OFICIALMENTE O GOVERNO DO SR. DEODORO. - SIMPLICIDADE DAQUELE DIPLOMATA. - O *SELF-GOVERNMENT* ENTENDIDO SEGUNDO O SR. LEE. - A BOA DOUTRINA, A PROPÓSITO DE UM TEATRO. - O MILITARISMO INTERESSEIRO E UTILITÁRIO DO SR. DEODORO E DOS SEUS COMPANHEIROS. - NOBRE DESINTERESSE DE ALGUNS MILITARES ESPANHÓIS CONTRAPOSTO ÀS PRÁTICAS DOS MILITARES BRASILEIROS. - OBLITERAÇÃO DO SENSO MORAL ENTRE OS MILITARES POLÍTICOS. - UMA CONSTITUIÇÃO PELO AMOR DE DEUS. - CONFUSÃO DE PRINCÍPIOS E DESORDEM NOS PLANOS CONSTITUCIONAIS. - A CONSTITUIÇÃO É DIFÍCIL DE SAIR. - NOVO DECRETO CONTRA A IMPRENSA. - *COISAS POLÍTICAS* DA *GAZETA DE NOTÍCIAS*. - ONDE ESTÁ A CORAGEM? - PROVA DE QUE A DITADURA NÃO FAZ CASO DA OPINIÃO. - O JORNALISTA MOSCA DO COCHE POLÍTICO. - CARTAZES SEDICIOSOS. - ASNEIRA POLICIAL. - A LIBERDADE DE IMPRENSA: VIOLÊNCIAS. - BOM PREPARO PARA AS ELEIÇÕES. - O DESCRÉDITO DO BRASIL NA EUROPA. - QUADRO DA DEPRECIAÇÃO DE TODOS OS TÍTULOS BRASILEIROS COTADOS EM LONDRES. - O SISTEMA RUI BARBOSA JULGADO PELO BOM SENSO E POR PAUL LEROY BEAULIEU. - O SINDICATO DOS AMIGOS DO SR. RUI BARBOSA. - A FORMAÇÃO DO BANCO DOS ESTADOS UNIDOS DO BRASIL. - NEGÓCIOS... - O DINHEIRO DO ESTADO. - *MANIFESTAÇÃO* À BOCA DO COFRE FEITA AO SR. RUI BARBOSA. - AINDA AS VIOLÊNCIAS. - A CLASSE MILITAR E OS JACOBINOS. - O DESTINO QUE ESPERA O PARTIDO REPUBLICANO E O EXÉRCITO NO BRASIL. - SÓ DEUS É GRANDE!"

em um esquema de corrupção, troca de favores, imposição de regras às demais províncias e controle pela força e pelo voto de cabresto.

Ler a história parece chocar mais do que vivê-la, principalmente quando percebemos a semelhança com os dias atuais.

A Carta da República, no entanto inovou ao adotar o federalismo, dividindo o território nacional em 20 Estados e 1 Distrito Federal. A descentralização da administração pública, inspirada no modelo norte americano garantiu enorme autonomia aos Estados que agora teriam suas próprias Constituições Estaduais[7].

O sistema tributário da época é, então, elaborado de forma a atender a grandes demandas, como a nova proposta de autonomia federativa dos Estados e suas forças regionais, além das questões de caráter econômico, principalmente em relação à recente abolição da escravatura e o crescimento da indústria e à urgência de obras de infraestrutura com a migração de camponeses para as cidades.

As circunstâncias exigiam muito do texto constitucional e, de fato, as preocupações não eram o povo e seus problemas, menos ainda os contribuintes de impostos, mas apenas como a nova ordem política iria se estabelecer, principalmente como seria repartida a arrecadação de tributos entre União e Estados, esquecendo-se dos Municípios.

Na Constituição de 1891, composta por 91 artigos, ao Sistema Tributário foram dedicados cinco artigos do texto constitucional, com seus incisos e parágrafos, dos quais, dois artigos tratavam da competência para instituir tributos e nos demais trechos estavam presentes os limites ao poder de tributar, e algumas imunidades tributárias, bem como estavam presentes o princípio da legalidade.

[7] A seguir, trecho do texto da CF de 1891:
...
Dos Estados
Art 63 – Cada Estado reger-se-á pela Constituição e pelas leis que adotar respeitados os princípios constitucionais da União.
Art 64 – Pertencem aos Estados as minas e terras devolutas situadas nos seus respectivos territórios, cabendo à União somente a porção do território que for indispensável para a defesa das fronteiras, fortificações, construções militares e estradas de ferro federais.
Parágrafo único – Os próprios nacionais, que não forem necessários para o serviço da União, passarão ao domínio dos Estados, em cujo território estiverem situados.

A constitucionalidade das leis tributárias não eram exatamente a maior preocupação do governo federal, menos ainda a repartição de riquezas ou sistemas de compensações entre as unidades da federação. A função primordial do sistema tributário neste ambiente era garantir a arrecadação.

Aos Estados cabia sua própria arrecadação e a União somente deveria intervir em casos emergenciais. Os municípios ficariam bem desamparados e dependentes dos repasses estaduais.

Os impostos indiretos, assim como a tributação no comércio exterior eram as formas mais importantes de incidência de tributos. As instituições alfandegárias, mereceram atenção especial, pois além de promover a arrecadação de tributos, eram instrumentos de protecionismo. As alíquotas de impostos sobre produtos variavam de 5% a 60%. O imposto de importação, a essa altura era responsável por quase a metade da arrecadação do país.

A maior reforma tributária da época foi em dois aspectos: no controle alfandegário, utilizado como medida de política cambial e na autonomia dos Estados que agora poderiam instituir e cobrar tributos de exportação e impostos interestaduais, detinham o controle das minas e terras devolutas e ainda poderia contrair, diretamente, empréstimos externos.

Além dos impostos indiretos e da tributação do comércio exterior, havia também tributos sobre o lucro líquido das companhias, sobre a remuneração, gratificação e dividendos de diretores de companhias e ainda impostos sobre juros de debêntures e crédito hipotecário, impostos sobre bens de raiz, herança e legado.

A despeito do que acontecia no mundo, entre os séculos XIX e XX, o imposto de Renda estava sempre em pauta nas discussões político-econômicas do Brasil. Embora tenha havido alguma regulamentação semelhante, somente foi trazido para nosso contexto tributário definitivamente em 1922 quando a necessidade de se estabelecer equilíbrio orçamentário tornou-se inadiável.

Incorporado ao sistema tributário nacional em 1922 e reformado em 1925, a motivação real para a instituição do imposto de renda foi, mais uma vez o orçamento, tanto é verdade, que nos dois momentos, a lei de instituição e alteração foram as leis orçamentárias: Lei 4.625 de 31/12/1922 e Lei 4.984 de 31/12/1925.

Quando se fala em ruptura, em algo novo e diferente, cria-se no imaginário que o novo é bom, então as pessoas tendem a acreditar em discursos repletos de ideais de justiça. Mas toda mudança trazida na Constituição Federal de 1891, tinha como pano de fundo, os interesses econômicos daquilo que foi chamado pelos historiadores de Política do Café com Leite.

Perceba que as rupturas promovidas no desenvolvimento do Brasil enquanto nação não é fruto de uma vontade de mudança de fato, nem sequer representa o interesse pelo povo e seus problemas, mas são apenas obras de uma boa propositura política. E o sistema tributário e qualquer proposição de reforma nada tem a ver com justiça fiscal, mas tem na fiscalidade, na arrecadação um fim em si mesmo.

Independente das intenções de cada personagem de nossa história, nos interessa aqui mostrar que o discurso que justifica a mudança, a ruptura ou a reforma, deixa de ser legítimo no momento em que se repete do mesmo jeito, pelos mesmos motivos e para os mesmos objetivos a cada anseio político ou econômico, a cada vez que se traz à tona a necessidade de Reforma Tributária e nunca, nunca se resolve o problema real.

Se isso é um fato, e se é também um fato que o tributo é a maior e mais importante fonte de sustento do governo de uma nação, talvez o leitor possa imaginar o que aconteceu com o sistema financeiro e administrativo do Brasil e, por consequência, com o sistema tributário, tão logo foi instituída a República. Senão, vejamos!

Na obra Fatos da Ditadura Militar no Brasil, de 1890, edições do Senado Federal, volume 187, o relato do autor que agora transcrevemos a respeito do golpe da República em 1889 e de suas práticas logo no governo provisório: "O militar que por sua própria deliberação tomou o lugar de chefe do governo marcou a si mesmo um ordenado superior ao de todos os presidentes de República no mundo, exceto o da República Francesa. E o país ainda deve lhe ficar grato, porque se ele quisesse levar o Tesouro Nacional para sua casa, ninguém o poderia impedir. Os cidadãos que se constituíram ministros dobraram os ordenados antigos de ministro."[8]

Além das despesas geradas pelo novo regime, a pressão para a instauração de um sistema tributário mais eficiente, era agravada pela crescente inflação,

[8] Prado, Eduardo, 1860-1901 Fatos da Ditadura Militar no Brasil: artigos publicados na Revista de Portugal de dezembro de 1889 a junho de 1890 / Frederico de S. – Brasília: Senado Federal, Conselho Editorial, 2014.

impulsionada pela política alfandegária adotada pelo então Ministro da Fazenda Rui Barbosa e pela emissão de papel-moeda com o fim de atender a nova massa trabalhadora assalariada.

Como é de se esperar em um sistema de tributos fundamentados na arrecadação, as primeiras distorções não tardaram a aparecer, principalmente na confusão conceitual e normativa entre taxa e imposto, no conflito de competências e a ocorrência de bitributação com a mal determinada repartição das rendas tributárias entre União e Estados.

Juntamente com a instituição da República e toda pressão fiscal, vislumbrou-se uma necessidade de implementar um controle nas contas públicas e em 1890 (ratificado em 1891 pela CF), foi criado o Tribunal de Contas, com membros vitalícios e nomeados pelo presidente da república, cuja missão era a de verificar as contas públicas.

Não obstante a necessidade de controle urgia, não havia de fato uma preocupação com a justiça tributária, nem mesmo com a distribuição de riquezas, o tributo era instituído na medida da demanda do governo em sustentar a si próprio, suas mazelas e as demandas trazidas pela economia ligadas e dependentes das oligarquias cafeeiras.

Para não dizer que não houve mudanças mais significativas, em 1922 o Imposto de Renda foi instituído e a criação de um regulamento mais coerente manteve ocupado o legislador tributário. Em 1925 diante de inúmeros problemas tributários gerados por conflitos de interpretação das normas tributárias, dívidas fiscais e ilícitos tributários, é criado o Conselho de Contribuintes.

É um loop sem fim de descontrole orçamentário, leis confusas, conflito de competências e, claro, dívidas fiscais, auto de infração e descontentamento geral com o sistema tributário.

Getúlio, pai dos pobres!

As Constituições Brasileiras alternaram tendências mais ou menos democráticas, conforme o momento e o chefe de estado exigiam.

A Carta Magna de número três, proclamada em 1934, pelo então presidente Getúlio Vargas, foi o suspiro de políticas paternalistas e sociais e durou o suficiente para o golpe de estado e uma nova Constituição, dessa vez, imposta, em 1937 pelo mesmo Getúlio Vargas.

Getúlio Vargas assumiu o comando do país quando São Paulo furou a fila do poder em seu acordo com Minas Gerais durante a Política do Café com Leite.

Em 1930 Júlio Prestes, indicado pela cúpula são paulina, é eleito presidente, mas jamais ocuparia o cargo. Getúlio Vargas já havia arquitetado seu golpe e assumiria o poder no mesmo ano.

Mais um golpe, mais um governo provisório, mais decretos para se governar e mais uma Constituição Federal, forçada e fruto de pressões políticas, em 1934.

Em poucos anos, o mesmo Getúlio Vargas arquiteta novo golpe, revoga a Constituição de 1934 e impõe a nova Carta em 1937.

Precedido de uma grave guerra civil, com tendências fascistas e ditatoriais, o governo Vargas foi populista e autoritário, com forte apelo patriota e medidas focadas no desenvolvimento da economia nacional, no fortalecimento do Estado, no poder centralizado e no paternalismo social e ampliação dos direitos trabalhistas.

Em relação ao sistema tributário, as duas constituições foram muito semelhantes, mas em relação as demais trouxe inovações, principalmente nos âmbitos estaduais e municipais. Foi mantida a estrutura federalista, ao mesmo tempo que se instituiu a repartição das receitas entre as três esferas de governo. Inicia-se neste período a predominância de impostos internos sobre produtos.

A repartição das receitas e as limitações e proibições tributárias aos entes federados, trouxeram para os Estados um encargo constitucional elevado que refletiu no enfraquecimento econômico próprio e dos seus municípios.

A rigidez orçamentária, imposta pela União, foi agravada com o advento da segunda guerra mundial e a seguir, com a derrota do nazifascismo, Getúlio perde forças até renunciar em 1945.

O colapso do Estado Novo e os ventos democráticos

Com as pressões internas, a forte militância do jornalismo contra o Governo Vargas e o fim da guerra, a Constituição de 1946 traz os reflexos de um país que almeja um pouco mais de liberdade.

No campo tributário a novidade foi uma melhor e mais clara distribuição de rendas, com maior participação dos estados e municípios. Na verdade, ao verificarmos o texto constitucional percebemos pequenas alterações na carga tributária. Uma reforma de grande importância se estabelecia que era a disposição constitucional para uma justiça fiscal e mais igualitária entre os estados mais ricos e mais pobres através dos impostos da União.

O aparato fiscal da época foi considerado ultrapassado e ineficiente. Estudos e análises começam a ser formulados para uma nova estrutura fazendária mais adiante. A estrutura estatal começa a se agigantar, assim como cresce também a dívida nacional e tudo se agrava após os planos econômicos audaciosos de Juscelino Kubitscheck no final dos anos 50.

A história nos deixa claro que as verdadeiras intenções dos sistemas tributários trazidos pelas constituições federais, nada mais são do que ajustes orçamentários. O curioso é que os ajustes orçamentários são sempre para obter maior arrecadação.

No contexto geral da época, muito se legislava por decretos e normas infraconstitucionais o que aponta uma tendência a adaptar a arrecadação conforme a necessidade do governo, demonstrando imaturidade tributária, complexidade, redundância e, acima de tudo, insegurança jurídica. O próprio código tributário nacional, constitucionalmente proposto em 1946, somente é promulgado em 1966 a partir da EC 18/1965. Outro aspecto importante foi a influência perniciosa com a qual os grandes grupos econômicos, como é o caso das oligarquias agrícolas, conduziam o rumo das políticas financeiras e, por consequência, os aspectos tributários do país.

No cenário mundial o fantasma de uma nova guerra pairava cada vez que Estados Unidos e União Soviética se esbarravam. A Guerra Fria dividiu o mundo na época e o medo de uma revolução comunista facilitou a instauração do regime militar no país em 1964.

A máquina da desigualdade não faz "sentido"

Durante o Governo de João Goulart a partir de 1961, com a doção de reformas políticas radicais e a ascensão de movimentos sociais extremos, abriu-se caminho para o Regime Militar em 1964, apoiado pela sociedade liberal da época.

Nos anos seguintes a ditatura se intensificou com medidas radicais e privativas de liberdades. Em 1967 uma nova Constituição é imposta.

A administração militar prometia eficiência e austeridade. Medidas econômicas foram adotadas visando o crescimento da economia nacional a curto prazo e o milagre econômico é obtido por basicamente três frentes: forte interferência estatal na economia, endividamento para financiar o gasto público e oferta monetária para bancar o desenvolvimento da indústria emergente. Se em curto prazo o brasileiro acreditou que iria decolar, antes mesmo de alçar voo, a inflação, as desigualdades e o extremo grau de endividamento fizeram os mesmos apoiadores do regime militar virar-se contra ele.

No plano tributário, a reforma veio efetivamente. Uma reestruturação ampla do sistema de arrecadação, controle fiscal e das diretrizes da tributação foram trazidas pela Emenda Constitucional 18 de 1965 que ditou os rumos da reforma tributária.

O legislador apresenta o Código Tributário Nacional em 1966 com regras claras e pautas estabelecidas nos três âmbitos de governo.

O texto normativo chega a comover os mais endurecidos juristas ao tratar de controle do gasto público, questões de justiça e equidade e dos princípios que garantem o direito do contribuinte.

Os objetivos da reforma eram: fortalecer os cofres públicos, impulsionar o desenvolvimento econômico, promover a redistribuição de rendas através de uma tributação progressiva, ajustar as desigualdades regionais e devolver à União o controle e o poder de decisões importantes no contexto tributário.

Muito foi feito nesta época: é criado o Fundo de Participação dos Estados e Municípios como ferramenta de compensação pelas perdas tributárias sofridas por ambos e como forma de reduzir as desigualdades regionais. A estrutura fiscal foi intensamente reformulada e normatizada. É durante o regime militar que se tem estruturação da Secretaria da Receita Federal, tal como ela é atualmente.

A carga tributária aumentou de fato, assim como a arrecadação também cresceu significativamente após a implementação da reforma. Os motivos eram, além do controle mais eficaz, a criação de institutos como correção monetária, ampliação das bases do imposto de renda, incidência na fonte, mudança dos antigos impostos indiretos em cascatas para impostos sobre valor agregado.

Mas se por um lado tivemos uma evolução no contexto jurídico da reforma, por outro medidas tendenciosas criaram distorções graves.

A começar, para proporcionar o desenvolvimento econômico, incentivos fiscais e controles alfandegários foram criados em bases artificiais para a proteção da indústria nacional. O plano de substituição de importações do governo, com incentivo de importação de matéria prima com preços subsidiados por incentivos fiscais, formou um hiato na arrecadação, preenchido pelo aumento nos impostos indiretos (na produção e consumo) que penalizaram as classes menos privilegiadas.

O foco na indústria significava o abandono da agricultura e com isso o êxodo rural tornou-se maior neste período. As políticas sociais foram intensificadas e a criação de contribuições fora do campo tributário foi a solução para tornar tais políticas autofinanciáveis. Foi nesta época que sugiram a contribuição previdenciária sobre a folha de pagamento, o FGTS, o PIS/Pasep, a Cofins (antes Finsocial) e as demais contribuições parafiscais.

Embora o objetivo das contribuições parafiscais tenha sido elevar o patrimônio do trabalhador e a manutenção de políticas sociais, frente aos graves problemas de orçamento, os recursos arrecadados foram sistematicamente desviados para outras frentes.

O sistema tributário tornou-se robusto e complexo, com uma estrutura bem mais eficiente para controle e arrecadação.

Mas a médio prazo os problemas das políticas econômicas adotadas começam a aparecer: em meio a medidas antidemocráticas, a inflação volta a assombrar os brasileiros penalizados com medidas de arrocho salarial impostas pelo FMI e aceitas pela necessidade cada vez maior do dinheiro internacional.

Observe no gráfico a seguir a evolução do Salário Mínimo no país e a redução salarial no pós golpe em 1964 e nos períodos de hiperinflação em 1989 e 1994:[9]

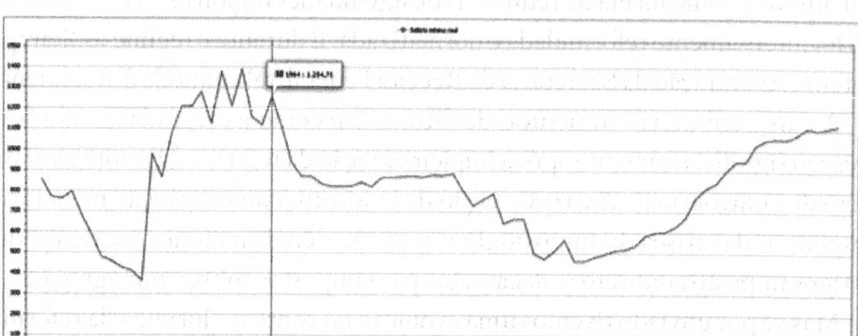

[9] Fonte: Ipeadata

O Milagre Econômico prometido atingiu apenas a classe alta e, mais uma vez, o discurso vazio e infundado das reformas tributárias era evidente.

Os problemas, ora invocados para se promover a reforma tributária em 1965, são os mesmos que temos hoje, são os mesmos que já tínhamos antes e são os mesmos existente à época. Sua existência é denunciada no próprio relatório de sistematização do novo sistema, preparado pela comissão de juristas reformistas, que foi citado na Exposição de Motivos para a reforma tributária pelo então Ministro da Fazenda Otávio Gouveia de Bulhões:[10]

"Desde 1891 vem sendo seguido o critério de partilhar tributos designados por suas denominações jurídicas usuais, posto que nem sempre pacíficas para os próprios juristas. Esse sistema tem provocado ou facilitado distorções econômicas que o crescimento das necessidades financeiras do poder público, e a consequente complexidade e onerosidade dos tributos federais, estaduais e municipais somente tendem a agravar. Exemplo desta afirmativa e à proliferação de figuras tributárias, concebidas em termos jurídicos formais com que os três governos têm procurado alargar o campo de suas competências e fortalecer o montante de suas arrecadações. Isto, sem falarmos nas sobreposições de tributos, do mesmo ou de outro poder, economicamente idênticos e disfarçados apenas pelas roupagens jurídicas que o legislador o reveste. Pode-se mesmo dizer, sem exagero que existem hoje no Brasil mais tributos formalmente distintos que fatores econômicos aptos a servir de base à tributação."

Observe que o sistema anterior já trazia os problemas da complexidade e dificuldade de interpretação das normas. Nesta época as distorções econômicas e tributárias já atingiam o país de forma sistemática.

Se há um momento na história do Brasil que se pode chamar as alterações tributárias de reforma, é este que se inicia em 1965 e se estende nos anos seguintes. Mas percebam que todo esforço dos juristas para se obter uma boa reforma tributária não foram suficientes para atingir os objetivos almejados.

O que se observa é que o simples fato de querer uma melhora ou de escrever uma lei ampla e completa não bastam. Tem de haver uma consciência, por parte do governo, de que aumentar os tributos forçando a arrecadação

10 Veja citação em Baleeiro, Aliomar. Direito Tributário Brasileiro. 5ª. Edição, Rio de Janeiro, Ed Forense, 1973.

somente é eficaz se isso contribuir, efetivamente, para melhorar o ambiente de negócios, fomentar o desenvolvimento econômico e garantir que o tributo retorne ao cidadão através da contraprestação eficiente.

De forma simplista, podemos dizer que é uma questão de matemática, justiça e ética, na qual receitas e despesas precisam se equilibrar, a contraprestação aos cidadãos precisa efetivamente existir e, finalmente, precisamos encarar o custo mais pesado para o brasileiro: o descaso com o dinheiro público.

Segunda parte: a Constituição Cidadã!

Quando finalmente o Brasil reconheceu que a ditadura militar atingiu mais que a democracia, tendo comprometido sistematicamente nossa economia nacional, endividando o país e empobrecendo a população, não se podia esperar nada diferente de uma Constituição Federal democrática e justa. E foi neste sentido o texto da Constituição Federal de 1988, conhecida como a Constituição Cidadã.

A eleição indireta de Tancredo Neves para a Presidência do Brasil marca o fim do Regime Militar. Em publicação de 16 de janeiro de 1985, o jornal Correio Brasiliense noticiava:[11]

"Por uma diferença de 300 votos, os candidatos da Aliança Democrática, Tancredo Neves e José Sarney, foram eleitos ontem presidente e vice-presidente da República, pelo Colégio Eleitoral: eles obtiveram 480 votos, contra 180 conferidos aos candidatos do PDS, deputados Paulo Maluf e Flávio Marcilio. Houve 17 abstenções e 9 ausências."

Uma comissão composta por 50 membros foi responsável pelo texto constitucional de 1988 e não desapontou. A Carta Magna da democracia era comprometida com a justiça, igualdade, liberdade e com todos os princípios de direito voltado para garantias e proteção ao cidadão.

[11] Matéria originalmente publicada em Correio Braziliense e republicada em 16 de janeiro de 1985 pelo Projeto Brasília Sexagenária. Acervo, disponível em: https://www.correiobraziliense.com.br/brasilia60/

Na esfera tributária, portanto, esperava-se uma redistribuição dos custos tributários, com uma melhor distribuição da carga tributária nas bases de incidência, justamente para se obter um resultado mais justo.

O sistema tributário tal qual é hoje foi elaborado no texto da Constituição Federal de 1988, mas grande parte de seus fundamentos já estavam presentes na Carta de 1967.

A base da tributação foi dividida conforme o modelo clássico: consumo (impostos sobre bens e serviços), renda e patrimônio. O sistema tributário foi efetivamente simplificado e mais bem organizado.

No campo das incidências sobre bens e serviços ocorreu a união de impostos especiais e impostos únicos para formarem o ICMS, de competência estadual. A proposta era de um imposto que incidiria no valor agregado através de sua não cumulatividade e teria a origem (e não o destino) como princípio de sua incidência.

A formação do ICMS trouxe para os Estados maior capacidade de arrecadação, sem dúvida, fortalecendo o pacto federativo. No entanto a adoção da origem como princípio de tributação, defendida pelos Estados de maior desenvolvimento econômico comprometeu a ideia de redução das desigualdades regionais que seria possível com a adoção da tributação no destino.

Além da incidência do ICMS, a estrutura tributária repartiu a base sobre produção e consumo com a União (IPI) e Municípios (ISSQN).

Embora a redistribuição de receitas entre os entes federativos tenha ocorrido, não houve na mesma proporção transferências de responsabilidade de políticas sociais. Dessa forma, União ao mesmo tempo que se mantém responsável por patrocinar as políticas sociais já adotadas e as novas (como por exemplo a criação do Sistema da Seguridade Social que abrangeu a previdência, a saúde e a assistência social) trazidas pelo texto constitucional, renunciava a receitas. Somado a isso a nova configuração dos fundos de repasse estadual e municipal elevou a participação desses entes de 33% para 47%.

Resultado disso foi o abuso, por parte da União, da tributação através das inúmeras possibilidades de aumentar ou instituir contribuições para fiscais, fundamentadas pelo art 195 do texto constitucional.

Importante fazer essa ressalva à Constituição Cidadã que, embora tenha desenhado muito bem os limites do poder de tributar, bem como as competências de cada esfera de tributação, trouxe uma ampla abertura para a criação de contribuições pela da União com o objetivo de ampliar as possibilidades de fomentar políticas sociais.

Na sequência, pouco se alterou o texto constitucional, embora os governos seguintes trouxessem modificações que se sucediam em elevar a carga tributária na medida de suas necessidades, preferencialmente através das ditas contribuições, ora majorando, ora criando outras novas.

As reformas implementadas, muito mais ocorreram por imposição de outros agentes, como o FMI, do que necessariamente para fomentar a economia e reestruturar nosso sistema tributário. Nesse cenário é que vimos a implementação do sistema não cumulativo do PIS e COFINS para empresas do lucro real e a extinção da CPMF.

Ainda que não seja perfeito o texto constitucional traz em seu bojo regras essencialmente coerentes com o que se espera de um sistema tributário: que seja eficiente, simples, flexível e equitativo.

No entanto a norma não acompanha a vida prática no mesmo ritmo e distorções na aplicação de tais normas vêm ocorrendo ao longo dos anos sem que se tenha uma solução de fato.

Não podemos ser injustos com a Constituinte de 88: o sistema tributário presente na CF de 1988, embora exaustivamente colocado no texto constitucional, não foi aplicado como deveria.

Entendendo a questão

No Brasil temos ressalvas em todas as categorias de tributos, gerando problemas sérios de produtividade, de competitividade, de cumulatividade, excesso de litígio tributário em razão da complexidade e muita ineficiência.

Dentre as principais categorias de tributos temos: tributos sobre serviços, sobre renda e lucro, sobre a folha de salários e sobre a renda do trabalho, tributos sobre riqueza e patrimônio e os tributos regulatórios, como por exemplo os tributos ambientais. Mas dentro da agenda atual, a tributação sobre bens e serviços, tem um debate mais maduro, primeiro porque vem sendo discutida há vários anos e em razão de sua influência sobre o ambiente de negócios no país.

A progressividade do IR não é eficiente, a não cumulatividade do ICMS não se sustenta, os impostos reais (IPTU), que deveriam ser progressivos, não são, e quando estados e municípios tentaram aplicar a progressividade o STF não permitiu por muito tempo, alterando seu posicionamento recentemente. Além disso as contribuições colocadas com finalidades especificas forma alvo de abusos e desrespeitos por parte do governo federal e, como se não bastassem as referidas distorções, percebemos um desencontro entre sistema tributário e sistema econômico com o excessivo número de benefícios fiscais concedidos desde então sem nenhum controle ou mensuração de seus benefícios efetivos. Finalmente, a omissão do legislador infraconstitucional em promover as adequações necessárias ao texto constitucional.

Para piorar, a estagnação econômica do país, com crescimento insuficiente faz com que o sistema tributário pareça ser um vilão causador de todos os nossos problemas. O resultado ao longo do tempo foi um sistema complexo, inseguro, desestimulante e muito judicializado.

A cada tentativa de reforma, como já vimos, mesmo que mudem o momento, os fatos, o contexto, os argumentos são sempre voltados para maior eficiência do sistema tributário, progressividade dos impostos como garantia de justiça fiscal e distribuição de riquezas.

Embora tudo esteja escrito no texto constitucional, precisamos entender questões falhas em nosso sistema tributário que precisam ser corrigidas. No entanto, nos interessam a tributação incidente sobre as empresas, suas distorções, reflexos e possibilidades.

No quesito eficiência econômica, precisamos relacionar carga tributária, bases tributárias e contraprestação do serviço público.

Os dados recentes sobre a carga tributária nacional, obtido por estudo apresentado em publicações da Receita Federal do Brasil[12] nos aponta um percentual de 33,26% de carga de tributos sobre o PIB em 2018:

[12] Conforme relatório publicado pela Receita Federal do Brasil, Tabela 02, acessível em: https://receita.economia.gov.br/dados/receitadata/estudos-e-tributarios-e-aduaneiros/estudos-e-estatisticas/carga-tributaria-no-brasil/ctb-2018-publicacao-v5.pdf/@@download/file/CTB%202018%20-%20Publicacao%20V5.pdf

Tabela 02

Carga Tributária por Ente Federativo

Entidade Federativa	2017 Arrecadação [R$ milhões]	2017 % do PIB	2017 % da Arrecad.	2018 Arrecadação [R$ milhões]	2018 % do PIB	2018 % da Arrecad.	Variação Arrecadação [R$ milhões] Nominal	Variação Arrecadação [R$ milhões] Real (1)	Variação p.p. do PIB	Variação p.p. da Arrecad.
União	1.448.349,32	22,00%	68,04%	1.547.402,45	22,46%	67,53%	99.053,14	51.468,49	0,46	-0,51
Estados	547.073,54	8,31%	25,70%	593.382,08	8,61%	25,90%	46.308,54	28.334,77	0,30	0,20
Municípios	133.189,98	2,02%	6,26%	150.622,55	2,19%	6,57%	17.432,57	13.056,69	0,16	0,32
Total	2.128.612,84	32,33%	100,00%	2.291.407,08	33,26%	100,00%	162.794,24	92.859,95	0,93	0,00

(1) Foi usado o deflator implícito do PIB para corrigir a arrecadação de 2018.

No mesmo estudo, em outro gráfico, percebemos a distribuição dessa mesma carga tributária sobre as bases de tributação e sob um enfoque econômico[13]:

Tabela 05

Carga Tributária e Variações por Base de Incidência - 2018 x 2017

Cod.	Tipo de Base	Arrecadação [R$ milhões] 2017	Arrecadação [R$ milhões] 2018	Arrecadação [R$ milhões] Variação	% PIB 2017	% PIB 2018	% PIB Var (p.p. do PIB)	% da Arrecadação 2017	% da Arrecadação 2018	% da Arrecadação Var (p.p. da Arrec.)
0000	Total:	2.128.612,84	2.291.407,08	162.794,24	32,33%	33,26%	0,93	100,00%	100,00%	0,00
1000	Renda	462.886,33	495.355,23	32.468,90	7,03%	7,19%	0,16	21,75%	21,62%	-0,13
2000	Folha de Salários	590.638,81	627.640,46	37.001,65	8,97%	9,11%	0,14	27,75%	27,39%	-0,36
3000	Propriedade	97.512,32	106.362,95	8.850,63	1,48%	1,54%	0,06	4,58%	4,64%	0,06
4000	Bens e Serviços	942.653,48	1.025.142,39	82.488,90	14,32%	14,88%	0,56	44,28%	44,74%	0,45
5000	Trans. Financeiras	34.683,11	36.617,97	1.934,86	0,53%	0,53%	0,00	1,63%	1,60%	-0,03
9000	Outros	238,79	288,09	49,30	0,00%	0,00%	0,00	0,01%	0,01%	0,00

Não nos importa aqui tratar da evolução propriamente dita da carga tributária, mas sim demonstrar a representatividade (e, portanto, a urgência) em se revisar essa distribuição. Observe que quase a metade de toda carga de tributos está concentrada na incidência sobre bens e serviços.

A tributação sobre bens e serviços implica em onerar consumo e produção, o que prejudica enormemente a competitividade das empresas nacionais e vai de encontro ao ideal de justiça fiscal.

Ainda que defensores do texto constituinte digam que o mecanismo de tributação do Imposto de Renda corrigiria essa distorção, o que se observa na realidade é uma classe média e baixa castigada com a tributação de seus itens de consumo e uma classe mais rica privilegiada com pouca incidência de tributos na renda e no patrimônio.

13 Ibid. tabela 02

Há de mencionar ainda a isenção do Imposto de Renda na distribuição de lucros da pessoa física recebidos através do pagamento de lucros e dividendos da pessoa jurídica. Desde 1995 o modelo tributário do imposto de renda optou por tributar mais a pessoa jurídica, abrindo mão da tributação da pessoa física.

A justificativa parece simples, já que o controle e a fiscalização na pessoa jurídica, por diversos fatores seria mais eficiente. De certo modo, isso procede, mas os efeitos negativos dessa opção têm sido observados desde então sem nenhuma perspectiva de melhora.

Adicionado a isso, é mais fácil também tributar o consumo, já que pela incidência indireta de impostos, possibilita ajustes de alíquotas passem despercebidos.

A verdade é que o cidadão brasileiro, diferentemente das empresas não têm ideia do quanto se paga de tributos indiretos e as medidas para reverter essa cegueira fiscal do brasileiro (como é o caso da Lei 12.741/12)[14], realizadas por entidades e associações que visam proteger interesses de classes econômicas, não tem surtido o efeito necessário para que se tenha uma pressão popular sobre o governo.

A questão que merece atenção é de fato melhorar a distribuição da tributação nas bases de incidência, aliviando a tributação sobre a produção e consumo.

Além disso, caberia uma nova análise sobre questões de competências residuais. Observe a falha do legislador ao tratar do IPVA, excluindo de sua incidência embarcações e aeronaves. Qualquer cidadão que tenha um automóvel paga anualmente o imposto sobre veículos automotivos, no entanto isso não ocorre com lanchas, iates, jatos particulares e outros itens semelhantes.

Outra questão, de cunho econômico, é a erosão nas bases tributárias do ICMS e ISSQN com a multiplicação de benefícios fiscais concedidos sem uma medida de controle e avaliação de seus reflexos na arrecadação dos Estados e Municípios. O resultado foi um sistema desestimulante e de incidências cumulativas, fruto da Guerra Fiscal e da sua compensação na excessiva tributação em itens que não fogem da base tributária: combustível, comunicação e energia.

14 A lei 12.741/12 tem como objetivo informar o consumidor a respeito do valor de tributos pagos na aquisição de um bem ou serviço. Por esta lei, a empresa tem o dever de informar no documento fiscal o percentual de tributos incidente na operação.

As diversas tentativas de simplificar a tributação das empresas, embora tenha oferecido uma tributação menor em alguns setores, tem um grave problema que é a tributação sobre faturamento. Grande parte da arrecadação nacional é atribuída às empresas optantes pelos regimes de apuração pelo lucro presumido e Simples Nacional e ambos os sistemas partem da receita bruta para o cálculo do tributo. Quem sofre são as empresas cujos produtos e serviços ofertados possuem menor valor agregado, que na falta de uma tributação melhor, optam por uma dessas duas formas.

As distorções do sistema tributário vão além do tributo e atingem questões maiores como a insegurança jurídica e o desinteresse em se investir no país.

Ambos são fatores que desestimulam a economia nacional, principalmente quando falamos de capital internacional. Que interesse teria o investidor estrangeiro em empreender em um sistema marcado pelas disputas judiciais que dividem fisco, contribuinte e interesse político?

Fora isso, muito se debate sobre o custo de obrigação acessória impostas às empresas para fomentar o governo de informações sobre seu próprio aparato fiscal. Vejam a gravidade dessa questão: além da preparação de documentos próprios das relações comerciais e contratuais, as empresas precisam elaborar informações para fomentar a ânsia de controle e arrecadação do governo.

Em estudos sobre o desempenho das economias quanto à regulação do ambiente de negócios em um dado período, o Ranking "Doing Business"[15] aponta o Brasil na 124ª. Posição, ficando em melhor posição (mas bem pareado) com nossos empobrecidos vizinhos: Paraguai e Argentina.

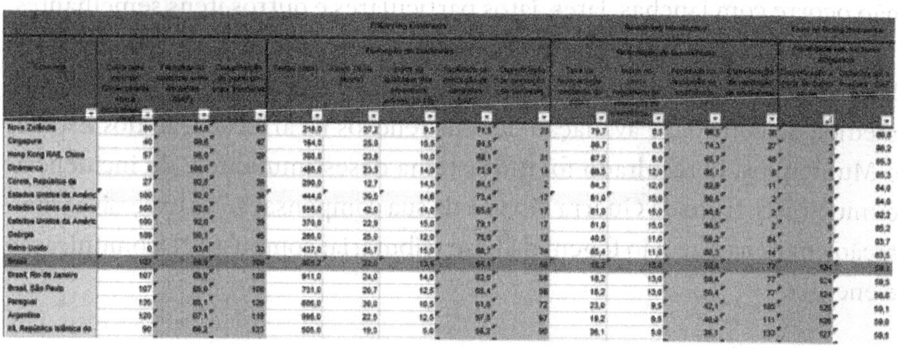

[illegible]	[illegible]	[illegible]	[illegible]	[illegible]	[illegible]	[illegible]	[illegible]	[illegible]	[illegible]	[illegible]	[illegible]	[illegible]	[illegible]	[illegible]
Nova Zelândia	80	84,8	63	218,0	27,2	9,5	71,5	23	79,7	8,5	[illegible]	36	1	[illegible]
Cingapura	40	[illegible]	47	164,0	25,8	15,5	84,5	1	88,7	8,5	74,3	27	2	86,2
Hong Kong RAE, China	57	[illegible]	[illegible]	385,0	23,6	10,9	[illegible]	31	67,2	8,0	65,7	45	3	85,3
Dinamarca	0	100,0	1	485,0	23,3	14,0	73,9	14	88,5	12,0	[illegible]	[illegible]	4	85,3
Coreia, República da	27	92,5	[illegible]	290,0	12,7	14,5	84,1	2	84,3	12,0	82,8	11	5	84,0
Estados Unidos da América	[illegible]	82,0	[illegible]	444,0	30,5	14,8	73,4	12	81,0	15,0	[illegible]	2	6	84,0
Estados Unidos da América	[illegible]	[illegible]	[illegible]	555,0	42,0	14,0	[illegible]	17	81,9	15,0	[illegible]	2	[illegible]	[illegible]
Estados Unidos da América	[illegible]	[illegible]	[illegible]	370,0	22,9	15,0	79,1	17	81,9	15,0	[illegible]	2	[illegible]	[illegible]
Geórgia	[illegible]	[illegible]	45	285,0	25,0	12,0	75,0	12	40,5	11,0	[illegible]	[illegible]	7	83,7
Reino Unido	0	[illegible]	33	437,0	45,7	15,0	[illegible]	34	65,4	11,0	[illegible]	14	8	[illegible]
Brasil	[illegible]	[illegible]	[illegible]	[illegible]	[illegible]	13,6	[illegible]	[illegible]	[illegible]	[illegible]	[illegible]	[illegible]	124	[illegible]
Brasil, Rio de Janeiro	107	[illegible]	[illegible]	911,0	24,0	14,0	[illegible]	58	18,2	13,0	[illegible]	77	124	59,5
Brasil, São Paulo	107	[illegible]	[illegible]	731,0	20,7	12,5	[illegible]	[illegible]	18,2	13,0	[illegible]	77	124	[illegible]
Paraguai	[illegible]	[illegible]	[illegible]	[illegible]	[illegible]	10,5	61,0	72	23,0	9,5	42,1	[illegible]	125	59,1
Argentina	120	67,1	[illegible]	[illegible]	22,5	12,5	[illegible]	[illegible]	18,2	9,5	[illegible]	111	[illegible]	59,0
Irã, República Islâmica do	90	[illegible]	[illegible]	[illegible]	19,0	[illegible]	[illegible]	[illegible]	38,1	[illegible]	[illegible]	132	127	[illegible]

15 Conforme cálculo elaborado pela Calculadora da Pontuação de Facilidade em Fazer Negócio, disponível em: https://portugues.doingbusiness.org/content/dam/doingBusiness/excel/db2020/DB20_score_calculator.xlsx

Como se não bastasse a questão excessivamente burocrática e custosa da tributação no país, o nível de judicialização é considerado elevado. Piorando o quadro, as decisões judiciais não resolvem o problema, simplesmente, por demorarem cerca de 15 a 20 anos para se obter uma decisão.

Nenhum sistema tributário é perfeito! Mesmo os países de economia evoluída travam debates tributários, ainda que em torno de questões residuais.

Mas no Brasil, o problema é agravado pela recorrente insatisfação que existe a respeito da equação carga tributária *versus* retorno.

O IBPT[16] vem trazendo informações relevantes sobre o IRBES (Índice de Retorno de Bem-estar à Sociedade) através da correlação da carga tributária e o IDH (Índice de desenvolvimento Humano), pelo qual se mede o retorno dos tributos para a população dos 30 países de mais elevada carga tributária. O Brasil, cuja carga tributária é de 33% (à época do estudo em 2018), é ranqueado em 30º, estando em pior classificação em relação a países com carga tributária semelhante que aparecem em posições muito melhores. Veja a seguir, o ranking[17] de países com carga tributária menor ou semelhante e suas posições no cenário mundial e perceba que o IRBES é significativamente melhor que o Brasil.

DESCRIMINAÇÃO			IRBES - ÍNDICE DE RETORNO AO BEM-ESTAR DA SOCIEDADE		
RANKING	ANO 2015	ANO 2015	ÍNDICE OBTIDO	RESULTADO	RESULTADO
30 PAÍSES DE MAIOR TRIBUTAÇÃO	C.T SOBRE O PIB	IDH	IRBES	RANKING	RANK. ANTERIOR
IRLANDA	23,10%	0,923	166,89	1º	5º
EUA	26,20%	0,920	163,07	2º	3º
SUIÇA	27,70%	0,939	162,96	3º	1º
CORÉIA DO SUL	25,20%	0,901	162,61	4º	2º
AUSTRÁLIA	28,20%	0,939	162,39	5º	4º
JAPÃO	30,70%	0,903	156,45	6º	7º
CANADÁ	32,00%	0,920	156,40	7º	6º
ISRAEL	31,30%	0,899	155,42	8º	9º
REINO UNIDO	32,50%	0,909	154,89	9º	10º
NOVA ZELÂNDIA	33,00%	0,915	154,83	10º	8º
NORUEGA	37,40%	0,949	152,66	11º	16º
URUGUAI	27,00%	0,795	151,53	12º	14º
REP. TCHECA	33,30%	0,878	151,34	13º	15º
ESPANHA	33,80%	0,884	151,27	14º	12º
ISLÂNDIA	36,70%	0,921	151,08	15º	21º
ALEMANHA	37,10%	0,926	151,05	16º	11º
ESLOVÁQUIA	32,30%	0,845	149,68	17º	13º
LUXEMBURGO	36,80%	0,898	149,01	18º	19º
ESLOVÊNIA	36,60%	0,890	148,56	19º	18º
ARGENTINA	32,10%	0,827	148,38	20º	17º
GRÉCIA	36,40%	0,866	146,75	21º	20º
DINAMARCA	43,90%	0,925	143,14	22º	24º
BÉLGICA	42,80%	0,896	141,94	23º	22º
ÁUSTRIA	42,70%	0,893	141,80	24º	23º
ITÁLIA	42,30%	0,887	141,75	25º	27º
SUÉCIA	44,01%	0,910	141,74	26º	28º
FRANÇA	43,20%	0,897	141,57	27º	26º
HUNGRIA	39,00%	0,836	141,21	28º	25º
FINLÂNDIA	42,90%	0,895	141,74	29º	21º
BRASIL	33,36%	0,754	140,74	30º	30º

16 IBPT: Instituto Brasileiro de Planejamento e Tributação

17 Conforme estudo publicado pelo IBPT, disponível em: https://ibpt.com.br/estudo-sobre-carga-tributaria-pib-x-idh-calculo-do-irbes/

Como foi demonstrado, o tributo no Brasil não cumpre sua função no que tange ao retorno para o contribuinte sob a modalidade de bens e serviços fornecidos pelo governo.

Finalmente, se o tributo é como a morte, uma certeza, então vamos tratá-lo com a seriedade merecida e, portanto, que venham novas (e melhores) reformas.

Terceira parte: os caminhos da nova reforma

Depois de 30 anos de uma hegemonia governamental de centro e esquerda, em 2019 assume o Presidente Jair Bolsonaro, com uma aliança entre liberais e conservadores, típicas das ideologias de direita. Sua equipe de governo, tendo como nome principal o Ministro da Economia Paulo Gudes, entendeu que a questão do orçamento da Previdência Nacional era de maior urgência e, portanto, todo o esforço inicial voltou-se para a Reforma Previdenciária: recebemos aumento de contribuições e redução de benefícios. De tudo que foi proposto inicialmente, pode-se dizer que o Governo teve um sucesso relativo, tendo, ao menos, conseguido avançar no controle de gastos.

Sempre se acreditou que o maior desafio do atual governo seria sua ingovernabilidade pela falta de apoio no Congresso Nacional, até que tivemos que lidar com um grave problema de saúde pública com a disseminação mundial do vírus da Covid 19. Fato é que, em meio a pandemia, ataques da mídia, disputas políticas e um país muito polarizado entre apoiadores e opositores do governo atual, suas medidas vêm sendo aprovadas (Banco Central independente, Gás Natural, Lei de Liberdade Econômica, Lei de Falências, Lei de Start Ups, privatizações, retomada de acordos com Mercosul e União Europeia, acesso a OECD, concessões para investimentos na economia...).

Depois de mais da metade do mandato, a agenda tributária parece atrasada e a proposta do governo para as mudanças tributárias tem sido alvo de muitas desconfianças, já que o Brasil está há 40 anos recorrendo ao aumento da arrecadação de tributos para cobrir os déficits de seu orçamento.

Claro que a função precípua do tributo é arrecadar, mas é também desejável duas características: ser o mais progressivo possível e ser o mais eficiente possível.

Assim, o Executivo do Governo Federal, tem trabalhado no Projeto de Lei nº 3.887 de 2019, tendo apresentado ao Congresso Nacional, duas das quatros fases da proposta: unificação do Pis e Cofins; transformação do IPI em imposto seletivo; reformulação do IR da pessoa física e jurídica e, por último, desoneração da folha de salários e criação de imposto sobre operações digitais.

A reforma proposta por norma infraconstitucional reflete a crença de que a CF/88 traz em seu texto os dispositivos necessários para uma boa tributação. A proposta então não pretende aumentar a carga de tributos, mas torná-la mais eficiente e menos complexa. Pretende corrigir distorções de nossa tributação e resolver problemas que comprometem o bom desempenho de nossa economia.

Segundo o projeto de lei do executivo federal, a reforma deverá começar na esfera federal, com a substituição da Contribuição para o Financiamento da Seguridade Social (Cofins) e da Contribuição para o Programa de Integração Social (PIS) pela Contribuição sobre Bens e Serviços (CBS).

Existem diversas outras propostas para uma Reforma Tributária, mas, além da norma de autoria do Executivo Federal, duas outras são as que estão com um discurso mais amadurecido na agenda do Governo.

De propositura da Câmara dos Deputados a Emenda à Constituição nº 45 e, de propositura do Senado Federal, a Emenda Constitucional de nº 110, ambas de 2019, preceituam uma mudança, em todos os níveis de tributação, dos tributos que incidem sobre bens e serviços. A ideia é mexer na maior base de tributação do sistema vigente: produção e consumo com fins de fazer sentir uma mudança de fato.

A proposta traz a unificação das diversas incidências em uma só, com a criação de um Imposto sobre Bens e Serviços (IBS).

O contexto atual talvez seja o mais favorável a uma reforma tributária, talvez até mais que na última constituinte. Veja que há um otimismo geral na implementação de uma reforma pela existência de um Congresso com tendências reformistas e um grupo de congressistas muito envolvidos nas questões propostas e numa discussão madura.

Outra novidade extremamente favorável é que, embora existam alguns senões, os 27 Estados estão apoiando a reforma proposta na forma da PEC 45, fazendo dessa uma proposta também promissora.

Nos três casos, propõe-se uma fase de transição para que os contribuintes e o próprio governo se habituem às novas propostas.

Certamente, toda mudança cria duas reações: para os mais otimistas uma expectativa de melhora e para os mais pessimistas, insegurança.

Conclusão: antes da reforma, há muito a reformar

O descontrole do gasto público que acompanhou o Brasil nos diversos governos ao longo do tempo, culminou em várias distorções financeiras, reveladas em sucessivos e problemáticos episódios de nossa história: sentimos a fúria dos surtos de hiperinflação em 1989 e 1994, seguidas de uma moratória externa, sequestro de ativos e congelamento de preços.

A retomada do assunto inerente a reforma tributária nos leva a revisitar a história de nosso país e, ao fazê-lo, sentimos o incômodo da verdade por trás dos argumentos utilizados.

Mas se é certo que é errando que se aprende, fomos, finalmente, eficientes com a implantação do Plano Real que no âmbito monetário obteve o sucesso desejado. Em seguida, o brasileiro aprendeu a trabalhar o câmbio flutuante e muito evoluiu com a implementação da Lei de Responsabilidade Fiscal.

Todos esses avanços foram importantes e são conquistas que nos permitiram evoluir economicamente, porém ainda é preciso avançar no campo tributário e administrativo.

Os problemas atuais dos impostos sobre o consumo são os mesmos que sempre existiram e, em que pese todas as tentativas de corrigi-los, ainda não se teve um resultado eficaz.

Os mais céticos em relação a uma eficiência das novas propostas trazem generalidades que merecem atenção. Visto que a complexidade e a judicialização é um problema, não seria pior a concomitância de dois regimes tributários vigentes? Pois isso é o que vai acontecer quando da implementação da reforma tributária e durante o processo de transição do velho para o novo.

Vimos recentemente, no cenário jurídico, o STF pondo fim a discussões tributárias que levaram 20 anos para serem construídas e qual seria o resultado de novas normas, por melhor que sejam?

O sistema tributário vigente apresenta, ainda, muitas questões residuais que podem ser trabalhadas sem se alterar os atuais regimes tributários.

Além disso, as propostas atuais seguem a ótica do IVA, adotado no resto do mundo e, para o Brasil, há de se considerar que temos problemas que não serão corrigidos com a simples união de tributos.

A começar pelo problema da cumulatividade que ronda os regimes de débito e crédito. Experiências negativas tivemos em torno do regime não cumulativo de PIS e COFINS que além de não superar o efeito cascata, trouxe para o campo judicial questões conceituais sobre apropriações de crédito.

Não obstante os esforços em simplificar e desburocratizar das propostas atuais, a criação de um imposto unificado sobre o valor agregado, também não vai resolver a questão da regressividade tributária no Brasil, se não melhorar o efeito cumulativo de nosso sistema de tributos sobre bens e serviços.

Note que, por melhor que seja o texto legal, sempre haverá tentativas de se discutir as intenções do legislador quando o contribuinte enxerga o tributo como afronta ao seu patrimônio.

A judicialização do sistema tributário é fruto de uma sensação de injustiça, em que o contribuinte precisa pagar o tributo duas vezes: uma, na forma de tributo efetivamente e, outra, na forma de serviços que lhe foram prometidos pelo governo e não foram entregues ou, não foram entregues com a devida qualidade. É o caso, por exemplo do cidadão que, tendo condições, prefere pagar uma escola particular para seu filho a colocá-lo no ensino público.

Em relação às propostas de reformulação do Imposto de Renda, principalmente em relação a tributação de lucros e dividendos, sabemos que essa medida pode afugentar investidores, criando problemas econômicos ainda maiores. Antes de mudar o que temos e nos obrigar a conviver com uma coexistência de regras, vamos explorar as possibilidades por uma proposta de correção da atual tabela progressiva do referido imposto.

Com as atualizações salariais ao longo do tempo sem a atualização da tabela do imposto de renda, impôs ao trabalhador de baixa renda um tributo típico da classe mais alta.

No mesmo diapasão, por mais que possa haver fases em uma proposta de reforma, é preciso um olhar cuidadoso para um grande problema econômico-social: o desemprego. A curva do desemprego deveria ser encarada juntamente com a curva de informalidade.

Embora a instituição do MEI trouxe melhoras nesse sentido, ainda há muito trabalhador na informalidade por uma questão meramente tributária, vez que os custos de empregabilidade no país são altíssimos. O problema revela-se ainda maior quando pensamos na tripla consequência desse fenômeno: a informalidade propriamente dita; a sonegação de impostos e a supressão dos benefícios sociais em relação ao trabalhador.

Por fim, não adianta uma reforma fiscal, não adianta aumentar infinitamente os tributos se o orçamento não for um fator de revisão, principalmente em relação aos gastos com a máquina pública. Assim, tão urgente quanto uma reforma tributária é a reforma administrativa que permanece embrionária.

Não estamos negando a necessidade de uma melhora, mas é exatamente isso o que precisamos neste momento: uma melhora e não uma revolução!

Referências

BALEEIRO, Aliomar, Direito Tributário Brasileiro, 14ª. Edição. Ed Forense, 2018.

PRADO, Eduardo Paulo da Silva, Fatos da Ditadura Militar no Brasil, Ed Senado Federal, vol 187. Brasília. 2014.

Rego, J. M. Formação econômica do Brasil – 1ª edição. [Digite o Local da Editora]: Editora Saraiva, 2007. 9788502122260. Disponível em: https://integrada.minhabiblioteca.com.br/#/books/9788502122260/. Acesso em: 27 Jun 2021

ABRAHAM, M.; PEREIRA, V.P. Sistemas Tributários no Mundo. [Digite o Local da Editora]: Grupo Almedina (Portugal), 2020. 9786556271361. Disponível em: https://integrada.minhabiblioteca.com.br/#/books/9786556271361/. Acesso em: 27 Jun 2021

Romeiro, A. Corrupção e poder no Brasil. [Digite o Local da Editora]: Grupo Autêntica, 2017. 9788551302637. Disponível em: https://integrada.minhabiblioteca.com.br/#/books/9788551302637/. Acesso em: 27 Jun 2021

Peluzo, A. C. As Constituições do Brasil: 1824, 1891, 1934, 1937, 1946, 1967, 1988 e Suas Emendas. [Digite o Local da Editora]: Editora Manole, 2011. 9788520443620. Disponível em: https://integrada.minhabiblioteca.com.br/#/books/9788520443620/. Acesso em: 27 Jun 2021

Silveira, B. C. História do Brasil Colônia. [Digite o Local da Editora]: Grupo A, 2020. 9786556900957. Disponível em: https://integrada.minhabiblioteca.com.br/#/books/9786556900957/. Acesso em: 27 Jun 2021

5.
INCERTEZA, CONTENCIOSO TRIBUTÁRIO E ECONOMIA: IMPACTOS E PROPOSTAS PARA UMA RELAÇÃO MAIS EQUILIBRADA

BRENO FERREIRA MARTINS VASCONCELOS
MARIA RAPHAELA DADONA MATTHIESEN

Introdução

Estudos[1] elaborados nos últimos anos apresentam formulações teóricas e evidências empíricas dos impactos causados pela incerteza e complexidade tributária ao desenvolvimento econômico. Em apertada síntese, são fatores que prejudicam a atração de investimentos e causam perda de lucratividade e eficiência na alocação de recursos financeiros.

A análise de dados coletados em pesquisas científicas sobre o atual estado do contencioso tributário federal no Brasil, por sua vez, apresenta um quadro da disfuncionalidade do sistema tributário brasileiro, fortemente marcado por

[1] As ideias apresentadas no item IV deste artigo são fruto de diversos estudos e debates realizados no Núcleo de Estudos Fiscais da FGV e no Núcleo de Tributação do Centro de Regulação e Democracia do Insper. Nosso agradecimento especial a Vanessa Rahal Canado, Eurico de Santi e Daniel Souza Santiago da Silva pela colaboração nos debates e pesquisas que resultaram nas propostas apresentadas neste artigo.

incerteza e complexidade, que produz acentuada litigiosidade, gera custos econômicos e afeta o desempenho econômico do país.

Essas evidências instigaram a elaboração deste artigo com a proposta de apresentar medidas potencialmente eficazes para a redução da incerteza e da complexidade tributárias no Brasil, reduzindo seu contencioso.

O artigo é dividido em quatro partes: o estabelecimento das premissas acerca da relação entre ambiente tributário e economia; o mapeamento do cenário brasileiro quanto à incerteza, à complexidade e à litigiosidade tributárias; a apresentação de propostas para a superação desse cenário; e, por fim, a conclusão com os pilares das medidas de reforma desenhadas.

De início, com base em literatura especializada, serão demonstradas as evidências teóricas e empíricas de que a incerteza e a complexidade tributárias impactam o desenvolvimento econômico das nações, bem como as principais causas apontadas para sua verificação.

Em seguida, serão analisados os indicadores de incerteza e complexidade no Brasil, bem como seus aparentes reflexos nos índices de litigiosidade administrativa e judicial na esfera federal, a fim de mapear, sem a pretensão de esgotar o tema, quais reformas devem ser implementadas no sistema tributário do País.

Na terceira parte, serão desenvolvidas objetivamente as propostas para o aprimoramento do sistema tributário, fundamentadas em instrumentos voltados à melhoria da relação entre Fisco e contribuintes, à coesão e à estabilidade do ordenamento, das orientações fiscais e da jurisprudência, e ao incentivo à cooperação mútua e à prestação de serviço público de excelência.

Ao final, as conclusões reúnem as diretrizes das propostas apresentadas, que passam por medidas de governança voltadas à ampliação da transparência, ao estabelecimento de uma relação mais cooperativa entre as partes e à implementação de mecanismos que possam trazer mais segurança e eficácia ao sistema.

1. Incerteza e complexidade tributárias impactam o desenvolvimento econômico

Arranjos institucionais mal concebidos, com incentivos ruins aos atores, sejam agentes públicos, sejam privados, afetam o desenvolvimento econômico de uma nação[2]. Isso, porque as regras do jogo moldam as interações humanas em todos seus aspectos (sociais, econômicos, políticos) e, como tal, definem como evolui uma sociedade[3].

Regras que incentivam comportamentos predatórios e extrativistas tendem a produzir sociedades desiguais e pobres[4]. Regras que incentivam comportamentos cooperativos, que aumentam a previsibilidade da vida cotidiana, por outro lado, favorecem sociedades mais prósperas.

Essas hipóteses foram testadas especificamente quanto às regras tributárias. Um repertório de qualidade está descrito no relatório *Tax Uncertainty: Economic Evidence and Policy Responses*, publicado pela Comissão Europeia ("CE")[5] em 2017, que revisita diversos estudos econômicos.

Analisando evidências empíricas – como valores de provisões tributárias, dispersões ligadas à inflação e aos gastos públicos, correspondência entre atração de investimento estrangeiro direito e complexidade da legislação tributária, entre outras – as pesquisas citadas no relatório apontam que a incerteza no ambiente tributário interfere negativamente no desenvolvimento econômico[6].

2 The Colonial Origins of Comparative Development: An Empirical Investigation. Author(s): Daron Acemoglu, Simon Johnson, James A. Robinson. Source: The American Economic Review, Vol. 91, No. 5 (Dec., 2001), pp. 1369-1401, Published by: American Economic Association. Pág. 1369.

3 NORTH, Douglass. Instituições, mudança institucional e desempenho econômico. São Paulo. Três Estrelas. 2018. Pág. 13.

4 The Colonial Origins of Comparative Development: An Empirical Investigation. Author(s): Daron Acemoglu, Simon Johnson, James A. Robinson. Source: The American Economic Review, Vol. 91, No. 5 (Dec., 2001), pp. 1369-1401, Published by: American Economic Association. Pág. 1395.

5 "Tax Uncertainty: Economic Evidence and Policy Responses", disponível em https://ec.europa.eu/taxation_customs/sites/taxation/files/taxation_paper_67.pdf, acessado em 02/05/2020.

6 No índice "*Economic Policy Uncertainty*" ("EPU"), mencionado no relatório e elaborado por pesquisadores das universidades Northwestern, Stanford e de Chicago com base (i) em notícias contendo palavras-chave relacionadas à incerteza, (ii) valores de provisões tributárias e (iii) a dispersões ligadas à inflação e aos gastos públicos. De acordo com os pesquisadores, os dados analisados evidenciam que a incerteza afeta de maneira significativa e negativa empregos, investimentos e *outputs*. O índice está disponível em https://www.policyuncertainty.com, acessado em 28/05/2020, e considera dados das seguintes localidades: Alemanha, Austrália, Bélgica, Brasil, Canadá, Chile, China, Colômbia, Coreia do Sul, Croácia, Espanha, Estados

Apenas para dar um exemplo, em um dos estudos relatados pela publicação da CE, a falta de segurança quanto à efetiva carga tributária sobre os lucros é apontada como o terceiro fator mais importante considerado pelos investidores ao definir onde alocar recursos[7], atrás apenas da incerteza política e de condições macroeconômicas de cada país[8].

Entre as principais causas de incerteza, os estudos destacam a falta de precisão e a complexidade da legislação tributária, suas frequentes alterações e a imprevisibilidade ou inconsistência no tratamento conferido aos contribuintes pelas autoridades fiscais.

Na mesma linha são as causas apontadas em relatórios da OCDE[9], que indica como principais fatores de insegurança as constantes alterações na legislação e na orientação da Administração tributária, a longa duração de processos judiciais, a ausência de publicação sistematizada e integral da jurisprudência, a imprevisibilidade das decisões, a elevada burocracia no cumprimento de obrigações tributárias, a ausência de guias detalhados sobre a

Unidos, França, Grécia, Holanda, Hong Kong, Índia, Itália, Irlanda, Japão, México, Paquistão, Reino Unido, Rússia, Singapura e Suécia.

Em pesquisas realizadas pelos economistas Kelly Edminston, Shannon Mudd e Neven Valvev, publicadas no artigo "Tax Structures and FDI: The Deterrent Effects os Complexity and Uncertainty", e citadas no relatório da CE, foi constatado que a complexidade e a incerteza tributárias têm impactos diretos no investimento estrangeiro em economias em transição. No estudo, voltado aos sistemas tributários de países da antiga União Soviética, da Europa Central e da Europa Oriental entre 1993 e 1998, foram considerados como indicadores de complexidade e incerteza a ambiguidade da linguagem adotada na legislação, o estabelecimento de diferentes bases e alíquotas de incidência tributária e a volatilidade nas mudanças dos parâmetros de tributação.

[7] A conclusão foi alcançada na pesquisa "Measuring corporation tax uncertainty across countries: Evidence from a cross-country survey", disponível em http://eureka.sbs.ox.ac.uk/6292/1/WP1613.pdf, acessado em 24/05/2020.

[8] Na redação original do artigo: *Recent survey evidence suggests that uncertainty on the effective tax rate on profits ranks as the third most important factor for investment and location decisions, after political uncertainty and macroeconomic conditions. Also, the most important sources of tax uncertainty are the complexity in the tax code, followed by unpredictable or inconsistent treatment by the tax authority and by frequent changes in the tax system.*

[9] A exemplo dos relatórios "Tax Certainty – IMF/OECD Report for the G20 Finance Ministers" e "OECD/IMF 2019 Progress Report on Tax Certainty", disponíveis em https://www.oecd.org/tax/tax-policy/tax-certainty-report-oecd-imf-report-g20-finance-ministers-march-2017.pdf e https://www.oecd.org/tax/g20-report-on-tax-certainty.htm, acessados em 24/05/2020. Os relatórios foram elaborados com base em questionários respondidos por mais de 700 empresas sediadas em 62 jurisdições.

aplicação da legislação tributária, a demora na resposta às consultas fiscais e a necessidade de aprimoramento da transparência e da eficiência nas comunicações entre Fisco e contribuintes.

2. Evidências do alto grau de incerteza e complexidade tributárias no Brasil

A julgar pelos indicadores brasileiros sobre incerteza e complexidade, o cenário tributário atual do País é permeado por esses vícios.

Na classificação geral de pesquisa realizada pela Universidade de Oxford[10] para aferir o grau de incerteza na tributação de sociedades empresariais, o sistema tributário brasileiro foi apontado como o segundo mais incerto entre as 21 jurisdições analisadas. Atingindo a marca de incerteza de 1.6, em uma escala de 1 a 5 em que 1 significa muito incerto, o País ficou atrás apenas da Índia, com pontuação igual a 1.4.

Também com relação à complexidade, reiteradamente indicada como vetor de desincentivo aos investimentos, o Brasil assume posição de liderança. Pesquisas realizadas pelas universidades alemãs LMU Munich e Universität Paderborn[11], mencionadas em outras oportunidades, indicam o Brasil como o país mais complexo entre 100 jurisdições avaliadas.

As causas de complexidade consideradas pelos pesquisadores para elaborar o *ranking*, inclusive, são alinhadas àquelas apontadas pela OCDE e pelos estudos relatados na publicação da CE.

[10] Na pesquisa conduzida pelo Professor Michael Devereux no Centre for Business Taxation da Oxford University para o European Tax Policy Forum, a falta de segurança quanto à efetiva carga tributária sobre os lucros foi apontada como o terceiro fator mais importante considerado pelos investidores ao definir onde alocar recursos.
Os resultados foram alcançados a partir da análise de questionários respondidos por profissionais da área tributária entre janeiro e março de 2016. As questões envolviam a percepção da incerteza tributária em 25 países, tendo sido considerados 21 na avaliação final da pesquisa.

[11] Pesquisa disponível em http://www.taxcomplexity.org, acessado em 02/05/2020. Resultado com base nos dados coletados em 2016. Conforme a descrição aos pesquisadores, *The Global MNC Tax Complexity Project is a joint research project of the LMU Munich and the University of Paderborn (both Germany). The aim of this project is to identify the determinants of tax complexity, to develop an index measuring the level of tax complexity across countries [Tax Complexity Index] and to examine the effects of tax complexity.*

Divididos em dois pilares[12], os vetores de incerteza e complexidade são segregados em causas ligadas (i) ao ordenamento jurídico tributário e (ii) aos procedimentos de fiscalização, aplicação e cumprimento da legislação. Novamente, as mudanças frequentes nas regras tributárias, a falta de consistência no tratamento e nas orientações da Administração tributária e a instabilidade da jurisprudência se destacam como fontes de incerteza[13].

O quadro de acentuadas complexidade e incerteza sugere outra consequência: litigiosidade.

No artigo "Brasil, campeão mundial de litígios tributários"[14], um de nós, em coautoria, demonstrou que o contencioso tributário no Brasil em relação ao PIB nacional é o maior entre todas as 19 jurisdições pesquisadas. Os dados coletados para 2018 no contencioso administrativo federal já indicam a alta

[12] Conforme exposto no artigo "What are the Drivers of Tax Complexity for MNCs Global Evidence", publicado pelos pesquisadores da LMU Munich e da Universität Paderborn, o estudo foi formulado considerando os indicadores de complexidade do sistema tributário relativos à tributação da renda das pessoas jurídicas, segregados em dois pilares: complexidade do ordenamento tributário e complexidade do modelo e dos procedimentos/processos relacionados à tributação. A partir desses dois pilares, a complexidade tributária é conceituada na pesquisa pelos seguintes elementos:
Complexidade do ordenamento tributário:
Ambiguidade e incerteza na interpretação da legislação tributária; frequentes alterações legislativas; necessidade de realização de muitos cálculos e/ou de cálculos sofisticados para demonstrar a inaplicabilidade de uma regra tributária e/ou determinar o tratamento tributário adequado à situação específica do contribuinte; e exigência de guarda de grandes volumes de documentos.
Complexidade do modelo e dos procedimentos/processos relacionados à tributação:
Dificuldade na definição do momento a partir do qual uma nova regra terá efeitos e risco de aplicação retroativa da alteração legislativa; orientação da Administração sobre a interpretação e aplicação da legislação tributária; obrigações acessórias para a declaração do tributo são muito específicas e extensas e/ou exigidas mais de uma vez ao ano; grande volume de procedimentos administrativos para o recolhimento dos tributos; e aplicação inconsistente da legislação tributária pelos tribunais.

[13] Tratamos com mais detalhes desses dados e das causas de complexidade e incerteza no sistema tributário brasileiro nos artigos "O Carf em um jogo de dados" e "O início de uma reforma do processo administrativo fiscal federal", disponíveis em https://valor.globo.com/legislacao/noticia/2019/07/01/o-carf-em-um-jogo-de-dados.ghtml e https://www.jota.info/paywall?redirect_to=//www.jota.info/opiniao-e-analise/artigos/inicio-reforma-processo-carf-05042019, acessados em 26/05/2020.

[14] Disponível em https://valor.globo.com/opiniao/coluna/brasil-campeao-mundial-de-litigios-tributarios.ghtml, acessado em 01/05/2020.

litigiosidade tributária no País: naquele ano, essas disputas correspondiam a 16,4% do PIB brasileiro, conforme dados oficiais, contra as medianas inferiores a 1% verificadas em países-membros da Organização para Cooperação e Desenvolvimento Econômico "(OCDE") e integrantes da América Latina, de acordo com dados extraídos do relatório "Tax Administration 2015" da OCDE.

Somando as esferas administrativa e judicial federais, os pesquisadores demonstraram que os valores envolvidos em disputas tributárias em 2018 ultrapassavam 50% do PIB brasileiro. Ampliando o foco para o contencioso de todos os entes (União, Estados, DF e Municípios), o contencioso tributário ultrapassa a marca de 73% do PIB.

No mais recente relatório "PGFN em números", em que foram divulgados os dados de 2019, o estoque da Dívida Ativa da União e do FGTS correspondia a R$ 2,436 trilhões, composto por 72,9% de créditos tributários não previdenciários e 22,33% de créditos tributários previdenciários.

Os dados alarmantes sobre a realidade brasileira demonstram a necessidade de transformações urgentes em nosso sistema tributário, com a implementação de mecanismos de governança, redução da complexidade da legislação tributária e aumento da certeza em sua aplicação.

Nesse sentido, a teoria institucionalista confere repertório útil ao estudo e à implementação de reformas. Como superar o círculo vicioso de retroalimentação das regras mal concebidas e grupos de interesse? Afinal, regras são concebidas ou fortemente influenciadas por elites políticas e econômicas, normalmente interessadas na manutenção dos arranjos institucionais que lhes proporcionam benefícios crescentes no tempo. Esse círculo vicioso é chamado de dependência da trajetória (*path dependence*).

A teoria da dependência da trajetória pode ser compreendida com base em três conceitos essenciais[15]: mecanismos de autorreforço, custos para mudanças e conjunturas críticas. Os dois primeiros, próprios da economia, descrevem como a reiteração de um conjunto de arranjos institucionais por determinado período aumenta os custos para promover mudanças, afinal,

15 PATH DEPENDENCE, DEVELOPMENT, AND THE DYNAMICS OF INSTITUTIONAL REFORM. Mariana Prado e Michael Trebilcock. University of Toronto Law Journal, vol. 59, ed 3, pp. 341-380, 2009. Pág. 350.

agentes que interagem nesse ambiente institucional tendem a obter benefícios crescentes e, evidentemente, a resistirem às mudanças que possam implicar perdas individuais. "Conjunturas críticas", conceito próprio da ciência política, são janelas de oportunidades históricas para a promoção de mudanças institucionais.

No momento em que escrevemos este artigo, o mundo vivencia uma de suas mais graves crises sanitárias e econômicas.

Para fazer frente aos gastos bilionários no combate à pandemia, como aquisições de insumos, construção e ampliação de equipamentos de saúde, renúncias e postergações de obrigações tributárias, concessão de recursos a Estados e Municípios, e financiamento de auxílios emergenciais aos mais vulneráveis (informais e autônomos), a União terá de se endividar e, consequentemente, o reequilíbrio fiscal será ainda mais desafiador nos próximos anos.

Dois itens majoritários entrarão nessa agenda de reequilíbrio fiscal: redução de custos do Estado, a ser executada com reformas administrativas, e aumento de receitas, que ocorrem normalmente com a recuperação econômica (por sua vez, dependente de outras reformas para destravar o crescimento). Infelizmente, há risco de que se adote o atalho simplista do indiscriminado aumento da carga tributária.

Em uma visão mais aprofundada e otimista, contudo, essa nos parece uma janela de oportunidade (que, claro, impõe riscos) para implementação de uma série de reformas, pontuais e complementares, do sistema tributário e dos procedimentos atrelados à sua execução, que podem contribuir para a recuperação da economia ao desfazer arranjos institucionais ineficientes, como os que propusemos analisar neste artigo, redistribuir o ônus tributário (a exemplo da diminuição da carga sobre folha de salários, redução da regressividade no consumo e aumento de progressividade na tributação da renda) e, por fim, evitar o indesejado aumento da carga tributária total.

3. Propostas para construção de um ambiente tributário mais seguro e menos litigioso

As propostas a seguir podem contribuir positivamente para o início dessas reformas, trazendo ideias para o desenho de novos modelos institucionais e procedimentais que tentam superar os vetores de incerteza e complexidade identificados nas pesquisas citadas.

3.1 Programa de conformidade e classificação de contribuintes

Como já escrevemos em artigo específico sobre esse tema[16], a instituição de programas de cooperação mútua baseados em confiança, transparência e criação de incentivos positivos são apontadas pela OCDE como meio para conferir mais certeza às relações tributárias e reduzir o contencioso.

A partir da classificação de contribuintes com base em critérios previamente normatizados, a Administração tributária poderá identificar aqueles que apresentem maior e menor risco de inadimplemento das obrigações tributárias, ajustando as medidas de fiscalização e cobrança de forma proporcional ao grau de espontaneidade e conformidade de cada grupo de contribuintes.

Medidas nessa linha são identificadas na experiência internacional, a exemplo dos parâmetros fixados pela *Australian Taxation Office* para a adequação de sua atuação junto aos contribuintes, como demonstra a representação gráfica a seguir[17]:

[16] Artigo "Ideias para um cadastro positivo de contribuintes", disponível em: https://www.jota.info/especiais/ideias-para-um-cadastro-positivo-de-contribuintes-27112018, acessado em 01/05/2020.

[17] Dados disponíveis em: https://www.ato.gov.au/About-ATO/Managing-the-tax-and-super-system/Strategic-direction/How-we-help-and-influence-taxpayers/Compliance-model/?=redirected_compliancemodel, acessado em 03/12/2019.

Figure 1. Compliance and enforcement options

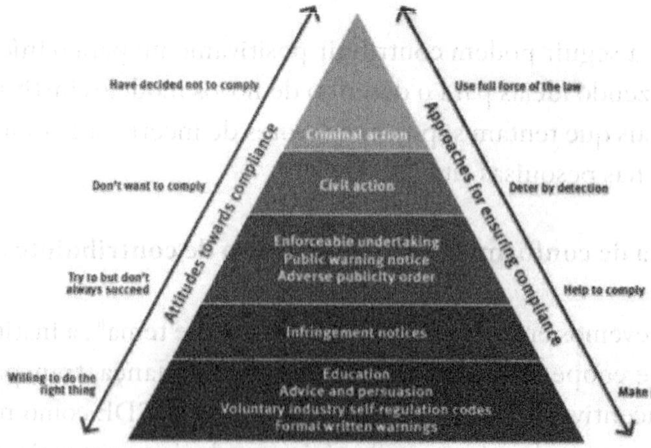

Fonte: *Australian Taxation Office – Compliance model*[18]

A OCDE recomenda também que o contato entre Fisco e contribuintes seja estabelecido em tempo real, tornando mais eficaz a orientação quanto à forma de tributação e aos procedimentos vinculados às operações e atividades realizadas.

No Brasil, a Procuradoria da Fazenda Nacional tem implementado medidas voltadas à cobrança qualitativa dos créditos tributários, avaliando o estoque de créditos em cobrança e direcionando sua gestão com base no chamado *Rating do devedor*[19], que classifica de “A” a “D” a recuperabilidade das dívidas ativas da União e do FGTS.

De modo semelhante, a Secretaria da Fazenda do Estado de São Paulo, pelo Programa “Nos Conformes”[20], instituiu modelo de classificação de con-

[18] Tabela disponível em: https://www.ato.gov.au/About-ATO/Managing-the-tax-and--super-system/Strategic-direction/How-we-help-and-influence-taxpayers/Compliance--model/?=redirected_compliancemodel, acessado em 26/11/2020.

[19] O Rating do Devedor foi divulgado no Relatório PGFN em Números de 2018, disponibilizado pela PGFN no endereço eletrônico http://www.pgfn.fazenda.gov.br/acesso-a-informacao/institucional/pgfn-em-numeros-2014/pgfn_em_numeros_2019.pdf/@@download/file/PGFN_em_numeros_2019.pdf, acessado em 03/12/2019.

[20] O Programa de Estímulo à Conformidade Tributária – “Nos Conformes” foi instituído pela Lei Complementar nº 1.320, de 2018. No seu art. 14, II, há previsão da Análise Fiscal Prévia – “AFP”, aplicável aos contribuintes bem classificados, em razão de seu histórico de

tribuintes, prevendo a concessão de tratamento diferenciado com base em seu grau de risco.

A criação de sanções positivas a contribuintes avaliados como de baixo risco, portanto, permite ajustar os esforços empregados na fiscalização e na cobrança de créditos tributários, alcançando maior eficiência, bem como incentivar o adimplemento voluntário das obrigações tributárias, reforçando a cultura de cooperação e transparência entre Fisco e contribuinte.

Além disso, essa parametrização da atuação fiscal reconhece a diferença na postura dos contribuintes com relação ao cumprimento da legislação tributária, tratando de modo proporcional aqueles que se organizam internamente e adotam medidas voltadas à satisfação adequada e à tempestiva das obrigações tributárias, e, desse modo, não devem ser equiparados aos contribuintes devedores contumazes.

3.2 Função consultiva das Delegacias de Julgamento da Receita Federal ("DRJ") e autorregularização

O TADAT ("Tax Administration Diagnostic Assessment Tool")[21], ferramenta de avaliação das Administrações tributárias, criado em cooperação com o Fundo Monetário Internacional, indica que, além da implementação de um programa de *compliance* (que mencionamos no tópico anterior), é necessário criar incentivos à adequação voluntária dos contribuintes, englobando, nesse ponto, a facilidade e a agilidade no fornecimento de informações e respostas a questionamentos formulados pelos contribuintes.

Como também expusemos em outra oportunidade[22], em coautoria, as Delegacias de Julgamento da Receita Federal, compostas por quadro técnico qualificado, deveriam ser transformadas em órgãos de controle prévio do lançamento tributário, com estímulo à autorregularização e à conformidade

conformidade, em que é concedida oportunidade de regularização, preservando-se os efeitos da espontaneidade, ou seja, resguardando a possibilidade de adequação do procedimento sem a imposição de penalidades.

21 Informações disponíveis em http://www.tadat.org/#, acessado em 27/03/2019.

22 O início de uma reforma do processo administrativo fiscal federal. Disponível em: https://www.jota.info/opiniao-e-analise/artigos/inicio-reforma-processo-carf-05042019, acessado em 01/05/2020.

tributária, podendo realizar análise fiscal prévia e concedendo oportunidade ao contribuinte para sanar as irregularidades identificadas.[23]

Assumindo atuação de natureza mais consultiva, priorizariam também o aprimoramento dos processos de consulta fiscal e a expedição de atos normativos que formalizem a interpretação oficial da Receita Federal sobre a legislação tributária, de maneira célere e imediata após o início da vigência de nova lei, permitindo ao contribuinte conhecer o entendimento da Administração e eventualmente adequar seu comportamento voluntariamente, antes do lançamento.

3.3 Revisão da legislação tributária

Em um cenário de cooperação, confiança e redução das complexidades do sistema, o contencioso tributário deve servir de termômetro para ajustes da legislação, indicando que determinadas normas com elevado nível de litígio apresentam problemas em sua estrutura e/ou eficácia.

A essência dessa ideia não é nova. Desde a edição do Código Tributário Nacional vigora a exigência endereçada aos Poderes Executivos de consolidação anual da legislação tributária (artigo 212). A inércia em sua execução, contudo, foi recentemente atestada pelo Tribunal de Contas da União, que destacou a medida como instrumento de coesão e redução de complexidades do ordenamento (Acórdão nº 1.105/19).

Algumas medidas nesse sentido já foram adotadas na esfera legislativa, a exemplo da instituição do Conselho de Monitoramento e Avaliação de Políticas Públicas pelo Decreto nº 9.834/19, voltado, entre outras competências, à avaliação de políticas públicas financiadas por gastos diretos ou subsídios da União e ao monitoramento e à implementação de propostas de alteração de políticas públicas resultantes dessa avaliação.

[23] A proposta tem como premissa a constatação de que muito do trabalho das DRJs acaba sendo revisado pelo Conselho Administrativo de Recursos Fiscais (CARF). A nosso ver, isso ocorre especialmente em razão dos diferentes referenciais normativos das duas instâncias de julgamento: enquanto a DRJ julga conforme entendimento da RFB, no Carf o lançamento tributário tem que superar teste de adequação a um sistema normativo muito mais amplo: leis, tratados e acordos internacionais.

Mas é preciso que a revisão da legislação seja efetivada de forma abrangente e reiterada, alcançando todo o sistema tributário para adequá-lo de modo tempestivo, transparente e com ampla participação da sociedade.

3.4 Incentivo à prestação de serviço público de excelência

As funções exercidas por auditores fiscais são de alta relevância para o desenvolvimento e a manutenção do País, constituindo atividade essencial ao exercício das obrigações assumidas pelo Estado. Nessa medida, sua remuneração deve ser adequada e compatível com a complexidade e a importância dos serviços que realizam na Administração tributária.

Atrelando essa constatação ao paradigma do serviço, a remuneração dos auditores fiscais poderia ser complementada por um elemento variável decorrente do pagamento de bônus em razão de práticas que evidenciem uma prestação de serviço público de excepcional qualidade, vale dizer, com grau de qualidade acima do esperado[24].

Como expõe Luciana Ibiapina Lira Aguiar[25] ao traçar a evolução dos estudos sobre o comportamento dos contribuintes desde James Alm e Benno Torgler, o modelo de *enforcement* decorrente do paradigma da economia do crime foi substituído pela lógica da cooperação, transparência e confiança, embasada em um outro paradigma: o do serviço[26].

24 No Brasil, o pagamento de bônus aos auditores fiscais da Receita Federal é previsto pela Lei nº 13.464/17. À época da elaboração deste artigo, o pagamento do bônus na forma variável dependia da edição de lei que preveja a composição de sua base de cálculo, conforme decisão proferida pelo Tribunal de Contas da União no processo nº 005.283/2019-1, bem como de regulamentação sobre os critérios de aferição da eficiência para pagamento e mensuração do bônus.

25 Em sua dissertação *A Governança Corporativa Tributária como Requisito para o Exercício da Atividade Empresarial*, a autora analisa as pesquisas realizadas por James Alm e Benno Torgler sobre *tax compliance behaviour* e traça a evolução dos fatores identificados como motivação aos contribuintes para o cumprimento das regras tributárias. AGUIAR. Luciana Ibiapina Lira. A Governança Corporativa Tributária como Requisito para o Exercício da Atividade Empresarial. Disponível em: https://bibliotecadigital.fgv.br/dspace/bitstream/handle/10438/14097/Luciana%20Ibiapina%20Lira%20%20Aguiar_6.5.2015Ajusta.pdf?sequence=3&isAllowed=y, acessado em 16/05/2020. Capítulo 6, páginas 148 a 161.

26 Essas questões também são abordadas no artigo de Mariana Pimentel Fischer Pacheco, intitulado "Receita Federal do Brasil: Desafios para a realização de um projeto de cooperação fiscal aprendendo com a experiência nacional e internacional", disponível em http://www.

Nesse novo cenário, reconhecemos a importância da existência de uma administração tributária colaborativa e que incentive a confiança mútua na relação com os contribuintes.

O paradigma dos serviços pode ser observado nos programas de bonificação instituídos em países como Estados Unidos e Itália, nos quais o pagamento de bônus aos servidores da Administração tributária está vinculado a metas de qualidade e inovação no desempenho da função.

A título de exemplo, nos Estados Unidos, o prêmio *Exceptional Professional Services Award* é concedido ao funcionário que apresente desempenho de alto nível, inovador e eficiente, proporcionando uma prestação excepcional do serviço público. As unidades locais do IRS podem conceder prêmios de acordo com critérios estabelecidos internamente. O prêmio *Employee Suggestion Awards*, por sua vez, é concedido aos funcionários que tenham criado ou implementado sugestões construtivas.

Um dos programas de premiação norte-americano é dividido nas seguintes categorias: excelência, qualidade do produto do trabalho, habilidades e treinamento[27].

Na Itália, alguns dos critérios adotados no *Sistema di Misurazione e Valutazione della Performance*, fixados pelo Decreto Legislativo 150/2009, são: atendimento às necessidades coletivas, grau de satisfação dos tomadores dos serviços públicos, melhoria na qualidade dos serviços prestados e eficiência no emprego de recursos públicos[28].

Assim, a manutenção de programa de bônus aos fiscais deveria ser atrelada à sua reformulação para que sejam definidos em lei critérios de mensuração da produtividade vinculados a incentivos à melhoria do serviço público, como a excepcional qualidade no atendimento orientador aos contribuintes, a apresentação de sugestões que possam conferir mais eficiência ao trabalho de fiscalização, a realização de medidas de redução do contencioso tributário, entre outros.

fiscosoft.com.br/main_online_frame.php?page=/index.php?PID=256299&key=TjNNVGd4TVRNd05qSTJOVGcyTXpjM09URTFNVGd6TlRreE5UQTlJNw, acessado em 29/05/2020.

[27] Informações disponíveis no campo de *Awards Programs* do IRS, divulgado em: https://www.irs.gov/irm/part30/irm_30-004-002, acessado em 03/12/2019.

[28] Informações disponíveis em: Sistema di Misurazione e valutazione della performance: http://www.dag.mef.gov.it/noi_siamo/sistema_valutazione/, acessado em 03/12/2019.

4. Conclusão – A transição para um ambiente de certeza tributária e baixa litigiosidade

Em sua profunda incursão pela história da humanidade, Yuval Harari[29] expôs a teoria de que a cooperação social é essencial para a sobrevivência e a evolução do *homo sapiens*. Mais importante que a existência de uma linguagem, é sua utilização como um sistema eficiente e claro de comunicação, de troca de informações sociais entre os integrantes de uma comunidade.

A teoria se enraíza em todos os níveis de relações sociais, inclusive nas que se estabelecem no âmbito tributário e, por sua vez, têm o potencial de impactar, positiva ou negativamente, o desenvolvimento econômico.

Clareza e transparência devem permear a edição das normas tributárias, as orientações da Administração pública, as comunicações entre Fisco e contribuinte e a jurisprudência formada a partir de sua interpretação, viabilizando a construção de um sistema mais simples, seguro e pautado por incentivos à cooperação mútua.

A busca desse modelo passa por mudanças estruturais e procedimentais que imprimam mais governança ao ambiente tributário, ajustando os arranjos institucionais hoje marcados por forte incerteza e complexidade que incentivam a litigiosidade.

O argumento principal deste artigo foi a demonstração de que incerteza e complexidade impactam o desenvolvimento econômico, o que nos impeliu à apresentação de propostas objetivas, não exaustivas, para aprimorar o sistema tributário: a instituição de um programa de conformidade e classificação de contribuintes, a reformulação das DRJ para que exerçam função consultiva e facilitem a autorregularização dos contribuintes, a revisão, a compilação e a revogação periódica da legislação tributária, e a criação de incentivos à prestação de serviço público de excelência.

Que saibamos cooperar para construir uma agenda comum para o país.

[29] HARARI, Yuval Noah. *Sapiens – Uma breve história da humanidade.* Porto Alegre, RS: L&PM Editores, 2015. Pág. 31.

6.
OS DESAFIOS DA ARBITRAGEM E DA MEDIÇÃO NO ÂMBITO DO DIREITO TRIBUTÁRIO BRASILEIRO

Dalmar do Espírito Santo Pimenta

Introdução

Iniciaremos esse breve estudo discorrendo de forma célere sobre o sistema tributário vigente hoje em nosso País. Sabe-se que o sistema tributário brasileiro, enfatizando-se aqui, o contencioso tributário, sendo ele judicial ou administrativo é congestionado e ineficiente, tornando-se uma grande fonte de prejuízo financeiro e institucional.

Pesquisas apontaram que disputas administrativas e judiciais entre Estados e contribuintes alcançaram a marca de R$ 5,4 trilhões em 2019, o equivalente a 75% do Produto Interno Bruto brasileiro. Os dados foram divulgados no relatório Contencioso Tributário no Brasil, do Núcleo de Tributação do Insper.[1]

O levantamento foi concluído em dezembro de 2020 e englobou dados da União, de 26 estados, do Distrito Federal e de cerca de 4 mil municípios.

1 https://www.conjur.com.br/2021-jan-22/contencioso-tributario-alcancou-75-pib-2019--pesquisa

Por meio da composição das estimativas de contencioso tributário, o relatório indica disfuncionalidade do sistema tributário brasileiro.[2]

Há quem ressalta que o contencioso não é a causa dessa odisseia, mas sim, sintoma de um sistema tributário com falhas estruturais que só podem ser corrigidas a partir de uma reforma tributária.

Entretanto, sabemos também que a "tentativa" de uma reforma do nosso sistema tributário de maneira eficaz ainda pairam o imaginário do empresariado que sonha com uma legislação palpável e viável de ser aplicada em seguida. Projetos existem, inúmeros até. O problema é que não andam e ficar de braços cruzados não nos leva a lugar nenhum, ou melhor, nos leva sim, ao calabouço.

Por essas e outras frustrações encontradas no âmbito tributário no que tange à solução de litígios, é que se faz necessária a utilização da inovação para implementação de vias transversas, ou podemos denominar de uma terceira via de contencioso tributário, ainda pouco tradicional aqui no Brasil, tais como a mediação e a arbitragem.

É de sabedoria popular qeu a inovação sempre carrega consigo a resistência. O novo ainda assusta e nos faz sair da zona de conforto e, introduzir uma mudança no calcanhar de Aquiles do nosso sistema estatal, que é a tributação, gera incomodo à administração tributária, seja por parte do Judiciário, seja por parte dos órgãos administrativos.

Entretanto, há exceções e alguns visionários já aderiram à ideia de possibilitar a implementação desses dois institutos para a solução de conflitos tributários face à evidência de solidez da arbitragem e mediação no Brasil, bem como a necessidade de utilizar-se dos seus benefícios no contencioso tributário do País.

1. Da arbitragem e mediação no sistema brasileiro

A arbitragem somente veio a adquirir um pouco de confiança da sociedade com a promulgação da Lei de Arbitragem, no ano de 1996.

[2] https://www.conjur.com.br/2021-jan-22/contencioso-tributario-alcancou-75-pib-2019--pesquisa

O dispositivo legal que regula o instituto da Arbitragem no Brasil é a Lei nº 9.307/96, que recentemente foi alterada pela Lei nº 13.129/15, instituída mediante negócio jurídico denominado "convenção de arbitragem", que compreende a cláusula compromissória e o compromisso arbitral.

Pela cláusula compromissória, convencionam as partes que as demandas decorrentes de determinado negócio jurídico serão resolvidas pelo juízo arbitral. Trata-se, portanto, de deliberação prévia e abstrata, anterior ao litígio. Já o compromisso arbitral é o acordo de vontades posterior ao litígio, para submetê-lo ao juízo arbitral. O compromisso arbitral pode existir com ou sem a cláusula compromissória e pode ser celebrado antes ou mesmo no curso de uma demanda judicial.[3]

Além disso, a adoção da arbitragem tributária, é "um tema que se relaciona com o acesso à justiça e com medidas justas de arrecadação que podem resultar em redução de desigualdade, pela correta aplicação de recursos em ações que buscam tal fim.[4]

Em suma, a arbitragem consiste no julgamento do litígio por terceiro imparcial, escolhido pelas partes. É, tal qual a jurisdição, espécie de heterocomposição de conflitos, que se desenvolve mediante trâmites mais simplificados e menos formais do que o processo jurisdicional.

Já a Mediação é um procedimento para a resolução de controvérsias, enquadrando-se como um dos métodos alternativos à clássica litigância no Judiciário. Consiste basicamente em um terceiro imparcial, que figura como mediador, assistindo e conduzindo duas ou mais partes negociantes a identificarem os pontos de conflito e, posteriormente, desenvolverem de forma conjunta proposta e soluções que ponham fim ao conflito.

O mediador participa das reuniões com as partes atuando como coordenador da discussão facilitando o diálogo e no caso de impasse, intervindo de modo a auxiliar a melhor compreensão e reflexão dos assuntos e propostas. O mediador jamais impõe às partes uma solução ou qualquer tipo de "sentença". Ele atua como um fio condutor entre as partes.

3 https://www.migalhas.com.br/depeso/317064/entenda-o-conceito-de-arbitragem

4 PISCITELLI, Tathiane. Arbitragem no Direito Tributário: uma demanda do Estado Democrático de Direito. Revista dos Tribunais, São Paulo, 2018.P. 126

Tem-se, portanto, dentro do nosso ordenamento jurídico um meio heterocompositivo de conflito que é a Arbitragem e um autocompositivo que é a Mediação que são capazes de promover a pacificação social e a ampliação do acesso à Justiça, podendo serem utilizados na seara tributária como poderá ser visto a seguir.

1.1. Da arbitragem e da mediação no âmbito tributário

O uso da Arbitragem, da Mediação e das demais formas adequadas de resolução de conflitos pelos Entes Públicos permite uma ideal conformação do cenário jurídico brasileiro com a realidade dos cidadãos, sem, contudo, diminuir a importância do Poder Judiciário e sem desrespeitar os princípios e normas publicísticas. [5]

A este respeito brilhante é a lição de Luana Souto e Edimur Ferreira:

> Deixa-se claro que, o incentivo e a defesa do uso de práticas consensuais pela Administração Pública não significam romper, por completo, com o modo de administrar pautado nas premissas bases de respeito à legalidade, ao interesse publico e, entre outros. A proposta é de coexistência e adequação do modelo clássico às necessidades atuais. Portanto, permitir participação popular nos procedimentos administrativos ou utilizar-se de métodos consensuais de resolução de conflitos que envolvam a Administração Pública, não representa descumprimento à legalidade ou a outros princípios basilares do Direito Administrativo. O que se pretende é possibilitar a utilização de mecanismos que tornem a Administração dialógica e que respeite os ditames constitucionais, principalmente, o atendimento aos princípios da eficiência e da celeridade, garantindo a realização de políticas públicas compatíveis com os direitos fundamentais constitucionalmente garantidos. (FARIA; SOUTO, 2017, p. 23).

[5] Rev. De Formas Consensuais de Soluções de Conflitos – e-ISSN: 2525-9679 – v. 4 – n. 2 – p. 88-106 – Jul/Dez. 2018

O uso da Arbitragem e da Mediação na administração pública é uma possibilidade que se descortina para ampliar o acesso à justiça nos dias hodiernos e combater a crise de morosidade do Poder Judiciário, mas que necessita de aferição dos pontos controvertidos e de análise detida de seu regramento jurídico pátrio. Isto porque, somente através da busca incessante por formas adequadas de solucionar controvérsias é possível atender aos reais ditames de um Estado Democrático e de Direito, notadamente: justiça e bem estar social.[6]

Destaca-se que o que obstaculiza a utilização de meios específicos para a resolução de conflitos, tal como a Arbitragem e a Mediação na esfera pública, é ainda a interpretação formalista acerca do princípio da indisponibilidade do interesse público que ainda predomina na doutrina administrativista.[7]

Segundo lições de José dos Santos Carvalho Filho:

> A indisponibilidade do interesse público é um princípio reconhecido que guarda essência axiológica na supremacia do interesse público, haja vista que diante da impossibilidade de equilíbrio entre os interesses, o interesse particular não pode prevalecer sobre o interesse público.

Segundo Celso Antônio Bandeira de Mello[8], o interesse público consiste em um conjunto de interesses que os indivíduos detêm pessoalmente enquanto membros de uma sociedade, enquanto partes de uma coletividade socialmente organizada, pelo simples fato de o serem. Neste sentido, o papel do Estado, tratando-se de interesse público, seria de representação em relação ao todo.

Nesta esteira, na seara tributária, o interesse público seria sinônimo de interesse coletivo e não de interesse fazendário. Sobre o tema aduz Priscila Faricelli de Mendonça:

6 Rev. De Formas Consensuais de Soluções de Conflitos – e-ISSN: 2525-9679 – v. 4 – n. 2 – p. 88-106 – Jul/Dez. 2018;

7 Revista de Finanças Públicas, Tributação e Desenvolvimento, v. 7, n. 8, Jan/Jun 2019, p. 21-57;

8 MELLO, Celso Antônio Bandeira de. Curso de Direito Administrativo, 26. Ed, São Paulo: Malheiros, 2009.

> O Estado, em determinadas situações, terá interesse envolvido distinto daquele interesse que diz respeito à coletividade que por vezes representa. Ao Estado, não basta, desse modo, ser voltado à satisfação dos seus anseios institucionais e nas diversas esferas em que atua, o bem maior será o melhor atendimento ao interesse da coletividade.

Logo, faz-se necessário distinguir os interesses institucionais do Estado do interesse público coletivo, visto que é possível que o interesse coletivo seja a opção pela arbitragem e/ou mediação, justamente pela celeridade, por imprimir maior segurança jurídica, especialidade técnica (nos casos de arbitragem) e efeito vinculante que lhe são inerentes, se adequando a grande parte dos feitos tributários.

Com a possibilidade de se instituir meios alternativos de composição, a função de julgar litígios em matéria tributária deixaria de ser exclusividade da justiça estatal e os contribuintes passariam a contar também com uma justiça privada para esse mister, como já se faz em outros países.[9]

1.1.1. Da mediação no âmbito do direito tributário

É importante frisar que no contexto atual, a Mediação ainda não é o método mais adequado para dirimir os conflitos atinentes à esfera pública, mas será quando a administração pública se abrir para o novo. Isto porque, em matéria tributária, há a possibilidade de haver mediação apenas e tão somente quando envolver entidades públicas, conforme se depreende a partir da leitura do art. 38[10] da Lei de Mediação (Lei nº 13.140/2015).

Por força de lei, é vedado a utilização da mediação como forma de resolução de litígios entre sujeito passivo privado, cujo objeto de discussão sejam créditos administrados pela Secretaria da Receita Federal ou inscritos em dívida ativa da União, tendo como sujeito ativo a Fazenda Nacional. Não obstante, essa vedação não alcança lides envolvendo sujeito passivo privado

[9] https://www.conjur.com.br/2019-nov-01/roberto-pasqualin-arbitragem-tributaria-ajuda-reduzir-contencioso

[10] Art. 38. Nos casos em que a controvérsia jurídica seja relativa a tributos administrados pela Secretaria da Receita Federal do Brasil ou a créditos inscritos em dívida ativa da União: I – não se aplicam as disposições dos incisos II e III do caput do art. 32

e Fazendas Públicas estaduais, distritais e municipais, cujos créditos não são administrados pela Receita.

Logo, tem-se que é possível a utilização da Mediação para resolução de controvérsias tendo como sujeito passivo o particular e como sujeito ativo as Fazendas Públicas estaduais, distritais e municipais, ou envolvendo apenas sujeito públicos, desde que os tributos discutidos não sejam administrados pela Secretaria da Receita Federal e, havendo lei específica.

A Mediação, segundo o Manual de Mediação Judicial do CNJ, é um processo autocompositivo que ganhou força nos últimos anos. A mediação tem como característica a não vinculação, a tomada de decisões pelas partes e, assim, maior controle quanto ao resultado do processo. Nesses aspectos, a mediação se assemelha à conciliação, tendo como maior diferença a centralização na figura do mediador. Enquanto o conciliador detém, de certa forma, um maior ativismo e dinamismo para sugerir soluções, o mediador irá apenas estimular a composição entre as partes, oferecendo um ambiente adequado e utilizando técnicas de pacificação social, para restaurar uma relação pré existente que tem a característica de perdurar ao longo do tempo. Por esta razão, a mediação é comumente utilizada em processos privados, de direito empresarial e de direito de família, seja para preservar a relação entre as partes, seja para criar um ambiente mais saudável.[11]

Outrossim, de acordo com a distinção realizada pelo Novo Código de Processo Civil, a Mediação se mostra adequada para dirimir conflitos que envolvam os Entes Públicos, uma vez que o vínculo entre a Administração Pública e o contribuinte é perene, ressaltando a exceção alhures destacada. Ademais, a atuação do mediador como mero facilitador do diálogo entre as partes garante maior imparcialidade e isonomia do processo, de modo a possibilitar o alcance do fim máximo da Mediação, que é o de impulsionar a emancipação social.[12]

O processo de Mediação é consensual, célere, reduz a carga emocional e financeira que sempre envolve os processos contenciosos, mantem a autonomia das decisões das partes envolvidas e preserva as relações. Nesse interim,

11 Mabual de Mediação Judicial do CNL BRASIL, 2016, p. 20.

12 Rev. De Formas Consensuais de Soluções de Conflitos – e-ISSN: 2525-9679 – v. 4 – n. 2 – p. 88-106 – Jul/Dez. 2018.

verifica-se que a Mediação tal qual é utilizada hoje nos conflitos cíveis pode ser aplicada também na seara tributária como forma de construção de soluções consensuais e dialógicas, preservando a autonomia e o direito das partes, sem torná-las adversárias.

A Mediação se utilizada de forma orgânica pode inclusive desteriotipar o conceito de "guerra" entre o Fisco e o contribuinte, trazendo benefícios para ambas as partes.

1.1.2. Da arbitragem no âmbito tributário

No direito brasileiro, a Arbitragem é concebida como um método heterocompositivo de resolução de conflitos, extrajudicial e facultativo, em que um ou mais árbitros especialistas na matéria a ser discutida, via de regra eleitos pelas partes, irão resolver a controvérsia. Essa decisão arbitral será vinculativa e se revestirá de título executivo judicial.[13]

Os métodos heterocompositivos contam com uma postura mais incisiva e interveniente de um terceiro, como ocorre com o árbitro na Arbitragem, vejamos:

> Na arbitragem, enquanto instrumento de heterocomposição, aparece a figura de um terceiro, ou colegiado, com a atribuição de decidir o litígio que a ele foi submetido pela vontade das partes. Caracteriza-se, assim, ainda como um método adversarial, no sentido de que a posição de uma das partes se contrapõe à da outra, outorgandose autoridade ao árbitro para solucionar a questão. A decisão do árbitro se impõe às partes, tal qual uma sentença judicial; a diferença é que não foi proferida por integrante do Poder Judiciário. Neste contexto, consensual será a eleição deste instituto, e de uma série de regras a ele pertinentes, mas a resolução do conflito pelo terceiro se torna obrigatória às partes, mesmo contrariando a sua vontade ou pretensão. A participação das partes, neste instrumento, volta-se a formular pretensões e fornecer elementos que contribuam com o árbitro para que este venha a decidir o litígio. (CAHALI, 2017, p.45)

[13] RENNÓ, Leandro Rigueira Lima. Arbitragem: Uma análise da fase pre arbitral. Belo Horizonte. Ed, Melhoramentos, 2003, p. 36.

No direito tributário, a adoção da arbitragem pode ser positiva porque, ao mesmo tempo em que há facilidades quanto à exequibilidade de sentença arbitral, há também a preservação da autonomia da vontade (autonomia privada), uma vez que as próprias partes elegem os árbitros e ainda, podem estabelecer que eventuais controvérsias sejam dirimidas pela via arbitral antes mesmo de surgido o conflito, através da convenção de arbitragem, a chamada cláusula compromissória.[14]

Com efeito, a arbitragem é um viés interessante para o direito tributário no ponto de vista temporal, uma vez que é possível firmar clausula compromissória antes do surgimento do litígio, ou o compromisso arbitral depois do efetivo surgimento.[15]

Conforme dados carreados pela Escola de Arbitragem Internacional, de Queen Mary, Universidade de Londres, as oito principais vantagens da arbitragem seriam: (i) exequibilidade dos laudos arbitrais; (ii) flexibilidade procedimental; (iii) possibilidade de escolha de árbitros; (iv) confidencialidade (há exceção em matéria tributária); (v) neutralidade; (vi) definitividade das decisões; (vii) celeridade procedimental e (viii) custo[16].

Destaca-se que a confidencialidade no procedimento arbitral é uma característica usual. No entanto, em se tratando de administração pública a confidencialidade deverá ser afastada, em decorrência do art. 37 da Constituição da República, que tem como um dos princípios explícitos a publicidade. Logo, via de regra, a arbitragem no processo tributário será sempre pública, salvo se presentes algumas das circunstâncias do art. 189 do Código de Processo Civil.[17]

14 GIANETTI, Leonardo Varella. Arbitragem no direito tributário brasileiro: possibilidade e procedimentos. 2017. P. 235. Dissertação (Doutorado) – PUC/MG

15 ESCOBAR, Marcelo. A arbitragem tributária no Brasil. 1 ed. São Paulo: Almedina, 2017. p. 52.

16 ESCOBAR, Marcelo. A arbitragem tributária no Brasil. 1 ed. São Paulo: Almedina, 2017. p. 52.

17 Art. 189. Os atos processuais são públicos, todavia tramitam em segredo de justiça os processos:
I – em que o exija o interesse público ou social;
II – que versem sobre casamento, separação de corpos, divórcio, separação, união estável, filiação, alimentos e guarda de crianças e adolescentes;
III – em que constem dados protegidos pelo direito constitucional à intimidade;

Assim, no âmbito tributário, as principais vantagens da implementação da Arbitragem seriam: (i) exequibilidade dos laudos arbitrais; (ii) flexibilidade procedimental; (iii) possibilidade de escolha dos árbitros; (iv) neutralidade; (v) definitividade das decisões; (vi) celeridade procedimental e (vii) custo.

Conforme já destacado, anteriormente a Lei nº 9.307/96, recentemente alterada pela Lei nº 13.129/15 que promoveu diversas alterações no instituto da arbitragem. Contudo, para fins deste estudo, apontemos como mudança mais significativa a nova redação dada aos artigos 1º[18] e 2º[19] e seus respectivos parágrafos, que tornaram a Arbitragem pela Administração Pública uma situação possível.[20]

No parágrafo primeiro do referido artigo primeiro restou estabelecido que a Administração Pública poderá utilizar a Arbitragem para dirimir conflitos relativos a direitos patrimoniais disponíveis[21], ou seja, aqueles que admitem transação e renúncia. E no parágrafo segundo do mesmo artigo ficou estabelecido qual é a autoridade competente para celebrar convenção de arbitragem.

Em sentido complementar, o referido artigo 2º, em seu parágrafo terceiro, em atenção aos princípios da legalidade e da publicidade previstos no caput do artigo 37 da Constituição Federal de 1988, determinou que a Arbitragem na seara publicística será sempre de direito e sempre atentará para a publicidade dos atos.

IV – que versem sobre arbitragem, inclusive sobre cumprimento de carta arbitral, desde que a confidencialidade estipulada na arbitragem seja comprovada perante o juízo

18 Art. 1º ....

§ 1º A administração pública direta e indireta poderá utilizar-se da arbitragem para dirimir conflitos relativos a direitos patrimoniais disponíveis.

§ 2º A autoridade ou o órgão competente da administração pública direta para a celebração de convenção de arbitragem é a mesma para a realização de acordos ou transações

19 Art. 2º ....

§ 3º A arbitragem que envolva a administração pública será sempre de direito e respeitará o princípio da publicidade

20 Rev. De Formas Consensuais de Soluções de Conflitos – e-ISSN: 2525-9679 – v. 4 – n. 2 – p. 88-106 – Jul/Dez. 2018.

21 Diz se que um direito é disponível quando ele pode ser ou não exercido livremente pelo seu titular, sem que haja norma cogente impondo o cumprimento do preceito, sob pena de nulidade ou anulabilidade do ato praticado com sua infringência. Assim, são disponíveis (do latim disponere, dispor, pôr em vários lugares, regular) aqueles bens que podem ser livremente alienados ou negociados, por encontrarem-se desembaraçados, tendo o alienante plena capacidade jurídica para tanto. (CARMONA, 2009, Pag. 38)

Fato é que não apenas a transação, mas todos os demais instrumentos de solução de conflitos em matéria tributária, em especial a Arbitragem, sempre foram obstados em razão da suposta agressão à indisponibilidade dos bens públicos e à lei de responsabilidade fiscal, como também em razão da presunção de renúncia de receita que gerariam e, especificamente em relação à Arbitragem, do fato de que a jurisdição é monopólio do Estado.

Tais óbices foram, em certa medida, superados em âmbito federal com a edição (i) da Portaria PGFN 742/2018 que instituiu o negócio jurídico processual (NPJ); (ii) do Projeto de Lei 4.257/2019, de autoria do senador Antônio Anastasia, que modifica a lei de cobrança judicial da Dívida Ativa da Fazenda Pública, que busca implementar alternativamente o instituto da arbitragem em matéria tributária; e (iii) da Medida Provisória 899/2019, que instituiu a transação para débitos federais, além da Portaria PGFN 11.956/2019, que a regulamentou.[22]

Pode-se afirmar que os pontos controversos que obstavam o uso da Arbitragem pela Administração Pública, tanto direta quanto indiretamente, foram sanados com a lei 13.129/2015, que teve o condão de incentivar a utilização desse instituto na seara publicística.

Destaquemos ainda como exemplo o sucesso do instituto da Arbitragem tributária praticada em Portugal que faz crescer ainda mais esse objetivo no Brasil. Apesar das diferenças provenientes dos países, fato é que em Portugal a arrecadação tributária pela via arbitral supera a cada dia a arrecadação obtida através das demandas judiciais e administrativas.

A introdução no ordenamento jurídico português da Arbitragem em matéria tributária, como forma alternativa de resolução jurisdicional de conflitos no domínio fiscal, visa três objetivos principais: por um lado, reforçar a tutela eficaz dos direitos e interesses legalmente protegidos dos sujeitos passivos, por outro lado, imprimir uma maior celeridade na resolução de litígios que opõem a administração tributária ao sujeito passivo e, finalmente, reduzir a pendência de processos nos tribunais administrativos e fiscais.[23]

[22] https://www.conjur.com.br/2020-mar-24/betina-grupenmachertransacao-arbitragem-negocio-processual-fiscais

[23] https://cbar.org.br/site/legislacao-internacional/portugal/

Para o professor Heleno Taveira Torres é importante conhecer a experiência portuguesa com arbitragem tributária, tendo em vista a proximidade do direito português em relação ao direito brasileiro, com princípios constitucionais muito semelhantes em aplicabilidade. Essa experiência é ainda mais válida, segundo Heleno, considerando que o contencioso brasileiro hoje tem uma evidência de morosidade, ineficiência e insegurança jurídica nos processos tributários. "Não adianta nada um Auditor Fiscal da Receita Federal, depois do trabalho magnífico de inspeção, lançar um tributo que depois ficará anos a fio a ser defendido no processo administrativo e no processo judicial. Talvez, pelo tempo decorrido, a própria atividade do contribuinte nem mais exista e os bens nem se quer sejam encontráveis para realização do pagamento do tributo.[24]

Está claro que a arbitragem tributária pode ser implantada para corrigir a demora excessiva passando a ser uma via mais rápida de julgamento privado em matéria tributária, visto que há Execuções Fiscais que perduram por mais de 20 (vinte) anos sem almejar o fim necessário.

É importante desmistificar ser a arbitragem uma via alternativa ao judiciário estatal. Métodos privados de fazer justiça surgiram muito antes de o Judiciário existir. Historicamente, a composição de conflitos era realizada diretamente pelas partes ou por pessoas reconhecidas pelas partes em suas comunidades.

O Judiciário estatal institucionalizado e imparcial com a função de dizer o Direito e fazer justiça veio depois, como alternativa aos métodos privados anteriores. Alternativa, é a arbitragem privada. Nem alternativos são os outros métodos extrajudiciais. Todos os métodos, inclusive o próprio judiciário, são múltiplas portas de acesso à justiça, adequados e disponíveis para utilização pela sociedade e pelo Estado conforme a natureza das controvérsias a eles endereçadas.[25]

[24] https://unafisconacional.org.br/arbitragem-tributaria-nao-e-solucao-milagrosa-que-resolvera-problema-estrutural-das-pendencias-diz-coordenadora-de-arbitragem-tributaria-de-portugal/

[25] https://www.conjur.com.br/2019-nov-01/roberto-pasqualin-arbitragem-tributaria-ajuda-reduzir-contencioso

Por todos os motivos expostos, temos que a primeira vista, totalmente possível examinar a instituição da arbitragem tributária em nosso ordenamento jurídico.

Conclusões

Sabemos que tanto a Arbitragem quanto a Mediação no âmbito tributário não irão solucionar as pendências estruturais existentes hoje no nosso País. Importante deixar claro que o presente estudo não se propõe que os meios de solução de conflitos aqui apresentados retirem do Poder Judiciário a função primária de resolução de litígios tributários de natureza diversa, tampouco se propõe a extinguir a função dos órgãos julgadores da esfera administrativa. O que se propõe é o reconhecimento de vias paralelas que são legítimas e reconhecidas como forma de solução de litígio.

Propiciar uma terceira via de impugnação do crédito tributário em um contexto de ineficiência dos métodos convencionais (administrativo e judicial), de forma facultativa e dialógica, seria uma forma legitimada de propiciar o acesso à justiça e, possibilitar segurança jurídica tão maculada na seara fiscal, visto que a sentença arbitral além de qualificada é vinculativa, o que tornaria a rediscussão de mérito algo desnecessário.[26]

Importante esclarecer que o primeiro passo para a efetividade do que aqui se pretende é a mudança de mentalidade da cultura beligerante e a superação de dogmas de indisponibilidade absoluta do crédito tributário e de estatização da jurisdição, de forma a dialogar com o interesse público numa perspectiva de direito coletivo, haja vista que a Arbitragem e a Mediação são vantajosas tanto para o Fisco quanto para o contribuinte visto que possibilita uma decisão especializada e, portanto, eficaz.

Ainda estamos em "marcha lenta" para a efetivação real da Arbitragem e Mediação nos conflitos tributários de maneira ampla e irrestrita. Já tivemos um avanço visto que antes, a prática da arbitragem se limitava apenas às controvérsias entre particulares e empresas privadas. Posteriormente, o uso do instituto se estendeu para as empresas estatais e para os órgãos da

[26] Revista de Finanças Públicas, Tributação e Desenvolvimento, v. 7, n. 8, Jan/Jun 2019, p. 21-57

Administração Pública e a esperança é que a eficácia na utilização da arbitragem se mostre para as Procuradorias da União, Estados e Municípios demonstrando efetivamente que essa ferramenta é capaz de solucionar conflitos nos negócios a fim de estabelecer um relacionamento fluído entre o setor privado e a Administração Pública.

Referências

CARVALHO FILHO, José dos Santos. Manual de Direito Administrativo. 30. Ed. Atlas, 2016, p. 36.

ESCOBAR, Marcelo. A arbitragem tributária no Brasil. 1 ed. São Paulo: Almedina, 2017. p. 52

FARIA, Edimur Ferreira de; SOUTO, Luana Mathias. Administração Pública Consensual e os acordos endoprocedimentais do novo código de procedimento administrativo português.

GIANETTI, Leonardo Varella. Arbitragem no direito tributário brasileiro: possibilidade e procedimentos. 2017. P. 235. Dissertação (Doutorado) – PUC/MG

https://www.conjur.com.br/2021-jan-22/contencioso-tributario-alcancou-75-pib-2019--pesquisa

https://www.conjur.com.br/2020-mar-24/betina-grupenmachertransacao-arbitragem--negocio-processual-fiscais

https://www.conjur.com.br/2019-nov-01/roberto-pasqualin-arbitragem-tributaria-ajuda--reduzir-contencioso

https://www.migalhas.com.br/depeso/317064/entenda-o-conceito-de-arbitragem

MELLO, Celso Antônio Bandeira de. Curso de Direito Administrativo, 26. Ed, São Paulo: Malheiros, 2009

PISCITELLI, Tathiane. Arbitragem no Direito Tributário: uma demanda do Estado Democrático de Direito. São Paulo, 2018. P. 126

RENNÓ, Leandro Rigueira Lima. Arbitragem: Uma análise da fase pre arbitral. Belo Horizonte. Ed, Melhoramentos, 2003, p. 36

Revista de Finanças Públicas, Tributação e Desenvolvimento, v. 7, n. 8, Jan/Jun 2019, p. 21-57

Rev. De Formas Consensuais de Soluções de Conflitos – e-ISSN: 2525-9679 – v. 4 – n. 2 – p. 88-106 – Jul/Dez. 2018

7.
REFORMA TRIBUTÁRIA NO BRASIL – A REFORMA IDEAL OU A POSSÍVEL?

Eduardo Maneira

Introdução

Escrevo este artigo em 01/06/2021, data em que o Brasil, por números oficiais, superou 463 mil mortes e 16 milhões de casos de Covid -19.

São tempos de instabilidade, imprevisibilidade, enfim, de insegurança.

É neste cenário que iremos tratar da reforma tributária, olhando para a frente, esperançosos de que venceremos a pandemia e que o futuro poderá ser melhor, se nos esforçarmos para isto.

Há pelo menos 20 anos defendemos uma reforma tributária que tenha por objetivo principal a implementação do IVA (Imposto sobre Valor Agregado). Desde sempre se verificou a necessidade de uma reforma que torne o sistema mais simples e justo, de modo a que deixe de constituir um empecilho ao crescimento do País.

A complexidade do nosso sistema raia o absurdo na tributação do consumo, hoje dividida em cinco tributos de competência dos três níveis da Federação (IPI, PIS, COFINS, ICMS e ISS). Uma fusão destes tributos, com repartição da receita entre os entes federados, é medida que de há muito se impõe.

Resistências políticas há e sempre houve, mas podem e devem ser superadas de forma madura e equilibrada.

Toda a Europa, inclusive o leste europeu, que saiu em um passado recente do comunismo/socialismo para o capitalismo, adota o IVA. Toda a América Latina e a África também. A Índia, em 2017, passou a adotar o IVA, deixando o Brasil em uma posição retrógrada e solitária.

Quando se fala em reforma tributária, estamos falando, obviamente, da reforma do Sistema Tributário Nacional, na Constituição. Assim, o primeiro ponto a ser observado são os limites estabelecidos no art. 60, § 4º, da Constituição Federal, ao Poder Constituinte Derivado[1].

Ou seja, a reforma tributária deve observar, especialmente, a forma federativa de Estado e os direitos e garantias individuais. A positivação da segurança jurídica em matéria tributária mereceu atenção nas Constituições pátrias, sendo que na Constituição de 1988 podemos identificá-la nos princípios da legalidade, anterioridade e irretroatividade. Tais princípios, que em conjunto, representaria o que denominamos de princípio da não-surpresa, são a expressão constitucional da segurança jurídica tributária.

Desse modo, sabemos que devem ficar de fora os princípios constitucionais tributários que são garantias do cidadão-contribuinte e, portanto, cláusulas pétreas, no entendimento do Supremo Tribunal Federal[2].

[1] Constituição Federal de 1988: "Art. 60. (...) § 4º Não será objeto de deliberação a proposta de emenda tendente a abolir: I – a forma federativa de Estado; II – o voto direto, secreto, universal e periódico; III – a separação dos Poderes; IV – os direitos e garantias individuais."

[2] Foi o que o Supremo Tribunal Federal decidiu no julgamento da Ação Direta de Inconstitucionalidade nº 939, que recebeu a seguinte ementa: "Direito Constitucional e Tributário. Ação Direta de Inconstitucionalidade de Emenda Constitucional e de Lei Complementar. I.P.M.F. Imposto Provisório sobre a Movimentação ou a Transmissão de Valores e de Créditos e Direitos de Natureza Financeira – I.P.M.F. Artigos 5., par. 2., 60, par. 4., incisos I e IV, 150, incisos III, "b", e VI, "a", "b", "c" e "d", da Constituição Federal. 1. Uma Emenda Constitucional, emanada, portanto, de Constituinte derivada, incidindo em violação à Constituição originária, pode ser declarada inconstitucional, pelo Supremo Tribunal Federal, cuja função precípua e de guarda da Constituição (art. 102, I, "a", da C.F.). 2. A Emenda Constitucional n. 3, de 17.03.1993, que, no art. 2., autorizou a União a instituir o I.P.M.F., incidiu em vício de inconstitucionalidade, ao dispor, no parágrafo 2. desse dispositivo, que, quanto a tal tributo, não se aplica "o art. 150, III, "b" e VI", da Constituição, porque, desse modo, violou os seguintes princípios e normas imutáveis (somente eles, não outros): 1. – O princípio da anterioridade, que é garantia individual do contribuinte (art. 5., par. 2., art. 60, par. 4., inciso IV e art. 150, III, "b" da Constituição); 2. – O princípio da imunidade tributária recíproca (que veda a União,

Pode-se afirmar que havia no Brasil um movimento a favor da reforma tributária e que o debate em torno das propostas avançou bastante em 2019 e início de 2020.

Em 07 de abril de 2021 divulgou-se uma carta em defesa de uma reforma tributária ampla, subscrita por muitas entidades de relevo como o Comsefaz (Comitê Nacional dos Secretários de Fazenda dos Estados e do Distrito Federal), a CNM (Confederação Nacional dos Municípios), e o CCIF (Centro de Cidadania Fiscal). No documento, as referidas entidades afirmam que *"Apesar de algumas divergências pontuais, a grande maioria das propostas para reformar o sistema brasileiro de tributação do consumo que tramitam no Congresso nacional converge para o mesmo caminho: simplificação com redução da burocracia declaratória, padronização, unificação da base de incidência, não-cumulatividade, adoção do princípio de destino, combate à sonegação e corrupção, redução da regressividade e fim da guerra fiscal"* De fato, esta é a síntese dos projetos que tramitam atualmente no Congresso Nacional.

No entanto, as manifestações mais recentes dos líderes políticos no Congresso Nacional, bem como do Ministro da Economia, são no sentido de se realizar uma reforma mais tímida e fatiada. O Senado, sob a presidência do Senador Rodrigo Pacheco, ficaria responsável por analisar ou propor uma proposta de emenda constitucional que trataria da unificação do ICMS (imposto estadual) e do ISS (imposto municipal) num imposto sobre valor agregado

aos Estados, ao Distrito Federal e aos Municípios a instituição de impostos sobre o patrimônio, rendas ou serviços uns dos outros) e que é garantia da Federação (art. 60, par. 4., inciso I, e art. 150, VI, "a", da C.F.); 3. – A norma que, estabelecendo outras imunidades impede a criação de impostos (art. 150, III) sobre: "b"): templos de qualquer culto; "c"): patrimônio, renda ou serviços dos partidos políticos, inclusive suas fundações, das entidades sindicais dos trabalhadores, das instituições de educação e de assistência social, sem fins lucrativos, atendidos os requisitos da lei; e "d"): livros, jornais, periódicos e o papel destinado a sua impressão; 3. Em consequência, e inconstitucional, também, a Lei Complementar n. 77, de 13.07.1993, sem redução de textos, nos pontos em que determinou a incidência do tributo no mesmo ano (art. 28) e deixou de reconhecer as imunidades previstas no art. 150, VI, "a", "b", "c" e "d" da C.F. (arts. 3., 4. e 8. do mesmo diploma, L.C. n. 77/93). 4. Ação Direta de Inconstitucionalidade julgada procedente, em parte, para tais fins, por maioria, nos termos do voto do Relator, mantida, com relação a todos os contribuintes, em caráter definitivo, a medida cautelar, que suspendera a cobrança do tributo no ano de 1993. (ADI 939, Relator Min. Sydney Sanches, Tribunal Pleno, julgado em 15/12/1993, DJ 18-03-1994 PP-05165 EMENT VOL-01737-02 PP-00160)

(IVA). De sua vez, a Câmara dos Deputados apreciaria a criação da CBS – Contribuição sobre Bens e Serviços, que viria em substituição ao PIS e a COFINS. O Ministro da Economia tem falado em medidas pontuais como mudança na legislação do IPI, tributar a distribuição de dividendos com o IR e, mais uma vez, cogita-se de tributar as movimentações financeiras em ambiente bancário com um tributo nos moldes da antiga CPMF.

Sendo realistas, no momento excepcional pelo qual estamos passando em razão da pandemia e talvez, principalmente, pela crise política, não temos, infelizmente, condições de avançar com um projeto amplo de reforma tributária — que exige um grande pacto político e federativo — nem de tomar quaisquer medidas no sentido de criar tributos novos ou aumentar tributos antigos.

Assim, reafirmo que o presente artigo mira o futuro, na esperança de que tempos melhores virão.

1. O sistema tributário na Constituição de 1988

Em 5 de outubro de 2018, a nossa Constituição fez 30 anos, com merecida comemoração. A Assembleia Nacional Constituinte, eleita em 1986 e instalada no início de 1987, realizou um trabalho monumental pela democracia brasileira, possibilitando a transição do regime militar para um regime democrático.

A partir da Constituição de 1988, o Brasil poderia novamente ser chamado de Estado Democrático de Direito.

O Sistema Tributário Nacional estabelecido na nova Constituição Federal não representou uma mudança significativa em sua estrutura, se comparado à Emenda Constitucional nº 18/1965, à Constituição de 1967, à Emenda Constitucional nº 1/1969, bem como em relação ao Código Tributário Nacional, Lei nº 5.172/1966.

As mudanças mais significativas, infelizmente, foram no sentido de reforçar uma anomalia histórica do nosso sistema, que é a de atribuir aos Estados-membros o poder de tributar o consumo por intermédio do ICMS (Imposto sobre Circulação de Mercadorias e Serviços).

Na Constituição anterior, os estados tinham o ICM e, a partir da CF de 1988, passaram a ter o ICMS, que, além de todos os campos de incidência do antigo imposto, passou a alcançar os serviços de comunicação, transportes e os impostos especiais da União, incidentes sobre operações relativas a combustíveis, lubrificantes, energia elétrica e minerais.

Diga-se, de passagem, perdeu-se uma grande oportunidade em 1965, quando se fez efetivamente um esforço de racionalização do sistema tributário que culminou na EC nº 18/65 e, logo depois, no CTN, de passar para a União a tributação do consumo, concentrada em um único imposto.

Mas mesmo o regime militar não teve força política para romper com a tradição em que os Estados-membros tributavam o comércio de mercadorias – IVC[3], que se tornou "imposto sobre operações relativas à circulação de mercadorias" – ICM; a União, as mercadorias industrializadas (antigo imposto de consumo, atual IPI); e os municípios, os serviços (antigo imposto de indústrias e profissões), atual ISS.

Estruturado para atender à forma federativa de Estado, o nosso sistema trata de repartir as competências tributárias entre a União, estados, Distrito Federal e municípios e de limitar o exercício dessas competências por meio dos princípios constitucionais tributários e das imunidades. Apesar de os 30 anos da Constituição merecerem aplausos, certo é que a reforma tributária se faz necessária.

2. A reforma tributária conciliada com o federalismo

É certo que a ideia de federalismo nos leva a pensar em, pelo menos, dois níveis de governo, com autoridade sobre o mesmo território e o mesmo povo, com garantia de uma certa autonomia para cada governo atuar em uma ou mais áreas.

O federalismo pressupõe também a existência de ordens jurídicas parciais, que são os Estados-membros, e a ordem jurídica nacional, da qual emanam normas jurídicas válidas para todo o território nacional, tais como a lei complementar brasileira[4] e a Constituição Federal.

[3] Imposto sobre Vendas e Consignação.

[4] Constituição de 1988: "Art. 146. Cabe à lei complementar: I – dispor sobre conflitos de competência, em matéria tributária, entre a União, os Estados, o Distrito Federal e os Municípios; II – regular as limitações constitucionais ao poder de tributar; III – estabelecer normas

O federalismo ressalta a subsidiariedade, valorizando a participação do cidadão na comunidade, promovendo a solidariedade e a colaboração entre diferentes. Além disso, o que o distingue, em especial, de um Estado Unitário, é a colaboração e a solidariedade entre os entes que compõem a federação na busca de um ideal comum de justiça.

E, falando de federalismo, devemos reconhecer as nossas peculiaridades. Nos Estados Unidos da América (EUA), temos o exemplo do federalismo clássico, fruto de uma progressão histórica de um movimento de fora para dentro, em que as 13 colônias celebraram, em 1781, um contrato para a formação da Confederação de Estados; firmaram a Convenção da Filadélfia, em 1787; evoluindo para o que hoje são os Estados Unidos.

No Brasil, ao contrário do modelo clássico norte-americano, o federalismo é um movimento de dentro para fora. Na monarquia, na Constituição de 1824, éramos um Estado Unitário dividido em províncias com quase nenhuma autonomia[5]. Na República, nos tornamos Estado federal por Decreto, confirmado na Constituição de 1891[6]. Esse artificialismo na implementação do federalismo brasileiro é uma das razões históricas de termos uma concentração de poder e renda na União, em desfavor dos estados.

gerais em matéria de legislação tributária, especialmente sobre: a) definição de tributos e de suas espécies, bem como, em relação aos impostos discriminados nesta Constituição, a dos respectivos fatos geradores, bases de cálculo e contribuintes; b) obrigação, lançamento, crédito, prescrição e decadência tributários; c) adequado tratamento tributário ao ato cooperativo praticado pelas sociedades cooperativas. d) definição de tratamento diferenciado e favorecido para as microempresas e para as empresas de pequeno porte, inclusive regimes especiais ou simplificados no caso do imposto previsto no art. 155, II, das contribuições previstas no art. 195, I e §§ 12 e 13, e da contribuição a que se refere o art. 239. (Incluído pela Emenda Constitucional nº 42, de 19.12.2003)"

[5] Constituição de 1824: "Art. 165. Haverá em cada Província um Presidente, nomeado pelo Imperador, que o poderá remover, quando entender, que assim convém ao bom serviço do Estado".

[6] Constituição de 1891: "Art 1º – A Nação brasileira adota como forma de Governo, sob o regime representativo, a República Federativa, proclamada a 15 de novembro de 1889, e constitui-se, por união perpétua e indissolúvel das suas antigas Províncias, em Estados Unidos do Brasil".

O nosso federalismo tem ainda uma outra característica única, que é o fato de os municípios terem status de ente federado[7], o que resulta em autonomia financeira e competência tributária para mais de 5 mil entes[8].

Assim, é fundamental que pensemos a reforma tributária a partir da nossa estrutura de Estado Federal. E há aqui alguns equívocos. O primeiro é o de que pensamos na reforma tributária mirando a relação Estado-contribuinte, ou seja, nas questões ligadas à competência e às limitações ao poder de tributar, mas não cuidando de outra questão fundamental, que é a repartição de receitas.

Ou seja, a reforma tributária, vista pela lente do Direito Financeiro, poderá contribuir, em muito para uma mudança que promova simplificação e segurança jurídica.

A discussão deve começar, portanto, pelo Direito Financeiro e, depois, chegar ao Direito Tributário. Deveria começar com a definição clara das responsabilidades, das obrigações e dos deveres de cada um dos entes federados. Evitar as sobreposições hoje existentes.

Por exemplo: o município está sobrecarregado com o ensino infantil, educação fundamental, sistema de saúde (com especial destaque para a rede de urgência e emergência), além da limpeza urbana, preservação dos espaços públicos, praças etc.[9] É importante que o município cuide disso tudo, e que se

[7] Constituição de 1988: "Art. 1º A República Federativa do Brasil, formada pela união indissolúvel dos Estados e Municípios e do Distrito Federal, constitui-se em Estado Democrático de Direito e tem como fundamentos: (...)".

[8] Constituição de 1988: "Art. 145. A União, os Estados, o Distrito Federal e os Municípios poderão instituir os seguintes tributos: I – impostos; II – taxas, em razão do exercício do poder de polícia ou pela utilização, efetiva ou potencial, de serviços públicos específicos e divisíveis, prestados ao contribuinte ou postos a sua disposição; III – contribuição de melhoria, decorrente de obras públicas. (...)
Art. 156. Compete aos Municípios instituir impostos sobre: I – propriedade predial e territorial urbana; II – transmissão 'inter vivos', a qualquer título, por ato oneroso, de bens imóveis, por natureza ou acessão física, e de direitos reais sobre imóveis, exceto os de garantia, bem como cessão de direitos a sua aquisição; III – serviços de qualquer natureza, não compreendidos no art. 155, II, definidos em lei complementar. (Redação dada pela Emenda Constitucional nº 3, de 1993)"

[9] Constituição de 1988: "Art. 30. Compete aos Municípios: (...) III – instituir e arrecadar os tributos de sua competência, bem como aplicar suas rendas, sem prejuízo da obrigatoriedade de prestar contas e publicar balancetes nos prazos fixados em lei; IV – criar, organizar e suprimir distritos, observada a legislação estadual; V – organizar e prestar, diretamente ou

deem condições financeiras para que ele arque com todas essas responsabilidades. Isso não quer dizer que ele tenha de, necessariamente, ter competência para instituir e cobrar ISS. São coisas diferentes. O que é necessário é haver regras claras de repartição de receitas tributárias.

Eventual concentração da competência legislativa/tributária no âmbito da União não significa, *a priori*, ofensa ao federalismo. Ninguém questiona que a Alemanha é um Estado Federal composto pela União e por 16 estados. Nós temos 26 estados, o Distrito Federal e mais 5 mil e tantos municípios com status de entes federados.

Na Alemanha, que tem uma estrutura muito mais simplificada, a competência tributária – isto é, o poder de instituir tributos – é concentrada na União, com divisão de competências administrativas, bem como divisão de receitas, visando, dentre outros objetivos, ao equilíbrio federativo[10]. No Brasil, foca-se muito na competência para instituir tributo e pouco na importantíssima questão da repartição de receitas.

sob regime de concessão ou permissão, os serviços públicos de interesse local, incluído o de transporte coletivo, que tem caráter essencial; VI – manter, com a cooperação técnica e financeira da União e do Estado, programas de educação infantil e de ensino fundamental; (Redação dada pela Emenda Constitucional nº 53, de 2006) VII – prestar, com a cooperação técnica e financeira da União e do Estado, serviços de atendimento à saúde da população; VIII – promover, no que couber, adequado ordenamento territorial, mediante planejamento e controle do uso, do parcelamento e da ocupação do solo urbano; IX – promover a proteção do patrimônio histórico-cultural local, observada a legislação e a ação fiscalizadora federal e estadual."

[10] É o que dispõem os arts. 72(2), 105 e 106 da Lei Fundamental da Alemanha, conforme tradução oficial para o inglês:
"Article 72 *[Concurrent legislative powers]*
(1) On matters within the concurrent legislative power, the Länder shall have power to legislate so long as and to the extent that the Federation has not exercised its legislative power by enacting a law.
(2) The Federation shall have the right to legislate on matters falling within items 4, 7, 11, 13, 15, 19a, 20, 22, 25 and 26 of paragraph (1) of Article 74, if and to the extent that the establishment of equivalent living conditions throughout the federal territory or the maintenance of legal or economic unity renders federal regulation necessary in the national interest.
(...)
Article 105 [Distribution of powers regarding tax laws]
(1) The Federation shall have exclusive power to legislate with respect to customs duties and fiscal monopolies.
(2) The Federation shall have concurrent power to legislate with respect to all other taxes the revenue from which accrues to it wholly or in part or as to which the conditions provided for in paragraph (2) of Article 72 apply.

A tributação do consumo no Brasil, Estado Federal, como já se disse, é repartida entre a União (IPI), os estados (ICMS) e os municípios (ISSQN). Esta tripla competência para se tributar o consumo sempre gerou problemas. A alta litigiosidade decorrente deste modelo de tributação no consumo, não tem similar no mundo. Além disso, são 26 estados e o Distrito Federal com competência para instituir o ICMS, e mais de 5 mil municípios para instituir o ISSQN (Imposto Sobre Serviços de Qualquer Natureza), gerando ambiente propício para que estados e municípios lutem entre si, a fim de atrair o maior número de investimentos, por meio de concessão de benefícios fiscais.

3. Breve resumo das principais propostas que tramitam no Congresso Nacional

As duas principais propostas de reforma tributária que tramitam no Congresso Nacional, a PEC 45/2019, da Câmara dos Deputados, e a PEC 110/2019,

(2a) The Länder shall have power to legislate with regard to local taxes on consumption and expenditures so long and insofar as such taxes are not substantially similar to taxes regulated by federal law. They are empowered to determine the rate of the tax on acquisition of real estate.
(3) Federal laws relating to taxes the revenue from which accrues wholly or in part to the Länder or to municipalities (associations of municipalities) shall require the consent of the Bundesrat.
Article 106 [Apportionment of tax revenue and yield of fiscal monopolies]
(1) The yield of fiscal monopolies and the revenue from the following taxes shall accrue to the Federation: 1. customs duties; 2. taxes on consumption insofar as they do not accrue to the Länder pursuant to paragraph (2), or jointly to the Federation and the Länder in accordance with paragraph (3) or to municipalities in accordance with paragraph (6) of this Article;
(...)
(2) Revenue from the following taxes shall accrue to the Länder: 1. the property tax; 2. the inheritance tax; 3. the motor vehicle tax; 4. such taxes on transactions as do not accrue to the Federation pursuant to paragraph (1) or jointly to the Federation and the Länder pursuant to paragraph (3) of this Article; 5. the beer tax; 6. the tax on gambling establishments.
(3) Revenue from income taxes, corporation taxes and turnover taxes shall accrue jointly to the Federation and the Länder (joint taxes) to the extent that the revenue from the income tax and the turnover tax is not allocated to municipalities pursuant to paragraphs (5) and (5a) of this Article. The Federation and the Länder shall share equally the revenues from income taxes and corporation taxes. The respective shares of the Federation and the Länder in the revenue from the turnover tax shall be determined by a federal law requiring the consent of the Bundesrat. Such determination shall be based on the following principles: (...)"
Disponível em: https://www.btg-bestellservice.de/pdf/80201000.pdf. Acesso em 18.12.2018.

do Senado Federal, têm por foco a tributação dos bens e serviços, ou, por outras palavras, a tributação do consumo.

A PEC 45/2019 que tramita na Câmara dos Deputados, apresentada pelo deputado. Baleia Rossi e elaborada pelo CCif – Centro de Cidadania Fiscal, propõe a substituição de cinco tributos (PIS/Cofins/IPI/ICMS/ISS) por um único imposto do tipo IVA, chamado IBS (Imposto sobre Bens e Serviços), complementado por um imposto seletivo federal, com incidência monofásica sobre bens e serviços geradores de externalidades negativas, como, por exemplo, os cigarros.

A alíquota do IBS será uniforme para todos bens e serviços, não terá qualquer benefício fiscal, com incidência não-cumulativa, crédito amplo, tributação no destino, desoneração completa das exportações e dos investimentos, com arrecadação centralizada e distribuição da receita para a União, os estados e os municípios. A gestão do novo imposto seria da Agência Tributária Nacional que coordenaria a fiscalização feita pelos fiscos federal, estaduais e municipais, bem como cuidaria da administração financeira, da interpretação e consulta.

A PEC 110/2019 que tramita no Senado Federal, foi, a rigor, a reapresentação, no Senado, da PEC 293/2004, do deputado Luiz Carlos Hauly, aprovada na Comissão Especial da Câmara em dezembro de 2018.

Pela redação original da PEC 110/2019 criava-se um tributo estadual, IBS, que substituiria nove tributos, (IPI, IOF, PIS, Pasep, Cofins, Cide-Combustível, Salário-Educação, ICMS e ISS) com alíquotas fixadas por lei complementar. O relator, senador Roberto Rocha, propôs um IBS dual, um federal, resultado da fusão de cinco impostos federais e mais as contribuições de competência da União e um IBS estadual, resultado da fusão do ICMS e do ISS. Pela proposta do senador Roberto Rocha, o imposto seletivo, que originalmente teria função arrecadatória, passaria, tal como na PEC 45/2019 a ter função extra-fiscal.

A PEC 110, ao contrário da PEC 45, prevê a possibilidade de concessões de benefícios fiscais, mantém a Zona Franca de Manaus e permite a existência de alíquotas diferenciadas.

O governo federal apresentou, em 21/07/2020, o que chamou de primeira parte da proposta de reforma tributária que prevê a extinção do PIS e da Cofins e a criação da Contribuição Social sobre Operações com Bens e Serviços (CBS), com alíquota única de 12%.

Merece ainda registro a proposta do Simplifica Já, capitaneada pela Abrasf (Associação Brasileira das Secretarias de Finanças das Capitais) e Anafisco (Associação Nacional dos Auditores Fiscais de Tributos dos Municípios e Distrito Federal) por meio da emenda substitutiva global nº 144 à PEC 110/2019, cujos principais aspectos seriam a uniformização do ISS e do ICMS e a desoneração parcial da folha de pagamentos.

Em 19/02/2020 foi criada a Comissão Mista Temporária destinada a consolidar o texto da Reforma Constitucional Tributária, tendo como relator o deputado Aguinaldo Ribeiro e presidente o senador Roberto Rocha. Esta comissão teve sucessivas prorrogações de prazos de funcionamento, sendo a última em final de março de 2021, por mais trinta dias, sendo que, até a presente data, não apresentou o seu relatório.

Como se disse, pelas manifestações mais recentes e tendo em vista todo o complicado ambiente político do país, o discurso atual é o da reforma tributária possível, no sentido de se fazer melhoras pontuais, tornando o sistema menos burocrático e com a promessa duvidosa, de não se aumentar a carga tributária.

4. A reforma tributária que devemos construir

A reforma tributária deveria ter por objetivo simplificar e modernizar o sistema tributário, adequando-o à economia do século XXI. Com este objetivo, deveria tratar especialmente dos impostos sobre consumo (ICMS, IPI, ISS-QN), das contribuições sociais e da repartição das receitas tributárias.

Reunir os tributos sobre o consumo – ICMS, IPI, ISS, bem como o PIS e a Cofins – em um único imposto – o Imposto sobre Valor Agregado (IVA) nacional, simplificaria e daria maior eficiência ao sistema. Isso poderia diminuir a carga e praticamente eliminaria a guerra fiscal.

Além disso, o IVA eliminaria a tributação da receita bruta, que hoje existe por conta do PIS e da Cofins. Nenhum país elege a receita como fato revelador de capacidade contributiva e, portanto, tributável.

A tributação da receita é uma das grandes anomalias do nosso sistema, e a sua sistemática gera muitas distorções. Tributa-se como receita aquilo que é cobrado, mas que não foi pago, ou seja, tributa-se a inadimplência[11]. Tributa-se como receita própria o que, muitas vezes, é receita de terceiros, que simplesmente passou pelo caixa da empresa, mas que não foi apropriada por ela. Tributa-se como receita até mesmo o reembolso de despesas. O STF, em recente decisão, definiu mais claramente o conceito de receita tributável, excluindo o ICMS da base de cálculo da Cofins. Este tema, tratado pela mídia como a tese do século, chegou ao judiciário em 1992, tendo sido julgado definitivamente no STF em 2021, ou seja, após 29 anos do seu início. De todo o modo, substituir a tributação da receita bruta por um imposto único e não-cumulativo sobre o consumo representaria um enorme avanço.

[11] "EMENTA TRIBUTÁRIO. CONSTITUCIONAL. COFINS/PIS. VENDAS INADIMPLIDAS. ASPECTO TEMPORAL DA HIPÓTESE DE INCIDÊNCIA. REGIME DE COMPETÊNCIA. EXCLUSÃO DO CRÉDITO TRIBUTÁRIO. IMPOSSIBILIDADE DE EQUIPARAÇÃO COM AS HIPÓTESES DE CANCELAMENTO DA VENDA. 1. O Sistema Tributário Nacional fixou o regime de competência como regra geral para a apuração dos resultados da empresa, e não o regime de caixa. (art. 177 da Lei nº 6.404/"76). 2. Quanto ao aspecto temporal da hipótese de incidência da COFINS e da contribuição para o PIS, portanto, temos que o fato gerador da obrigação ocorre com o aperfeiçoamento do contrato de compra e venda (entrega do produto), e não com o recebimento do preço acordado. O resultado da venda, na esteira da jurisprudência da Corte, apurado segundo o regime legal de competência, constitui o faturamento da pessoa jurídica, compondo o aspecto material da hipótese de incidência da contribuição ao PIS e da COFINS, consistindo situação hábil ao nascimento da obrigação tributária. O inadimplemento é evento posterior que não compõe o critério material da hipótese de incidência das referidas contribuições. 3. No âmbito legislativo, não há disposição permitindo a exclusão das chamadas vendas inadimplidas da base de cálculo das contribuições em questão. As situações posteriores ao nascimento da obrigação tributária, que se constituem como excludentes do crédito tributário, contempladas na legislação do PIS e da COFINS, ocorrem apenas quando fato superveniente venha a anular o fato gerador do tributo, nunca quando o fato gerador subsista perfeito e acabado, como ocorre com as vendas inadimplidas. 4. Nas hipóteses de cancelamento da venda, a própria lei exclui da tributação valores que, por não constituírem efetivos ingressos de novas receitas para a pessoa jurídica, não são dotados de capacidade contributiva. 5. As vendas canceladas não podem ser equiparadas às vendas inadimplidas porque, diferentemente dos casos de cancelamento de vendas, em que o negócio jurídico é desfeito, extinguindo-se, assim, as obrigações do credor e do devedor, as vendas inadimplidas – a despeito de poderem resultar no cancelamento das vendas e na consequente devolução da mercadoria –, enquanto não sejam efetivamente canceladas, importam em crédito para o vendedor oponível ao comprador. 6. Recurso extraordinário a que se nega provimento. (RE 586482, Relator Min. Dias Toffoli, Tribunal Pleno, julgado em 23/11/2011, DJe-119 DIVULG 18-06-2012 PUBLIC 19-06-2012 RDDT n. 204, 2012, p. 149-157 RT v. 101, n. 923, 2012, p. 691-706)"

O principal argumento contrário ao IVA nacional, repita-se, é o de que o novo imposto afrontaria o princípio federativo, na medida em que estaria restringindo a competência tributária dos estados e dos municípios. Discordamos desse argumento, porque o importante é que os entes federados tenham autonomia financeira, e não necessariamente ampla competência tributária.

Basta que a Constituição contemple regras claras de repartição de receitas. As máquinas estaduais e municipais continuariam a ser utilizadas na fiscalização e arrecadação desse novo imposto, de perfil nacional, de competência da União e cuja receita seria repartida por rígidas regras constitucionais.

A participação de entes federais na arrecadação de outros não é novidade, pelo contrário. A experiência brasileira da participação dos municípios em 25% da arrecadação do ICMS, por exemplo, é muito bem sucedida, além de todos os repasses que são feitos de impostos federais e estaduais por meio dos fundos de participação.

Em relação à repartição da receita, defendemos que estados e municípios participem da arrecadação de todos os impostos e contribuições federais, e não apenas da arrecadação do Imposto de Renda, IPI e ITR.

Com isso, evita-se que a União conceda isenções e reduções de impostos que devam ser repartidos com estados e municípios, mantendo, de outro lado, a cobrança integral das contribuições que não são repartidas.

Seria uma ilusão pensarmos em uma reforma que tivesse por objetivo diminuir a carga. O que aumenta ou diminui a carga tributária é a graduação da alíquota.

Em suma, uma reforma tributária deve ter por objetivo: a) tornar mais simples o sistema, e mais seguro; b) unificar a tributação do consumo; c) eliminar a tributação da receita; d) estabelecer uma nova fórmula de repartição de receitas que tenha por objetivo promover o equilíbrio federativo e eliminar a guerra fiscal.

Conclusões

No Brasil, temos um sistema tributário que passa por constantes momentos de turbulência, que geram incertezas e, consequentemente, insegurança jurídica.

A simples existência de um ordenamento jurídico que positive a segurança jurídica por meio de princípios como os da legalidade, anterioridade e irretroatividade, não é suficiente para garantir a sua eficácia.

O conflito entre os entes da federação gera insegurança. A guerra fiscal instalada principalmente entre os estados da Federação é uma realidade, com os estados em um movimento autofágico, passando por cima da Constituição para oferecer vantagens aos contribuintes, com a finalidade de atrair os disputados investimentos.

A crise no princípio da separação dos poderes gera insegurança. O Poder Judiciário vem exercendo cada vez com mais desenvoltura o papel de legislador positivo, ou, por outras palavras, exercendo o ativismo judicial. Já o Poder Executivo vem se servindo abusivamente das medidas provisórias, decretos e outros instrumentos normativos, enquanto que o Poder Legislativo está cada vez mais atrofiado no seu papel de criar o direito positivo. Ou seja, o Poder Judiciário e o Executivo legislam cada vez mais e o Poder Legislativo é cada vez menos poder.

Mas, principalmente, um sistema complexo que gera indefinições, incertezas e alto grau de litigiosidade é fator de insegurança. O Brasil é campeão mundial no número de processos administrativos e judiciais em matéria tributária, ultrapassando a barreira dos milhões.

Entendemos que a reforma tributária é absolutamente necessária para trazer simplificação, menos litigiosidade, certeza, previsibilidade, fortalecimento da federação com menos conflito entre os entes estatais e adequação do sistema tributário a um novo tempo, de uma nova economia que terá por protagonistas os serviços de alta tecnologia, o comércio eletrônico e o mundo virtual.

Enfim, precisamos de uma reforma tributária que seja a base da segurança jurídica em um mundo novo cheio de desafios!

8.
REFORMA TRIBUTÁRIA NO BRASIL – DESAFIOS PARA O PADRÃO OCDE

Fabricio Alves Quirino

Introdução

O Brasil reconhecidamente possui um dos mais complexos, onerosos e ineficientes sistemas de tributação do mundo, onde vem sendo discutida a sua reforma desde o advento da EC – Emenda Constitucional 18/1965 (que alterou a Constituição Federal de 1946) e o Código Tributário Nacional, publicado em 1966.

A alteração e reforma introduzida em 1965, que para a época consistia em um enorme avanço e modernidade, uma vez que introduziu parcialmente o conceito de não cumulatividade para alguns tributos, por outro lado, ao criar competências repartidas entre as diversas esferas da Federação: União, Estados e Municípios, acabou acarretando um modelo que se demonstrou anacrônico, demonstrado pelo grande número de tributos indiretos incidentes e cobrado nas 3 (três) esferas federativas e sua inerente competição tributária, agravado pela sua cumulatividade em vários casos, complexidade de normas e alto custos de *compliance*.

A necessidade de um alinhamento se mostra necessária, imperativa e até mesmo obrigatória, caso o Brasil queira vencer os obstáculos para o seu crescimento econômico e o ingresso à OCDE, e em alinhamento aos principais países do mundo visando a sua maior globalização e atração de investimentos estrangeiros, visto que o sistema tributário brasileiro é um dos mais complexos do mundo, também conhecido como *"manicômio jurídico-tributário"*.[1]

Afinal, conforme disposto no Relatório Econômico da OCDE, divulgado em dezembro de 2020, como principais recomendações o Brasil precisa *"consolidar os impostos sobre o consumo em um único imposto sobre valor agregado"*.[2]

As diretrizes internacionais para a tributação sobre o consumo através do IVA – Imposto sobre o Valor Agregado (também conhecido como imposto sobre bens e serviços com a sigla GST em alguns países), vem sendo aplicado em cerca de 165 países no mundo, dentre eles quase todos os países membros da OCDE, e preveem um conjunto de normas e abordagens reconhecidas internacionalmente, sendo que o conceito de tributo sobre o consumo definido pela OCDE *"são aqueles que se pagam no contexto da utilização de bens e serviços finais no país onde são consumidos"*. [3]

O conteúdo desse artigo, será restrito e focado na tributação sobre o consumo (tributação indireta), visto que sobre essa matriz tributária é que se encontra em andamento e já avançados os principais projetos de reforma da tributação em vigor no Brasil, notadamente sobre as Propostas de Emenda Constitucionais e Projeto de Lei Federal, que adiante se apresentarão em detalhes, e que, em apertada síntese, pretendem criar uma espécie de IVA Federal ou IVA Estadual.

O objetivo desse artigo é demonstrar de forma sucinta que não são necessárias profundas alterações no sistema vigente no Brasil, para eliminar as suas principais anomalias. Não temos a pretensão de apresentar um modelo

[1] Um dos mais insignes tributaristas brasileiros, o gaúcho Alfredo Augusto Becker, denominou de *"manicômio jurídico-tributário"* a situação reinante no país, no período antecedente à elaboração do sistema tributário aprovado em 1965, donde resultou a elaboração do atual Código Tributário Nacional.

[2] Fonte: Relatórios Econômicos da OCDE – Brasil – Resumo Executivo – Dezembro 2020.

[3] Conceito ofertado pela *Organização de Cooperação e Desenvolvimento Econômico – OCDE*. Apud: BASTO, José Guilherme Xavier de. **A Tributação do consumo e a sua coordenação internacional.** Cadernos de Ciência e Técnica Fiscal. V. 164, Centro de Estudos Fiscais, Lisboa, 1991, p. 1.

ideal de tributação, mas de colaborar com a discussão para a busca de um sistema fiscal mais simples, eficiente, justo, transparente e menos oneroso aos contribuintes e à própria Administração Tributária.

1. Princípios a serem aplicados para uma boa tributação

Alguns princípios norteadores de um bom sistema tributário são apregoados pelos mais diversos doutrinadores especialistas no mundo, dentre os quais podemos destacar os princípios da equidade e transparência, como sendo característicos da autonomia e eficiência, e os princípios da simplicidade e neutralidade, como sendo característicos da eficiência.[4]

1.1 Equidade

Equidade pode ser vista com o significado da simetria, igualdade ou conformidade. É pela equidade que na esfera jurídica *"interpretamos"* a aplicação de uma determinada lei a um caso concreto para que a decisão seja simétrica, equânime, justa, conforme o entendimento de que aquela é a melhor decisão a ser tomada para aquele caso concreto.[5]

A equidade está intimamente associada à justiça material, podendo ainda ser descrita como a ponte que liga o universo moral ao universo jurídico.[6]

O princípio da equidade é dotado de um elevado grau de abstração, dele decorrendo orientações gerais e valores que devem ser tomados em consideração na esfera de outros princípios menos abstratos (os princípios operativos).[7]

4 É uma preocupação histórica de se saber quais são as características ou princípios que devem preponderar nas escolhas feitas no âmbito da matriz tributária. Tentativas de sistematização desses aspectos apareceram no séc. XVIII com Adam Smith (*In Inquiry into the Nature and Causes of the Wealth of Nations*, 1776) e no início do séc. XIX com David Ricardo (*The Principles of Political Economy and Taxation*, 1817), sendo constante objeto de escrutínio até os dias atuais.

5 GASSEN, Valcir; VALADÃO, M. A. P.; **Tributação nos Estados Unidos e no Brasil. Estudo Comparativo da Matriz Tributária.** Almedina, 2020, p. 41.

6 VOGEL, K. **Worldwide vs. Souce taxation of income – A review and reevaluation of arguments** (Part. III) Intertax, n. 11, 1988, p. 393.

7 PEREIRA, P. R.; **Princípios do Direito Fiscal Internacional – Do paradigma clássico ao Direito Fiscal Europeu.** Almedina, Novembro, 2010, p. 61.

Dessa forma, a equidade é dividida em eficácia horizontal, quando duas pessoas em condições econômicas similares devem adimplir com a mesma quantidade de tributos; e em eficácia vertical, que impõe à pessoa com maior capacidade econômica a necessidade de pagamento da maior quantidade de tributos.

1.2 Transparência

A transparência tributária é um princípio que tem uma relação direta com o princípio da legalidade tributária, de que não pode ser instituído um tributo sem um ato normativo que o estabeleça, pois ninguém pode ser obrigado a fazer ou deixar de fazer algo senão em virtude de lei.[8]

A tributação indireta é denominada de tributação anestesiante ou oculta pelo fato do contribuinte de fato não perceber, por falta de respeito ao princípio da transparência tributária, em quanto está sendo efetivamente onerado na compra de determinado bem ou serviço.

No Brasil, onde os impostos sobre o consumo vêm incorporados ao valor dos produtos e serviços é difícil perceber o *quantum* de tributo que está sendo pago.[9]

De outro lado, e de forma diversa, sobretudo nos países da União Europeia onde vigora de forma uniformizada e integrada entre os 27 (vinte e sete)

[8] Aqui a referência histórica, entre outras, é da Carta Magna Inglesa de 1215 como principal marco desse complexo e longo processo histórico. O nome completo da Carta Magna é em latim *"Magna Charta Libertatum seu Concordiam inter regem Johannen at barones pro concessione libertatum ecclesiae et regni angliae"*. Em português *"Grande Carta das liberdades, ou concórdia entre o rei João e os barões para a outorga das liberdades da Igreja e do rei Inglês"*.
Merece destaque os artigos 12 e 39: *"12. Nenhum tributo ou auxílio será imposto no reino, a menos que tenha consentimento do comum do reino, exceto para resgatar nossa pessoa, por fazer de nosso filho mais velho um cavaleiro e por casar uma vez com nossa filha mais velha; e para isto não deve ser cobrada mais do que um auxílio razoável."*
"39. *Nenhum home livre será preso, aprisionado ou privado de uma propriedade, ou tornado fora-da-lei, ou exilado, ou de maneira alguma destruído, nem agiremos contra ele ou mandaremos alguém contra ele, a não ser por julgamento legal dos seus pares, ou pela lei da terra."*

[9] O fato é tão visível e notório, a ponto de ter sido instituída a Lei 12.741/2012 que torna obrigatório que a Nota Fiscal conste a discriminação e a totalidade dos tributos que já estão incluídos no preço do bem ou serviço, embora em alguns casos se torne impossível esta quantificação exata dos tributos, sobretudo nas empresas em que vigora o regime tributário de lucro real e ou de lucro presumido.

Estados Nacionais que a compõem, o imposto sobre consumo nominado IVA – Imposto sobre o Valor Agregado, os impostos sobre consumo vem discriminados de forma separada e discriminada na nota fiscal ou fatura. Da mesma forma ocorre nos Estados Unidos da América, em que os preços dos bens são anunciados sem o valor dos tributos sobre o consumo, no caso monofásico – *Sales Taxes*, o que contribui para a transparência fiscal e tributária. [10]

1.3 Eficiência

Uma tributação terá eficiência se no sistema administrativo fiscal os custos de arrecadação são os mais baixos possíveis.

Em outras palavras, para se cobrar um tributo tem um custo e este deve ser o menor possível tanto para o contribuinte, quanto para a administração tributária.[11]

Outro aspecto da eficiência da tributação está relacionada ao fato de que ela deve ser economicamente neutra, ou seja, que não interfira na escolha da alocação de recursos pelos agentes da sociedade.

A eficiência é um conceito que impõe que as regulamentações tributárias devem ser organizadas de forma a trazer a maior quantidade de recursos possível com o menor gasto para a administração (eficiência administrativa) e com a menor repercussão para a economia privada (eficiência econômica).

2. A tributação sobre o consumo no Brasil

Existem três bases clássicas da matriz de incidência dos tributos (renda, patrimônio e consumo), sendo que a tributação sobre consumo pode ser conceituada como o conjunto de tributos que incidem sobre o consumo de bens, serviços e direitos (comercializáveis) [12], podendo compreender, no interesse

[10] GASSEN, Valcir; VALADÃO, M. A. P.; **Tributação nos Estados Unidos e no Brasil. Estudo Comparativo da Matriz Tributária.** Almedina, 2020, p. 46.

[11] GASSEN, Valcir; VALADÃO, M. A. P.; **Tributação nos Estados Unidos e no Brasil. Estudo Comparativo da Matriz Tributária.** Almedina, 2020, p. 47.

[12] O conceito de tributo sobre o consumo é importante, tanto que a OCDE assim conceitua: *"aqueles que se pagam no contexto da utilização de bens e serviços finais no país onde são consumidos"*.

da administração fiscal, todas as etapas do processo produtivo (multifásicos) ou apenas uma delas (monofásicos), que de forma inquestionável irá onerar o consumidor final.[13]

De outro lado, os tributos sobre o consumo são considerados tributos indiretos.

A origem da clássica divisão dos tributos em diretos e indiretos vem da França do século XVII, quando a Escola Fisiocrata desenvolveu a tese de que os tributos que oneravam a propriedade ou a posse do solo e os rendimentos da agricultura eram denominados tributos diretos[14], enquanto os demais tributos eram indiretos, e repercutiam em outras realidades, dentre elas incidiam sobre os custos de produção e sobre despesas desse rendimento. [15]

Os impostos indiretos sobre o consumo são considerados menos justos do que os impostos diretos sobre o rendimento ou sobre o patrimônio, porque incidem sobre todos os sujeitos na mesma medida, independentemente da capacidade econômica de cada um. Mas são considerados mais neutros para o funcionamento da economia, porque implicam menos distorções, nas opções acessíveis aos contribuintes.[16]

Equipara-se, para esse efeito, consumo e rendimento, no sentido em que o consumo implica rendimento auferido, o imposto geral sobre o consumo implica menos distorções na opção entre os diferentes bens de consumo;

Conceito ofertado pela Organização de Cooperação e Desenvolvimento Econômico – OECD. Apud: BASTO, José Guilherme Xavier de. **A Tributação do consumo e a sua coordenação internacional**. Cadernos de Ciência e Técnica Fiscal, v. 164, Centro de Estudos Fiscais, Lisboa, 1991, p. 1.

[13] A tributação do consumo é relevante na maioria dos países do mundo, sendo que a OCDE (Organização da qual o Brasil não faz parte), utiliza em suas estatísticas o seguinte conceito: *"Consumption taxes generally consists of general taxes on good and services (taxes on general consumption), consisting of value-added tax (VAT) and its equivalent in several jurisdictions (good and services tax, or GST), sales taxes, and other general taxes on goods and services; and taxes on specific good and services, consisting primarily of excise taxes, customs and import duties, and taxes on specific services (such as insurance premiums and financial service)"* OECD. **Consumption Tax Trends 2016: VAT/GST and excise rates, trends and policy issues. Paris**: OECD Publishing, 2016, p. 11.

[14] NUNES, António José Avelãs. **Os fisiocratas ou o início da ciência económica.** Coimbra: Universidade de Coimbra, 2002, p. 3.

[15] SANTOS, Albano José, **Teoria Fiscal**. Lisboa: Instituto Superior de Ciências Sociais e Políticas da Universidade Técnica de Lisboa, 2003, p. 239.

[16] DOURADO, A. P.; **Direito Fiscal – Lições**. Almedina, Coimbra, Setembro, 2016, p. 47.

entre o consumo presente e o consumo futuro; entre o tempo livre e os bens de consumo.[17]

No Direito Brasileiro, o tributo indireto não encontra previsão legal expressa na Constituição Federal ou no Código Tributário Nacional, somente de forma indireta é prevista no artigo 166 do CTN, onde está prevista que a *"transferência do respectivo encargo financeiro somente será feita a quem prove haver assumido referido encargo, ou, no caso de tê-lo transferido a terceiro, estar por este expressamente autorizado a recebê-la."*

Uma crítica a essa diferenciação entre tributos diretos e indiretos, reside no fato de que muitas vezes os tributos diretos são *"repassados"* para outrem. Por exemplo, o imposto de renda da pessoa jurídica e o imposto sobre propriedade podem ser cobrados diretamente do contribuinte de direito, mas ter sido na prática arcado por um contribuinte de fato.

Uma outra nota importante é relativa a questão de que nos tributos sobre o consumo a discussão sobre a sua equidade tributária aparece na essência e natureza pela sua regressividade.

É fato que nos tributos sobre o consumo os contribuintes são onerados de forma desigual, pois não se leva em consideração a sua capacidade contributiva, e com isso acabam sendo onerados de forma mais gravosa aqueles contribuintes que têm menor capacidade contributiva e de forma menos gravosa aqueles contribuintes que tem maior capacidade contributiva.

2.1 As críticas ao sistema de tributação sobre o consumo no Brasil.

Em breve síntese, o Sistema Tributário Brasileiro é de grande *complexidade*[18], tanto na fiscalidade direta, quanto é especialmente na indireta.

[17] DOURADO, A. P.; **A Tributação dos Rendimentos de Capitais: a harmonização na Comunidade Europeia,** CCTF n. 175, Lisboa, 1996, p. 298 e ss.

[18] O Tax Complexity Index desenvolvido pelas universidades alemãs (LMU Munich e University of Paderborn, classifica o Brasil como o país com sistema tributário mais complexo, dentre 100 países analisados. LMU MUNICH; UNIVERSITY OF PADERBORN. **Tax Complexity Index** (S.l), 2016. Disponível em: https://taxcomplexity.org/. Acesso em 22.03. 2021.

O sistema de tributação indireta brasileiro caracteriza-se por *carga tributária elevada e mal distribuída*, agravado pelo *viés cumulativo* e com efeito de *tributo incidente sobre outro tributo*, além da sua *regressividade*.[19]

Com relação a *complexidade* da tributação indireta é facilmente verificável pelo fato de que, ao todo, incidem 6 (seis) tributos diferentes, sendo 2 (dois) como uma espécie de IVA, em regra não cumulativo, o IPI (IVA Federal) e o ICMS (IVA Estadual); 3 tributos iminentemente cumulativos, sendo o PIS/PASEP e COFINS (Federais) e o ISS (Municipal) e 1 tributo monofásico, a CIDE-Combustíveis.

Como uma nota de importante relevo, para além da diversidade e fragmentação das incidências de tributos nos 3 (três) Entes Federativos, com incidências cumulativas, não cumulativas e monofásicas, há também uma diversidade de base tributável, que não são comuns.[20]

Embora existam no Brasil os 6 (seis) tributos que incidam sobre o consumo, cada um deles possui uma base de cálculo e incidências distintas, o que acarreta uma falta de clareza, e muitas vezes uma nefasta tributação incidente sobre outros tributos.[21]

Enquanto a maioria dos países tributa o consumo através de um único imposto não-cumulativo sobre o valor adicionado (IVA), o Brasil adota essa multiplicidade de impostos sobre a produção e o consumo de bens e serviços.

O estudo anual *"Paying Taxes"* elaborado pelo Banco Mundial (Word Bank Group) traça com acuidade, o grau de complexidade de 190 (cento e noventa)

[19] OECD (2017), **International VAT/GST Guidelines**, OECD Publishing, Paris. Disponível em: https://www.oecd.org/ctp/international-vat-gst-guidelines-9789264271401-en.htm. Acesso em 22.03.2021.

[20] WÓJTOWICZ, Katarzyna. **Decentralizing value added taxes – appearance or reality?** In: Managing intellectual capital and innovation for sustainable and inclusive society (Elektronski vir): proceedings of the MakeLearn and TIIM Joint International Conference, 27-29 May 2015, Bari, Italy, p. 1291-1302. https://econpapers.repec.org/scripts/search.pf?ft=W%C3%93JTOWICZ Acesso em 17.03.2021.

[21] *"In the case of Brazil, unlike that of many federation, there is no common tax base, because the subjects of taxes assigned to each tiers of government are different (i. e. : industrial product – for IPI, goods and telecommunication and transport services – for ICMS and Services for – the ISS)"*
WÓJTOWICZ, Katarzyna. **Decentralizing value added taxes – appearance or reality?** In: Managing intellectual capital and innovation for sustainable and inclusive society (Elektronski vir): proceedings of the MakeLearn and TIIM Joint International Conference, 27-29 May 2015, Bari, Italy, p. 1291-1302.

nações, sendo que na versão mais atualizada *"Paying Taxes 2020"*, o Brasil permanece com um dos sistemas tributários mais complexos do mundo, levando em consideração diversos critérios dentre eles : **i)** carga tributária total (*total tax and contribution rate*); **ii)** tempo necessário para cumprimento das obrigações acessórias (*time to comply*); **iii)** volume de pagamentos (*number of payments*); e **iv)** retificações acessórias (*post-filing index*).

Nesse contexto o Brasil aparece na posição 184º no ranking geral, além do que a pessoa jurídica que opera no país despende em média 1.501 (mil quinhentos e uma) horas para cumprir as obrigações acessórias relaciona ao pagamento de tributos devidos à União Federal, Estados e Municípios.[22]

A *cumulatividade* é flagrantemente ocasionada pela múltipla incidência de impostos sobre consumo ao longo de toda a cadeia produtiva e de circulação dos bens e serviços.

No caso dos tributos IPI [23] e ICMS [24], que em tese são não cumulativos, existem algumas exceções ocasionadas por determinados regimes tributários ou regimes especiais de tributação, que acabam acarretando distorções ou restrições no aproveitamento dos créditos tributários, seja por isenções, não incidências ou anulações dos créditos tributários.

Um outro problema do modelo brasileiro tributário reside na cobrança predominantemente na origem do ICMS nas operações interestaduais e do

[22] PWC - PRICEWHATERHOUSECOOPERS; WORLD BANK GROUP; **Paying Taxes 2020**; Disponível em: https://www.pwc.com/gx/en/services/tax/publications/paying-taxes-2020.html. Acesso em 22.03.2021.

[23] No caso do **regime de incidência não cumulativa**, aplicável, portanto, as empresas do regime do Lucro Real, a base de cálculo é também o total das receitas brutas da pessoa jurídica, porém, permite-se a dedução dos custos, despesas e encargos, e aplicam-se as alíquotas de 1,65% para o PIS e 7,6% para a COFINS.
No **regime de incidência cumulativa**, aplicável, portanto, as empresas optantes do regime de Lucro Presumido e do Simples Nacional, a base de cálculo é o total das receitas brutas da pessoa jurídica, sem qualquer dedução em relação a custos, despesas e encargos, e aplicam-se as alíquotas de 0,65% para o PIS e 3% para a COFINS.

[24] Ao tratar do ICMS, o art. 155, par. 2º, I da CF dispõe que "será não cumulativo, compensando-se o que for devido em cada operação relativo à circulação de mercadorias ou prestação de serviços com o montante cobrado nas anteriores pelo mesmo ou outro Estado ou pelo Distrito Federal." A não cumulatividade, entretanto, sofre relevante restrição quando se lê, no inciso II do par. 2º do art. 155 que *"a isenção ou não incidência, salvo determinação em contrário da legislação, (a) não implicará crédito para compensação com montante devido nas operações ou prestações seguintes; (b) acarretará anulação do crédito relativo às operações anteriores"*

ISS nas operações intermunicipais, contrariando o conceito e desenho do IVA que é um imposto cobrado no destino. Este modelo estimula a guerra fiscal entre os Estados e Municípios, além de gerar um viés antiexportação no sistema tributário brasileiro.

Em relação ao ISS este é um imposto cumulativo por natureza. O ICMS embora seja não cumulativo no seu conceito legal, é frustrada pela não devolução de créditos acumulados e pela existência de uma série de restrições à recuperação de créditos, com destaque para a tomada de créditos em relação a parte de energia elétrica e dos serviços de comunicação.

Em relação ao IPI este tem sua incidência interrompida na cadeia de valor adicionado, o que gera um enorme contencioso, além de dificuldades para a definição do conceito de industrialização e para a classificação dos produtos na tabela de incidência (TIPI), baseada na Nomenclatura Comum do Mercosul (NCM).

A cumulatividade causa perda de competitividade dos produtos brasileiros, que por terem uma tributação na prática mais onerosa, ocasionada pelas distorções acima, acarretam um aumento real dos preços dos produtos e serviços no mercado interno (comparativamente aos similares produtos e serviços de origem importada), como também acarretam um aumento de preços dos produtos e serviços que são exportados.[25]

Como se não bastasse esse aumento de custos e preços ocasionado pela cumulatividade, é de salientar que os tributos indiretos sobre consumo incidem sobre outros tributos indiretos (o chamado efeito de tributo sobre tributo).

Essas incidências tributárias que se sobrepõem[26] refletem na formação dos preços dos bens e serviços e na carga tributária total, acarretando uma tributação multi-incidência.[27]

A complexidade da tributação indireta brasileira se faz mostrar também pelo excessivo número de legislações. A situação fica mais visível pelo número

[25] MEDEIROS NETO, João da Silva. **Tributos cumulativos.** Estudos da consultoria legislativa da Câmara dos Deputados. Brasília: CADE, 2001, p. 9-11.

[26] ELONIKE, João Eloi. **Transparência tributária a serviço da sociedade.** In: Revista Governança Tributária nº 3. Agosto/2013. Curitiba: IBPT, 2013, p. 16-20.

[27] MEDEIROS NETO, João da Silva. **Tributos cumulativos.** Estudos da consultoria legislativa da Câmara dos Deputados. Brasília: CADE, 2001, p. 9-11.

de legislações dos impostos de ICMS (27 legislações estaduais) e do ISS (5.570 legislações municipais).[28]

Além da complexidade gerada pelo excesso de normas, os Entes Federativos impõem aos contribuintes uma enormidade de obrigações acessórias.

Outro aspecto de muita importância reside no *sistema regressivo* brasileiro da tributação como um todo, mas sobretudo, na tributação indireta.

A fixação das alíquotas em percentuais de um tributo, como sabido, pode dar-se de modo proporcional, progressivo ou regressivo. No primeiro caso, a alíquota será idêntica, pouco importando o valor da base de cálculo. Nos dois últimos casos, a alíquota percentual crescerá ou decrescerá, respectivamente, conforme cresça a base de cálculo. [29]

Ou, em outras palavras, a progressividade e a regressividade implicam a existência de taxas ou alíquotas variáveis. A progressividade implica um aumento da taxa ou alíquota tendo em conta o aumento do rendimento (ou da matéria coletável), e concretiza-se pela existência de escalões. [30]

A progressividade é característica dos impostos pessoais, e na Constituição Federal de 1988, está prevista para o imposto de renda. [31]

Coerentemente, a progressividade passa a ser explicada pelo critério da justiça distributiva. [32]

Contudo, para a tributação indireta a regra é que a mesma onere o contribuinte de forma regressiva, uma vez que as alíquotas incidentes sobre os bens

[28] **OECD Economic Surveys Brazil February 2018**. Paris: OECD Publishing, February 2018. https://www.oecd.org/economy/surveys/Brazil-2018-OECD-economic-survey-overview.pdf Acesso em 17.03.2021

[29] SCHOUERI, Luis Eduardo, ***"Direito Tributário"***, Saraiva, 8ª edição. São Paulo, 2018, p. 395.

[30] DOURADO, A. P.; **Direito Fiscal – Lições**. Almedina, Coimbra, Setembro, 2016, p. 52.

[31] CF 1988:

Art. *153: Compete a União instituir impostos sobre:*

(...)

III – *renda e proventos de qualquer natureza*

(...)

Par. *2º O imposto previsto no inciso III:*

I – *será informado pelos critérios da generalidade, da universalidade e da progressividade, na forma da lei.*

[32] TORRES, Ricardo Lobo. **Tratado de direito constitucional financeiro e tributário**, vol. III: Os Direitos Humanos e a tributação: imunidades e isonomia. Rio de Janeiro: Renovar, 1999, p. 335.

e serviços adquiridos, ocorrem vinculadas ao preço desse bem ou serviço, e não vinculada à capacidade contributiva do contribuinte que a adquire.

Conforme já observado alhures, a tributação no Brasil é focada eminentemente na tributação indireta, por isso o sistema tributário brasileiro é considerado muito mais regressivo do que em outros países da OCDE e do mundo, fato esse que deve ser corrigido.

A progressividade em matéria tributária costuma ser justificada e até exigida como um fenômeno que contempla e concretiza o Princípio da Capacidade Contributiva.[33]

Um outro ponto de extrema relevância para a mudança do sistema tributário brasileiro, consiste na necessidade da simplificação com o intuito de *diminuir a sonegação fiscal*.

Um estudo das Nações Unidas chegou à conclusão de que a evasão fiscal das empresas brasileiras chega a 27,5% do total do volume tributário que deveriam pagar tributos.[34]

Outro ponto de extrema importância para a modificação do sistema tributário brasileiro, é que o mesmo apresenta uma enorme *guerra fiscal*, principalmente entre os Estados e os Municípios, assim como a distorção de diminuição de partilha de receitas da União com os Estados e Municípios, através do incremento das contribuições.

Com o advento da CF 1988 a União Federal passou a instituir e cobrar, cada vez mais, as contribuições sobre o consumo, que não são partilhados com os Estados e Municípios. Isso ocorre com os impostos federais que possuem partilha obrigatória através dos Fundos de Participação (FPE e FPM).[35]

Além disso, existe uma competição fiscal vertical entre a própria União com os Estados e Municípios, no tocante a sua competência residual, que

[33] KORNHAUSER, Marjorie E.; **The rhetoric of the anti-progressive income tax movement: a typical male reaction**. Michigan law review, vol. 86, n. 3, dez. 1987, p. 465-523.

[34] SABAINI, Juan Carlos Gómez; JIMÉNEZ, Juan Pablo. **Tax structure and tax evasion in Latin America**. Santiago: UN/CEPAL, 2012, p. 15.

[35] O FPE – Fundo de Participação dos Estados e FPM – Fundo de Participação dos Municípios são repasses financeiros constitucionais para fundos originariamente previstos na Lei Complementar nº 62 de 28/12/1989 e no art. 159 da CF 1988, incidentes sobre o produto da arrecadação federal e estadual de alguns tributos, respectivamente.

consiste na possibilidade de instituir impostos que não tenham fato gerador ou base de cálculo próprios dos discriminados na própria CF 1988.[36]

Diante desse cenário, uma simplificação e uma alteração da tributação indireta no Brasil será muito bem vinda não só por trazer um custo de conformidade menor em tempo e recursos financeiros para os contribuintes calcularem e pagarem os seus tributos, para os próprios Entes Públicos para a sua fiscalização e arrecadação, o que aumentará a eficiência e eficácia da máquina administrativa [37], com possibilidade de alcançar uma redução na regressividade do sistema tributário como um todo.

2.2 Compromissos assumidos pelas propostas de reformas e suas críticas

2.2.1 Simplificação

Em todas as propostas de reformas, a alteração do Sistema Tributário Nacional tem como objetivo principal a *simplificação* da tributação sobre a produção e comercialização de bens e a prestação de serviços.

No caso da PEC nº 45/2019 e da PEC nº 110/2019 essa simplificação se dará através da reunião de vários tributos em dois únicos – o Imposto sobre Bens e Serviços (IBS), nos moldes dos impostos sobre o valor agregado, cobrado na maioria dos países desenvolvidos e um Imposto Seletivo (IS), imposto específico cobrado sobre alguns bens e serviços, assemelhados aos *excises taxes*, e no caso do Projeto de Lei nº 3.887/2020, através da unificação do PIS/PASEP e COFINS para a criação da Contribuição sobre Bens e Serviços (CBS). [38]

[36] *"Art. 154. A União poderá instituir:*
I – mediante lei complementar, impostos não previstos no artigo anterior, desde que sejam não cumulativos e não tenham fato gerador ou base de cálculo próprios dos discriminados nesta Constituição"

[37] CLEARY, Duncan; MASTERS, Andrew; LEMGRUBER, Andrea. **Undestanding revenue administration. An initial data analysis, using the revenue administration fiscal information tool.** Washington: International Monetary Fund, 2015, p. 22.

[38] CONSULTORIA LEGISLATIVA; **Reforma Tributária – Comparativo da PEC 110/2019 do Senado Federal e da PEC 45/2019 da Câmara dos Deputados.**
Disponível em : https://www2.camara.leg.br/atividade-legislativa/estudos-e-notas-tecnicas/fiquePorDentro/temas/sistema-tributario-nacional-jun-2019/reforma-tributaria-comparativo-das-pecs-em-tramitacao-2019

O compromisso da simplificação nos modelos das PEC nº 45/2019 e da PEC nº 110/2019 são questionáveis, primeiramente pelo fato de que além da criação do IBS (cuja base de incidência em ambas as propostas é praticamente idêntica) [39], será criado o Imposto Seletivo Federal (IS), com índole extrafiscal com a finalidade de desestimular o consumo de determinados bens, serviços ou direitos.

Para além disso, em relação ao projeto da PEC nº 45/2019 e ao Projeto de Lei nº 3.887/2020, a simplificação se mostra acanhada, na primeira proposta ficando de fora da simplificação e unificação os impostos federais IOF, PASEP, CIDE-Combustíveis, Salário Educação e no segundo projeto ficando de fora além dos impostos federais acima (IOF, PASEP, CIDE-Combustíveis, Salário Educação), também o imposto federal (IPI), além do imposto estadual (ICMS) e do imposto municipal (ISS), todos de incidência sobre bens e serviços, dependendo da hipótese de incidência tributária de cada tributo.

2.2.2 Imposto incidente sobre base ampla de bens, serviços e direitos

As propostas de reforma tributária propõem uma alteração da base de incidência dos impostos a serem criados, sendo que incidiriam sobre *uma base ampla de bens, serviços e direitos.*

O conceito amplo de base de incidência do IBS ou da CBS, passaria a representar, na prática, um imposto de competência residual, que incidiria sobre toda e qualquer manifestação de capacidade econômica relativa a bens, serviços e direitos, muito embora hoje se encontre prevista esta possibilidade em nossa Constituição como competência privativa da União Federal, contudo, condicionado à necessidade do requisito de ser instituído por lei complementar.[40]

[39] A base de incidência do IBS prevista na PEC nº 45/2019 e na PEC nº 110/2019 compreende todos os bens e serviços, incluindo a exploração de bens e direitos, tangíveis e intangíveis, e a locação de bens, operações que, em regra escapam da tributação do ICMS estadual e do ISS municipal no quadro normativo em vigor.

[40] *"Art. 154 da CF/1988. A União poderá instituir :*
I – *mediante lei complementar, impostos não previstos no artigo anterior, desde que sejam* não cumulativos e não *tenham fato gerador ou base de cálculo próprios do discriminados nesta Constituição;"*

2.2.3 Não cumulatividade plena

Conceitualmente o IBS e também a CBS serão impostos plenamente não cumulativos, com o reconhecimento do direito de créditos financeiros[41] [42] [43] e do direito a desoneração da exportação[44] [45] [46].

Contudo, com relação ao princípio da *não cumulatividade*, não se verificam nos textos da PEC nº 45/2019, em seu art. 152-A, par. 1º, III; da PEC nº 110/2019, em seu art. 155, II; e no Projeto de Lei nº 3.887/2020, em seu art. 9º, a previsão expressa de reconhecimento do direito de créditos financeiros e tampouco quando e como se dará a devolução dos respectivos créditos tributários.

A redação dessas propostas de emenda à constituição e do projeto de lei em nada alteram a atual redação prevista na CF/1988, por exemplo, para o IPI[47], não fazendo menção expressa sobre a não cumulatividade e ao reconhecimento do direito de créditos físicos (mais restritivos) e

[41] Texto Constitucional sugerido pelo Projeto da PEC nº 45/2019: *"Art. 152-A, par. 1º, III – será não cumulativo, compensando-se o imposto devido em cada operação com aquele incidente nas etapas anteriores."*

[42] Texto Constitucional sugerido pelo Projeto da PEC nº 110/2019: *"Art. 155, II – será não cumulativo, compensando-se o que for devido em cada operação com o montante cobrado nas anteriores, sendo assegurado:"*

[43] Texto sugerido pelo Projeto da Lei nº 3.887/2020: *"Art. 9º A pessoa jurídica sujeita à CBS incidente na forma deste Capítulo poderá apropriar crédito correspondente ao valor da CBS destacado em documento fiscal relativo à aquisição de bens ou serviços."*

[44] Texto Constitucional sugerido pelo Projeto da PEC nº 45/2019: *"Art. 152-A, par. 1º, V – não incidirá sobre as exportações, assegurada a manutenção dos créditos".*

[45] Texto Constitucional sugerido pelo Projeto da PEC nº 110/2019: *"Art. 155, IV – não incidirá: a) nas exportações, garantidos a manutenção e o aproveitamento do imposto cobrado nas operações anteriores;"*

[46] Texto sugerido pelo Projeto da Lei nº 3.887/2020: *"Art. 2º, par. 2º: A CBS não incide sobre receitas decorrentes de exportação para o exterior, assegurada a apropriação dos créditos a elas vinculados."*

[47] CF/1988: *"Art. 153. Compete à União instituir impostos sobre:*

.....

IV – *produtos industrializados*

....

Par. 3º: *O imposto previsto no inciso IV;*

....

II – *será não cumulativo, compensando-se o que for devido em cada operação, com o montante cobrado nas anteriores"*

créditos financeiros (mais ampliativos), tão necessários a atingir a almejada neutralidade fiscal.

Em relação a não cumulatividade e reconhecimento dos créditos do ICMS também a Lei Kandir (Lei Complementar nº 87/96) após a sua alteração pela LC nº 102/00, optou pela concessão de créditos físicos, não prevendo a concessão de créditos financeiros [48], que seria desejável para a plenitude da não cumulatividade, abrangendo também os bens do ativo permanente e bens destinados ao consumo dos estabelecimentos empresariais.[49]

Finalmente, em relação a não cumulatividade plena e garantia de neutralidade da tributação dos tributos do PIS/PASEP e da COFINS, que foi implementada pelo regime de apuração não cumulativa somente à partir do início dos anos 2.000, não foi suficiente para evitar a tributação em cascata (tributos incidentes sobre tributos), pois várias limitações foram impostas, e em razão delas, diversas complexidades surgiram.

Não por acaso a instituição da CBS prevista pelo Projeto de Lei nº 3.887/2020, promete acabar com esse problema ao prever que *"o tributo incidente nas etapas anteriores e destacado no documento fiscal permitirá o creditamento para abatimento das contribuições incidentes nas etapas posteriores"*.

O óbice ao aproveitamento de créditos do ICMS, bem assim (e cada vez mais) de COFINS, PIS e até IPI, que se acumulam sobretudo, entre exportadores e investidores, tende a se repetir entre contribuintes de um IVA (especialmente entre produtores agrícolas e de outros gêneros de primeira necessidade e investidores, sobretudo em grandes obras de infraestrutura). Um fisco que acumula créditos tributários e não os devolve – e sobretudo muito concentrado em poucos setores da economia e/ou em pequeno número de contribuintes – não tem credibilidade nem oferece a mínima segurança jurídica para cobrar

[48] A Lei Kandir (LC 87/1996) instituiu no art. 32, inc. I, o crédito de ICMS para operações que destinem mercadorias ao exterior, inclusive produtos primários e produtos industrializados semielaborados, bem como prestações de serviços para o exterior e no inc. II, que o direito de crédito não será objeto de estorno, as mercadorias entradas no estabelecimento para integração ou consumo em processo de produção de mercadorias, industrializadas, inclusive semielaboradas, destinadas ao exterior.

[49] MOREIRA, André Mendes. **A não-cumulatividade dos tributos.** – 2ª ed. rev. e atual. – São Paulo: Noeses, 2012, p. 201.

em escala ampliada e generalizada um imposto sobre valor adicionado, que parte do mesmo princípio da não-cumulatividade.[50]

A incidência em todas as etapas do processo produtivo e a não-cumulatividade plena (também conhecida como *"crédito financeiro"*) são essenciais para que todo imposto pago nas etapas anteriores da cadeia de produção e comercialização seja recuperado. [51]

2.2.4 Ausência de aumento da carga tributária

Outra promessa expressa das Propostas de Emendas Constitucionais (PEC's) e do Projeto de Lei nº 3.887/2020 é sobre a *manutenção da carga global da tributação sobre o consumo.* [52]

Em relação as PEC's a promessa é expressamente prevista em suas justificativas de ambos os projetos, sem a fixação de alíquotas máximas do IBS, e no caso do Projeto de Lei nº 3.887/2020, vem previsto tanto na exposição de motivos, quanto no corpo da legislação com a previsão de alíquota uniforme da CBS em 12%, em substituição às alíquotas de 1,65% de PIS e 7,6% da COFINS para o regime de tributação não cumulativa, e em substituição às alíquotas de 0,65% de PIS e 3,00% da COFINS para o regime de tributação cumulativa, ambos atualmente em vigor.

Contudo, críticas a promessa de manutenção da carga tributária é que não faltam.

Primeiramente, a alíquota uniforme de IBS (a ser fixada), aliada a sua incidência sobre ampla base de consumo, seguramente é vista como fator

50 AFONSO, José Roberto, PORTO, Lais. Khaled. FUCK, Luciano Felício, ***"Tributação sem Futuro"***, In AFONSO, José Roberto. SANTANA, Hadassah Laís (Coord.), ***Tributação 4.0***, São Paulo, Almedina. Março, 2020, pg. 88.

51 Trecho extraído da justificativa da PEC nº 45/2019.

52 Promessa constante da justificativa da PEC nº 45/2019: *"Outro objetivo do período de teste é o de conhecer o potencial de arrecadação do IBS, pois isso permite fazer a transição mantendo-se a carga tributária constante."*

Promessa constante da justificativa da PEC nº 110/2019 : *"Sem alterar a carga tributária, espera-se conseguir menor custo de produção; aumento da competitividade; menor custo de contratação; mais empregos; maior poder de consumo; volta do círculo virtuoso e crescimento importante da economia".*

Promessa constante da justificativa do Projeto nº 3.887/2020: *"As operações serão oneradas pela CBS com a alíquota uniforme de 12%".*

que acarretará o aumento da carga tributária, para um número considerável de contribuintes.[53]

De acordo com as regras acima, os Entes Federativos terão competência para definir as suas alíquotas, que serão uniformes para todos os bens, serviços e direitos objetos de transações nos seus territórios. Se esta competência não for exercida, será adotada a alíquota de referência estimada em 25%. [54]

Alguns contribuintes e setores da economia estão hoje submetidos a uma alíquota menor e passariam a sujeitar-se a alíquota de IBS. [55]

Os defensores da uniformidade de alíquota afirmam que a multiplicidade de alíquotas geraria complexidade e contencioso que se pretende evitar e que as regras brasileiras de tributação sobre o consumo estariam assim entre as mais modernas do mundo. [56]

Outros contribuintes e setores da economia estão hoje não tributados e passarão a ser sujeitos a alíquota do IBS.[57]

[53] Tal como exposto pelos juristas Everardo Maciel, Hamilton Dias de Souza, Humberto Ávila, Ives Gandra da Silva, Kiyoshi Harada e Roque Antônio Carrazza.

[54] BRIGAGÃO, G.; **A reforma tributária – Reformas ou Deformas Tributárias e Financeiras, por que, para que, para quem e como?** / Org. Fernando Facury Scaff; Misabel de Abreu Machado Derzi; Onofre Alves Batista Júnior; Heleno Taveira Torres. Belo Horizonte. Letramento; Casa do Direito; Coleção de Direito Tributário & Financeiro, 2020, p. 485.

[55] *"De fato, o IBS seria 'uniforme para todos os bens e serviços' e englobaria o ICMS, IPI, ISS e PIS/COFINS. Assim, quase todos os setores sofreriam alguma elevação tributária. Produtos agrícolas que atualmente não se sujeitam ao IPI passariam a absorvê-lo parcialmente. Serviços tradicionais, como advocacia, contabilidade, etc., hoje submetidos ao ISS com alíquota média de 4,38% teria sua tributação acrescida de porcentuais equivalentes ao IPI e ao ICMS. Se o IBS tiver alíquota de 25%, como se noticia, estima-se que haveria majoração de mais de 300% para serviços prestados por pessoas jurídicas optantes pelo lucro presumido. Para os autônomos o impacto seria ainda maior, podendo chegar a quase 700%, pois seria adicionado não só o equivalente ao IPI e ao ICMS, mas também ao PIS/COFINS, que hoje não alcança tais pessoas físicas."* (MACIEL, Everardo. **Onerar mais não e o caminho.** Estado de São Paulo. São Paulo, 26/07/2019. Economia.
Disponível em: https://opiniao.estadao.com.br/noticias/espaco-aberto,onerar-mais-nao-e-o--caminho,70002939251 Acesso em 05.04.2021.

[56] Ao contrário do que ocorre na União Europeia em que na quase totalidade dos países aplicam alíquotas diferenciadas do IVA para produtos e serviços (alíquotas normais, reduzidas, super reduzidas e parking), excetuando o caso da Dinamarca onde é prevista a incidência de alíquota única de 25% para o IVA.

[57] Conforme verificado anteriormente, com a exclusão pelo IBS dos regimes especiais tributários; isenções; não incidências e alíquotas zero de mais variados tributos, inevitavelmente levarão estes setores econômicos anteriormente beneficiados, a um regime comum de incidência do IBS sobre a alíquota à ser fixada, que conforme se noticia podendo chegar a 25%.

Imaginemos por exemplo, o setor de prestação de serviços que inclui serviços essenciais como de educação e saúde, e que com a instituição do IBS (e parcialmente da CBS) terá uma majoração na sua carga tributária.

De outro lado, alguns produtos e artigos de luxo nacionais, inclusive eventuais artigos de luxo adquiridos do exterior, podem vir a ser desonerados à partir da instituição de uma imposto sobre consumo no modelo do IBS ou mesmo da CBS.

Seria uma verdadeira distorção, em que setores essenciais (por exemplo, saúde e educação), teriam uma majoração na sua carga tributária dos impostos sobre o consumo, ao passo que setores de artigos e produtos de luxo, passarão a ter uma diminuição na sua incidência tributária de consumo.

Outro indício e sinal de que a instituição do IBS favorecerá, sobretudo, o setor industrial e comercial, com uma tendente redução da carga tributária, em detrimento ao setor de serviços, que terá um tendente aumento da carga tributária, consiste no fato de que o Projeto da PEC nº 45/2019, elaborado pelo CCif é sabidamente financiado por relevantes players, sobretudo ligados aos setores industrial e comercial do cenário econômico nacional.[58]

Por óbvio que essa alteração acarretará ainda mais uma forte regressividade ao sistema já prejudicado pela regressividade da tributação em geral no Brasil e, inclusive, da tributação sobre o consumo.

2.2.5 Ausência de redução da carga tributária

Do lado dos contribuintes, as propostas de reforma tributária preveem que não haverá um aumento da carga tributária sobre o consumo; do lado dos Entes Federados, as propostas de reforma tributária sinalizam que *não haverá redução da arrecadação tributária sobre o consumo.*

Em ambas as justificativas das PEC's e do Projeto de Lei, o compromisso assumido de ausência de redução da carga tributária é seguramente visando atrair o apoio dos Entes Federados, numa falsa promessa de manutenção da carga tributária.

58 Dentre eles Ambev; Braskem, Coca-Cola Brasil; Itaú; Huawei do Brasil; Natura Cosméticos; Raizen Energia; Souza Cruz; Vale; e Votorantim.

A experiência mostra que o fundamento político sempre foi o principal responsável pelo fracasso que marcou todas as propostas de reforma tributária anteriormente apresentadas, desde os anos 90. Esses projetos sempre preconizavam a diminuição de competências e poderes das unidades da federação, e por isso, foram rejeitados.[59]

Ainda que assim ocorresse, o que entende-se difícil (para não dizer impossível a sua previsão matemática e sua efetiva ocorrência), o próprio compromisso assumido seria criticável e injustificado sobre os melhores princípios de governança e eficiência Administrativas.

Como bem ficou destacado por este autor *"todos os 3 (três) projetos, as duas PEC's que estão na Comissão Mista, eles já partem de uma premissa que nós* temos de *manter a arrecadação, ou seja, o gasto público tem que ser mantido. Essa premissa seja na composição do IBS, seja na composição da CBS, isso já parte como uma premissa e me parece que esta premissa é equivocada, nós temos que discutir a questão do gasto público e primeiro. Não faz sentido fazer uma reforma tributária para depois discutir o gasto público, porque senão depois teremos que recalibrar essas alíquotas."*[60]

Não é recomendável e fere flagrantemente os princípios de economicidade e eficiência administrativa, a simples promessa de manutenção da arrecadação tributária para um Ente Federado.

A previsão nos projetos acima no tocante a prometida manutenção (ou ao menos a ausência de redução da arrecadação tributária) é extremamente perniciosa ao sistema tributário e financeiro, e fere flagrantemente os princípios constitucionais da segurança jurídica e preservação dos direitos individuais do contribuinte, e sobretudo, do princípio constitucional do não confisco.[61] [62]

[59] BRIGAGÃO, G.; **Reforma tributária – Reformas ou Deformas Tributárias e Financeiras, por que, para que, para quem e como ?** / Org. Fernando Facury Scaff; Misabel de Abreu Machado Derzi; Onofre Alves Batista Júnior; Heleno Taveira Torres. Belo Horizonte. Letramento; Casa do Direito; Coleção de Direito Tributário & Financeiro, 2020, p. 490.

[60] Trecho da palestra de Fabricio Alves Quirino proferida no **"Ciclo de Palestras sobre a Reforma da Tributação das Empresas – uma visão para o empresariado brasileiro"** organizado pelo NELB – Núcleo de Estudos Luso-Brasileiro da Faculdade de Direito da Universidade de Lisboa. Set-Dez./2020; Coord.: QUIRINO, Fabricio A.; CARDONA, Cláudio, 1ª edição realizada em 21.09.2020.

Link de acesso : https://www.youtube.com/watch?v=WFtt5eufdj8 Acesso em 19.03.2021.

[61] CF/1988: *"Art. 145. A União, os Estados, o Distrito Federal e os Municípios poderão instituir os seguintes tributos:*

......

À partir do momento que se garante aos Entes Federados a perniciosa "*ausência de redução de carga tributária*", que em outras palavras pode significar também como a manutenção da receita tributária, está se prometendo aos Entes Federados que a receita tributária estará garantida, independentemente da quantidade e da qualidade dos serviços públicos prestados, e da efetiva arrecadação tributária e até, porque não dizer, da efetividade do exercício das atividades de fiscalização inerentes à competência tributária e poder de tributar, o que se mostra um verdadeiro absurdo.

2.3 Desafios e críticas das reformas sobre tributação de consumo no Brasil

2.3.1 Ofensa ao pacto federativo

Um ponto de extremo debate e crítica entre os juristas consiste no fato de que as reformas tributárias previstas na PEC 45/2019 e PEC 110/2019 irão colidir frontalmente com a Constituição Federal no tocante a alegada afronta a uma cláusula pétrea, mais especificamente a vedação de deliberação de proposta de emenda constitucional tendente a abolir a forma federativa de Estado. [63]

Isso porque a Constituição Brasileira adotou o princípio da tripartição de poderes, entre a União, Estados e o Distrito Federal e os Municípios, com regras de distribuição constitucional de competências e repartição financeira das receitas tributárias entre esses Entes Federados.

Par. 1º *Sempre que possível, os impostos terão caráter pessoal e serão graduados segundo a capacidade econômica do contribuinte, facultado à administração tributária, especialmente para conferir efetividade a esses objetivos, identificar, respeitados os limites individuais e nos termos da lei, o patrimônio, os rendimentos e as atividades econômicas do contribuinte.*"

[62] CF/1988: "*Art. 150. Sem prejuízo de outras garantias asseguradas ao contribuinte, é vedado à União, aos Estados, ao Distrito Federal e aos Municípios:*

....

IV – *utilizar tributo com efeito de confisco.*"

[63] CF/1988: "*Art. 60. A Constituição poderá ser emendada mediante proposta:*

....

Par. 4º *Não será objeto de deliberação a proposta de emenda tendente a abolir:*

I – *a forma federativa de Estado*"

Ainda que seja ultrapassada essa alegada vedação constitucional, ao argumento de que não se estaria *"abolindo"* a forma federativa do Estado, o que para os seus críticos se mostraria impossível, ainda é alegado, com frequência, que a alteração substancial nas regras de competências e repartição tributária entre os Entes federados, traria um desequilíbrio federativo insanável do ponto de vista tributário e financeiro.

2.3.2 A abrangência do conceito de não cumulatividade

O segundo aspecto de desafio e crítica consiste no mencionado conceito de não cumulatividade previsto nos projetos de reforma tributária.

Há um nítido descompasso existente entre a grande abrangência que se pretende dar ao princípio constitucional da não cumulatividade, conforme consta da apresentação das justificativas das reformas pretendidas, e a redação efetivamente adotada no texto legal proposto, ao conceituarem o princípio da não cumulatividade.[64]

2.3.3 A conveniência da alíquota uniforme

Conforme destacou esse autor *"tem que ser aberta a questão dos cálculos, como se chega nas alíquotas de 12% (da CBS), e como se estima a alíquota de 25% do imposto geral (IBS), porque me parece que há uma enorme distorção. Só para se ter uma ideia, o único país da União Europeia que tem alíquota única de 25% de IVA é a Dinamarca. Será que o Brasil está num nível de gasto público e qualidade de serviço público similar ao da Dinamarca ?"*[65]

[64] BRIGAGÃO, G.; **Reforma tributária – Reformas ou Deformas Tributárias e Financeiras, por que, para que, para quem e como ?** / Org. Fernando Facury Scaff; Misabel de Abreu Machado Derzi; Onofre Alves Batista Júnior; Heleno Taveira Torres. Belo Horizonte. Letramento; Casa do Direito; Coleção de Direito Tributário & Financeiro, 2020, p. 482.

[65] Trecho da palestra de Fabricio Alves Quirino proferida no **"Ciclo de Palestras sobre a Reforma da Tributação das Empresas – uma visão para o empresariado brasileiro"** organizado pelo NELB – Núcleo de Estudos Luso-Brasileiro da Faculdade de Direito da Universidade de Lisboa. Set-Dez./2020; Coord.: QUIRINO, Fabricio A.; CARDONA, Cláudio, 1ª edição realizada em 21.09.2020.
Link de acesso : https://www.youtube.com/watch?v=WFtt5eufdj8 Acesso em 13.04.2021.

Na União Europeia os países trabalham com até 5 (cinco) alíquotas de IVA, (alíquota normal, especial, reduzida, super reduzida e até isenção). Nos EUA, a maior economia do mundo, o *"sales taxes"* varia com alíquotas escalonadas por segmentos da economia de 5% à 9%. [66]

Portanto, essa premissa da apregoada alíquota única, não se faz observar na maioria dos países do mundo e da OCDE, fato que fica demonstrado pela análise comparativa dos modelos em vigor na esmagadora maioria dos países da União Europeia (exceção da Dinamarca) e dos Estados Unidos da América.[67]

2.3.4 Período extenso de transição

Conforme já exposto, o sistema tributário brasileiro de limitação das competências e repartições tributárias entre os Entes Federativos se instaurou basicamente com a estrutura da EC 18/65 que alterou a CF 1946 e o Código Tributário Nacional publicado em 1966, e tem gerado enormes discussões na esfera judicial, e uma grande litigiosidade ao longo desses anos.

Ao se aprovar algum dos projetos de reforma da tributação, sobretudo os propostos na PEC 45/2019 ou PEC 110/2019, ou um modelo híbrido, certamente essa discussão se agravará e estenderá, pois os períodos de transição previstos em ambos os projetos são extremamente longos.

No caso da PEC 45/2019 o período de transição previsto é de 10 (dez) anos, o que significa dizer que os contribuintes terão que conviver, por uma década, com os 5 (cinco) tributos do sistema tributário atual e caótico, acrescido de um novo imposto e modelo (IBS), e com alíquotas que irão alterar todo ano, no caso dos tributos atuais com alíquotas regressivas anualmente até zerar e

[66] Dados obtidos na palestra de Fabricio Alves Quirino proferida no **"Ciclo de Palestras sobre a Reforma da Tributação das Empresas – uma visão para o empresariado brasileiro"** organizado pelo NELB – Núcleo de Estudos Luso-Brasileiro da Faculdade de Direito da Universidade de Lisboa. Set-Dez./2020; Coord.: QUIRINO, Fabricio A.; CARDONA, Cláudio, 1ª edição realizada em 21.09.2020.
Link de acesso : https://www.youtube.com/watch?v=WFtt5eufdj8 Acesso em 13.04.2021.

[67] Na Dinamarca vigora o IVA com alíquota única de 25%. Nos EUA vigoram os tributos sobre consumo que são divididos em duas subcategorias: os impostos gerais sobre o consumo *(sales taxes)* e os impostos especiais sobre o consumo *(selective sales taxes)*; e os tributos sobre o uso *(use tax)*.

no caso do IBS com alíquotas progressivas anualmente até atingir a alíquota definitiva. Nos 2 (dois) primeiros anos da transição será cobrada uma alíquota *"teste"* de 1%, com a mesma base de incidência do IBS, e depois, a transição dura 8 (oito) anos, sendo os atuais tributos substituídos pelo novo tributo à razão de 1/8 (hum oitavo) por ano.

No caso da PEC 110/2019 o período de transição previsto é de 5 (cinco) anos, que também significa dizer que os contribuintes terão que conviver, por cinco anos, com os 9 (nove) tributos atuais e acrescido do novo imposto do modelo tributário (IBS). No primeiro ano da fase de transição será cobrada uma alíquota *"teste"* de 1%, com a mesma base de incidência do IBS, sendo os atuais tributos substituídos pelo novo tributo à razão de 1/5 (um quinto) ao ano.

Para além das críticas do extenso prazo de transição de ambos os modelos acima, e como sempre ocorre em matéria de regras tributárias no Brasil, há o receio de que possam ocorrer sucessivas prorrogações indefinidas nesses modelos de transição, como por exemplo, ocorreram diversas e infindáveis prorrogações sobre os créditos tributários da Lei Kandir, das DRU's – Desvinculações das Receitas da União, da CPMF e tantos outros casos.

3. A tributação sobre o consumo nos países da OCDE

A OCDE (Organização para a Cooperação e Desenvolvimento Econômico), em inglês: *The Organisation for Economic Co-operation and Development*, em francês: *Organisation de Coopération et de Développement Économiques*, é uma organização econômica intergovernamental com 37 países membros, fundada em 1961 para estimular o progresso econômico e o comércio mundial.

O contexto da tributação nos diversos países da OCDE é bastante heterogêneo e por vezes complexo em se promover uma análise ampla, conjunta e comparativa entres os diversos sistemas, sobretudo no âmbito da tributação indireta ou sobre consumo, que é o foco do presente trabalho.

Prevalece entre os países membros da OCDE, no âmbito da tributação sobre consumo, o modelo do IVA (Imposto sobre o Valor Agregado ou Adicionado), que teve a sua origem com o conceito jurídico da *"não cumulatividade"*, com a introdução do TVA francês – *Taxe sur la Valeur Ajoutée* e se expandiu para a maioria dos países do mundo e a quase totalidade dos países da OCDE. [68]

Atualmente, o modelo de tributação sobre o consumo no modelo do Imposto sobre o Valor Agregado é apresentado na maioria dos países do mundo, e sobretudo, dos países da OCDE, sobre as mais diversas nomenclaturas, dentre as quais se destacam o VAT (*Value-add Tax*); ou sobre modelos distintos, porém bastante similares, como no caso do GST (*Goods and Services Tax*); do *Sales Taxes* ou do *Excise Tax*. [69]

O IVA está presente em 168 países – em uns de forma mais desenvolvida, e, em outros, com imperfeições.

O mais importante é que o IVA é um tributo que o investidor internacional entende, conhece e está habituado. [70]

Em todos esses países que adotam o IVA ou modelos similares, o princípio e conceito jurídico da *"não cumulatividade"* é observado como requisito e essência da sua forma e modelo de tributação.

Conforme destacado, embora o IVA seja predominante na tributação sobre o consumo em todo o mundo, e sobretudo nos países da OCDE, o fato é que apresentam inúmeros modelos e sistemas, com as suas particularidades.

Contudo, pode-se em apertada síntese apontar as principais características de um IVA que assegurem a maior eficiência e neutralidade que são os aspectos de *(i)* caráter geral e não setorial; *(ii)* a adoção do princípio do destino; *(iii)* a adoção de uma base tributável alargada, mediante alíquota única

[68] É controversa a origem teórica do conceito jurídico de não cumulatividade. A maior parte da doutrina internacional atribuí ao alemão Carl Friedrich von Siemens, que, em 1919, publicou estudo denominado "Um imposto sobre Vendas Refinado" (*"Veredelte Umsatzsteuer"*). Há porém os que creditam ao norte-americano Thomas S. Adams, professor da faculdade de economia da Universidade de Yale, que teria defendido, ainda em 1911, a mesma ideia, que veio a ser publicada em 1921 sob a forma de artigo acadêmico.

[69] O VAT (*Value-Add tax*) é a nomenclatura em inglês do IVA, estabelecido na Inglaterra; o GST (*Goods and Services Tax*) é o IVA estabelecido na Austrália; Nova Zelândia e no Canadá; o HST (*Harmonized Sales Tax*), o QST (*Quebec State Tax*) e o RST (*Retail Sales Tax*), são impostos provinciais sobre o consumo incidentes no Canadá; o *Sales Taxes* e o *Excise Tax* (impostos especiais de consumo) são impostos sobre consumo incidentes nos EUA; dentre outros.

[70] BRIGAGÃO, G.; **Reforma tributária – Reformas ou Deformas Tributárias e Financeiras, por que, para que, para quem e como ?** / Org. Fernando Facury Scaff; Misabel de Abreu Machado Derzi; Onofre Alves Batista Júnior; Heleno Taveira Torres. Belo Horizonte. Letramento; Casa do Direito; Coleção de Direito Tributário & Financeiro, 2020, p. 478.

e o mínimo possível de isenções ou até mesmo a restrição à isenções; e *(iv)* o caráter multifásico e não cumulativo.

Não por acaso, um dos grandes inconvenientes da existência de alíquotas múltiplas e isenções para o IVA, é que acarretam enormes discussões judiciais e administrativas sobre a classificação fiscal de bens e serviços, gerando ineficiência econômica, perda de arrecadação, um alto custo de conformidade para as empresas e aumento do custo de fiscalização para as Autoridades Tributárias.

Mesmo no caso da União Europeia, onde os 27 (vinte e sete) Estados Membros possuem uma Diretiva que regulamenta e harmoniza as regras do IVA incidente sobre os impostos de consumo nos diversos países membros, ainda assim residem particularidades internas sobre a definição de alíquotas diversificadas e para quais setores da economia, quais produtos e serviços, e quais os seus percentuais de alíquotas definidas (ainda que dentro dos limites fixados e regulados pela Diretiva IVA), que trazem diferenças práticas significativas.

A título exemplificativo, verificando-se as alíquotas de IVA nos países membros da União Europeia, a quase totalidade desses aplica multiplicidade de alíquotas, com a existência de alíquotas normais, reduzidas, super reduzidas e intermediárias para o IVA, além dos casos de isenções, à exceção da Dinamarca que é o único país da União Europeia que aplica alíquota única de 25% para o IVA.

3.1 A tributação sobre o consumo nos Estados Unidos da América

Os Estados Unidos são o único país da OCDE que emprega um imposto sobre vendas no varejo em vez de um imposto sobre valor agregado (IVA), como o principal imposto sobre o consumo. O imposto sobre vendas no varejo nos Estados Unidos não é um imposto federal. É um imposto cobrado nos Estados e no nível de governo local.

Os impostos sobre vendas no varejo e o IVA pertencem à mesma categoria (Impostos sobre o consumo geral) na classificação da OCDE de impostos. Em comparação com os outros países da OCDE, os Estados Unidos têm a menor proporção da receita geral consumo em sua receita tributária total (17,28%) em 2018, bem abaixo da média dos países integrantes da OCDE (33,62%): [71]

[71] BRANDBURY, David; BUYDENS, Stéphane, **"Consumption Tax Trends 2019 – the United States," OECD Centre for Tax Policy and Administration, 2019.** <https://www.oecd.org/tax/consumption/consumption-tax-trends-united-states.pdf.>

ANÁLISE QUALITATIVA DA CARGA TRIBUTÁRIA BRASILEIRA | BASE: ANO DE 2018

Tributos	Brasil % PIB	%	Média OCDE % PIB	%	EUA % PIB	%
Sobre a Renda, Lucro e Ganho de Capital	7,2	21,62	11,5	33,33	11,0	45,27
Sobre a Folha Salarial (Inclui Previdência)	9,1	27,33	9,5	27,54	6,1	25,10
Sobre a Propriedade	1,5	4,50	1,9	5,51	3,0	12,35
Sobre Bens e Serviços	15,5	46,55	11,6	33,62	4,2	17,28
Totais	33,3	100,00	34,5	100,00	24,3	100,00

Fonte: MF. OCDE – Organização para a Cooperação e Desenvolvimento Econômico

Nos EUA os tributos sobre consumo são classificados em duas categorias: tributos sobre o consumo e tributos sobre o uso *(use tax)*, sendo que podem ainda ser divididos em duas subcategorias: impostos gerais sobre o consumo *(sales and gross receipts taxes and use taxes)* e impostos especiais sobre o consumo *(selective sales taxes and selective use taxes)*. [72]

Importante destacar que a base de incidência sobre o consumo no EUA representa apenas 17,6% da receita tributária total. [73]

Nos Estados Unidos da América a competência tributária para instituir tributos sobre o consumo é dos entes Federal, Estadual, Distrital (DC), Locais e Distritos Especiais. [74]

3.2 A tributação sobre o consumo na União Europeia

Os impostos sobre o consumo nos países da União Europeia são harmonizados através da legislação comum do IVA.

Incidem sobre o consumo geral de bens e serviços e sobre o consumo específico de certos bens (impostos especiais sobre o consumo), tal como o tabaco, o álcool e os produtos petrolíferos. [75]

Em regra, os impostos gerais sobre o consumo, como o IVA, são considerados menos justos do que os impostos sobre o rendimento, porque incidem

[72] GASSEN, Valcir; VALADÃO, M. A. P.; **Tributação nos Estados Unidos e no Brasil. Estudo Comparativo da Matriz Tributária.** Almedina, 2020, p. 203-204.

[73] OECD – Revenue Statistics 2020 – Tax revenue trends in the OECD <https://www.oecd.org/tax/tax-policy/revenue-statistics-highlights-brochure.pdf> Acesso em 10.05.2021

[74] Os tributos sobre o consumo nos EUA abrangem as categorias de *"tributos sobre o consumo"* e *"tributos sobre o uso"*, além da *"tributação especial do consumo"*. Fonte : <https://www.usa.gov/state-taxes> Acesso em 10.05.2021.

[75] DOURADO, A. P.; **Direito Fiscal – Lições.** Almedina, Coimbra, Setembro, 2016, p. 47.

sobre todos os sujeitos na mesma medida, independentemente da capacidade econômica (capacidade contributiva) de cada um. Mas são considerados neutros para o funcionamento da economia, porque implicam menos distorções nas opções acessíveis aos contribuintes.[76]

A experiência da União Europeia na harmonização do IVA pode consistir em um bom exemplo e de formato para a implantação desse tributo de característica plurifásica em outros países, notadamente de Federalismo Fiscal descentralizado, como no caso dos EUA e do Brasil.

A exigência da harmonização das legislações fiscais dos impostos sobre o consumo e de outros impostos indiretos, no âmbito dos Estados Membros da União Europeia, vem estabelecida como regra prevista no TFUE – Tratado de Funcionamento da União Europeia, nomeadamente nos artigos 110º a 113º, no capítulo denominado *"Disposições Fiscais"*.

Na União Europeia a harmonização no quadro do IVA é exigida no TFUE através da unanimidade para a deliberação, de acordo com o artigo 113 do TFUE.[77] [78]

A União Europeia não tem responsabilidades diretas em matéria de cobrança de impostos nem da fixação das respetivas taxas. Cada governo nacional decide os impostos que os contribuintes devem pagar, assim como o modo como são gastas as receitas auferidas.[79]

Além do IVA, a legislação da UE prevê os chamados impostos especiais de consumo, que abrange os seguintes produtos: álcool, bebidas alcoólicas, produtos energéticos, eletricidade e produtos do tabaco.[80] Existem taxas reduzidas e isenções, como é o caso das compras com isenção de direitos.

[76] DOURADO, A. P.; **Direito Fiscal – Lições.** Almedina, Coimbra, Setembro, 2016, p. 47.

[77] DOURADO, A. P.; **Lições de Direito Fiscal Europeu.** 1ª ed., Coimbra Editora S.A., Coimbra, Janeiro, 2010, p. 26.

[78] **TFUE – Tratado de Funcionamento da União Europeia**. *"Art. 113º – O Conselho, deliberando por unanimidade, de acordo com processo legislativo especial, e após consulta do Parlamento Europeu e do Comité Económico Social, adota as disposições relacionadas com a harmonização das legislações relativas aos impostos sobre o volume de negócios, aos impostos especiais de consumo e a outros impostos indiretos, na medida em que essa harmonização seja necessária para assegurar o estabelecimento e o funcionamento do mercado interno e para evitar as distorções de concorrência."*

[79] Fonte : <https://europa.eu/european-union/topics/taxation_pt> Acesso em 18.05.2021.

[80] Nomeadamente os chamados *"impostos sobre o pecado"* como a doutrina especializada convencionou nominar os tributos incidentes sobre esses produtos.

Conclusões

Diante da análise do atual sistema de tributação sobre o consumo no Brasil e as suas principais propostas e projetos de reforma, podemos observar claramente a distância que este modelo atual em vigor no Brasil se encontra da realidade dos sistemas de tributação vigentes nos principais países da OCDE, dentre os quais destacamos, para efeito de análise, o modelo de tributação sobre o consumo vigente nos EUA e o modelo de tributação sobre consumo vigente nos países da UE.

As principais propostas de reformas da tributação no Brasil, não por acaso, atualmente se focam no sistema de tributação sobre o consumo, através da pretendida implantação de um imposto sobre consumo denominado IBS (Imposto sobre Bens e Serviços) e/ou a CBS (Contribuição sobre Bens e Serviços), que teriam semelhanças ao modelo de tributação do IVA (Imposto sobre o valor agregado).

Embora a conceituação de tributo indireto não seja inteiramente coincidente com o conceito de tributação sobre consumo de bens e serviços, na OCDE é conceituado como sendo *"aqueles que se pagam no contexto da utilização de bens e serviços finais no país onde são consumidos"* e para efeito desse trabalho é esse o entendimento que fora adotado.

Confirma-se que a tributação plurifásica não-cumulativa do IVA, se expandiu pelo mundo e hoje é utilizada por mais de 165 países e na quase totalidade dos países da OCDE.

Os principais projetos de reforma tributária brasileira, apesar de preverem a introdução de um modelo assemelhado ao modelo do IVA harmonizado na UE, não apresentam de forma detalhada como se daria essa unificação entre a União, os diversos Estados e também Municípios, deixando a sua regulamentação ser implementada por lei complementar (de caráter nacional e legislação uniforme), reservando-se a fixação de alíquotas pelos Entes Federados, através de leis ordinárias, visto que, embora preveja uma alíquota única de cobrança desse imposto para todas as operações comerciais ou de serviços estimada em 25% (somatório das alíquotas dos 3 Entes Federativos), persistem enormes dúvidas como se operacionalizaria na prática essa unificação de alíquotas dos Entes Federados.

Nesse ponto, importante destacar que o próprio IVA na UE comporta alíquotas diversas, sendo que o único país onde se apresenta alíquota única dentre os Estados-Membros da UE é a Dinamarca, e numa alíquota alta de 25%, que é exatamente a alíquota que se estima para a introdução no Brasil do IBS (IVA), através das reformas das PEC's 45/2019 e 110/2019.

Em que pese o modelo de tributação norte americano não ser um modelo IVA vigorante na maioria dos países do mundo e na maioria dos países da OCDE, ele possui, porém, como características ter um sistema tributário que o torna na prática, muito eficiente do ponto de vista da economia, com características de equidade, pois é menos regressivo e possui transparência fiscal. Destaca-se que o *Sales Taxes* não se incorpora ao preço do produto, e, se mostra muito eficaz comparativamente ao próprio modelo do IVA dos Estados-Membros da União Europeia, ainda que o sistema norte americano se apresente com características ainda perniciosas de cobranças muitas vezes monofásicas, com cumulatividade e ausência de neutralidade em sua essência.

O sistema tributário sobre o consumo vigorante nos EUA detém um modelo que embora nos conceitos jurídicos não se apresente, em tese, como característicos de uma boa tributação, por conter características de um tributo essencialmente cumulativo e com alíquotas diversas, na prática se apresenta com maior equidade (eficácia vertical), eficiência econômica e transparência fiscal do que o próprio modelo tributário sobre o consumo vigorante no IVA dos países da OCDE e da União Europeia, uma vez que nos EUA a tributação incidente sobre o consumo é proporcionalmente de menor incidência, e portanto, torna o sistema menos regressivo e mais justo como um todo.

No modelo de tributação sobre o consumo vigorante nos países membros da UE, verifica-se que embora o sistema do IVA esteja harmonizado e contenha os principais princípios para uma boa tributação, notadamente da base tributável ampla sobre bens e serviços; o caráter multifásico e não cumulativo; caráter geral (não setorial), adoção do princípio do destino, verifica-se que na prática, ainda contém necessidades de maiores ajustes e avanços, como a necessidade de alíquota única ou uniforme (ou uma redução drástica no número de alíquotas), de restrições às isenções, o que torna ainda o modelo regressivo e ainda com baixa neutralidade.

O sistema de tributação indireta brasileiro caracteriza-se pela enorme complexidade, onerosidade, carga tributária elevada, ainda que abaixo da média da tributação dos países da OCDE, mas, sobretudo, mal distribuída na sua repartição financeira entre os entes Federativos, entre as matrizes de incidência da tributação, preponderando a tributação sobre o consumo, agravado pelo viés cumulativo e com efeito de tributo incidente sobre outro tributo (efeito cascata), além da enorme regressividade.

Na realidade, o que se tem nas propostas de reforma tributária em andamento no Brasil é uma absurda promessa de ausência de redução da carga tributária sobre o consumo, o que ao nosso entendimento, milita em desfavor e contrário não só aos interesses e anseios dos contribuintes, como também da própria Administração Tributária, por induzi-la à comodidade de não ser eficiente, econômica e de não necessitar buscar melhores resultados na gestão dos gastos públicos.

Um modelo de tributação à ser proposto no Brasil, necessariamente deveria atender os requisitos de uma boa tributação, neles inclusos as características de equidade, transparência e eficiência, devendo ser consubstanciados em um IVA Federal ou Estadual; de caráter geral, com adoção do princípio da tributação no destino, com uma base ampla de tributação sobre incidente sobre bens e serviços, de caráter multifásico e não cumulativo, porém que se acrescente, ao nosso ver, características adicionais de alíquota única (uniforme) e restrição às isenções e benefícios fiscais.

Outro aspecto muito importante à acrescentar para a inclusão nas propostas de reformas tributárias brasileiras seria da imperiosa necessidade de redução da carga tributária incidente sobre a matriz do consumo (como ocorre nos EUA), visto que tornaria o sistema tributário menos regressivo e mais justo, e em contrapartida, privilegiar e focar a tributação sobre as matrizes da renda e sobre o patrimônio, que se mostram mais progressivas e mais justas e eficazes, como bem ocorre nos EUA.

O melhor dos mundos para as Reformas Tributárias no Brasil talvez fosse aplicar o que há no modelo do IVA europeu, conforme apresentado acima, e agregar-se as caraterísticas de justiça tributária, que consistem, dentre outras, na adoção da alíquota única, sem isenções para o imposto sobre consumo, e a característica do resultado apresentado no sistema tributário norte americano, que se apresenta menos regressivo e mais justo do ponto de vista da eficácia vertical, com uma incidência menor sobre a tributação sobre o consumo, em comparação com as matrizes da tributação sobre consumo no Brasil e na própria União Europeia.

Referências

ABRAHAM, M.; **O sistema tributário da União Europeia – Sistemas Tributários no Mundo – A tributação no Direito Comparado** / Orgs. Marcus Abraham; Vítor Pimentel Pereira. São Paulo, Brasil. Editora Almedina Brasil, Dezembro/2020, pg. 591.

AFONSO, José Roberto, PORTO, Lais. Khaled. FUCK, Luciano Felício, ***"Tributação 4.0 – Sistema Constitucional versus Novos (e Desconhecidos Tributos)"***, In AFONSO, José Roberto. SANTANA, Hadassah Laís (Coord.), ***Tributação 4.0***, São Paulo, Almedina. Março, 2020, p. 206-207.

AFONSO, José Roberto, PORTO, Lais. Khaled. FUCK, Luciano Felício, ***"Tributação 4.0 – Tributação sem Futuro"***, In AFONSO, José Roberto. SANTANA, Hadassah Laís (Coord.), ***Tributação 4.0***, São Paulo, Almedina. Março, 2020, pg. 88.

AFONSO, José Roberto, PORTO, Lais. Khaled., ***"Tributação sobre o consumo: Experiência Brasileira e desafios para o advento de um IVA"***; In **Deformas ou Reformas Tributárias ? – Reformas ou 3Deformas Tributárias e Financeiras, por que, para que, para quem e como ?** / Org. Fernando Facury Scaff; Misabel de Abreu Machado Derzi; Onofre Alves Batista Júnior; Heleno Taveira Torres. Belo Horizonte. Letramento; Casa do Direito; Coleção de Direito Tributário & Financeiro, 2020. pg. 585.

ALVIM MACHADO, L. R.; **Reforma tributária e financeira: Perspectivas e Propostas**; In **Deformas ou Reformas Tributárias ? – Reformas ou Deformas Tributárias e Financeiras, por que, para que, para quem e como ?** / Org. Fernando Facury Scaff; Misabel de Abreu Machado Derzi; Onofre Alves Batista Júnior; Heleno Taveira Torres. Belo Horizonte. Letramento; Casa do Direito; Coleção de Direito Tributário & Financeiro, 2020. pg. 620.

ARABI, Abhner Youssif Mota. **Desdobramentos Financeiros do Federalismo Fiscal: participação no resultado da exploração de petróleo e o bônus de assinatura**. In: GOMES, Marcus Lívio; ALVES, Raquel de Andrade Vieira; ARABI, Abhner Youssif Mota. **Direito Financeiro e Jurisdição Constitucional**. Curitiba: Juruá, 2016, p. 13, 14.

APPY, Bernard; LONGO, Larissa Luiza; **Por uma reforma tributária da segurança jurídica – Reformas ou Deformas Tributárias e Financeiras, por que, para que, para quem e como ?** / Org. Fernando Facury Scaff; Misabel de Abreu Machado Derzi; Onofre Alves Batista Júnior; Heleno Taveira Torres. Belo Horizonte. Letramento; Casa do Direito; Coleção de Direito Tributário & Financeiro, 2020, pg. 251.

BARRETO, Aires. F.; **ISS na Constituição e na Lei**, 2ª ed., São Paulo: Dialética, 2005, p. 43.

BASTO, José Guilherme Xavier de. **A Tributação do consumo e a sua coordenação internacional**. Cadernos de Ciência e Técnica Fiscal, v. 164, Centro de Estudos Fiscais, Lisboa, 1991, p. 1.

BATISTA JÚNIOR, O. A.; **Deformas ou Reformas Tributárias ? – Reformas ou Deformas Tributárias e Financeiras, por que, para que, para quem e como ?** / Org. Fernando Facury Scaff; Misabel de Abreu Machado Derzi; Onofre Alves Batista Júnior; Heleno Taveira Torres. Belo Horizonte. Letramento; Casa do Direito; Coleção de Direito Tributário & Financeiro, 2020, p. 72.

BONAVIDES, Paulo. **Ciência Política**. 17ª Edição. São Paulo. Malheiros, 2010, p. 195.

BRIGAGÃO, G.; **A reforma tributária - Reformas ou Deformas Tributárias e Financeiras, por que, para que, para quem e como ?** / Org. Fernando Facury Scaff; Misabel de Abreu Machado Derzi; Onofre Alves Batista Júnior; Heleno Taveira Torres. Belo Horizonte. Letramento; Casa do Direito; Coleção de Direito Tributário & Financeiro, 2020, p. 485.

CARLOS, A. Brás. **Impostos - Teoria Geral**, Almedina, Coimbra. 3ª ed. Atual., Setembro, 2010, p. 26.

CARRAZA, Roque Antônio; **Curso de Direito Constitucional Tributário**, 14ª ed., São Paulo: Malheiros, 2000, p. 613.

CLEARY, Duncan; MASTERS, Andrew; LEMGRUBER, Andrea. **Undestanding revenue administration. An initial data analysis, using the revenue administration fiscal information tool.** Washington: International Monetary Fund, 2015, p. 22.

CORREIA NETO, Celso de Barros; AFONSO, José Roberto R. Afonso; FUCK, Luciano Felício; **Desafios Tributários na Era Digital**, In AFONSO, José Roberto. SANTANA, Hadassah Laís (Coord.), ***Tributação 4.0***, São Paulo, Almedina. Março, 2020, p. 41

COURINHA, Gustavo Lopes, ***"Manual do Imposto sobre o Rendimento das Pessoas Coletivas"***, Almedina, Coimbra, Setembro, 2019, p. 114.

DAVID, Carl; DAVIS, Kelly; GARDNER, Matthew; MCINTYRE, Robert S.;MCLYNCH, Jeff & SAPOZHNIKOVA, Alla. **Who pays ? A Distributional Analysis of the Tax Systems in All 50 States**. Institute on Taxation and Economic Policy - ITEP : 3 rd. Edition Washington, D.C., 2009, p. 118.

DE LA FERIA, Rita Aguiar de Souza e Melo. **Blueprint for reform of VAT rates in Europe**. Working paper series. WP 14/13. Oxford University Centre for Business Taxation. 2014. p. 32.

DE LA FERIA, Rita Aguiar de Sousa e Melo. **The EU VAT system and the internal Market**. Amsterdam: IBDF, 2008, p. 48.

DERZI, Misabel Abreu Machado; FONSECA, Fernando Daniel de Moura. **Reforma Tributária, imposto de renda mínimo e tributação de lucros e dividendos : uma análise crítica do regime brasileiro de isenção dos resultados distribuídos**. Belo Horizonte. Fórum, 2020. p. 22.

DÓRIA, A. R. S.. **Discriminação de rendas tributárias.** São Paulo: José Bushatsky, 1972, p. 15.

DOURADO, A. P.; **A Tributação dos Rendimentos de Capitais: a harmonização na Comunidade Europeia**, CCTF n. 175, Lisboa, 1996, p. 298 e ss

DOURADO, A. P.; **Direito Fiscal - Lições**. Almedina, Coimbra, Setembro, 2016, p. 47.

DOURADO, A. P.; **Lições de Direito Fiscal Europeu.** 1ª ed., Coimbra Editora S.A., Coimbra, Janeiro, 2010, p. 26.

DOWBOR, Ladislau. **Entender a desigualdade: reflexões sobre o capital no século XXI**. In: BAVA, Silvio Caccia (Org.). **Thomas Piketty e o segredo dos ricos**. São Paulo: Veneta - Le Monde Diplomatique Brasil, 2014, p. 9-18.

EBRILL, Liam; KEEN, Michael; BODIN, Jean-Paul; SUMMERS, Victoria. **The Modern VAT**. Washington, D.C.: International Monetary Fund, 2001

ELONIKE, João Eloi. **Transparência tributária a serviço da sociedade**. In: Revista Governança Tributária nº 3. Agosto/2013. Curitiba: IBPT, 2013, p. 16-20.

EUROPEAN UNION. **European Union Public Finance.** 5th ed. Luxembourg: Publications Office of the European Union, 2014. p. 190.

GASSEN, Valcir.; **A natureza histórica da instituição do direito de propriedade. In** Antônio Carlos Wokmer (Org.). **Fundamentos de história do direito.** 9ª edição. Belo Horizonte. Del Rey, 2016, v., p. 169-194.

GASSEN, Valcir; VALADÃO, M. A. P.; **Tributação nos Estados Unidos e no Brasil. Estudo Comparativo da Matriz Tributária.** pág. 41, Almedina, 2020.

GOMES, O; **Obrigações,** 18ª ed., rev. e atual.; Rio de Janeiro: Forense, 2016, p. 67.

IMF International Monetary Fund – **IMF Country Report n. 17/215 – BRAZIL – 2017 Article IV Consultation – Press Release: Staff Report : And Statement by the executive director for Brazil.** On the reform of PIS/COFINS, July 2017.

KORNHAUSER, Marjorie E.; **The rhetoric of the anti-progressive income tax movement: a typical male reaction.** Michigan law review, vol. 86, n. 3, dez. 1987, p. 465-523.

LAGEMANN, Eugênio; BORDIN, Luís Carlos Vitali. **A tributação nos países do Nafta (EUA, México e Canadá).** In: **Revista Indicadores Econômicos FEE**, v. 23, n. 2. Porto Alegre: Fundação de Economia e Estatística do RS, 1995, p. 328.

MACHADO, Hugo de Brito. **Curso de direito tributário.** 25ª ed. Ver., atual. e ampl. São Paulo: Malheiros, 2004, p. 413.

MARTINS, Sérgio P.; **Manual do Imposto sobre Serviços.** 8ª ed., São Paulo: Atlas, 2013, p. 21.

MEDEIROS NETO, João da Silva. **Tributos cumulativos.** Estudos da consultoria legislativa da Câmara dos Deputados. Brasília: CADE, 2001, p. 9-11.

MELO, José E.; **ISS – Aspectos Teóricos e Práticos,** 5ª ed., São Paulo: Dialética, 2008, p. 37-38.

MIGUEZ, Santiago Díaz de Sarralde. **Tributación, digitalización de la economia y Economía Digital.** Panamá: Centro Interamericano de Administraciones Tributarias (CIAT), 2018, p. 28.

MOREIRA, André Mendes. **A não-cumulatividade dos tributos.** – 2ª ed. rev. e atual. – São Paulo: Noeses, 2012, p. 201.

MUSGRAVE, Richard A.; MUSGRAVE, Peggy B. **Finanças públicas: teoria e prática.** Tradução de Carlos Alberto Primo Braga. São Paulo: Editora da Universidade de São Paulo, 1980, p.6 e seguintes.

NUNES, António José Avelãs. **Os fisiocratas ou o início da ciência económica.** Coimbra: Universidade de Coimbra, 2002, p. 3.

OECD. **Consumption Tax Trends 2016: VAT/GST and excise rates, trends and policy issues.** Paris: OECD Publishing, 2016, p. 11.

OLIVEIRA, Fabrício Augusto de. **A evolução da Estrutura Tributária e do Fisco Brasileiro: 1889-2009**. Brasília: IPEA, 2010.

OLIVEIRA, Fabrício Augusto de. **A reforma tributária de 1966 e a acumulação de capital no Brasil**. São Paulo: Brasil Debates, 1981, p. 21.

OLIVEIRA, Raquel Rios; **A Não submissão da Cessão de Direitos aos Tributos sobre o Consumo**. Tributação sobre o Consumo; SILVA, Paulo Roberto Coimbra (coord.). São Paulo: Quartier Latin, 2008.

PALMA, Clotilde C. **A harmonização comunitária do imposto sobre o valor acrescentado.** In: Revista ISCAP, n. 5. Porto: Instituto Superior de Contabilidade e Administração do Porto. 2005. p. 8.

PALMA, Clotilde C. **A Tributação da Economia Digital e a Evolução Recente da União Europeia.** In: PISCITELLI, Tathiane (Coord.). **Tributação da Economia Digital.** São Paulo: Thompson Reuters Brasil, 2018, p. 53.

PEETERS, Bruno (Ed.). **The Concepto of Tax.** Amsterdam: EATLP/IBFD, 2005.

PEREIRA, Manuel Henrique de Freitas, **Fiscalidade.** 5ª ed. Coimbra: Almedina, 2014, p. 52.

PEREIRA, P. R.; **Princípios do Direito Fiscal Internacional – Do paradigma clássico ao Direito Fiscal Europeu.** pág. 61, Almedina, Novembro, 2010.

PIKETTY, Thomas. **Capital in the Twenty-First Century.** Translate by Arthur Goldhammer. Cambridge, Massachusetts, and London: The Belknap Press of Harvard University Press. 2014, p. 1.

RICHMOND, Gail Levin. **Federal Tax Research: Guide to Material and Techniques.** 9th ed. New York: Foundation Press, 2014, p. 31-32.

SABAINI, Juan Carlos Gómez; JIMÉNEZ, Juan Pablo. **Tax structure and tax evasion in Latin America.** Santiago: UN/CEPAL, 2012, p. 15.

SANTOS, Albano José, **Teoria Fiscal.** Lisboa: Instituto Superior de Ciências Sociais e Políticas da Universidade Técnica de Lisboa, 2003, p. 239.

SCHWAB, Klauss. **A Quarta Revolução Industrial.** Trad. Daniel Moreira Miranda. São Paulo. Edipro, 2016, p. 16.

SCHOUERI, Luis Eduardo, ***"Direito Tributário"***, Saraiva, 8ª edição. São Paulo, 2018, p. 407.

SOUZA, Hamilton D.. **Não cumulatividade – aspectos relevantes.** In: RESENDE, Condorcet (org.). Estudos Tributários. Rio de Janeiro: Renovar, 1999, p. 253-374.

STIGLITZ, Joseph E. **Economics of the public sector.** 3. Ed. New York; London: W.W. Norton, 1999, p. 505.

SULLIVAN, Kathleen M. e GUNTHER, G., **Constitutional Law,** 13ª ed., New York: The Foundation Press, 1997, esp. p. 259-328

TORRES, Ricardo Lobo. **Tratado de direito constitucional financeiro e tributário,** vol. III: Os Direitos Humanos e a tributação: imunidades e isonomia. Rio de Janeiro: Renovar, 1999, p. 335.

TORRES, H. T.; **Por uma reforma tributária da segurança jurídica – Reformas ou Deformas Tributárias e Financeiras, por que, para que, para quem e como ?** / Org. Fernando Facury Scaff; Misabel de Abreu Machado Derzi; Onofre Alves Batista Júnior; Heleno Taveira Torres. Belo Horizonte. Letramento; Casa do Direito; Coleção de Direito Tributário & Financeiro, 2020, p. 57.

THURONYI, Victor; **Comparative Tax Law.** The Hague: Kluwer Law Internacional, 2003, p. 317.

VALADÃO, Marcos Aurélio Pereira; MENDONÇA, José Ronaldo Carlos de Almeida; BRANDÃO, C.; LINCOLN, M. A. L.; MOURA, M. T.; SOARES, R.B.; **Aprimoramento da Tributação de Consumo: Uma Proposta de Aprimoramento do ICMS.** Fórum Fiscal dos Estados Brasileiros – Programa de Estudos 2011, 1ª ed., Brasília: ESAF, 2012, v.1, p. 11-109.

VALADÃO, Marcos Aurélio Pereira. **Evolução da discriminação das rendas tributárias no constitucionalismo brasileiro: aspectos históricos e conceituais.** Direito em Ação, Brasília – DF, 2000, v. 1, p. 57-87.

VASQUES, Sergio. **Os impostos do Pecado: O Álcool, o Tabaco, o Jogo e o Fisco.** Coimbra. Almedina, 1999.

VERDI, Márcio F., MIGUEZ, Santiago Díaz de Serralde, ***"Economia Digital y Tributación".*** In AFONSO, José Roberto. SANTANA, Hadassah Laís (Coord.), ***Tributação 4.0***, São Paulo, Almedina. Março, 2020, p. 58

VOGEL, K. **Worldwide vs. Souce taxation of income – A review and reevaluation of arguments** (Part. III) Intertax, n. 11, 1988, pág. 393.

WARAT, Luis Alberto et ali. **Senso Comum.** In: ARNAUD, André-Jean (org.). **Dicionário Enciclopédico de Teoria e Sociologia do Direito.** Rio de Janeiro. Renovar, 1999, p. 714.

WATTS, Duncan. ***The European Union.*** Edinburgh: Edinburgh University, 2008, p. 197.

ZILVETI, Fernando Aurélio; **A LC 116/03 do ISS em face dos princípios de direito tributário.** FERRAZ, Roberto. **Princípios e limites da tributação.** São Paulo: Quartier Latin, 2005, p. 545.

9. O SISTEMA TRIBUTÁRIO NACIONAL, A NECESSIDADE E O MOMENTO ADEQUADO PARA A SUA REVISÃO, E A REFORMA TRIBUTÁRIA A LATERE PROMOVIDA PELO STF

Gustavo Brigagão

Necessidade de revisão do sistema tributário nacional

Diversamente do ambiente físico e analógico em que vivíamos em 1965, quando editada a Emenda Constitucional 18/1965, o mundo mudou, globalizou-se, virtualizou-se e se digitalizou. A economia passou a ser dominada por empresas ligadas ao setor de tecnologia (Google, Amazon, Facebook, Apple e Microsoft – as denominadas GAFAM), o que possibilitou o surgimento de arranjos empresariais até então inimagináveis. A intangibilidade sem precedentes tornou progressivamente dispensável a presença física em determinada jurisdição para que fosse possível alcançar o respectivo mercado consumidor. As operações passaram a ocorrer de forma remota.

Planejamentos fiscais agressivos tornaram questionáveis as regras tradicionais de tributação do comércio internacional de mercadorias e serviços, intensificando-se, consequentemente, as disputas entre os Estados da residência e de fonte quanto à correta forma de tributação das atividades decorrentes da economia digital. Todas essas problemáticas e várias outras foram – e vem sendo – tratadas pelas comunidades internacionais (OCDE, EU, entre outras), com o objetivo de equacionar essas questões e aprimorar a tributação internacional dessas atividades.

Enquanto isso, no Brasil, não conseguimos atualizar e adequar o sistema tributário vigente à nova realidade, nem mesmo quando da elaboração do texto do qual resultou a Constituição Federal de 1988. Em sua essência, o sistema continuou o mesmo que existia desde 1965.

Apesar de ter representado extremo avanço e modernidade quando da sua criação, o Sistema Tributário Nacional é dotado de peculiaridade extrema, quando comparado com os sistemas vigentes no resto do mundo, e não está, de fato, preparado nem estruturado para dispor adequadamente sobre a forma como devem ser tributadas as riquezas que circulam nesse novo mundo virtual.

O que vimos ocorrer, no passar dos anos, foi o surgimento de um enorme conflito de competências, em que estados e municípios se digladiaram (e ainda se digladiam) para trazer para os seus respectivos campos de incidência a tributação dessas novas tecnologias e de outras atividades cuja conceituação e classificação esteja envolvida em algum tipo incerteza.

Na esfera das novas tecnologias, que é mero exemplo de situação em que esses conflitos se deram, normas díspares relativas à sua tributação propiciaram que estados e municípios se considerassem competentes para tributá-las[1], colocando os contribuintes em situação de indevida dupla oneração das suas atividades.

Essa situação de incerteza legislativa quanto aos tributos incidentes nessas formas de atuação, seja pelo conflito de normas tributárias, seja pela ausência de normas regulatórias que as conceituassem adequadamente, gerou absoluto estado de perplexidade em todos os envolvidos.

Em vez de solucionarem esses conflitos de competências, os nossos tribunais superiores acabaram por agravá-los, quando, ao julgarem questões relativas a pretensões estaduais e municipais sobre a mesma atividade, ampliaram

[1] Exemplo disso foi a edição do Convênio ICMS 106/17 e da Lei Complementar 157/16, que atraíam para a esfera estadual e municipal, respectivamente, a competência para tributar operações com bens digitais, tendo o Supremo Tribunal Federal demorado duas décadas para por fim à discussão específica relativa à já ultrapassada tecnologia de *download* de *softwares*, julgando a questão de forma favorável aos municípios (ISS), com as mais variadas modulações de efeitos.

indevidamente os limites a que sujeitos os conceitos de mercadorias e de serviços.

De fato, quando o que se discutia era o conceito de "serviços" e esse conceito era indevidamente ampliado, as fazendas municipais acabavam por ter as suas competências impropriamente ampliadas, e os estados, por sua vez, viam-se prejudicados, pois, dessa ampliação, decorria a consequente limitação das suas competências.

Quando o que se discutia era o conceito de "mercadorias" e esse conceito era indevidamente ampliado, as fazendas estaduais eram, então, as que tinham as suas competências ampliadas, e os municípios, por sua vez, os que se viam prejudicados, porque, dessa ampliação, decorria a limitação das suas competências.

Ou seja, em vez de dirimir conflitos, a jurisprudência dos nossos tribunais acabava (como ainda acaba) por agravá-los, na medida em que ela própria oferecia fundamentos a que, qualquer que fosse o pleito, proveniente dos estados ou dos municípios, ele estivesse sempre amparado por precedentes contraditórios, ou assistemáticos, das cortes superiores. Ampliou-se, assim, a zona cinzenta em que ambos os níveis da Federação (estados e municípios) passaram a se entender competentes para tributar as atividades econômicas exercidas pelos contribuintes.

Em decorrência disso, houve empresas que, pasmem, por razões relacionadas a *compliance*, passaram a pagar ambos os tributos, emitindo, consequentemente, duas notas fiscais para formalizar as suas operações: uma estadual e, outra, municipal! Essa, inclusive, foi uma das situações moduladas na recente decisão do STF relativa à tributação do *download* de *softwares*.

Situações como essa, aliadas à complexidade das normas tributárias, à guerra fiscal (que levou alguns estados a sofrerem profundo desequilíbrio fiscal nas suas contas), à quantidade de tributos e ao volume de horas recorde necessário a que as empresas brasileiras cumpram as suas obrigações acessórias – há empresas que mantém em seus quadros departamentos inteiros, com dezenas de funcionários, cuja única função é a de fazer face a essas obrigações – faz com que o ordenamento jurídico-tributário brasileiro em vigor tenha se tornado, com o tempo, absolutamente caótico.

Não bastasse isso, há, ainda, a cumulatividade do Sistema Tributário Nacional, que marca de forma ainda mais negativa esse tenebroso cenário.

Com efeito, não se pode negar que, apesar de teoricamente fundamentado no princípio da não cumulatividade, o nosso sistema tornou-se, na prática, cumulativo.

Para essa constatação, basta que se verifiquem as insanas limitações a que submetidas as regras de não cumulatividade no Brasil, seja pelas restrições impostas pela legislação do IPI, seja pelas inacreditáveis e eternas prorrogações da possibilidade de uso dos chamados créditos financeiros (bens de uso e consumo, energia elétrica etc.), no âmbito do ICMS (Lei Kandir), seja, ainda, pelos absolutos desencontros e estreitamentos que a jurisprudência administrativa e judicial impôs ao conceito de "insumos", essencial à definição dos limites dentro dos a quais os contribuintes de PIS e Cofins podem se creditar. Isso, para não falar da absoluta resistência que os estados oferecem ao exercício pelos exportadores do direito que lhes foi constitucionalmente assegurado de reaver o valor recolhido nos elos da cadeia de circulação de mercadorias anteriores ao da exportação.

Sob esse aspecto, há interessante demonstrativo elaborado pela Ernst&Young (Worldwide VAT, GST and Sales Tax, 2017, IMF Tax Reports) que classifica os países que adotam a não cumulatividade em três esferas: a primeira engloba os países em que a devolução do valor de imposto recolhido nas etapas anteriores à exportação é prontamente devolvido aos exportadores, sem que, para tanto, qualquer dificuldade seja criada; a segunda se refere a países em que a devolução se dá com certa resistência e dificuldade, mas, ao final, ocorre; e, por fim, a terceira, que indica os países em que essa devolução simplesmente não se dá. Não é necessário dizer que o Brasil foi classificado entre esses últimos.

E não se pode afirmar que essa classificação esteja equivocada. Realmente, os créditos de exportação são tão desvalorizados no Brasil, que, quando lançados nos balanços das empresas, eles acabam, com o tempo, sendo classificados como "ativos podres" pelas auditorias e, consequentemente, estornados, por não haver a menor expectativa de que venham a ser utilizados.

Essa é uma circunstância que afasta o investimento estrangeiro, pois o investidor sabe que, como o IVA local (PIS, Cofins, IPI e ICMS) não lhe permite, de fato, recuperar o valor de imposto incidente na aquisição dos insumos necessários à realização da sua operação, ele terá que considerar esse valor como custo e, consequentemente, aumentar o seu preço, tornando-o menos competitivo. Daí decorre que o investimento ou simplesmente não é realizado, ou o é em proporções muito menores do que seriam, caso esse cenário não existisse.

O IVA está presente em 168 países – em uns, de forma mais desenvolvida, e, em outros, com imperfeições. Essas imperfeições vêm sendo observadas e revertidas, no decorrer desses 70 anos, pelos países que o adotam. Consequentemente, as técnicas a ele relativas vêm sendo aperfeiçoadas a cada instante.

O mais importante: o IVA é o tributo que o investidor estrangeiro conhece e entende. É o tributo com que esse investidor está habituado. Ele não conhece nem quer ouvir falar em IPI, ICMS, ISS, PIS e Cofins, com todas as complexidades e regras ilógicas a que esses tributos estão submetidos. Ele quer que, ao investir no país, possa lidar com um efetivo "sistema tributário", que seja capaz de "conversar" com os demais regimes tributários do mundo.

Portanto, não há dúvidas de que a reforma é necessária. Com o tempo e com as mudanças demonstradas acima, o Sistema Tributário Nacional se mostrou inadequado e insuficiente para atender aos atuais e justos anseios dos Fiscos federal, estadual e municipal, bem como do contribuinte brasileiro.

Atendida a premissa de que a reforma é necessária, cabe-nos refletir sobre em que condições e em que momento ela deve ser realizada.

Na época em que este artigo é escrito (primeiro semestre de 2021), o cenário em que vivemos é caótico e marcado pelo pico da pandemia causada pela COVID-19 – a maior em 100 anos, com milhões de infectados e centenas de milhares de vidas perdidas no País – e marcado por profunda crise econômica, decorrente do estado de calamidade pública e da paralisação decorrente da política de confinamento e isolamento social que se fez necessário estabelecer.

Para o enfrentamento dessa crise – que é global – e para que a retomada da economia se dê da melhor forma possível, o Comitê Fiscal da OCDE – Organização para a Cooperação e Desenvolvimento Econômico, em meados de abril de 2020, no âmbito da reunião do G-20, produziu o relatório intitulado "*Tax and Fiscal Policy in Response to the Coronavirus Crisis: Strengthening Confidence and Resilience*"[2], por meio do qual ele divide em quatro etapas a tomada de

2 https://read.oecd-ilibrary.org/view/?ref=128_128575-o6raktc0aa&title=Tax-and-Fiscal-Policy-in-Response-to-the-Coronavirus-Crisis

medidas que sugere sejam adotadas pelos diversos países, bem como aponta os objetivos fiscais que deverão ser priorizados em cada uma delas.

Segundo o referido relatório, nas três primeiras fases (em que nos encontramos neste momento[3]), as medidas do Poder Público devem estar focadas na manutenção da liquidez e solvência das empresas e da renda das estruturas familiares (por meio de medidas que tenham por objeto moratórias, maiores prazos para o cumprimento de obrigações tributárias etc) e em políticas de estímulo que objetivem o início da recuperação econômica, por meio de estímulos fiscais necessários ao investimento e ao consumo. Nos casos em que a recuperação seja fraca, a política fiscal expansionista deverá ser mantida pelo tempo que for necessário. No Brasil, apesar de muito tímidas e insuficientes ao atingimento daquelas finalidades, medidas foram tomadas nas três esferas da Federação.

Segundo o referido relatório da OCDE, somente na fase quatro, e somente nela, chegar-se-á, enfim, ao momento em que será necessário o acerto das finanças públicas que terão restado abaladas com o impacto financeiro resultante das medidas de apoio prestadas a empresas e famílias nas fases anteriores.

Nessa fase, em que, espera-se, a economia já terá passado sinais claros de recuperação, os países precisarão encontrar formas de aumentar as suas receitas, para recuperar a sustentabilidade fiscal a longo prazo e financiar investimentos públicos, visando fortalecer os setores mais abalados pela crise.

Nessa fase, e somente nela, haverá possível aumento de tributos, que deverá, preferencialmente, estar relacionado a negócios que tenham lucrado com a crise. Esse aumento da receita pelos governos deverá ser programado e realizado com cuidado, de forma a que ele esteja em consonância com os objetivos de crescimento, inclusão e sustentabilidade.

Apesar de serem essas as sugestões racionais dadas pela OCDE, o que se vê no cenário nacional brasileiro?

Além das já mencionadas parcas medidas tomadas nas três esferas da Federação tendentes a resguardar a liquidez das empresas e dos contribuintes, vê-se que o Poder Público está focado em discutir ardorosamente projetos

[3] Primeiro semestre de 2021

de Reforma Tributária[4], que, além de pouco técnicos[5], propõem mudanças questionáveis e que impingem inconcebível aumento de carga tributária a importantes setores da economia, responsáveis por parcelas relevantíssimas do PIB nacional (setor de serviços, agronegócios, entre tantos outros)[6].

Definitivamente, o momento atual não é próprio à discussão da reforma tributária, não só pelo período atípico em que estamos, como também pelo fato de que é mandatório que as mudanças nas regras tributárias somente ocorram após a necessária reforma fiscal, em que os gastos públicos sejam encolhidos e a carga tributária necessária ao seu enfrentamento seja reduzida à menor possível.

Já se fez, ainda que não a contento, a reforma previdenciária, que representa o maior dos gastos públicos. Restam, ainda, a reforma administrativa e a definição e execução do plano de privatizações, para dizer o mínimo.

4 Os principais são: as PECs 45/19 e 110/19, que, apresentadas originalmente na Câmara dos Deputados e no Senado Federal, respectivamente, sequer conseguiram, até o momento em que esse artigo é escrito, ser uniformizadas pela Comissão Mista no âmbito do Congresso Nacional criada especificamente para esse fim; o projeto de reforma apresentado pelo Comitê Nacional de Secretários da Fazenda, Finanças, Receitas ou Tributação dos Estados e Distrito Federal – COMSEFAZ, que oferece adaptações àquelas PECs; o projeto "Simplifica Já", apresentado pela Associação Brasileira das Secretarias de Finanças das Capitais-ABRASF e pela Associação Nacional dos Auditores-Fiscais de Tributos dos Municípios e Distrito Federal – ANAFISCO; e o PL 3887/20, apresentado pelo Governo Federal ao Congresso Nacional e que extingue o PIS/Cofins e cria um IVA federal. Há outros projetos que propõem a criação de empréstimos compulsórios, a tributação da distribuição de dividendos, das grandes fortunas, das movimentações financeiras etc.

5 Seja porque conceituam institutos de forma insuficiente ao atingimento dos fins propostos (conceito de não cumulatividade, por exemplo, que supostamente deveria ser amplo e irrestrito, mas cuja redação proposta já foi entendida pelo Supremo Tribunal como insuficiente para abranger os denominados créditos financeiros), seja porque propõem incidências que não se alinham aos mandamentos constitucionais (PL 3887/20, por exemplo, que, sob a alegação de unificar contribuições sociais, acaba por criar imposto novo, sem atendimento ao disposto na Constituição Federal no que diz respeito ao exercício da competência residual da União – art. 154, I, da CF/88); ou, ainda, porque proíbem terminantemente a concessão de benefícios fiscais, cerceando, assim, ao máximo, o exercício da extrafiscalidade, que, na forma sugerida pela OCDE, se mostrou indispensável, no Brasil e no mundo, para tomada de medidas necessárias ao enfrentamento da pandemia da COVID-19.

6 Essa é uma característica comum a todas as propostas feitas. Há setores cujos aumentos nominais das alíquotas que lhes serão aplicáveis demonstram que deles decorrerá acréscimos de carga tributária que chegarão a, praticamente, 600%.

Fazer reforma tributária com o Estado inflado e necessitando de receitas extras para cobrir os gastos públicos incorridos neste período calamitoso equivale a ir ao supermercado com fome. Inflam-se as compras, muito mais do que o necessário.

Temos que, antes de pensarmos em reforma tributária, trazermos o tamanho do Estado para um nível satisfatório e, aí sim, definirmos o nível de tributação que seja com ele condizente. Essa será a reforma tributária que fará do Brasil um país melhor.

Vamos devagar e cuidadosamente, porque temos pressa!

Inadequação da reforma tributária paralela feita pelo STF em plenário virtual, em plena pandemia

Como demonstrado acima, a reforma tributária tem sido objeto dos mais relevantes debates travados no país, a despeito de a recomendação da OCDE ter sido no sentido de que, nessas fases mais agudas da crise promovida pela Covid 19, a extrafiscalidade (concessão de moratórias, incentivos fiscais etc.) deveria ser o principal foco dos governos, ao redor do mundo.

Todos esses debates, muito em decorrência da sua extemporaneidade, não avançaram como deveriam, e, até hoje, não há uma posição firme e consensual das várias forças representadas no Congresso Nacional sobre o melhor caminho para essa reforma ser feita.

Paralelamente, enquanto essas discussões, em plena pandemia, se travavam no Legislativo, a Suprema Corte, com o nobre propósito de viabilizar a não interrupção do exercício das suas atividades jurisdicionais durante esses tempos calamitosos, bem como o de dar maior celeridade aos seus julgados, alterou o seu regimento interno (Emenda Regimental 53, de 18.03.2020) e permitiu a ampliação do alcance da sistemática de julgamentos em plenário virtual.

Consequentemente, tal sistemática, antes somente utilizada para a solução de questões de menor importância – julgamento de embargos de declaração, agravos internos, preliminares sobre a existência, ou não, de repercussão geral e casos envolvendo reafirmação de jurisprudência dominante, por exemplo –, passou a ser opção válida para todo e qualquer processo de competência do STF e adotada no julgamento de recursos extraordinários sob a sistemática de repercussão geral e de ações de controle concentrado da constitucionalidade de normas.

Apesar de louvável o propósito, foram desastrosos os efeitos dessa medida. Explico.

Com o advento da edição do novo Código de Processo Civil (CPC/15), em 2015, internalizou-se na legislação algo que já era tendência no Brasil e no mundo: a tomada de uma posição intermediária entre o *Civil Law*, que privilegia os comandos da lei escrita e é originário do direito continental europeu, e o denominado *Common Law*, proveniente do direito anglo-saxão e caracterizado por conferir extraordinária relevância aos precedentes judiciais como forma de definição dos exatos contornos do direito aplicável.

Foi com base nessas premissas que o CPC/15 incorporou ao Direito Brasileiro normas internacionalmente preconizadas pela teoria dos precedentes, mediante a aplicação de instrumentos e valores próprios do Common Law. Entre eles, a determinação de que os tribunais devem manter a sua jurisprudência estável, íntegra e coerente, daí decorrendo a necessidade de que certas diretrizes sejam incondicionalmente observadas, entre as quais as de que:

(a) as superações totais ou parciais de precedentes (*overruling*) somente se deem em situações extremas, em que tenha havido a alteração de pressupostos fáticos e/ou do ordenamento jurídico aplicável, ressalvada e preconizada a necessidade de que seja feito o *distinguishing*, em todos as situações em que haja precedente sobre a matéria em julgamento cujas características específicas do caso demonstrem a sua inaplicação ou a necessidade de que entendimento diverso seja adotado;
(b) os fundamentos do precedente (*ratio decidendi*) sejam acordados mediante exaustiva deliberação dos julgadores, de forma a que reste configurado, com segurança, o núcleo dos pressupostos jurídicos a serem observados pelas decisões proferidas *a posteriori*; e
(c) os efeitos da decisão sejam modulados no tempo, de forma a que deles não decorra qualquer ameaça à segurança jurídica.

Configurou-se, assim, enorme progresso da legislação brasileira no que diz respeito ao adequado tratamento a ser dado aos precedentes, tendo em vista a importância que têm na manutenção dos jurisdicionados em um ambiente de plena segurança jurídica.

E o que resultou dos julgamentos realizados pela Suprema Corte nesse período pandêmico, a maioria deles em plenário virtual? O extremo oposto disso tudo.

Nessa sistemática virtual de julgamentos, não há debates formais entre os ministros julgadores. As sessões em ambiente virtual do STF têm duração de 6 dias úteis, com início e término às sextas-feiras, como regra. Durante esse período, os ministros simplesmente disponibilizam os seus votos no site eletrônico do STF, sem que haja efetiva deliberação entre eles sobre os elementos que devem formar a *ratio decidendi*, nem sobre a conveniência jurídica e factual de precedentes existentes sobre a matéria em julgamento serem total ou parcialmente superados. Os ministros simplesmente postam os seus votos e, ao final, verifica-se o placar para a determinação da parte vencedora, como se se tratasse de uma competição desportiva.

Não há também, nessa sistemática de julgamento, efetiva sustentação oral feita pelos advogados das partes envolvidas. Há mera remessa, por parte deles, de vídeos gravados com essas sustentações, cuja probabilidade de serem vistos pelos ministros, convenhamos, é bastante reduzida, até pela sua quantidade.

A probabilidade de os assessores dos ministros escutarem essas sustentações é maior, mas, em que pese a relevância da atuação desses profissionais nos julgamentos realizados pelo Tribunal, o propósito da sustentação oral não é o de convencê-los, mas, sim, o de convencer o julgador e no momento em que o julgamento se dá!

O "olho no olho", só presente nos julgamentos presenciais ou naqueles realizados por videoconferência, é fundamental para que o advogado possa efetivamente exercer o seu mister e defender adequadamente a parte que representa.

Não há isso no plenário virtual, como também não existe, em sua plenitude, a correção pelo advogado de um encaminhamento equivocado que esteja sendo dado ao julgamento[7]. Disso decorre que, no principal momento da prestação jurisdicional, a participação do defensor se torna praticamente nula.

[7] Não se desconhece que a Resolução/STF 675, de 22.04.2020, trouxe a possibilidade de os representantes das partes realizarem esclarecimentos sobre matéria de fato durante a sessão

A prova da inadequação desse sistema veio, de forma inconteste, com a verificação do teor de dos julgados proferidos sob a sua égide, desde o início da pandemia, em matéria tributária.

Só em 2020, foram julgados mais de uma centena de casos em repercussão geral (135, de forma mais exata). O STF precisou apenas do primeiro semestre de 2020 para quebrar todos os recordes até então vigentes[8]. Caso consideradas também as ações de controle concentrado de constitucionalidade, o número de casos concluídos é ainda mais expressivo.

Dos 135 casos de repercussão geral julgados em 2020, 52 trataram de matéria tributária, sendo que vários deles:

(a) promoveram mudanças do entendimento do Tribunal acerca de diversas questões que, até então, eram jurisprudência pacífica no STF ou no STJ (são exemplos disso a decisão sobre a incidência do ICMS na importação realizada por não contribuintes; sobre a incidência desse imposto na revenda de carros por locadoras de veículos; incidências de contribuições sobre terço de férias, entre várias outras), ou

(b) apresentaram votos contraditórios, a ponto de não ser possível definir a *ratio decidendi* que prevaleceu na decisão (como ocorreu no julgamento relativo à incidência do ISS sobre os contratos de franquia, em que os dois únicos votos formalmente apresentados entre os ministros que integram a corrente vencedora adotaram fundamentos diversos), ou, ainda,

(c) tiveram os efeitos das decisões neles proferidas modulados de forma predominantemente favorável à Fazenda Pública, com o objetivo de manter a higidez dos cofres públicos, ainda, que, para tanto, fossem preservados os efeitos pretéritos de normas flagrantemente inconstitucionais, conforme concluído nas próprias decisões cujos efeitos foram submetidos à modulações.

virtual, por meio do sistema de peticionamento eletrônico do STF. Embora esses esclarecimentos sejam automaticamente disponibilizados no sistema de votação dos ministros, não há qualquer garantia de que serão efetivamente apreciados, como ocorreria em uma sustentação oral presencial ou por vídeoconferência.

[8] Foram 62 casos julgados nos primeiros seis meses de 2020, contra 60 em todo o ano de 2014, que, até então, contava com maior número de casos julgados com repercussão geral.

Outra característica que marcou as decisões proferidas pelo STF nesse período pandêmico foi o quanto fazendárias elas foram. Segundo informações divulgadas na imprensa[9], só no que diz respeito à União (sem contar estados e municípios), os julgados do STF desfavoráveis aos contribuintes asseguraram arrecadação da ordem de R$ 563 bilhões, sendo que, desse total, R$ 225 bilhões foram alcançados às custas de mudança na jurisprudência (do próprio tribunal ou do STJ).

E, na maior parte desses casos, como dito acima, a modulação de efeitos adotada consolidou cobranças inconstitucionais feitas pelo fisco, chegando a postergar, em alguns casos, a eficácia de decisões favoráveis ao contribuinte para (até mesmo) o exercício seguinte àquele em que proferidas, ressalvados os casos em que tivesse havido a propositura de ações judiciais. Disso só resulta a consolidação e mesmo o incentivo de práticas inconstitucionais pelo poder público, bem como a sobrecarga do Poder Judiciário.

É indiscutivelmente louvável a celeridade conferida aos julgamentos realizados nesse período pela Suprema Corte – que ainda se vê às voltas com o julgamento de questões pendentes há mais de duas décadas –, bem como a preocupação com a garantia de que os cofres públicos sejam abastecidos de forma a que os entes federativos possam fazer face a todos os investimentos e despesas necessárias ao enfrentamento dos momentos calamitosos que estamos tendo que enfrentar. Há, contudo, que se ter em mente que esses valores e princípios devem ser defendidos à luz da sobrevivência das empresas que criam empregos e fazem a economia girar, e, o mais importante, sem comprometer aquilo que é mais valioso para a relação fisco-contribuinte: a segurança jurídica. Esse resultado só será obtido se tudo isso for feito com a preocupação de que a jurisprudência que nos guia há décadas se mantenha estável, íntegra e coerente, conforme preconiza o CPC/15.

A reforma tributária deve ser deliberada e promovida pelo Poder Legislativo, e não pelo Poder Judiciário.

[9] Disponível em: https://www1.folha.uol.com.br/mercado/2021/03/stf-muda-jurisprudencia-reforca-caixa-da-uniao-e-eleva-carga-tributaria-na-pandemia.shtml?utm_source=twitter&utm_medium=social&utm_campaign=twfolha. Publicado em 20.03.2021.

Referências

ÁVILA, Humberto. *Sistema Constitucional Tributário*. 3. Ed. São Paulo: Saraiva, 2008

BRIGAGAO, Gustavo; MATA, Juselder Cordeiro da. *Temas de Direito Tributário em homenagem a Gilberto de Ulhôa Canto*. 1. Ed. Belo Horizonte: Arraes Editores, 2020

BRIGAGÃO, Gustavo; TORRES, Heleno Taveira; SANTIAGO, Igor Mauler; ESTRADA, Roberto Duque; *Consultor Tributário – Estudos Jurídicos*. 1 Ed. Rio de Janeiro: Topbooks, 2015

DERZI, Misabel de Abreu Machado; JÚNIOR, Onofre Alves Batista; SILVA, José Afonso Bicalho Beltrão da. *Federalismo, ICMS e tendências*. 1. Ed. Belo Horizonte: Grupo Editorial Letramento

MARTINS, IVES GANDRA DA SILVA. Revista Dialética de Direito Tributário nº 158/2008.

SCHOUERI, Luís Eduardo; BIANCO, João Francisco. *Estudos de Direito Tributário em Homenagem ao Professor Gerd Willi Rorthmann*. 1. Ed. São Paulo: Quartier Latin, 2016

10. A TRANSAÇÃO TRIBUTÁRIA COMO ELEMENTO DETERMINANTE NA MODERNIZAÇÃO DO SISTEMA TRIBUTÁRIO BRASILEIRO

Helcio Honda
Renata Souza Rocha

Introdução: breves considerações sobre a problemática da cobrança dos créditos tributários no Brasil

A função estatal implica, necessariamente, na defesa do interesse público. Para bem desempenhar este desígnio, faz-se imperiosa a busca de recursos financeiros para a manutenção da máquina administrativa e para atendimento das necessidades coletivas. De um lado, o contribuinte busca maneiras de evitar a incidência tributária e fugir da sanha arrecadatória; do outro, a Fazenda Pública busca criar mecanismos que permitam aumentar o controle sobre as atividades do contribuinte nas quais deve haver incidência tributária.

A combinação destes fatores, somada a alta complexidade do sistema tributário brasileiro, com farta inovação diária de leis, atos, normas, e regulamentações, bem como a garantia de livre acesso a justiça, fez com que o contencioso fiscal nacional se agigantasse. Por um lado, o Poder Judiciário se encontrava saturado com o alto número de demandas fiscais, e de outro, os cofres fazendários não alcançavam as expectativas arrecadatórias e de justiça social frente aos custos do país.

A justificativa de regulamentar e trazer a efetividade esperada ao artigo 171 do Código Tributário Nacional, que prevê desde 1966 o instituto da transação tributária, carente de autorização até o advento da Lei 10.988/2020, se escorou na ineficiência do atual modelo de cobrança do crédito tributário e na necessidade da criação de um conjunto de medidas alternativas que possa alavancar a recuperação destes créditos tributários, na possibilidade de imprimir uma nova feição ao fenômeno da judicialização da relação fisco-contribuinte que, além de impactar negativamente a arrecadação estatal, também onera intensamente a máquina judiciária.

Através do presente artigo, pretendemos analisar os diversos aspectos e desafios que permeiam o instituto da transação tributária, recém regulamentado no sistema jurídico nacional.

1. O conceito de transação tributária e sua função primordial como agente de redução de litigiosidade

Inicialmente, para adentrarmos no instituto jurídico da transação tributária, é aconselhável revisitarmos a Teoria Geral do Direito que, no Brasil, graças à herança romanística encontra seus fundamentos em grande parte na lei e na doutrina. Na legislação brasileira, referido instituto sempre foi definido como um ato ou contrato jurídico pelo qual as partes previnem, decidem ou terminam litígios, mediante concessões mútuas dos direitos que entendem dispor. É o que dispõe o Código Civil Brasileiro, em seu artigo 840, no capítulo XIX, intitulado "Da transação".[1]

Assim, podemos entender que o sentido da transação está em concordar ou ceder, ou seja, uma das partes terá que abrir mão de uma parcela de seus direitos a fim de se evitar a demanda judicial. Jamais poderá este conceito se confundir com liberalidade, mais sim de composição de interesses. Em teoria geral do direito, para que a transação possa ocorrer, faz-se mister a

[1] *"Capítulo XIX – Da Transação*
Art. *840: É lícito aos interessados prevenirem ou terminarem o litígio mediante concessões mútuas."*

concomitância dos quatro fatores: (a) disponibilidade do direito; (b) litígio ou iminência de litígio; (c) boa-fé e desejo genuíno na composição de interesses; (d) encerramento da controvérsia.

Em matéria tributária, a transação tributária encontra previsão no art. 156 do Código Tributário Nacional, como uma das modalidades de extinção do crédito tributário. Todavia, de acordo com o artigo 171, o instituto aguardava uma lei autorizativa a fim de possibilitar sua esperada aplicação aos administrados, o que de fato veio a ocorrer como advento da Lei 10.988/2020. Apesar de o instituto encontrar-se expressamente previsto, na seara tributária, desde 1966, de fato não havia sido ainda regulamentado, em razão de uma pretensa colisão com o dogma da supremacia do interesse público, que poderia levar à conclusão de que seria inaplicável no direito tributário, o que será desmistificado no item 3 do presente estudo.

A doutrina, majoritariamente, abraçou a causa da transação tributária. Nesse sentido, o professor Ricardo Lobo Torres[2] deixou-nos extensa biografia:

> "A transação implica no encerramento do litígio através de ato do sujeito passivo que reconhece a legitimidade do crédito tributário, mediante concessão recíproca da Fazenda Pública. O objetivo primordial da transação é, por conseguinte, encerrar o litígio, tornando seguras as relações jurídicas. O seu requisito essencial é que haja direitos duvidosos ou relações jurídicas subjetivamente incertas. Para que se caracterize a transação torna-se necessária a reciprocidade de concessões, com vista ao término da controvérsia. Renúncia ao litígio fiscal sem a correspectiva concessão é mera desistência, e, não, transação."

Esta forma de solução de controvérsia se ajusta com o momento de transformação da Administração Pública, atenta a realidade da redução de despesas públicas face ao custo elevado da manutenção do contencioso tributário no Brasil. Ademais, ainda que se empreguem todos os esforços, a insuficiência da máquina judiciaria do Estado brasileiro é questão latente e conhecida há décadas.

[2] TORRES, R. L. Curso de Direito Financeiro e Tributário. 14. ed. Rio de Janeiro: Renovar, 2007.

O modelo de administração pública burocrática, presenciada nos últimos anos, pouco a pouco vem cedendo lugar a um novo modelo de administração gerencial, melhor orientada para alcance de resultados e eficiência fiscal. A Emenda Constitucional 19/1999 encampou este conceito de maior efetividade de políticas públicas, no seio do que se espera de uma administração gerencial, "*de modo a tornar-se um órgão parceiro do gestor na promoção da qualidade na gestão pública, e não apenas aquele que aponta e pune irregularidades*"[3]. A possibilidade de revisão de débitos inscritos em dívida ativa (Portaria 33/2018 da PGFN), a possibilidade de se firmar negócio jurídico processual (Portaria 360/20918 da PGFN), a dação em pagamento no direito tributário (art. 156, XI do CTN, Lei Complementar 104/200, Lei 13.259/2016, alterada pela Lei 13.313/2016 e Portaria 32/2018 PGFN), além da transação tributária, objeto do presente artigo, são instrumentos louváveis para a redução do vertiginoso tributário nacional, contudo nem sempre suficientes diante de uma das mais elevadas cargas tributárias mundiais e um número absolutamente extenso e custoso de obrigações acessórias a serem adimplidas pelos contribuintes.

Nesse sentido, o Conselho Nacional de Justiça (CNJ) em parceria com o Ministério da Economia, uniram esforços para a construção de um diagnóstico atual sobre o contencioso tributário brasileiro[4], que, seguramente, deverá impactar também a possibilidade de incremento nas adesões ao instituto transacional. A partir dessa análise, esperamos que se avistem novos cenários para aplicação desse mecanismo de resolução de litígios, visando a redução da verticalização das contendas tributárias no Brasil.

2. Princípios norteadores do instituto da transação tributária

Os princípios gerais do direito são fontes materiais do direito, verdadeiro alicerces do sistema normativo, e podem estabelecer normas expressas ou implícitas no ordenamento jurídico. Em outras palavras, os princípios funcionam como verdadeiros alicerces do sistema normativo. Em se tratando de

[3] LOUREIRO, Maria Rita. Do controle interno ao controle social: a múltipla atuação da CGU na Democracia Brasileira, pag. 57

[4] https://valor.globo.com/legislacao/noticia/2021/02/02/estudo-sobre-contencioso-deve-afetar-transacao.ghtml

atuação dos princípios presentes na transação tributária, podemos inicialmente destacar o princípio da supremacia do interesse público, que não é outro senão a satisfação, pelo Estado, dos interesses da coletividade, propiciando o bem comum.

O segundo pilar que sustenta o chamado interesse público é a sua indisponibilidade, que deriva do entendimento de que a Administração Pública é a gestora dos bens públicos e interesses da sociedade e, portanto, não pode dispor destes bens e direitos, a menos que uma lei expressamente a autorize. Em razão da fluidez do conceito de interesse público, e para demonstrar que sua indisponibilidade não é causa impeditiva do instituto transacional, muito pelo contrário, a nova concepção de supremacia do direito público permite seu emprego, trazemos as palavras da Dra. Priscila Faricelli de Mendonça:[5]

> "O que é indisponível é o dever do Estado agir no interesse da sociedade e de acordo com os princípios constitucionais vigentes. (...) Para tanto, poderá ser necessário que disponha de determinado bem, homenageando uma solução mais adequada e menos gravosa à sociedade para determinado conflito, com o que será atendida a eficiência elevada a princípio constitucional. (...) Desse modo, tratamento adequado ao conflito deverá ser aquele que verifique qual a solução que melhor atenderá o interesse coletivo envolvido, seja em se tratando de conflito coletivo (envolvendo o meio ambiente, por exemplo), **seja de conflito envolvendo determinado indivíduo (como decorrente de contrato administrativo ou até mesmo tributário). Destarte, atualmente a mera alegação de que o Estado não poderia utilizar meios alternativos ao judicial para buscar a solução das controvérsias quais se envolve em razão da inviabilidade de dispor de seus bens e direitos em razão da prevalência do interesse público sobre o particular não parece merecer guarida,** pois há inúmeros aspectos a serem avaliados para que se defina qual o tratamento adequado às controvérsias envolvendo o Poder Público." (grifos nossos).

[5] Transação tributária no Brasil: supremacia do interesse público e a satisfação do crédito tributário.

O princípio da legalidade também deve ser invocado como vetor estruturante da transação tributária. Isto porque os atos da Administração Pública devem estar expressamente previstos em lei, assim como a concessão de isenções, moratórias ou outros atos acarretem supressão de tributos. Se, por um lado, os particulares nos termos do artigo 5º, II, da Constituição Federal Brasileira, podem fazer tudo o que a lei não veda, a Administração Pública, nos termos do artigo 37 da mesma Carta, somente poderá praticar atos que estejam expressamente previstos em lei. No que se atine à transação tributária como forma de extinção do crédito tributário, suas diretrizes gerais estão contidas nos artigos 156 e 171 do Código Tributário Nacional, com regulamentação autorizativa dada pela Lei 13.988/2020.

Outro princípio constitucional que podemos trazer como supedâneo da transação tributária é o da impessoalidade, previsto no artigo 37 da Cara Magna. Referido princípio indica que a atuação da Administração Pública deve ser voltada a atender os interesses da coletividade, de forma imparcial, sem privilegiar atender seus próprios fins.

Destacamos também como fundamento da transação tributária o princípio da eficiência que, em matéria fiscal, pode ser definido como a adoção de política tributária apta a empregar mecanismos e instrumentos legais geradores de justiça fiscal, sendo a arrecadação sua necessária e natural consequência. Assim, o princípio da eficiência se relaciona diretamente com a concessão de ambas as partes para alcançarem um objetivo comum, e possui como atributos a racionalização, economia e celeridade. Sobre o princípio da eficiência tributária, oportuno trazermos as palavras do ilustre Professor Ives Gandra da Silva Martins[6]:

> "Em matéria tributária, o princípio da eficiência deve ser examinado à luz de 3 aspectos: 1) capacidade dispenditiva do Estado, que deve estar vinculada à correta utilização dos tributos arrecadados a bem da comunidade; 2) justiça da tributação e geração de desenvolvimento econômico e social, pela exata detecção dos limites da capacidade contributiva e das imposições e estímulos necessários para que a

[6] O princípio da eficiência em matéria tributária. Scientia Ivridica Separata. Out-dez 2007. Tomo LVI. n 312.

sociedade progrida; 3) justo combate à sonegação, para que não gere descompetitividade."

O princípio da efetividade da justiça também merece destaque. Este é entendido pelo alcance do melhor desfecho possível no menor tempo para ambas as partes. A noção de efetividade tem como premissa a concepção de que o Poder Judiciário tem como função possibilitar aos demandantes uma adequada, tempestiva e eficiente solução de controvérsias. Em que pese ser o acesso ao judiciário uma garantia constitucional[7], de fato o encaminhamento do litígio pela via judicial não assegura que o administrado alcançará uma maior efetividade da justiça.

Sabemos que no Brasil, o deslinde de uma medida de cobrança tributária, englobando as esferas administrativa e judicial, poderá levar anos a fio. De acordo com um estudo apresentado em novembro de 2019 e desenvolvido pelo Instituto Brasileiro de Ética Concorrencial (ETCO) e pela Consultoria Ernest & Young, denominado "Os desafios do contencioso tributário no Brasil", a conclusão de um processo tributário, na soma das etapas administrativas e judicial, poderá chegar a alarmante média de 18 anos e 11 meses[8]. Um dos principais problemas do sistema tributário brasileiro apontado no referido estudo é a sua insegurança jurídica. A forma como o Brasil cria, interpreta, fiscaliza e julga a aplicação de normas tributárias gera, muitas vezes, um excesso de burocracia, custos, incerteza e conflitos entre os contribuintes e o fisco.

Além disso, a disfuncionalidade do sistema tributário em relação aos padrões internacionais, considerando-se os altos valores em curso, foram objeto de estudo pelo Insper e retratados no relatório apresentado em junho de 2020 sob o título "Contencioso Tributário no Brasil.[9]" A estimativa do contencioso tributário no Brasil, no exercício de 2018, representa o expressivo percentual de 73% do PIB.

7 Art. 5º : (...) XXXV – a lei não excluirá da apreciação do Poder Judiciário lesão ou ameaça a direito.

8 Estudo completo disponibilizado em: https://www.etco.org.br/wp-content/uploads/Estudo-Desafios-do-Contencioso-Tributario-ETCO-EY.pdf

9 Estudo completo disponibilizado em: https://www.insper.edu.br/wp-content/uploads/2020/07/Contencioso_tributario_Relatorio2019_092020_v2.pdf

Sem sombra de dúvidas, cotejando os cenários de morosidade e vultosidade do contencioso tributário brasileiro, um programa eficiente de negociação de dívidas fiscais revela-se alternativa genuinamente atrativa.

3. A experiência estrangeira: referências comparativas

Comparado à maioria dos países (em especial aos Estados Unidos), o Brasil se mostra como principiante na solução de conflitos pela via da transação tributária.

Precursor do desenvolvimento da transação tributária, os meios de solução de conflitos nos Estados Unidos primam pela celebração de meios alternativos de solução de conflitos (chamados de *Alternative Dispute Resolution)* a qualquer tempo no curso de uma demanda tributária (judicial, administrativa ou ainda não contenciosa).

Apesar de ser um país com características pouco condescendentes na falta de pagamento de tributos, a cobrança destes é baseada em princípios de ordem democrática, onde a comunicação fisco/contribuinte é fortalecida e a capacidade contributiva do administrado considerada de forma louvável, razão pela qual a transação tributária (prevista no artigo 74 do *Internal Revenue Code – IRC*) se mostra como alternativa frequentemente utilizada. Em suma, a transação tributária nos Estados Unidos visa o pagamento dos tributos e a extinção da obrigação tributária, e as concessões feitas pelo ente tributante considerará efetivamente a situação financeira do contribuinte.

De acordo com a legislação americana, o contribuinte interessado em firmar a transação tributária deverá apresentar um "plano de viabilidade econômica", demonstrando numericamente qual é o limite de comprometimento da sua receita para adimplir a autocomposição, sem que isto enfraqueça ou coloque em risco sua atividade econômica e preserve a empresa em sua função geradora de renda e empregos. Em se tratando de pessoa física, sem deixar de prover seu sustento, preservando assim a dignidade da pessoa humana. Este modelo, denominado "*Offer in Compromise*", se aproxima do modelo desenhado pela Lei 13.988/2020, que autorizou a transação tributária no Brasil. São 3 os fundamentos possíveis para a *Offer in Compromise,* a saber: (a) dúvida quanto à possibilidade de pagamento do contribuinte (*doubt as to collectibility*), que constitui o maior número de ofertas apresenstadas; (b) dúvida sobre o mérito da dívida (*doubt as to liability*) e (c) dúvida quanto à efetividade da administração tributária (*effective tax administration*).

Na França, o instituto da transação tributária é utilizado há um século. Permitida apenas para as penalidades fiscais, ou seja, multas e juros, se assemelha ao instituto da denúncia espontânea que verificamos no Brasil. O valor do tributo principal não é transacionável, mas o contribuinte, ao assinar a composição, se obrigada a pagá-lo sem possibilidade de contestação ou modificação no Poder Judiciário. Aqui, prima-se pela segurança jurídica da transação tributária firmada entre Administração e administrado. Uma particularidade do sistema francês é que a execução fiscal está inserida no *contentieux administratif*, regulada pelo *Livro des Procedures Fiscales*. Antes do ajuizamento da execução fiscal, existente apenas na esfera administrativa, o contribuinte pode se utilizar de duas fases anteriores para discussão do débito tributário: a liquidação do tributo (que cuida da matéria imponível e quantificação da obrigação tributária) e fase fiscalizatória (que se assemelha a um despacho saneador, onde são verificadas eventuais omissões ou insuficiências na liquidação do tributo).

De outra parte, o sistema alemão não prevê expressamente a transação em matéria tributária. Contudo, é um sistema que privilegia o diálogo entre fisco e contribuinte, o que se coaduna com o espírito democrático da Lei Fundamental de Bonn (*Grundgesetz*), que tem como principal valor a garantia dos direitos mínimos fundamentais. No aspecto empresarial, este valor de base modera a fúria arrecadatória sob pena de condenar a sobrevivência dos próprios administrados (por tal razão, o sistema alemão inclusive prevê o perdão de dívidas tributárias, em casos de injusto material ou pessoal). O Estado dos Direitos Fundamentais (*Gundrechte*) está empenhado em reconhecer a inviolabilidade de princípios que tendem a preservar a dignidade da pessoa humana, física ou jurídica (art. 1º da Lei Fundamental): aqui, este se sobrepõe ao princípio da supremacia do interesse público.

Assim, muito embora não haja a previsão do instituto transacional, os acordos celebrados entre fisco e contribuinte refletem o equilíbrio do sistema, sopesando, de um lado, a necessidade da arrecadação sem escalpelar o contribuinte. Este, por sua vez, além de ser convocado para cumprir suas obrigações fiscais, é convidado para contribuir e participar das iniciativas de composição tributária, através de audiências realizadas entre as partes.

O sistema tributário francês também permite a arbitragem, realizada através das Comissões de Departamento dos Contribuintes, órgão paritários onde as partes podem eleger este instituto para resolução de controvérsias fiscais.

4. A transação tributária no âmbito federal trazida com o advento da lei 13.988/2020

Norma bastante festejada entre os operadores do direito, a Lei 13.988/2020 trouxe a regulamentação da transação tributária em âmbito federal. Referido instituto estava previsto no artigo 171 do Código Tributário Nacional[10] como uma das modalidades de extinção do crédito tributário, conforme artigo 156[11], III do referido *codex*, sendo finalmente regulamentado mais de cinquenta anos depois.

Um dos objetivos da referida lei, além de reduzir a litigiosidade, é estabelecer um mecanismo inovador de solução de conflitos que permita às partes credora (Administração Federal) e devedora (administrados) uma autocomposição direta e facultativa em causas de natureza fiscal e, em contrapartida, esvaziar a necessidade de criação periódica de programas de refinanciamento fiscal (REFIS) e/ou parcelamentos incentivados com reduções de multas e juros. No caso da Lei 13.988/2020, ao invés de uma previsão legal que acoberte a todos que se enquadrem nos requisitos exigidos em um programa de refinanciamento fiscal, à disposição de tempos em tempos aos contribuintes, na transação tributária há a necessidade de aceitação da proposta por parte do ente tributante. Esta particularidade tem sido muito destacada pela Procuradoria da Fazenda Nacional, por entender que sucessivos programas de refinanciamento fiscal trazem um efeito deseducador aos administrados, desestimulando a adimplência e a pontualidade. Este discrímen entre REFIS

[10] Art. 171. A lei pode facultar, as condições que estabeleça, aos sujeitos ativo e passivo da obrigação tributária celebrar transação que, mediante concessões mútuas, importe em determinação de litígio e consequente extinção do crédito tributário.
Parágrafo único. A lei indicará a autoridade competente para autorizar a transação em cada caso.

[11] Art. 156. Extinguem o crédito tributário: (...)
III – a transação.

e transação tributária, sob o olhar fazendário, levaria a uma utilização mais eficientes dos institutos, concedendo benesses fiscais a quem de fato o faz por merecer, e não daqueles que sucessivamente se utilizam de parcelamentos incentivados como forma insensata de planejamento tributário.

Referida lei prevê as seguintes hipóteses elegíveis para a transação: (i) créditos tributários não judicializados sob a administração da Secretaria Especial da Receita Federal do Brasil do Ministério da Economia; (ii) dívida ativa e tributos da União, cujas inscrição, cobrança e representação incumbam à Procuradoria-Geral da Fazenda Nacional (PGFN) e (iii) no que couber, a dívida ativa das autarquias e das fundações públicas federais, cujas inscrição, cobrança e representação incumbam à Procuradoria-Geral Federal, e aos créditos cuja cobrança seja competência da Procuradoria-Geral da União.

Estão, ainda, previstas três modalidades de transação, a saber: (a) por proposta individual ou por adesão, na cobrança de créditos inscritos na dívida ativa da União, de suas autarquias e fundações públicas, ou na cobrança de créditos que seja competência da Procuradoria-Geral da União; (b) por adesão, nos demais casos de contencioso judicial ou administrativo tributário; e (c) por adesão, no contencioso tributário de pequeno valor.

Sobreleva notar que, de acordo com a Lei nº 13.988/2020, não poderão ser objeto de transação a redução das multas de natureza penal, essas entendidas como decorrentes da prática de um crime (artigo 51, do Código Penal). As multas de ofício qualificadas, embora estivessem inicialmente vedadas na MP nº 899/19, atualmente podem ser transacionadas. A vedação das hipóteses ao instituto da transação tributária em matéria federal se estende também a concessão descontos a créditos relativos ao Simples Nacional (enquanto não editada lei complementar autorizativa), ao FGTS (enquanto não autorizado pelo seu Conselho Curador), e que envolva devedor contumaz.

A fim de trazer a importância, para o presente trabalho, da tendência atual do sistema jurídico brasileiro oferecer formas alternativas de solução de conflitos, desjudicializando todo e qualquer litígio, podemos citar a consonância da Lei n. 13.988/2020 com o novo Código de Processo Civil Brasileiro (Lei n. 13.105/2015). O artigo 3º, parágrafo 2º do referido *codex* preleciona que "o Estado promoverá, sempre que possível, a solução consensual dos conflitos." De fato, esta manifestação de vontade das partes, de boa-fé, em resolver litígios, inclusive de ordem tributária, nos parece muito mais profunda do que esgotar a questão meramente jurídica. É uma questão cultural a ser firmada no âmbito da sociedade e dos operadores do direito de modo a substituir a vertente do litígio em prol da consensualidade.

Um aspecto importante a ser aqui considerado são os efeitos de uma rescisão da transação tributária. Para que esta seja celebrada, as partes fazem concessões mútuas: por parte dos jurisdicionados, há a exigência de abrir mão de discussões firmadas no bojo dos processos, com a desistência formal das ações em curso. Por seu turno, o fisco disponibiliza prazos mais elastecidos para pagamento dos tributos transacionados, por vezes com reduções de multas e juros. Nesse cenário, desatados os nós da transação, a situação jurídica retornará ao status anterior à autocomposição, evidentemente com os descontos dos montantes já pagos, mas com o retorno dos patamares de multa e juros inicialmente previstos. Na hipótese de desistência de defesas e recursos na esfera administrativa, e desfeita a transação, poderia o contribuinte levar a discussão acerca da cobrança do tributo ao Poder Judiciário. A questão mais complexa seria a existência de transação de débito já no contencioso judicial, onde há a exigência expressa da renúncia do direito que se funda a ação, o que acarreta a extinção do processo com exame do mérito (art. 3, V da Lei 13.988/2020). No nosso sentir, a renúncia é condição para a transação tributária, e está a ela intrinsecamente ligada. Em eventual rescisão, assim como o ente tributante terá o restabelecimento do *status quo*, não mais subsiste a motivação da renúncia, não podendo o contribuinte ser impedido de discutir sua dívida. Nessa toada, o Superior Tribunal de Justiça firmou seu entendimento de que a existência de confissão de dívida exigida como pré-requisito para parcelamento de dívidas fiscais não impede que o contribuinte questione seus aspectos jurídicos. [12]

Pelo que aqui se expôs, a transação tributária, indubitavelmente, se alinha com o Poder Judiciário no firme propósito de construir uma ordem jurídica

[12] A Primeira Turma do STJ, no julgamento do recurso especial 1.133.027/SP, afetado por efeito repetitivo – tema 375 – assim se pronunciou: "a confissão de dívida não inibe o questionamento judicial da obrigação tributária, no que se refere aos seus aspectos jurídicos; e quanto aos seus aspectos fáticos sobre os quais incide a norma tributária, a regra é de que não se pode rever judicialmente a confissão de dívida efetuada com o escopo de obter parcelamento de débitos tributários."

contemporânea mais célere, menos dispendiosa e com soluções que consagrem o importante papel que a justiça fiscal deve exercer no seio da sociedade.

Conclusões

Este trabalho buscou apontar a transação tributária como uma novel alternativa a um dos grandes desafios enfrentados pelo Poder Público, que é melhor eficiência na cobrança das dívidas tributárias, estreitando as relações entre o fisco e os contribuintes. Por um lado, este instrumento pode ser decisivo para abreviar a morosidade das demandas que tramitam na esfera administrativa e no Poder Judiciário, vez que é cediça a ineficácia das medidas de cobrança, pois, em grande parte dos casos, jamais atingem seu objetivo, que é a satisfação do crédito tributário. De outra parte, torna-se um atrativo aos administrados ao prever a possibilidade de transacionar seu passivo tributário em prazo mais elastecido e, por vezes, com reduções de multa e juros, o que pode alavancar as atividades negociais das empresas em face de um cenário de regularidade fiscal proporcionado por este instituto de solução de controvérsias.

A transação em matéria tributária, reconhecida como efetivo ato administrativo, se harmoniza com o princípio da legalidade, da discricionariedade, da impessoalidade, da primazia e indisponibilidade do interesse público, conforme demonstrado alhures no presente trabalho. Prevista no artigo 171 do Código Tributário Nacional e regulamentada pela Lei 13.988/2020 como modalidade de extinção do crédito tributário, pressupõe como condições, além da lei autorizadora – requisito preenchido recentemente com o advento da citada lei – o intuito de terminação do litígio e concessões mútuas das partes. Finalmente, a antiga cultura da judicialização, com a interposição de diversos e necessários recursos, começa a abrir espaço para o consensualismo, o que permite que as partes possam chegar a uma solução mais justa, célere e menos dispendiosa para ambos do que poderiam obter após longos anos de discussão no Poder Judiciário, especialmente em questões em que o contribuinte é de antemão sabedor da possibilidade de sair vencido. Como toda novidade – visto que a lei autorizadora federal festejou seu primeiro natalício – acreditamos que o contrato transacional ocupará cada vez mais espaço na esfera tributária. É neste sentido que vem tomando corpo, não apenas no Brasil, a concepção de que o Poder Judiciário não deva ser a única e tampouco a prioritária esfera de solução de conflitos.

Por fim, entendemos que a transação tributária se congraça com o Direito Tributário atual, que privilegia e incentiva uma maior participação dos administrados nas questões tributárias, criando um ambiente de confiança recíproca. Não é apenas um instituto compatível com nosso sistema tributário, mas uma alternativa desejável e necessária à redução da litigiosidade.

Referências

CONRADO, Paulo Cesar e ARAUJO, Juliana Furtado Costa. *Transação tributária na prática da Lei 13.988/2002.* 1ª.ed., editora Revista dos Tribunais, 2020.

VETORATTO, Gustavo. *Transparência tributária, custos de transação tributários e eficiência arrecadatória.*1ª ed, editora Lumen Juris, 2020.

COSTA, Regina Helena. *Código Tributário Nacional comentado – Em sua moldura constitucional,*1ª. ed., editora Forense, 2020.

CALCINI, Fabio Pallaretti, NETO, Halley Henares, CAMPOS, Rogerio, SEEFELDER, Claudio (Coordenadores). Diversos autores. *Comentários sobre a transação tributária à luz da Lei 13.988/2020 e outras alternativas de extinção do passivo tributário.*1ª ed., editora Revista dos Tribunais, 2021.

OLIVEIRA, Phelippe Toledo Pires. *A Transação em matéria tributária.* 1ª. ed., editora Quartier Latin, 2019.

FERRAZ, Beatriz Biaggi. *Transação em Matéria Tributária,* 1ª. ed, editora Lumen Juris, 2019.

FERNANDES, Tarsila Ribeiro Marques. *Transação tributária – O direito brasileiro e a eficácia da recuperação do crédito público à luz do modelo norte-americano.*1ª. ed., editora Juruá, 2014.

GODOY, Arnaldo Sampaio de Moraes. *Transação Tributária – introdução à justiça fiscal consensual,* 1ª. ed, editora Forum, 2013.

11.
A REFORMA DA TRIBUTAÇÃO NO BRASIL: VISÃO DO TEMA SOB A ÓTICA DO EMPRESÁRIO-CONTRIBUINTE (A NECESSÁRIA REFORMA DO ESTADO. UMA PROSPECÇÃO HISTÓRICA)

José Anchieta da Silva

Introdução

A convite do NELB – Núcleo de Estudos Luso Brasileiro da Faculdade de Direito da Universidade de Lisboa, a partir dos estudos realizados no segundo semestre do ano de 2020 e com o propósito de organização de uma obra coletiva, o título sugerido para este trabalho tinha outra composição: *"A Reforma da Tributação das Empresas – Uma visão para o empresariado brasileiro"*. Não se pretende, neste texto, fugir à temática. Advirta-se, no entanto, que não se pretende promover por aqui estudo envolvente do Direito Tributário; em torno dele, o que se pretende é promover uma abordagem histórica, culminando com a demonstração de uma realidade, com a identificação do empresário como o contribuinte por excelência e, a partir daí, a sua responsabilidade em assumir papel de protagonista numa pretendida e reclamada reforma tributária. No Brasil, é frequente ouvir-se discurso acerca de reformas, não se tem, todavia, o costume de se as promover. Com efeito, reforma tributária, verdadeiramente, o Brasil nunca realizou. Aliás, lançando âncoras para que se possa atracar nesse porto, necessário reconhecer que o Brasil reclama, em matéria de reforma, algo mais amplo. O país anseia uma reforma do Estado brasileiro, uma refundação do Brasil, possibilitando-lhe, numa nova conformação, se reapresentar no concerto das nações como um país organizado, nação livre, independente, comprometida com os valores de uma nova democracia; de um capitalismo humanizado. Legitimidade para assumir esse discurso possuem-na os empresários, os verdadeiros sustentadores da sociedade e, portanto, aqueles que sustentam o próprio Estado.

Para boa compreensão daquilo que se pretende sustentar, munido de necessário pragmatismo, é preciso ter presente que a comunidade das pessoas se divide em duas metades facilmente identificáveis. De um lado estarão perfiladas as instituições públicas, responsáveis pelos serviços públicos, com seus agentes, autoridades investidas, servidores públicos. É a presença do Estado. A segunda metade se compõe da gente comum e nela os agentes econômicos, os empresários, capitães da indústria, do comércio e dos serviços. É esse exército de gente comum, não investida de autoridade pública e despida de privilégios que sustenta todo o aparato estatal. Para não fugir ao campo de debate do tema posto, é nessa segunda metade que estão os geradores e os pagadores de impostos, empregadores e empregados, fornecedores e consumidores. Esta é a engenharia da sociedade. É relevante considerar que nessa complexa engrenagem social existe todo um organizado 'sistema de empresas' que, a rigor, para os seus fazeres, projetos e realizações, independe do Estado. Estado e iniciativa privada são de etiologia, natureza e finalidades distintas. Um não existe sem o outro, por razões óbvias. É conhecido o jargão popular, segundo o qual, quando o Estado não atrapalha, a iniciativa privada descobre os seus caminhos e sabe bem-cumprir o seu papel.

O Estado brasileiro tem se deteriorado a olhos vistos, levando Modesto Carvalhosa em seu opúsculo "Da Cleptocracia para a Democracia" a afirmar que a reforma tributária é uma exigência da sociedade, sobretudo na questão da injusta incidência de impostos. Afirma, o autor, não haver equidade na tributação cujo sistema aponta defeitos graves. Sua complexidade, ineficiência, distorções e ausência de equidade são evidentes, contribuindo como obstáculo ao crescimento econômico.[1] A falta de interesse do congresso nacional, assim como do poder executivo central, em dar tratamento à matéria data de um desde sempre. O Estado, por dentro, está corroído ainda pela erva daninha da corrupção que necessita ser erradicada porque sendo em si um delito, em boa medida é ela que surrupia qualquer esforço de reorganização do Estado. Antiga embora (porque data dos seiscentos), a afirmação do Padre Antônio Vieira continua soando muito atual. Cogitava Vieira da corrupção que campeava no Brasil colônia quando da utilização do poder judiciário de então.[2] Com efeito, o Estado brasileiro continua padecendo de comorbidades várias.

1. O tributo numa perspectiva histórica

A palavra 'tributo' é gênero da qual o 'imposto' é espécie principal (do latim *impositu*, deriva, etimologicamente, do verbo latino *imponere*, portando certo caráter de arbitrariedade, de imposição). É sabido que, no discurso diário, na conversa para consumo, os dois termos acabam sendo utilizados como se sinônimos fossem. Sua finalidade é a de sustentar o Estado. O imposto, com efeito, não é em si nem um bem e nem um mal, mas, uma necessidade. Sua cobrança em dinheiro, efetuada pelo poder público deve ser justa e equânime. O sistema tributário deve ser simples e eficiente. No Brasil, inúmeros são os registros históricos no sentido de certa resistência quanto à cobrança de impostos considerados abusivos. Antônio Conselheiro[3] e seus seguidores

[1] CARVALHOSA, 'Da Cleptocracia para a Democracia em 2019 – Um projeto de Governo e de Estado', Thomson Reuters, Editora Revista dos Tribunais, São Paulo, 2019, p. 85-91.

[2] "*Come-se o meirinho, come o carcereiro, come-o o escrivão, come-o o solicitador, come-o o advogado, come-o o inquiridor, come-o a testemunha, come-o o julgador e ainda não está sentenciado, já está comido.*" SILVA, José Anchieta da, 'O Santo do Pau Oco – Sua presença nas Minas Gerais', Minas Gerais 300 anos, obra organizada pelo Instituto Histórico e Geográfico de Minas Gerais – IHGMG, Ideia Editora, Belo Horizonte, 2020, p. 275-298. Publicado também em obra destinada à mesma celebração, pelo Instituto dos Advogados de Minas Gerais – IAMG, Belo Horizonte, 2020, p. 155-188.

[3] Fanático líder religioso (1830-1897) fundador do arraial do Belo Monte, conhecido também como Canudos, que se opôs ao governo republicano. Na literatura, a saga está relatada no clássico de Euclides da Cunha, 'Os Sertões'.

queimavam editais de sua cobrança. Desse comportamento se tem notícia, também, na chamada guerra do contestado[4] e na revolta do 'Quebra Kilos'.[5]

Dos impostos em geral, não se conhece uma construção histórica que dê conta de sua evolução em termos objetivos. Sua exigência, forma, abrangência, modo e motivação de cobrança devem ser, portanto, aferidos a partir de fatos e de verificações históricas contextualizadas.

Nas Sagradas Escrituras é conhecida a passagem bíblica onde, entre escribas e fariseus a Jesus foi dirigida a pergunta sobre os tributos cobrados no império Romano, sendo-lhe indagado: – *É lícito pagar o tributo a César?* Em resposta, Jesus tomando uma moeda, e nela apontando a figura do imperador, perguntou aos circunstantes: – *De quem é esta figura? De César, responderam-lhe. Então disse-lhes Jesus: Pois dai a César o que é de César e a Deus o que é de Deus.* Segundo oração de Cícero, o imposto era considerado como uma *quase victoriae proemium ac poena belli* (uma recompensa, um prêmio aos vencedores, exigível após a guerra). O imposto era, portanto, para os romanos, um sinal durável de suas conquistas, atestado de sua supremacia e da presença de sua soberania sobre os povos estrangeiros subjugados. Não se cobrava impostos daqueles que, bem-nascidos, residiam em Roma. Os primitivos, ainda sem a concepção do que fosse imposto, o conheciam sob a forma de dádiva que os produtores entregavam aos chefes do lugar, no princípio, de modo espontâneo, mas, logo passando a figurar como obrigação. O seu pagamento se fazia mediante entrega de animais, frutos da terra, trabalho, e em moeda. A Grécia conheceu uma espécie de imposto próximo do que se tem hoje, com o nome de *eisfora*. O instituto foi se aperfeiçoando e o sistema grego chegou ao imposto sobre a terra, a *vestigalia*; sobre as heranças, a *vicesima hereditatum*; sobre as pessoas, a *capitatio humana*, que era aplicada de modo proporcional em relação à posse do gado e extensão de suas terras, identificadas, cada uma delas, como a *capitatio animalia* e a *capitatio terrena*; afora os impostos sobre a importação, o *portorium*, e sobre o consumo, o *siliquaticam* ou *macellum*. Notícias há, ainda,

[4] Guerra ocorrida no princípio do século passado (1912-1916), conflito entre os Estados do Paraná e de Santa Catarina, opondo-se Estado e camponeses, levados pelo valor da exploração local da erva mate. O conflito teve início com a construção da Estrada de Ferro entre São Paulo e o Rio Grande do Sul.

[5] A revolta do 'Quebra Kilos' se deu na região nordeste do Brasil, iniciando-se na Paraíba, contra o uso do kilo, do metro e do litro como medidas (1872-1877).

de um imposto sobre as vendas, a *consemina rerum vanalium*. Essa forma de tributação, que mais tarde viria a ser adotada em vários lugares se eclipsou durante a Idade Média, certamente que em função da propriedade de tudo que pudesse ser considerado como bens de produção pertencer aos próprios suseranos, no sistema feudal. Com o tempo, aquelas velhas formas de cobrança de impostos conhecidas na Grécia e na Roma antiga voltaram a ser adotadas pelos próprios poderes feudais. Os soberanos medievais passaram a exigir impostos dos seus súditos por variadas causas e, dentre elas, em função das guerras, cobrando-os também em função da complexidade da vida nos palácios, seus estamentos. Na época do absolutismo, notadamente na Europa, o imposto era arbitrariamente exigido pelo monarca contra o povo. Essa realidade começaria a mudar no século XIII, com a concepção de um modelo novo, de um imposto que fosse votado pelo parlamento. Na Inglaterra, de onde se tem notícia dessa consulta, o rei Eduardo I passou a adotar essa consulta parlamentar como regra, resultando na chamada *confirmatio chartarum*. Posteriormente, o *Bill of Rights* (1688) negou à Coroa britânica o poder de lançar qualquer tributo sem prévia aprovação do parlamento. Com a Revolução Francesa (1789-1799), sobreveio a Declaração dos Direitos do Homem e do Cidadão em cujo artigo 11 restou consagrado que: *Todos os cidadãos têm o direito de verificar, por si próprios ou por meio dos seus representantes, a necessidade da contribuição pública, de consentir livremente na mesma, seguir-lhe emprego, determinar-lhe a quantidade, incidência, arrecadação e duração.* É preciso por sentido nesta proclamação que, datada de mais de dois séculos passados, continua sendo a base e o fundamento de tudo aquilo que dos cidadãos possa ser exigido pelo Estado.[6]

A história do tributo no Brasil tem capítulos próprios com suas sedições e inconfidências.[7] Realçam, por sua própria relevância, a Inconfidência Mineira pela cobrança do quinto do ouro (embora não tenha sido essa a única motivação

[6] FERREIRA, Pinto, 'Enciclopédia Saraiva do Direito', volume 42, Editora Saraiva, São Paulo, 1980, verbete, p. 333 e seguintes.

[7] São inúmeras as sedições e inconfidências. Em Minas Gerais se deram as mais importantes, com destaques para a 'Guerra dos Emboabas' (1710), dela resultando a separação das capitanias do Rio de Janeiro e de São Paulo. A 'Sedição de Vila Rica' (1720) com o sacrifício de Felipe dos Santos, dela resultando a separação de Minas Gerais (Minas do Ouro) da capitania de São Paulo. A 'Inconfidência Mineira', de todas elas a mais célebre (1789). Há registros de sedições e levantes menores, como o da Vila do Carmo (1713-1715), o 'Motim de Morro Vermelho' (1715), os 'Motins de Catas Altas' (1717 e 1718), os 'Motins de Pitangui' (1718), a

e nem seguramente a mais importante) da qual resultou o enforcamento de Tiradentes, e a cobrança sobre a exploração do diamante com o 'Regimento Diamantino'. O quinto do ouro, a partir do ano de 1710, era exigido, inicialmente, por bateias. A partir de 1719 a Coroa começou a construção das chamadas 'casas de fundição', gerando revolta. Entre 1725 e 1730 vigorou o sistema de cobrança do quinto do ouro fundido. Entre 1725 e 1751 vigorou um complexo e confuso sistema de capitação. Entre 1751 e 1802 vigorou o sistema do quinto do ouro fundido com cláusula de quota fixa de cem arrobas anuais. Entre 1803 e 1808 vigorou a alíquota do décimo de ouro fundido, retornando, todavia, entre os anos 1808 e 1827 a cobrança do quinto, que só seria abolido no império em 1848.[8]

Noutro capítulo, na região do Tejuco, hoje Diamantina, se dava a exploração do diamante. Em preciosa síntese, relata Ricardo Arnaldo Malheiros Fiuza que com o final dos 'contratos' de exploração (1771), a extração dos diamantes passou a ser feita diretamente pela Fazenda Real. A esse novo sistema se deu o nome de 'Real Extração'. O arraial transformou-se numa cidade-empresa com a implantação do 'Regimento Diamantino', datado de 2 de agosto de 1771 e publicado no Tejuco em janeiro de 1772. Portugal vivia sob a influência pombalina e ainda às voltas com a reconstrução de Lisboa em face do terremoto de 1755. O único exemplar do seu texto chegou à intendência diamantina impresso e encadernado em capa de couro verde, daí ter ficado conhecido como o 'Livro da Capa Verde'. Em seus 54 artigos estava compilado o que havia de mais severo nos regimentos, decretos e ordens anteriores. Malheiros Fiuza faz deles um apanhado. O art. X determinava que todas

'Sedição do São Francisco (1736) e os 'Levantamentos em Campanha do Rio Verde (1746). SILVA, 'O Santo do Pau Oco' já citado.

[8] Esse retorno à cobrança do quinto em 1808 teve, certamente, motivação específica, tendo em vista a chegada da corte portuguesa no Rio de Janeiro, com Dom João VI fugindo de Napoleão. Laurentino Gomes, reportando-se ao historiador Luiz Felipe Alencastro conta que com a família real vieram 276 fidalgos e dignitários régios que recebiam verba anual de custeio e representação, paga em moedas de ouro. A esse número somaram-se mais de 2000 funcionários reais e indivíduos exercendo funções relacionadas à coroa, e mais setecentos padres, quinhentos advogados, duzentos praticantes de medicina e ainda 4000 e 5000 militares. Um dos padres recebia da coroa salário fixo anual de 150000 réis – o equivalente hoje a 14000 reais – só para confessar a rainha. GOMES, Laurentino, '1808 Como uma rainha louca, um príncipe medroso e uma corte corrupta enganaram Napoleão e mudaram a História de Portugal e do Brasil', Editora Planeta, São Paulo, 2007, p.189.

as pessoas residentes no Serro Frio e Terras Diamantinas deveriam portar 'bilhetes de permanência'. Sem o bilhete, deveriam se retirar das referidas terras em quinze dias, sob pena de prisão no Rio de Janeiro. De acordo com art. XI, vendedores, comboieiros e cobradores de fora teriam apenas 24 (vinte e quatro) horas de permanência no território. O art. XIII dispunha que os despejos de indesejados se fizessem para fora da comarca, evitando-se, com a permanência dos despejados a perturbação nas vizinhanças do Arraial do Tejuco. O art. XV dava competência, em única instância, à 'Junta Diamantina' para julgar os casos de despejos, excluindo-se qualquer outra jurisdição, sem apelação, agravo ou recurso que não fosse diretamente para a Real Pessoa do Monarca. O art. XXX permitia a busca de pessoas em suas casas, sem mandado, pelos soldados dos destacamentos de dragões ou de pedestres. O art. XXXI introduzia o terror das denúncias anônimas. Os bens dos denunciados eram confiscados e os denunciantes recebiam sua parte no confisco e, se escravo, delatando o amo, podia ser libertado em nome de El-Rei.[9]

Com a independência do Brasil, sobreveio a sua primeira constituição (1824), criando um país sem autonomia provincial, uma vez que não havia qualquer critério de repartição de competência entre as províncias. Em matéria de tributação só se reconhecia a figura da União. A constituição republicana (1891), por oposição à do império, cede parte significativa de poder aos Estados membros, antigas províncias. A matéria, nalguma medida, viria a ser objeto das constituições que se seguiram (1934, 1937, 1946 e 1967); o que por brevidade, por aqui não será analisado. Pela constituição em vigor (1988), em matéria tributária, praticamente se manteve o sistema anterior. Assim, o 'sistema tributário nacional', em sede constitucional, está regulado a partir de seu artigo 145, consagrando os princípios que lhe são próprios e cuidando dos limites constitucionais do poder de tributar. No seu artigo 153 está a competência tributária reservada à União, e no artigo 155 está a competência que se confere aos Estados membros. A competência dos municípios, visivelmente residual, está no seu cânone 156.[10]

9 FIUZA, Ricardo Arnaldo Malheiros, 'O Direito Diamantino', Revista Memória Cult, Edição especial de lançamento, Ouro Preto, ano I, nº 1, dezembro de 2010, p. 61-69.

10 MELO, José Tarcízio de Almeida, 'Direito Constitucional do Brasil', Editora Del Rey, Belo Horizonte, 2008, p. 511 e 979.

2. O Estado e sua necessária reforma: tema mais amplo

A título de introdução restou anunciada a necessidade da reforma do Estado, tema reconhecidamente mais amplo. Com isto se pretende afirmar que de nada adiantará uma reforma tributária verdadeiramente estruturante, se não for ela precedida ou acompanhada de reformas outras que cuidem da reorganização do Estado, com a diminuição de seu estamento, com a extirpação de categorias e feudos que capturam o orçamento nacional. Na linguagem comum, pode-se afirmar que o Estado brasileiro, tal como posto, com suas comorbidades, com o carnaval de privilégios, não cabe dentro de seu orçamento; necessário portanto, que se faça uma reforma mais ampla, o que certamente se obterá através de um vigoroso e original 'pacto' em favor do Brasil.

Para bem apreender a inteligência dessa atrevida (necessária embora) assertiva, é preciso recorrer à compreensão do que seja Estado enquanto concessão do cidadão (animal social, gregário, inteligente, grupal) cuja existência só se justifica, de modo racional, diante de sua finalidade, como agente comum, destinatário da confiança dos cidadãos para melhor ordenar o bem-estar das pessoas, para bem conduzir a almejada paz na sociedade. Todos os pensadores, cada um deles defendendo posições filosóficas próprias, reconhecem, na figura do Estado, uma forma coletiva de renúncia (de cada cidadão, de cada indivíduo) de expressiva parcela de sua liberdade, exatamente para que essa 'entidade' geral (o Estado), superior e organizada, possa cuidar de todos, tratando-os em condições de necessária igualdade (Thomas Hobbes, Rousseau, Locke, Espinosa, dentre outros)[11]. Aí estão a natureza e o fundamento do que seja Estado. Essa entidade superior promove e realiza a sua finalidade através daquilo que concebido como seu ordenamento jurídico, dando-lhe, ao mesmo tempo, o conteúdo normativo e os limites continentais de suas

[11] HOBBES, Thomas, 'Leviatã ou Matéria, Forma e Poder de um Estado Eclesiástico e Civil', tradução de João Paulo Monteiro e Maria Beatriz Nizza da Silva, coleção 'Os Pensadores', Editora Abril Cultural, São Paulo, 1979, p. XVIII (parte introdutória); ROUSSEAU, 'Do Contrato Social', tradução de Lourdes Santos Machado e introduções e notas de Paul Arbousse-Bastide e Lourival Gomes Machado, coleção 'Os Pensadores', Editora Abril Cultural, São Paulo, 1978, p. 22-32; LOCKE, John, 'Segundo Tratado sobre o Governo', tradução de Anoar Alex e E. Jacy Monteiro, coleção 'Os Pensadores', Editora Abril Cultural, São Paulo, 1978, p. XX (parte introdutória); SPINOSA, Baruch, 'Ética', textos selecionados por Marilena de Souza Chauí, coleção 'Os Pensadores', Editora Abril Cultural, São Paulo, 1979, p. XVII (parte introdutória).

regras – de seu Direito que é, para todos os efeitos, uma 'ordem da sociedade'. O Direito, na concepção de Luiz Cabral de Moncada, lembra Isabel Graes, ajuda o homem a sentir-se pessoa moral e livre. Quando se diz que a norma jurídica emana de um poder soberano se está a dizer que a norma jurídica faz parte de um determinado ordenamento, portanto, de um conjunto, de um todo, de um sistema. Por sistema se há de entender uma totalidade ordenada. Daí que, na linguagem jurídica de uso corrente, o termo 'sistema' é utilizado para indicar um 'sistema normativo', exatamente um 'ordenamento jurídico'. Os códigos (portanto, as leis) prescrevem ao juiz as normas jurídicas de acordo com as quais serão decididas as contendas. O Direito é, portanto, nessa compreensão, a própria expressão da ordem jurídica manifestada através das regras, daí se aceitar o Direito como um complexo normativo a exprimir esse ordenamento, uma ordem geral. O ordenamento jurídico regula a sua própria produção normativa.[12]

O sistema jurídico e dentro dele o sistema tributário, para atender a um Estado hiperbólico, fenômeno que se agravou com a república num crescente aumento de privilégios e criação de feudos, passou a reclamar uma reforma mais inteira. Afinal, se o Estado foi concebido para atender aos cidadãos nunca se viu tanto desvio de sua finalidade, de sua vocação, de sua causa, de sua razão de ser. É o que o publicista mineiro José Nilo de Castro foi buscar nas lições de Geraldo Ataliba no texto que sugestivamente tem o título de 'Nova Releitura da República': – *A República é a síntese de todas as nossas instituições, é a instituição publicística central de nosso Direito. Entre suas postulações e exigências e a nossa prática efetiva há uma distância abissal. Nesse espaço grassam indiferença, acomodação, omissão, ignorância, complacência e conformismo.* E arremata: *na armadura*

[12] SAVIGNY, Carl von '*De la Vocación de nuestro tiempo para la legislación y la ciência del Derecho*', Editora Tirant Humanidades, Valência, 2017, p. 14 e seguintes; PINTO, Eduardo Vera-Cruz, 'As Origens do Direito Português – a Tese Germanista de Teófilo Braga', Associação Académica da Faculdade de Direito de Lisboa, Lisboa, 1996, p. 82; MARTINS, Ives Gandra da Silva, 'Uma breve Teoria sobre o Constitucionalismo', Editora Lex, Magister, Porto Alegre, 2015, p.30; ASCENSÃO, José de Oliveira, 'O Direito – Introdução e Teoria Geral', 13ª edição refundida, Editora Almedina, Coimbra, 2013, p. 14 e seguintes; KELSEN, Hans, '*Teoria Pura Del Derecho*', Editora Eudebra, Buenos Aires, 2013, p. 14 e seguintes; PONTES DE MIRANDA, 'Tratado de Direito Privado', Editora Revista dos Tribunais, Parte Geral, Tomo I, volume I, 4ª edição, 2ª tiragem, São Paulo, 1983, p. 133; GRAES, Isabel, 'História do Pensamento Jurídico', coletânea de textos de apoio, AAFDL Editora, Lisboa, 2018, p. 50 e seguintes.

constitucional complexa dos poderes, a igualdade e a liberdade só se afirmam quando o Estado serve ao cidadão.[13]

Um variado leque de instituições se posicionou no sentido de se promover uma Constituição nova para o Brasil, mudando-lhe o arcabouço. Antes de trazer a texto importantes considerações a respeito, é preciso fazer alguns registros indispensáveis. Saindo de 25 anos de ditadura militar, a Constituição de 1988, apelidada por Ulisses Guimarães de 'constituição cidadã', foi apenas a Constituição possível. Variados segmentos da sociedade, sindicatos, banqueiros, igrejas, militares, o velho estamento político, cuidaram de nela plantar disposições que assegurassem interesses particulares e privilégios reconhecidamente feudais. Por tais motivos, dela disse Marco Antônio Maciel, que teria sido a Constituição do desabafo. Com mais contundência, dela falou Roberto Campos, com sua habitual acidez e indiscutível conhecimento de causa, dizendo que a nova Constituição era um *'camelo desenhado por um grupo de constituintes que sonhavam parir uma gazela'*. Noutro ponto a considerou uma *'mistura de utopias e regulamentação minuciosa do efêmero'*. A crítica que este pequeno adminículo assume e provoca desde a sua parte introdutória é verbalizada pelo mesmo Roberto Campos com precisão cirúrgica, ao afirmar que o seu texto teria criado um *'hexágono de ferro'*, dificultando a modernização administrativa. Os lados dessa figura geométrica, que compromete e condena qualquer futuro para o Brasil em face da captura do Estado e de seu orçamento são representados pela estabilidade do funcionalismo, pela irredutibilidade de seus vencimentos, pela isonomia de remunerações, pela autonomia dos poderes para fixação de vencimentos de seus servidores e pelo direito de greve quase irrestrito concedido aos servidores públicos e, por fim, pelo mal falado regime único de servidores.[14] Assumida a crítica, é preciso trazer a registro que aquela Constituição do possível, como as demais, já durou o seu quarto de século e já exerceu, com alguma dignidade até, as suas duas finalidades

[13] CASTRO, José Nilo de, 'Nova Releitura da República', em Estudos de Direito Constitucional – Homenagem ao Professor Ricardo Arnaldo Malheiros Fiuza, Editora Del Rey, Belo Horizonte, 2009, p. 127-142

[14] CAMPOS, Roberto, 'Ensaios de Roberto Campos sobre a Constituinte e a Constituição de 1988 – A Constituição contra o Brasil', organizado por Paulo Roberto de Almeida, LVM Editora, São Paulo, 2018, página primeira, sem numeração. Do mesmo autor, 'A Lanterna na Popa – Memórias 2', Editora Topbooks, Rio de Janeiro, 2001, p. 1245.

maiores: assegurou-se a democracia e valorizou-se a cidadania. Não é pouca coisa. Quanto ao seu texto, no geral, o que se tem é uma Constituição antônima de si mesma, porque para cada pergunta ela tem sempre como resposta um sim e um não.

Da autorizada pena de Modesto Carvalhosa veio a lume uma proposta concreta, em sua obra intitulada "Uma Nova Constituição para o Brasil – de um país de privilégios para uma nação de oportunidades". A obra propõe com a clareza e descortínio próprios de seu autor, uma proposta de Constituição que, todavia, não põe ao lixo a Constituição de 1988, admitindo que as normas nela constantes e referentes à organização política, judiciária e administrativa do Estado, desde que rigorosamente compatíveis com os preceitos da nova Carta seriam por essa recepcionados como normas ordinárias. O diagnóstico de Carvalhosa é perfeito e bem verbalizado. No Brasil, a sociedade civil não conta. Não existe povo, mas 'população'. Não existe uma classe econômica dominante, mas, uma classe política dominante. As instituições políticas são ocupadas pelo estamento oligárquico que se autogera, que se reproduz incestuosamente e que se vende a preço de ouro, caso a caso, para os grupos de interesses na formulação de leis e de política que nem de longe atendem ao interesse público. Pela Constituição vigente o Estado quer ocupar todos os espaços. Não há democracia quando inexiste livre acesso da cidadania à vida pública. Não há democracia sem isonomia e equidade, sem oportunidade para todos. Com a Carta de 1988 não se construiu uma democracia, mas uma partidocracia. Propõe-se, ainda, no texto, que haja um plebiscito para votar um novo texto, como ocorre em todos os países civilizados.[15]

[15] CARVALHOSA, Modesto, 'Uma nova constituição para o Brasil – de um país de privilégios para uma nação de oportunidade', LVM Editora, São Paulo, 2021, p. 27-29 e 62-63. O Instituto dos Advogados de Minas Gerais – IAMG, nos meses de abril, junho, setembro e novembro de 2011, em sessões-almoço visando discutir exatamente uma 'Reforma Política' no Brasil recebeu os seguintes expositores, nessa ordem: Carlos Lindemberg, Almino Alfonso, Sacha Calmon Navarro Coelho e Mauro Santayana. De todos os palestrantes se colheu uma linha comum de proposições: a necessidade de modificações estruturais.

3. O empresário-contribuinte como protagonista

Pede-se não perder de vista aquela anunciada percepção inicial de que a sociedade se divide em duas metades, na verdade, em dois mundos, de um lado o Estado com seus agentes (ou com a sua gente, os bem-nascidos, um paraíso de privilégios), e do outro lado os que pagam a conta, exatamente onde estão os empresários. É certo que, por eliminação, os que Estado não sejam são contribuintes. É, portanto, útil para se conduzir às conclusões que se pretende construir, a demonstração dos contornos conceituais da figura do contribuinte. Em seguida, a demonstração do que seja empresa e empresário (empresa ou empresário), e juntando-se os dois verbetes construir o neologismo, num substantivo composto 'empresário-contribuinte' ('empresa-contribuinte'). A conclusão a que se chegará é esta mesma: empresa e contribuinte são quase-sinônimos.

Compreende-se como contribuinte, em sentido lato, a pessoa natural ou jurídica que contribui, que paga ou entrega algum tipo de contribuição abrigada no tipo. Contribuinte, portanto, é qualquer pessoa que abrangida dentro do campo de incidência do tributo. O contribuinte estará obrigado a pagar o tributo devido, mas não só, obrigado que está, também, a uma série de exigências acessórias pertinentes. A matéria, portanto, compreende, neste ponto, a verificação do imposto numa alça maior, naquilo que compreendido como obrigação tributária. A matéria, que é de sede constitucional, passa a ser tratada no Código Tributário Nacional e numa parafernália de leis, regulamentos, códigos de posturas.

É preciso retornar uma vez mais àquele discurso já adotado com relação à configuração jurídica do Estado, a quem cabe substituir os cidadãos (no plural), atendendo-se àquilo que seja de interesse geral e, assim, organizando-os e organizando a si mesmo. É lição que se recolhe de Geraldo Ataliba, bebendo na fonte de Pontes de Miranda, ao dizer, sobre o imposto, que quando o Estado exige as exações que são de sua prerrogativa (por concessão do cidadão), na verdade, *'é o povo que se tributa a si mesmo'*. Invoca, o festejado publicista, que não há, em tese, como cogitar-se d'alguma deslealdade porque não se concebe que alguém possa ser desleal consigo mesmo.[16] Portanto, se algo vai mal, é

[16] ATALIBA, Geraldo, 'O princípio da irretroatividade das leis em matéria tributária (o caso do imposto sobre a renda)', Revista de Direito Mercantil, Industrial, Econômico e

legítimo aos cidadãos se insurgir contra tais malefícios, exigindo que se corrija o rumo de desvios, de distorções que não atendam às finalidades de Estado no interesse, por óbvio, dos contribuintes. Essa figura central, portanto, do contribuinte, há de ser protagonista das ações e na medida em que não o for algo de errado estará a ocorrer. É certo que não há Estado sem contribuinte, o que corresponde dizer que não há contribuinte sem Estado.

Por evidente que contribuintes o são as pessoas naturais e as pessoas jurídicas. Ocorre que, em escala e em volume, os grandes contribuintes são as pessoas jurídicas, notadamente as pessoas jurídicas empresariais e, portanto, é preciso, do ponto de vista histórico, fazer o caminho que conduziu à criação dessa outra pessoa, a pessoa jurídica.

3.1 O fenômeno da pessoa jurídica

A noção de pessoa jurídica tem sede naqueles corpos coletivos representados por grupos de pessoas a partir de núcleos familiares, que se reuniam em torno de uma atividade comum. A ideia do termo 'companhia', que se consagraria na sociedade capitalista, na sua acepção primária, tem origem na relação de companheirismo derivando da expressão latina *et cum panis* (aqueles que comem do mesmo pão). **É marcante** a contribuição das corporações religiosas medievais com os chamados *corpus misticus* ou *corpus christianorum* na formulação da ideia da personalidade jurídica, tal como viria a ser construída e consagrada por todas as ordens jurídicas. Os mosteiros eram considerados 'propriedades de Deus' e não de seus membros ou frequentadores que se revezavam e se sucediam, sem, todavia, alteração na titularidade da organização. Formou-se, assim, a convicção da existência de um corpo místico a sobrepairar sobre todos, emprestando estabilidade e segurança à titularidade dos direitos no âmbito dos monastérios. Essa construção passa pelo **'Édito de Milão'** (ano 313), quando Roma decretou a devolução à Igreja Católica, então recém-reconhecida, de todos os seus bens anteriormente confiscados,

Financeiro, nova série, ano XXIII, nº 56, Editora Revista dos Tribunais, outubro/dezembro /1984, p. 5-24; DENARI, Zelmo, 'Obrigação Tributária", Doutrinas Essenciais – Obrigações e Contratos, volume I, Edições especiais, Editora Revista dos Tribunais, São Paulo, 2011, p. 889-998; ZARZANA, Dávio A. Prado, 'Enciclopédia Saraiva do Direito', verbete, Editora Saraiva, volume 20, São Paulo, 1977.

obra dos imperadores Constantino, o Grande, e Licínio. O conceito medieval de pessoa coletiva foi se consolidando à luz do dia e não mais escondida nas catacumbas. Para os canonistas do medievo, nascia a ideia da pessoa coletiva, *universitates* ou *collegia*. Posição defendida por Tomás de Aquino daria contorno definitivo à questão, ao afirmar que o papa era o administrador dos bens da Igreja, mas não o seu proprietário. Na doutrina de Savigny a pessoa jurídica seria apenas uma ficção jurídica (*fictio iuris*). A aceitação da pessoa jurídica, não apenas como ficção, mas, como realidade, se impôs. Embora não seja uma realidade orgânica como o ser humano, essa pessoa coletiva é uma realidade jurídica construída pelo Direito.[17] Numa visão pragmática, o aparecimento da pessoa jurídica, notadamente no plano empresarial, como ente personificado, como sujeito de Direito, ocorreu ao longo da história em face das limitações das pessoas naturais (da sua reconhecida finitude). Com o constante crescimento (ou aparecimento) das necessidades do homem (do *homo sapiens*), a pessoa humana foi se revelando impotente e pequena para satisfazer a todas as suas sempre crescentes necessidades. Para se reconhecer a força dessa constatação basta um olhar pelo retrovisor da história, para aquelas primárias necessidades dos habitantes das cavernas (o alimentar-se e o proteger-se da natureza e dos animais), confrontando-as com as necessidades do homem moderno, da era da globalização (a energia elétrica, o automóvel, o computador, o telefone celular). O ser humano é e sempre será o

[17] LAMY FILHO, Alfredo de e BULHÕES PEDREIRA, José Luiz, 'A Lei das S. A.', editora Renovar, Rio de Janeiro, 1996, p. 26 e seguintes; GONÇALVES, Diogo Costa, 'Pessoa e Direitos de Personalidade, Fundamentação Ontológica da Tutela', Editora Almedina, Coimbra, 2008, p. 9 e seguintes; do mesmo autor, 'Pessoa Coletiva e Sociedades Comerciais – Dimensão Problemática e Coordenadas sistemáticas da Personificação Juridico-privada', Editora Almedina, Coimbra, 2016, p. 36 e seguintes; ROITARG, Marcelo, '*Tratado Teórico e Prático – Instituiciones de Derecho Privado – Empresa y Sociedades Comerciales*', volume. I, Editora Arrepar, Buenos Aires, 2011, p. 8 e seguintes; JUSTO, A. Santos, 'Direito Romano I – Parte Geral, Introdução, Relação Jurídica, Defesa dos Direitos', *Studio Iuridica*, Universidade de Coimbra, Coimbra Editora, Coimbra, 2017, p. 107 e seguintes; NUNES, Guimarães, Márcio Tadeu, 'Desconstruindo a Desconsideração da Pessoa Jurídica', Editora Quartier Latin, São Paulo, 2007, p. 67; WALD, Arnoldo, 'O Espírito Empresarial, a Empresa e a Reforma Constitucional', Revista de Direito Mercantil, Industrial, Econômico e Financeiro, nova série, ano XXXIV, nº 98, abril-junho, Editora Revista dos Tribunais, São Paulo, 1995, p. 51-57; FILHO, Calixto Salomão, 'Societas com relevância externa e personalidade jurídica', Revista de Direito Mercantil, Industrial, Econômico e Financeiro, nova série, ano XXX, nº 81, Editora Revista dos Tribunais, São Paulo, 1991, p. 78.

elemento inteligente e criador de tudo o que tem sido construído artificialmente (com arte) sobre a terra, para o bem e para o mal. Portanto, dúvida não remanesce de que a pessoa jurídica, ente personificado, é apenas um dos instrumentos das pessoas naturais no seu processo de realização (um pretexto legítimo e autorizado). É seguro que, como agente ou como sujeito de Direito, a pessoa jurídica é dotada de vontade e de capacidade próprias. Isto só se dá, todavia, por uma concessão do Direito, matéria por aqui já abordada. A vontade da pessoa jurídica, qualquer que seja ela, estará sempre ancorada na vontade daqueles que dela sejam os seus membros.

Embora a criação da pessoa jurídica (que só viria muito mais tarde) não seja exclusiva nem do Direito Público e nem do Direito Privado, nesse último, é no 'contrato de sociedade' que se dá o fenômeno da pessoa jurídica, com a convolação de um instrumento contratual (o contrato social ou o estatuto social) que se personaliza, vira 'pessoa'; deixando de ser, simplesmente, objeto, porque, personificada, a sociedade regular assume a condição de 'pessoa jurídica', pessoa moral e, portanto, assume a condição de sujeito de Direito. Esse contrato de sociedade tem como partes os seus sócios que, como sujeitos, passam a conviver com aquele contrato que se transmuda também em pessoa, fazendo-se outro sujeito. A relevância dessa consideração está em que a sociedade contratual existe em profusão e o comércio e a evolução da vida humana não teriam trilhado o caminho das descobertas, do progresso e do avanço de qualidade de vida que se alcançou, não fosse a criação e o desenvolvimento do 'contrato de sociedade' fazendo-a ente personificado, resultando na pessoa jurídica, essa outra pessoa, esse outro sujeito. Sem essa pessoa jurídica, como criação do Direito, a humanidade ainda estaria estacionada nalguma estação da Idade Média.[18] Essa pessoa coletiva, pessoa moral, pessoa jurídica, será, inexoravelmente, contribuinte.

[18] ROPPO, Enzo, 'O Contrato', tradução de Ana Coimbra e Manuel Januário da Costa Gomes, Editora Almedina, Coimbra, 2009, p. 66-67 e p 305-307; COUTINHO DE ABREU, 'Curso de Direito Comercial', volume I, Editora Coimbra, 8ª edição, 2012, propondo uma abordagem não preconceituosa ou não conceitualista das empresas no Direito, p. 201 e seguintes; ASCENSÃO, José de Oliveira, 'O Estabelecimento Individual de Responsabilidade Limitada e o Falido Rico', Estruturas Jurídicas da Empresa – Curso do Centro de Estudos da Ordem dos Advogados em intercâmbio com a Faculdade de Direito da Universidade de Lisboa – AAFDL, Lisboa, julho, 1989.

3.2 Empresa e empresário, dicotomia irrelevante

A confusão conceitual, confundindo-se gênero com espécie, entre tributos e impostos (silepse ou metonímica), também se dá com relação aos verbetes empresário e empresa, um se confundindo, frequentemente, com o outro. O verbete 'empresa' é polissêmico. Reconhecendo-se na família a primeira célula da sociedade, corresponde, também, e de certo modo, afirmar-se a família como uma empresa.

A afirmação é do Papa Francisco, em homilia (dezembro de 2017), reconhecendo, em discurso expresso, que a 'família' é uma 'empresa'. Sob o aspecto jurídico, o vocábulo empresa compreende múltiplos significados. No próprio Código Civil italiano o termo é adotado com mais de um sentido, ora por vicio de linguagem, ora por pobreza de vocabulário, adverte Alberto Asquini para quem empresa deve ser analisada sob perfis variados: subjetivo, tomando-se a empresa como o empresário (empresa e empresário seriam, portanto, sujeito de direito); num perfil funcional, ou seja, adotando-se a empresa como a atividade empresarial (empresa, portanto, seria vista como objeto); num perfil patrimonial ou objetivo, a empresa é adotada como o patrimônio do estabelecimento ou o próprio estabelecimento em si considerado (empresa e estabelecimento seriam sinônimos); e a empresa sob o perfil corporativo, isto é, como instituição jurídica. Empresa e empresário, como se vê, se confundem e se comportam como sinônimos.[19]

[19] CAVALLI, Cássio, 'A Teoria da Empresa na recuperação judicial, 'Dez Anos da Lei nº 11.101/2005', obra coordenada por Sheila C. Neder Cerezetti e Emanuelle Urbano Maffioletti, Editora Almedina, São Paulo, 2015, p. 204-205; BOTIJA, Eugenio Pérez – *'Notas Sobre el concepto de empresa. Su especial consideración en el Derecho del Trabajo'*, Revista de Derecho Mercantil, volume V, número 13, Madrid, 1948, p. 7-44; FÉRES, Marcelo Andrade, em 'Questões de Direito Comercial no Brasil e em Portugal (O Estabelecimento e a empresa no panorama brasileiro)', obra coordenada por Fábio Ulhoa Coelho e Maria de Fátima Ribeiro, Saraiva, São Paulo, 2014, p. 110-111; LINDE, Mario Sánchez, *'Empresa y Empresario – Marco Jurídico de La Empresa, Tratados y Manueales'*, segunda edição, obra coordenada por Abel B. Veiga Copo, Editora Civitas, Thomson Reuters, Navarra/Pamplona, 2013, p. 315 e seguintes; FANELLI, *'Introduzione ala Teoria Giuridica dell Impresa'*, Saggi di Diritto Commerciale – Raccolti dal Prof. Tullio Ascarelli, Dott A.Giufrè Editore, Milano, 1950, p. 65 e seguintes; REQUIÃO, Rubens, 'Curso de Direito Comercial', Editora Saraiva, volume I, 27ª edição, São Paulo, 2007, p. 60; COELHO, Fábio Ulhoa, 'Curso de Direito Comercial – Direito de Empresa', Editora Saraiva, volume 1, São Paulo, 11ª. Edição, 2007, p. 19; VISENTINI, Gustavo e PALAZZOLO, Andrea,

Na expressão de Orlando Carvalho, a empresa surgiu com o capitalismo ascendente, eufórico, compreende nela um processo produtivo, um simples mecanismo e não uma pessoa (um não sujeito, portanto). Empresa se manifestaria como instituição, aquele *corpus mysticus* do qual já se deu notícia, dentro do mundo real sócio-econômico. O verbete empresa, utilizado muitas vezes com o sentido de 'estabelecimento', 'azienda', 'fundo de comércio' é também utilizado no lugar da figura do empresário, este, necessariamente sujeito nas relações jurídicas. Isto se dá em linguagem corrente, na lei, na doutrina e na jurisprudência inclusive. É no empresário que se identifica a iniciativa econômica correspondente ao risco, o controle do processo e a apropriação do produto. A palavra empresa contém verdadeira magia, tornando-se impossível expungir-se, pela sua adoção generalizada, um só significado, eis que se confirma nela a existência do fenômeno sócio-econômico, base da economia moderna, abalando-se as estruturas do velho Direito Mercantil.[20]

Na conceituação de empresa, Broseta Pont põe o acento tônico na reunião dos elementos capital, trabalho e mercado. O consagrado autor realça sua observação quanto ao fato de a empresa ter surgido com a Revolução Industrial, tornando-se desde então uma reconhecida realidade. Embora legalmente não definida, aparece em vários textos legais. Empresa, no sentido subjetivo, corresponde à ocasião, o lugar, o produto da decisão empresarial, mas não será ela, exatamente, a titular da decisão, salvo se, por metonímica, empresa e empresário se confundirem, se lhe dedicando a personificação.

Para Jorge Lobo, a dificuldade de se conceituar empresa é partilhada com autorizados doutrinadores. Recorre ao texto de Jean Paullusseau, em capítulo dedicado às dificuldades de percepção do que seja empresa. Afirma que nada é mais desconcertante do que falar da empresa, cuja noção está obscurecida e deformada por análises filosóficas, visões ideológicas e discussões políticas, acrescentando dúvidas e controvérsias quanto à sua natureza jurídica.

'*Manuale di Diritto Commerciale*', Dike Giuridica Editrice, Roma, 2017, p. 30 e seguintes; WALD, Arnoldo, 'A Empresa no Terceiro Milênio', Editora Juarez de Oliveira, São Paulo, 2005, p. 3-38; SANT'ANNA, Rubens, 'A Falência da Empresa Realidade Contemporânea e Perspectivas Futuras', Revista de Direito Mercantil, Industrial, Econômico e Financeiro, nova série, ano XXV, outubro-dezembro, Editora Revista dos Tribunais, São Paulo, 1986, p. 3746.

20 CARVALHO, Orlando, 'Da Empresarialidade – As Empresas no Direito', Editora Almedina, Coimbra, 1999, p. 25 e seguintes e p. 191 e seguintes.

Para os subjetivistas, a empresa se compreenderia como sujeito de direito, decorrência natural e necessária de sua personificação, com patrimônio e interesses próprios, distintos dos seus sócios. Para os objetivistas, a empresa seria o objeto de Direito, consistente apenas na afetação de certos bens e direitos, de propriedade de uma ou mais pessoas, naturais ou jurídicas, em relação a determinada atividade produtiva, não existindo nem ativa e nem passivamente, não respondendo nem por obrigações e nem por dívidas, por carecer de personalidade jurídica (logo, nessa visão, pessoa não seria). A empresa pertenceria ao domínio das realidades econômicas e sociais. Paulo Olavo Cunha vê na empresa uma organização autônoma e intencional de meios humanos e materiais com aptidão na realização de uma finalidade útil, apta à realização de uma finalidade útil. Esclarece, a respeito, que a questão, em termos amplos, radica na busca da fronteira do que seja 'empresa' e do que possa ser a 'não-empresa'. É relevante essa percepção.[21]

Propõe Coutinho de Abreu, numa abordagem não preconceituosa da empresa diante do Direito, sua compreensão *ex ante,* no campo metajurídico, afirmando-a como o fez Orlando de Carvalho, como um 'produto da vida', revelado nas suas análises do ponto de vista econômico, sociológico, semântico. Suscita a questão da equivalência dos termos empresa e estabelecimento, demonstrando que os próprios termos legais promovem essa fusão terminológica. Ensina o autor que não se recolhe no Direito comunitário europeu um conceito unitário de empresa, advertindo que não se pode desconsiderar os fenômenos jurídico-empresariais extremos ou excepcionais, chamando a atenção para o Direito da concorrência onde a empresa-sujeito implica e absorve, normalmente, a empresa-objeto. Conclui que empresa em sentido objetivo é a unidade jurídica fundada em organização de meios, constituindo-se num instrumento de exercício relativamente estável e autônomo de uma atividade de produção para a troca. Empresa corresponde, em quaisquer hipóteses conceituais, a uma '*fatispecie*' amplíssima, concebida, sob o espírito da regulação total, para desbordar os limites de um claudicante embate histórico-programático. Empresa aparece, assim, diante dos fenômenos sociais,

[21] PONT, Manuel Broseta, '*Manual de Derecho Mercantil*', Editorial Tecnos, Madrid, 1ª Edición, Reimpreción, 1972, p. 80-81; CUNHA, Paulo Olavo, 'Lições de Direito Comercial', Editora Almedina, Coimbra, 2010, p. 53 e seguintes.

políticos e econômicos que marcaram o curso dos processos civilizatórios a partir da virada do século XIX para o século XX como uma técnica regulatória. A definição de um sentido para a palavra empresa se torna difícil na medida de seu próprio alargamento.[22]

O estudo da empresa, na compreensão de Pontes de Miranda, está na constatação dos elementos das universalidades de fato e de direito. Afirma que as coisas ou são simples ou são compostas no mundo fáctico, mas, será o mundo jurídico que distinguirá as coisas singulares e as coisas coletivas, originando as universalidades de fato distintas das universalidades de direito. Chama-se a atenção para expressões elípticas que bem elucidam essas perplexidades. A cada passo, depara-se com expressões do tipo 'vendeu-se a empresa', 'vendeu-se o fundo de empresa' (venda do ativo + transmissão da dívida). Diante de tanta argumentação chega-se à lição de Bulgarelli, a partir de lições auridas na ciência de Broseta Pont, resumindo, no seu pensamento sobre a empresa, a conclusão de que o seu conceito econômico é aquele mesmo que adotado como conceito jurídico. Numa visão caleidoscópica a empresa se mostra diferentemente em relação à sociologia, à história, ao Direito, à política, à economia cada qual tomando-a como objeto precípuo de seus estudos. A ética e a filosofia, por exemplo, podem encará-la segundo uma escala de valores, axiologicamente, levando mais em conta o que deva ser do que propriamente aquilo que efetivamente seja num escopo reformista direto. Na sociologia, especificamente, interessa-se pelo que ela representa de forma social, como se realizam, em seu interior, os processos sociais, quais os seus efeitos sobre a vida do ambiente maior que a engloba e vice-versa.[23]

22 LOBO, Jorge, 'Comentários à Lei de Recuperação de Empresas e Falência', obra coordenada por Paulo F. C. Salles de Toledo e Carlos Henrique Abraão, Editora Saraiva, São Paulo, 1ª. edição, 2007, p. 179-180; CORDEIRO, António Menezes, 'Direito Comercial', Editora Almedina, 3ª edição, Coimbra, 2012, p. 291 e seguintes; ABREU, Jorge Manuel Coutinho de, 'Curso de Direito Comercial', volume I, Editora Almedina, 8ª edição, Coimbra, p. 201 e seguintes; CARVALHO, Orlando, Obra citada, 1999, p. 25 e seguintes. JUNIOR, Walfrido Jorge Warde, 'Tratado de Direito Empresarial, Teoria Geral da Empresa', volume. 1, obra coordenada por Modesto Carvalhosa, Editora Revista dos Tribunais, Thomson Reuteurs, 2ª tiragem, São Paulo, 2016, p. 35 e seguintes e p. 129 e seguintes.

23 PONTES DE MIRANDA, obra citada, Parte Especial, Tomo XV, Direito das Coisas: Propriedade mobiliária (bens corpóreos), 1983, p. 352; BULGARELLI, Waldírio, Teoria Jurídica da Empresa, Editora RT, São Paulo, 1985, p. 15 e seguintes; MORAES FILHO, Evaristo de,

O termo empresa, como se vê, a partir de sua compreensão científica inclusive, na linguagem corrente, é utilizado para designar sociedade juridicamente organizada, como sujeito de direito. Será, no entanto, frequente, encontrar o mesmo vocábulo na designação da atividade e nesse caso não mais como sujeito, mas, como objeto de direito. Empresa compreende, ainda e afinal, o processo e a ação de empresar, com a presença do risco dessa ação empresarial. Empresa sugere, essencialmente, a valorização do princípio da liberdade de empreender, chamando a texto, em contrapartida, o princípio da responsabilidade patrimonial. Para efeito dessa caminhada, neste nicho, as conclusões que se recolhem são duas. Empresa e empresário, nada obstante a certeza conceitual de que a primeira se compreende como objeto e a segunda compreende-se como objeto de Direito, na verdade, ambos os termos são utilizados como sinônimos porque empresa é utilizada, indistintamente, como sujeito e como objeto, dependendo-se do contexto em que empregado o verbete. Logo, a dicotomia existente entre empresa e empresário, em termos práticos, é mesmo irrelevante.

3.3 Empresário e instituições privadas (um Poder Moderador)

Ao fim da caminhada histórica, mais do que um simples cardápio de conceitos, do que sejam tributos ou impostos, do que sejam empresas e empresários, da conformação do Estado e da identificação do Direito como uma ordem da sociedade, para que se possa caminhar para as conclusões é preciso se ocupar daquele anunciado protagonismo da empresa como contribuinte, sugerindo, para efeito da reforma tributária tão ansiada, a necessidade do comparecimento desse ator fundamental diante dos poderes constituídos (na tripartição de Montesquieu: executivo, legislativo e judiciário) como aquele quarto poder, o Poder Moderador.

O Poder Moderador é de inspiração do pensador suíço-francês Benjamin Constant, autor do *Principes Politique* (1815), que pensou o parlamentarismo moderno e que serviu no gabinete de Napoleão no período da restauração. Não foi adotado na França, tornando-se, porém, uma realidade, no Brasil com

'Sucessão nas Obrigações e a Teoria da Empresa', Editora Forense, volume I, Rio de Janeiro, 1ª edição, 1960, p. 230 e seguintes.

a Constituição outorgada por Dom Pedro I (1824), que o inseriu também na Constituição de Portugal (1834) onde governou como Dom Pedro IV. Em ambos os países o Poder Moderador, embora duramente criticado, acusado de despótico e autoritário era considerado como um depurador da falta de virtuosidade do sistema, e só foi retirado com a Proclamação da República no Brasil (1889), e em Portugal no ano de 1910. Tempos depois, Borges de Medeiros tentaria restabelecê-lo no Brasil (1933), sem êxito no entanto. O argumento era o da prática das eleições fraudulentas, do caudilhismo e do coronelismo, das revoltas e das sublevações, o que reclamava uma intervenção da sociedade civil organizada para estabilizar o estado democrático e social. Os tempos são outros e os termos para justificar a retomada de um Poder Moderador também são outros. No Brasil pós Constituição de 1988, a sanha arrecadadora do Estado (que data de tempos anteriores), a obesidade do estamento estatal, o volume de injustificáveis privilégios, no conjunto, reclama algo de novo e a empresa-contribuinte (o empresário-contribuinte) exercendo o seu protagonismo necessita levantar, de novo, esta bandeira, a da reforma tributária (que nunca aconteceu), nela exercendo, no entanto, um irrenunciável protagonismo; e para tanto, se necessário for, fazendo uso das medidas legais e constitucionais que o arcabouço jurídico oferece, inclusive propondo uma refundação do Brasil, aí a excelência daquele pretendido 'pacto nacional', propósito do qual não renuncia o empresariado brasileiro.

De se reconhecer que a tripartição dos poderes, arte de Montesquieu, implica na coexistência de executivo, legislativo e judiciário de modo independente e harmônico. Esses poderes, no entanto, são monopólio do Estado e em matéria de reformas, notadamente a tributária, há interesses comuns que os distanciam dos interesses da sociedade (daquela outra metade) e a intervenção do empresário-contribuinte – como protagonista – tornou-se indispensável. Esse mundo (o sistema de empresas) dos empresários-contribuintes precisa assumir o seu papel e precisa fazer-se ouvido. Na medida em que não o for é preciso que se crie uma espécie de 'gabinete de monitoramento' formado por representação legítima das instituições civis, do comércio, da indústria e dos serviços; é dizer, daquele mundo das empresas-contribuintes. É a esta ação que se dedica, ainda que evocativamente, o título de um novo Poder Moderador.

Conclusões

Aclarado ficou que a nação reclama, efetiva e urgentemente, uma reforma mais ampla, uma verdadeira 'reforma do Estado', nela compreendida uma reforma político-eleitoral, uma reforma administrativa, uma reforma do sistema educacional, uma reforma do sistema nacional de segurança, e uma reforma orçamental e econômica, nessa última compreendida, por óbvio, a pretendida reforma tributária, algo novo, estruturante e joeirado de privilégios. Se se pretende começar pela reforma tributária, que não caminhará sem a reforma administrativa porque provado já está que o Estado brasileiro não cabe no seu orçamento, ainda assim, munidos de uma boa-vontade cívica, é um bom começo.

Autorizada publicação em Minas Gerais (o periódico Mercado Comum), tendo como fonte o tesouro nacional, chama atenção para o tamanho da carga tributária que se pratica no Brasil que já assumiu, no ano de 2020, o percentual de 31,64% (trinta e um vírgula sessenta e quatro por cento) em relação ao Produto Interno Bruto nacional.[24] E nem é o percentual em si que revela a situação alarmante, mas, a ausência de correspondência do Estado arrecadador que não oferece um mínimo de serviços razoáveis à sua população. Econômica e politicamente o Brasil despenca em todos os indicadores sociais, a despeito de sua política de arrecadação fiscal.

Ao cabo e ao fim, empresa e empresário se confundem no painel dos conceitos jurídicos, assim como se confundem o empresário e sua empresa com a figura do contribuinte, resultando num novo verbete, termo composto: empresário-contribuinte. É este exército que, em exercício de um novo Poder Moderador, deve conduzir as ações de uma necessária e estruturante reforma tributária para um novo Brasil.

[24] OLIVEIRA, Carlos Alberto de, Publicação periódica do 'Mercado Comum', maio de 2021.

Referências

ABREU, Jorge Manuel Coutinho de 'Curso de Direito Comercial', volume I, Editora Almedina, 8ª edição, Coimbra.

ASCENSÃO, José de Oliveira, 'O Estabelecimento Individual de Responsabilidade Limitada e o Falido Rico, Estruturas Jurídicas da Empresa', Curso do Centro de Estudos da Ordem dos Advogados em intercâmbio com a Faculdade de Direito da Universidade de Lisboa – AAFDL, Lisboa, julho, 1989.

ASCENSÃO, José de Oliveira, 'O Direito – Introdução e Teoria Geral', 13ª edição refundida, Editora Almedina, Coimbra, 2013.

ATALIBA, Geraldo, 'O princípio da irretroatividade das leis em matéria tributária (o caso do imposto sobre a renda)', Revista de Direito Mercantil, Industrial, Econômico e Financeiro, nova série, ano XXIII, nº 56, Editora Revista dos Tribunais, outubro/dezembro /1984.

BOTIJA, Eugenio Pérez – '*Notas Sobre el concepto de empresa. Su especial consideración en el Derecho del Trabajo*', Revista de Derecho Mercantil, volume V, número 13, Madrid, 1948.

BULGARELLI, Waldírio, 'Teoria Jurídica da Empresa', Editora RT, São Paulo, 1985.

CAMPOS, Roberto, 'Ensaios de Roberto Campos sobre a Constituinte e a Constituição de 1988 – A Constituição contra o Brasil', organizado por Paulo Roberto de Almeida, LVM Editora, São Paulo, 2018.

CAMPOS, Roberto, 'A Lanterna na Popa – Memórias 2', Editora Topbooks, Rio de Janeiro, 2001.

CARVALHO, Orlando, 'Da Empresarialidade – As Empresas no Direito', Editora Almedina, Coimbra, 1999.

CARVALHOSA, 'Da Cleptocracia pra a Democracia em 2019 – Um projeto de Governo e de Estado', Thomson Reuters Editora Revista dos Tribunais, São Paulo, 2019.

CARVALHOSA, Modesto, 'Uma nova constituição para o Brasil – de um país de privilégios para uma nação de oportunidade', LVM Editora, São Paulo, 2021.

CASTRO, José Nilo de, 'Nova Releitura da República', em Estudos de Direito Constitucional – Homenagem ao Professor Ricardo Arnaldo Malheiros Fiuza, Editora Del Rey, Belo Horizonte, 2009.

CAVALLI, Cássio, 'A Teoria da Empresa na recuperação judicial', Dez Anos da Lei nº 11.101/2005', obra coordenada por Sheila C. Neder Cerezetti e Emanuelle Urbano Maffioletti, Editora Almedina, São Paulo, 2015.

GRAES, Isabel, 'História do Pensamento Jurídico', coletânea de textos de apoio, AAFDL Editora, Lisboa, 2018.

COELHO, Fábio Ulhoa, 'Curso de Direito Comercial – Direito de Empresa', Editora Saraiva, volume 1, São Paulo, 11ª. Edição, 2007.

CUNHA, Paulo Olavo, 'Lições de Direito Comercial', Editora Almedina, Coimbra, 2010.

DENARI, Zelmo, 'Obrigação Tributária", Doutrinas Essenciais – Obrigações e Contratos, volume I, Edições especiais, Editora Revista dos Tribunais, São Paulo, 2011.

DIAS, Sérgio Novais, 'Lei Complementar Tributária', Revista de Direito Mercantil, Industrial, Econômico e Financeiro, nova série, ano XXX, nº 81, Editora Revista dos Tribunais, janeiro/março/1991.

FANELLI, '*Introduzione ala Teoria Giuridica dell Impresa*', Saggi di Diritto Commerciale – Raccolti dal Prof. Tullio Ascarelli, Dott A.Giufrè Editore, Milano, 1950.

FÉRES, Marcelo Andrade, 'Questões de Direito Comercial no Brasil e em Portugal (O Estabelecimento e a empresa no panorama brasileiro)', obra coordenada por Fábio Ulhoa Coelho e Maria de Fátima Ribeiro, Saraiva, São Paulo, 2014.

FERREIRA, Pinto, 'Enciclopédia Saraiva do Direito', volume 42, verbete, Editora Saraiva, São Paulo, 1980.

FILHO, Calixto Salomão, 'Societas com relevância externa e personalidade jurídica', Revista de Direito Mercantil, Industrial, Econômico e Financeiro, nova série, ano XXX, nº 81, Editora Revista dos Tribunais, São Paulo, 1991.

FIUZA, Ricardo Arnaldo Malheiros, 'O Direito Diamantino', Revista Memória Cult, Edição especial de lançamento, Ouro Preto, ano I, nº 1, dezembro de 2010.

GOMES, Laurentino, '1808 Como uma rainha louca, um príncipe medroso e uma corte corrupta enganaram Napoleão e mudaram a História de Portugal e do Brasil', Editora Planeta, São Paulo, 2007.

GONÇALVES, Diogo Costa, 'Pessoa e Direitos de Personalidade, Fundamentação Ontológica da Tutela', Editora Almedina, Coimbra, 2008.

HOBBES, Thomas, 'Leviatã ou Matéria, Forma e Poder de um Estado Eclesiástico e Civil', tradução de João Paulo Monteiro e Maria Beatriz Nizza da Silva, coleção 'Os Pensadores', Editora Abril Cultural, São Paulo, 1979.

JUNIOR, Walfrido Jorge Warde, 'Tratado de Direito Empresarial, Teoria Geral da Empresa', volume. 1, obra coordenada por Modesto Carvalhosa, Editora Revista dos Tribunais, Thomson Reuteurs, 2ª tiragem, São Paulo, 2016.

KELSEN, Hans, '*Teoria Pura Del Derecho*', Editora Eudebra, Buenos Aires, 2013.

LAMY FILHO, Alfredo de e BULHÕES PEDREIRA, José Luiz, A Lei das S. A., editora Renovar, Rio de Janeiro, 1996.

LINDE, Mario Sánchez, '*Empresa y Empresario – Marco Jurídico de La Empresa, Tratados y Manueales*', segunda edição, obra coordenada por Abel B. Veiga Copo, Editora Civitas, Thomson Reuters, Navarra/Pamplona, 2013.

LOBO, Jorge, 'Comentários à Lei de Recuperação de Empresas e Falência', obra coordenada por Paulo F. C. Salles de Toledo e Carlos Henrique Abraão, Editora Saraiva, São Paulo, 1ª. edição, 2007, p. 179-180. CORDEIRO, António Menezes, Direito Comercial, Editora Almedina, 3ª edição, Coimbra, 2012.

LOCKE, John, 'Segundo Tratado sobre o Governo', tradução de Anoar Alex e E. Jacy Monteiro, coleção 'Os Pensadores', Editora Abril Cultural, São Paulo, 1978.

MARTINS, Ives Gandra da Silva, 'Uma breve Teoria sobre o Constitucionalismo', Editora Lex, Magister, Porto Alegre, 2015.

MELO, José Tarcízio de Almeida, 'Direito Constitucional do Brasil', Editora Del Rey, Belo Horizonte, 2008.

MORAES FILHO, Evaristo de, 'Sucessão nas Obrigações e a Teoria da Empresa', Editora Forense, volume I, Rio de Janeiro, 1ª edição, 1960.

NOGUEIRA, Ruy Barbosa, 'Miguel Reale e o Direito Tributária', Revista de Direito Mercantil, Industrial, Econômico e Financeiro, nova série, Ano XXIX, nº 80, Editora Revista dos Tribunais, outubro/dezembro/1990

NUNES, Guimarães, Márcio Tadeu, 'Desconstruindo a Desconsideração da Pessoa Jurídica', Editora Quartier Latin, São Paulo, 2007.

PINTO, Eduardo Vera-Cruz, 'As Origens do Direito Português – a Tese Germanista de Teófilo Braga, Associação Académica da Faculdade de Direito de Lisboa, Lisboa, 1996.

PONT, Manuel Broseta, '*Manual de Derecho Mercantil*', Editorial Tecnos, Madrid, 1ª Edición, Reimpreción, 1972.

PONTES DE MIRANDA, 'Tratado de Direito Privado', Editora Revista dos Tribunais, Parte Geral, Tomo I, volume I, 4ª edição, 2ª tiragem, São Paulo, 1983.

PONTES DE MIRANDA, obra citada, Parte Especial, Tomo XV, 'Direito das Coisas: Propriedade mobiliária (bens corpóreos)', 1983.

REQUIÃO, Rubens, 'Curso de Direito Comercial', Editora Saraiva, volume I, 27ª edição, São Paulo, 2007.

ROITARG, Marcelo, '*Tratado Teórico e Prático – Instituiciones de Derecho Privado – Empresa y Sociedades Comerciales*', volume. I, Editora Arrepar, Buenos Aires, 2011.

ROUSSEAU, 'Do Contrato Social', tradução de Lourdes Santos Machado e introduções e notas de Paul Arbousse-Bastide e Lourival Gomes Machado, coleção 'Os Pensadores', Editora Abril Cultural, São Paulo, 1978.

SANT'ANNA, Rubens, 'A Falência da Empresa Realidade Contemporânea e Perspectivas Futuras', Revista de Direito Mercantil, Industrial, Econômico e Financeiro, nova série, ano XXV, outubro-dezembro, Editora Revista dos Tribunais, São Paulo, 1986.

SAVIGNY, Carl von, '*De la Vocación de nuestro tiempo para la legislación y la ciência del Derecho*', Editora Tirant Humanidades, Valência, 2017.

SILVA, José Anchieta da, 'O Santo do Pau Oco – Sua presença nas Minas Gerais', Minas Gerais 300 anos, obra organizada pelo Instituto Histórico e Geográfico de Minas Gerais – IHGMG, Ideia Editora, Belo Horizonte.

SILVA, José Anchieta da, '30 Anos de Advocacia', Editora Del Rey, Belo Horizonte, 2020.

SPINOSA, Baruch, 'Ética', textos selecionados por Marilena de Souza Chauí, coleção 'Os Pensadores', Editora Abril Cultural, São Paulo, 1979.

VISENTINI, Gustavo e PALAZZOLO, Andrea, '*Manuale di Diritto Commerciale*', Dike Giuridica Editrice, Roma, 2017.

WALD, Arnoldo, 'O Espírito Empresarial, a Empresa e a Reforma Constitucional', Revista de Direito Mercantil, Industrial, Econômico e Financeiro, nova série, ano XXXIV, nº 98, abril-junho, Editora Revista dos Tribunais, São Paulo, 1995.

WALD, Arnoldo, 'A Empresa no Terceiro Milênio', Editora Juarez de Oliveira, São Paulo, 2005.

ZARZANA, Dávio A. Prado, 'Enciclopédia Saraiva do Direito', verbete, Editora Saraiva, volume 20, São Paulo, 1977.

12.

REFORMA TRIBUTÁRIA E ATIVIDADE EMPRESARIAL NO BRASIL: ANTIGAS LIÇÕES PARA UM NOVO FUTURO[1]

José Roberto Rodrigues Afonso
Lais Khaled Porto
Bernardo Motta Monteiro

Introdução

Há tempo que a temática da reforma tributária voltou ao centro da agenda política e econômica brasileira. O debate atual se concentra – e, com pontuais exceções, vinha sendo quase monopolizando – em torno dos ditos impostos indiretos, que alcançam o consumo *lato sensu* (da contratação de serviços à produção e venda dos mais variados produtos), categoria de tributos que mais arrecada no País e em que se revela a maior diferença para os tributos normalmente usados no resto do mundo – que, em regra geral, aplicam um único imposto seguindo a técnica do valor adicionado e que não tem o mesmo peso

[1] Para além das citações constantes das referências bibliográficas, este trabalho toma como ponto de partida pesquisa e texto de outros trabalhos dos autores, motivo pelo qual podem ser identificadas identidades. Destaca-se, nesse sentido: AFONSO, José Roberto R. (Cada Vez Mais) Brasil-Empresa. In. *Conjuntura Econômica*. Jun. 2021. AFONSO, José Roberto R. Reforma do Imposto de Renda: novidades e dúvidas. In. *Conjuntura Econômica*. Mai. 2021. AFONSO, José Roberto R. Reforma Tributária: começando pelo fim. In. *Conjuntura Econômica*. Dez. 2019.

arrecadatório. A reforma, nesse contexto, voltar-se-ia basicamente à unificação das hipóteses de incidência e modernização das exações.

Para tanto, são diversas as propostas na mesa, com destaque para a Proposta de Emenda Constitucional – PEC 45/2019; para a PEC 110/2019 e para a Proposta do Governo Federal, inaugurada com o Projeto de Lei – PL 3.887/2020. Mesmo sobrando projetos de reforma, nenhum apresenta simulações econômico-financeiras – que também não costumam ser cobradas, possivelmente por se esperar que, na ausência do suporte técnico, seja mais fácil e rápido exercer amplíssima discricionariedade política.

Uma (boa) reforma tributária, no entanto, não é tarefa fácil de ser desenhada e implementada, tanto no Brasil como em qualquer outro país, seja no presente, seja em qualquer tempo. Há um conceito fundamental que deveria permear tal debate e as decisões que dele derivam: o de que a construção de um novo sistema tributário se constitui como um processo. É dizer: não se está diante do tipo de mudança que pode ser limitada a um ato, pois não é possível desatar tantos nós que amarram o sistema tributário brasileira com uma única emenda constitucional, por melhor que seja.

Esses alertas se tornam ainda mais necessários diante de uma perspectiva incontestável de transformações estruturais profundas, promovidas pelas novas tecnologias digitais, que afetam sobremaneira as relações socioeconômicas – tudo isso impulsionado pelo cenário de pandemia, que agilizou certos processos, inclusive no que se refere ao cenário empresarial e ao crescimento no número de CNPJs no Brasil.

Aliás, um erro crasso é acreditar que o desafio da tributação para o futuro se limita apenas a conseguir tributar os gigantes da internet – que é uma tarefa árdua, mas não única e talvez nem a mais relevante. É nesse contexto que o presente trabalha visa destacar algumas lições que permanecem atuais e se demonstram valiosas para esse processo.

1. Antigas e valorosas lições gerais

Se não há certeza sobre a melhor forma de se cobrar tributos no presente, muito menos se sabe sobre como devem ser cobrados na nova era digital que está se iniciando – que, dentre outras denominações, é chamada por

Klaus Schwab, fundador do Fórum Econômico Mundial, de Quarta Revolução Industrial. Esse novo cenário, marcado pelo papel central da (outrora já existente) internet, com o dinamismo e ubiquidade que vêm ganhando os computadores, *softwares* e redes, vem rompendo com a terceira revolução industrial e transformando as relações socioeconômicas ao redor do mundo[2].

Tentar antecipar e equacionar o futuro e o que está por vir nesse novo cenário revolucionário em uma única alteração da Carta Magna é, no mínimo, pretencioso, além de desconsiderar a perenidade e estabilidade que se espera das regras constitucionais.

Nosso atual sistema, por exemplo, data de 1965, tendo sido instituído por meio da Emenda Constitucional nº 18, em pleno regime militar que, pouco depois, promulgou nova Constituição (a de 1967), mas manteve as bases do Sistema Tributário Nacional recém delineado. O Código Tributário Nacional (Lei n. 5.172/66), lei regulamentadora do Sistema, ainda vigente, também data da mesma década de 60, tendo sido recepcionado pelas Constituições subsequentes, inclusive pela atual, de 1988.Desde então, as tentativas de reforma seguiram sendo frequentes, motivo pelo qual se faz interessante tirar lições das últimas tentativas, especificamente as do pós-Constituinte.

Uma primeira *regra de ouro* deveria ser não concentrar as perspectivas de alteração na reforma constitucional. A atual Carta já trata do sistema de impostos em texto muito mais extenso e prolixo do que as anteriores, quanto mais comparado às outras Constituições do resto do mundo[3]. Não fosse o suficiente, todos os projetos de emendas de reforma tributária, independente do mérito e do objeto, pretendem ampliar ainda mais o tratamento da matéria no texto constitucional e permanente, descendo a pormenores da forma de cobrança e divisão de receitas.

São muitos os problemas em constitucionalizar ainda mais o sistema tributário mas, sobretudo, tal rigidez vai na contramão das necessidades e

2 SCHWAB, Klaus. *A Quarta Revolução Industrial.* Trad. Daniel Moreira Miranda. São Paulo: Edipro, 2016. p. 16.

3 Ver AFONSO, José Roberto R.; PORTO, Lais Khaled; FUCK, Luciano Felício. Sistema Constitucional *versus* Novos (e Desconhecidos) Tributos. In. AFONSO, José Roberto; SANTANA, Hadassah Lais (coord). *Tributação 4.0.* São Paulo: Almedina, 2020. p. 203-216. TÔRRES, Heleno Taveira et al. Sistema Tributário e Direitos Fundamentais no Constitucionalismo Comparado. In: TÔRRES, Heleno Taveira (Coord.). *Sistema Tributário, legalidade e Direito Comparado:* entre forma e substância. Belo Horizonte: Fórum, 2010. p. 21-76.

incertezas que decorrem da revolução digital. Novos padrões econômicos e sociais implicarão em criar impostos hoje desconhecidos, em valorizar alguns dos atuais, e negligenciar ou mesmo extinguir outros[4]. Nunca é demais relembrar que o Brasil Colonial tributava a posse e o comércio de escravos[5], um triste e repugnante negócio, mas que movia a economia local daquela época.

Contraditoriamente, no momento em que se vive a revolução marcada pelo dinamismo, as propostas se voltam a acentuar a rigidez do Sistema, com a pretensão de formulação de regras constitucionais estáticas, o que exigiria um verdadeiro exercício de futurologia ou – o que parece acontecer – negacionismo quanto ao futuro iminente e inevitável.

São inúmeras as reclamações generalizadas sobre o fato de o constituinte criar constrangimentos exagerados para o legislador ordinário e para os governos, implicando, inclusive, em redução da autonomia dos subnacionais, mas as propostas de solução passam por cravar mais regras no texto constitucional. Também critica-se o judiciário, por suposta atuação ativista, em especial quando questões constitucionais são levadas ao Supremo Tribunal Federal, mas muitos dos mesmos críticos defendem a aprovação de projetos que ampliam o texto constitucional, o que implica em levar ainda mais ações, mesmo tratando de questões menores, à Corte Constitucional.

É um pecado capital menosprezar – e até abandonar – as alterações que podem ser implementadas via legislação complementar e até ordinária. É quase ignorado no debate atual que existe um Código Tributário Nacional, com um tratamento abrangente, consistente e harmônico das diferentes matérias – o foco é aprovar novas leis espaças e, principalmente, emendas à Constituição, na ilusão de que o que está constitucionalizado estaria garantido, como se

[4] Ver CORREIA NETO, Celso de Barros; RODRIGUES AFONSO, José Roberto; FUCK, Luciano Felício. A Tributação na Era Digital e os Desafios do Sistema Tributário no Brasil. *Revista Brasileira de Direito,* v. 15, n. 1, p. 145-167, set. 2019. ISSN 2238-0604. Disponível em: https://bre.is/bKD4wECQ

[5] *Ver* LEMOS, Marcílio N.; CURADO, Bento A. A. J. F.; MACHADO, Lúcio S. O Valor Monetário de um Ser Humano – Tributação de Escravos (Peças) na Capitania e Província de Goyaz (1727-1888). *XVI Congresso USP de Iniciação Científica em Contabilidade. São Paulo, 24 a 26 de julho de 2019. Disponível em: www.congressousp.fipecafi.org. Acesso em 12/11/2019. Ou* FERNANDES, Guilherme Vilela. Tributação e escravidão: o imposto da meia siza sobre o comércio de escravos na província de São Paulo (1809-1850). In: *Tributação e escravidão: o imposto da meia siza sobre o comércio de escravos na província de São Paulo.* Disponível em: http://www.almanack.usp.br . Acesso em: 12/11/2019.

sinônimo de segurança jurídica quando, na realidade, o que está constitucionalizado está mais propenso a se tornar defasado.

Outra regra básica para uma reforma (novamente esquecida) é a de não-centralização na apresentação e exame de propostas texto legal. Cada segmento da economia e da sociedade tem defendido um projeto ou uma emenda, sem conhecer efetivamente qual tese se defende e como se faz a concertação entre tantas e tão diferentes propostas. Não se desconsidera a importância da norma canonizada, o que se destaca, porém, é o seu papel de dar concretude a formulações que, no caso de uma reforma tributária, devem advir de simulações econômico-financeiras.

Antes de se formular e discutir um texto de emenda constitucional caberia pensar, planejar e simular o desenho a ser proposto, principalmente, da perspectiva jurídica, no tocante aos aspectos federativos, historicamente preciosos ao Brasil, na medida em que ligados a nosso próprio processo democrático. Isto significaria cuidar, primeiramente, da identificação dos entraves do quadro atual e do desenho inicial e conceitual do que deveria ser um novo sistema, para depois formular o texto legal.

Pouco – ou quase nada – do passado, no entanto, costuma ser verificado nesse processo. Por exemplo, não se discute que o atual sistema não sobrecarrega a tributação do consumo e de mercadorias por um acaso[6]. De forma correta, em meados dos anos sessenta, seus idealizadores criaram impostos que permitiriam explorar o milagre da economia de bens duráveis que o País desenvolvia. Tributar a produção industrial e o trânsito de mercadorias, portanto, era muito mais relevante do que taxar serviços, que eram incipientes e voltados para atender famílias.

É diante dessa análise das razões passadas – e que por muito tempo nos pareceram acertadas – que precisamos compreender o que mudou no presente e qual é o plano de nação do Brasil do futuro. Como podemos acompanhar essas mudanças? Essa resposta deveria preceder a definição de uma

[6] É leitura obrigatória os anais da Comissão de Reforma Tributária que funcionou na FGV até 1965, tendo sido criada antes da revolução militar, na qual antecipou as bases do milagre econômico e construiu um sistema que permitisse ao fisco tirar o melhor proveito possível da produção e consumo dos bens industriais que moveriam o País. Vide REZENDE, Fernando; AFONSO, José Roberto R. *50 ANOS DA REFORMA TRIBUTÁRIA NACIONAL*: Origens e Lições. Editora FGV. Ed. 1. 2014.

nova estratégia tributária e nos levar à um pacto político, que seja mínimo e básico, em torno dos eixos centrais de um novo sistema tributário. Com isso, se escreveria um novo e enxuto texto, caso necessário, e se definiria os pormenores na lei complementar ou ordinária, a depender da reserva de cada questão. A enxurrada de textos de PECs sem acordo, afinal, só tende a transformar o debate em embate político permanente.

2. Novo contexto econômico-empresarial

Se o passado nos oferecer lições acerca dos melhores caminhos e princípios para estruturar o processo de reforma tributária, esse já não mais serve como parâmetro para resolver os problemas do presente e antecipar os perigos do futuro.

Seja por opção ou por falta de postos de emprego, o empreendedorismo cresce cada vez mais no Brasil, com constante alta nos processos de constituição de empresas, a esmagadora maioria delas formalizadas como microempreendedores individuais (MEI) e, já na forma tradicional de microempresas, como pequenas sociedades limitadas (LTDA) ou empresas individuais de responsabilidade limitada (EIRELI).

Talvez até mais no Brasil do que no resto do mundo, a pessoa jurídica deixou de ser "apenas" a forma clássica pela qual se mobiliza capital para montar um empreendimento de algum porte, com atividades mais amplas ou complexas, que tenderia à contratação de empregados (com carteira assinada). Ao contrário, o mero ato de trabalhar está cada vez mais sendo realizado através da prestação comercial de serviços, formalizado ao menos como MEI e, na medida em que envolve mais qualificação e renda, como uma empresa até com mais sócios, geralmente familiares ou da mesma profissão (comumente chamados de associados).

Tal movimento pode ser visualizado pelos números atuais do Painel Mapa das Empresas, disponibilizado e sempre atualizado pelo Ministério da Economia[7]. Em abril de 2020, havia pouco menos de 18 milhões de empresas

[7] Ver Painel disponível em: https://tinyurl.com/yeno7o88

classificadas como ativas no Brasil[8], pouco menos de 200 mil delas sociedades anônimas, de economia mista ou empresas públicas. Como esperado, mais de 98% constituíam pequenos negócios, sendo cerca de 5 milhões constituídas como sociedades limitadas (inclusive EIRELI) e mais de 12,6 milhões de MEIs. Essas formas certamente marcam as atividades econômicas com mais empresas ativas, pela ordem: comércio varejista de vestuário (1 milhão de empresas), cabeleireiros e manicures (774 mil), comércio varejista em geral (463 mil), obras de alvenaria (458 mil), lanchonetes (431 mil) e promoção de vendas (426 mil).

Se a multiplicação de empresas era uma tendência já consolidada no Brasil, impressiona ainda mais que, ao contrário do esperado, não foi freada na pandemia da Covid-19 – salvo nos seus primeiros meses. Como destacado pelo último boletim do citado Painel[9], em 2020, foram abertas 3,36 milhões de empresas, 6% a mais do que em 2019 e a maior marca anual desde 2010. No ano da pandemia também foram fechadas 1,04 milhões de empresas, o que ainda representa quantidade inferior a 2019 e à marca de 2,4 milhões de empresas encerradas em 2018. As surpresas são ainda maiores quando detalhados os dados, que indicam que o crescimento foi centralizado em MEI e sociedades limitadas, com mais aberturas no meio do que no final do ano, e especialmente nas regiões menos desenvolvidas.

Os dados trazem indícios de que, na medida em que a Covid provocou uma recessão que diminuiu emprego e, sobretudo, ocupação e renda dos trabalhadores, alcançando localidades e profissões de menor qualificação, houve a massiva opção por manter certa formalização. Seguiram a onda que já vinha varrendo economia e sociedade, com mais brasileiros ainda se tornando donos de seus próprios negócios, até para continuar contribuindo para previdência social como MEI ou a título de pró-labore.

Mas, embora pouco ou nada dos desafios dessas empresas sejam os comumente mapeados[10], a realidade não é fácil, notadamente da perspecti-

[8] O Painel contava 41,2 milhões de empresas abertas em abril de 2020, portanto, com um número ainda mais impressionante de empresas em inatividade ou encerradas.

[9] Disponível em: https://tinyurl.com/yfzfjne4

[10] A pesquisa mundial mais conhecida, *Doing Business*, considera uma mesma empresa padrão, para fins de comparar dezenas de países, porém, esta em pouco ou nada tem a ver com um MEI e talvez até mesmo com uma microempresa do Simples. Ver em: https://tinyurl.com/yjeo3ta9

va tributária. Mas ainda que empresa ativa não se confunda com empresa adimplente, e que, no contexto da pandemia, fosse esperado que pequenos negócios atrasassem ou pagassem menos impostos, o senso comum foi traído pela realidade e pelas evidências. O desempenho da arrecadação em 2020 mostra os optantes do Simples com desempenho muito melhor do que os demais contribuintes: recolheram em tributos federais 1.9% a mais do que em 2019, enquanto demais contribuintes arrecadaram 3.7% a menos[11].

Faltam políticas públicas e ações governamentais que deem o mesmo salto de qualidade em busca de novas soluções e medidas, especialmente diante do novo cenário de atuação cada vez mais digital, em alguns casos com previsão de teletrabalho mesmo depois de vencida a pandemia[12].

3. Lições específicas sobre a tributação da renda

O fenômeno empresarial descrito na seção anterior exige uma revisão de conceitos e de análises. Antes de tudo, é preciso compreender, por exemplo, que parcela significativa da renda distribuída pelas empresas na forma de lucro não passa da forma pela qual, legalmente, se remunera o trabalho desenvolvido por seus proprietários, geralmente únicos. Uma eventual reforma tributária exigirá mais estudos e cautela para não se confundir a natureza das rendas e, sobretudo, dos rentistas.

Desde o ano-calendário de 2007 (ano mais antigo que a RFB publicou lucros abertos por categorias), até o de 2020, o montante de tais rendimentos isentos declarados por pessoas físicas acumularam um crescimento real de 229% no período – 1.280%, se contadas apenas retiradas oriundas de empresas optantes do Simples (ver gráfico). No mesmo período, os rendimentos tributáveis (incluindo salários) aumentaram apenas 141%. Se as rendas oriundas de lucros equivaliam a apenas 15% daquelas submetidas à tabela progressiva em 2007, passaram a casa dos 20% a partir de 2010, mas deram um salto no último biênio, para 23.5% e 25.1% em 2018 e 2019.

[11] Ver boletim mensal de arrecadação da RFB.

[12] O Sistema S, por exemplo, tem muito a contribuir nesse esforço, podendo atuar em parcerias com órgãos públicos e talvez até com sistemas públicos de ensino, sobretudo médio e superior.

FIGURA 1 – RENDA DE LUCROS E DIVIDENDOS INFORMADOS PELAS PESSOAS FÍSICAS NAS DECLARAÇÕES ANUAIS: 2007 A 2020

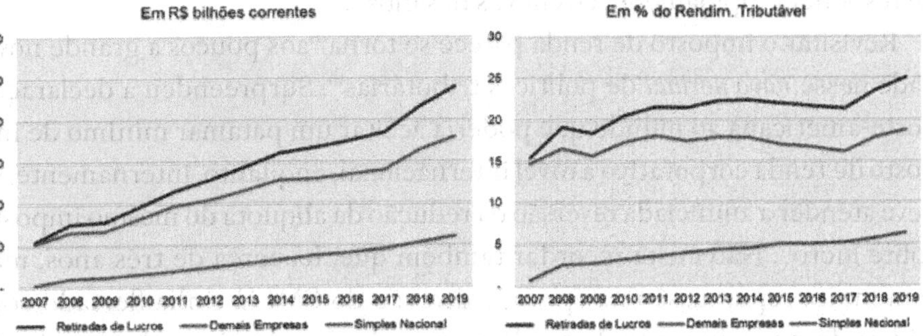

RFB: DIRPF Grandes Números. Nota: Demais empresas: refere-se aos rendimentos isentos classificados como Lucros e dividendos recebidos pelo titular e pelos depends. Simples Nacional: refere-se aos rendimentos isentos classificados como Rend. sócio/titular microempresa ou empresa peq. Porte. Retirada de Lucros: Refere-se a soma de ambos os rendimentos, do simples nacional e das demais empresas.

Como resposta a um forte e inevitável aumento das desigualdades, entrou na mesa de discussões a necessidade de maior progressividade no Sistema. A concentração da renda e, sobretudo, do patrimônio, já vinham sendo detectadas como tendências nas economias mais avançadas, inclusive naquelas com políticas mais ativas de proteção social[13]. Dentre os novos consensos formados, inclusive entre organismos multilaterais, está o agravamento da desigualdade, em suas mais diferentes expressões, como um dos impactos diferenciados da pandemia. Na esfera empresarial, as grandes corporações se fortalecem ainda e cada vez mais, sobretudo aquelas com negócios digitais; enquanto, no campo pessoal, as profissões mais qualificadas, especialmente mais habilitadas ao teletrabalho, tendem a saltar ainda mais na pirâmide da renda.

Diante desse não tão novo, mas agravado cenário, uma resposta pública esperada é a de que os tributos do futuro, aos quais se destinam as propostas de reforma tributária, possam ser concebidos em um ideal redistributivo, cobrando-se proporcionalmente mais daqueles de maior renda e patrimônio. Não apenas no campo tributário, mas na agenda econômica e governamental

[13] Thomas Piketty ganhou notoriedade denunciando o fenômeno – vide, por exemplo, seu livro *A Economia das Desigualdades*, Editora Actual, 2018.

em geral[14], parece que não há muita preocupação em justificar uma mudança tão drástica de discurso, pois a emergência da pandemia impõe o pragmatismo de responder rapidamente aos novos desafios[15].

Revisitar o imposto de renda parece se tornar aos poucos a grande novidade nesse *novo normal* de políticas tributárias[16]. Surpreendeu a declaração norte-americana ao mundo que poderia aceitar um patamar mínimo de imposto de renda corporativo a nível internacional, enquanto, internamente, se deve atender a anunciada reversão da redução da alíquota do mesmo imposto sobre lucro[17]. Não custa recordar também que, há cerca de três anos, mas sem muita repercussão na época, a direção do FMI já tinha flertado com a ideia de que o imposto de renda corporativo precisaria ser harmonizado internacionalmente[18].

É curioso que a reforma do imposto de renda se torne repentinamente uma agenda das economias avançadas no lugar do financiamento do estado de bem-estar social, ancorado no emprego e na folha salarial. Este pilar da tributação moderna, não resta dúvida, já foi fortemente abalado pelas tendências

14 Uma boa síntese da mudança de postura foi dada por Martin Sandbu, em artigo de opinião no Financial Times, *"A new Washington consensos is born"*, em 11/04/2021 – ver: https://tinyurl.com/yfkfwhva.

15 De fato, não apenas nas ciências médicas, também no da economia, em particular das finanças públicas, nunca se produziu tanto em tão pouco tempo, e não há nem tempo para se reconhecer ou se acusar o reposicionamento intelectual e político. Ver por exemplo o periódico *"Covid Economics – Vetted and Real-Time Papers"*, inciativa lançada em maio de 2020 pelo Centre for Economic Policy Research para disseminar produção acadêmica relativa as implicações econômicas da pandemia. https://bit.ly/2RXb59D

16 Dentre muitas obras, resume bem a seguinte prioridade destacada por Steven Weisman e Anjali Bhatt, no estudo do PIIE "Rebuilding the Global Economy":
"... Another common theme was advocacy of automatic stabilizers, i.e., budgetary spending and tax relief that self-activates at times of future downturns. A future tax system should increase the burden on highest--income households and raise and reform the corporate income tax, while working with other high-income countries to prevent corporations from exploiting tax havens". PIIE Briefing 21-2, (p.7).Fevereiro de 2021, em: https://tinyurl.com/ygxhstpp

17 Pode não ser coincidência que o FMI lance um denso livro sobre revisão do imposto de renda das empresas, sob título "Corporate Income Taxes under Pressure : Why Reform Is Needed and How It Could Be Designed", organizado por Ruud Mooij, Alexandre Klemm e Victoria Perry, , inclusive investindo forte em seus debates e divulgação. Vide conferência sobre "Corporate Income Taxes Under Pressure", realizada em 4/5/2021.

18 Ver artigo "A tributação das empresas na economia internacional", 27/3/2019, em: https://tinyurl.com/ye4ul2pc

à automação e ao trabalho independente, anteriores à pandemia sanitária, mas agravadas por ela.

Se a nova agenda mundial de discussão do imposto de renda deve girar em torno de sua incidência empresarial, o que tem a ver com a necessidade de buscar maior progressividade da tributação? Ainda que costumem ser analisadas ou propostas reformas isoladas, deve haver uma conexão entre reforma da tributação do consumo (sobretudo do IVA), da economia digital, da folha salarial e do emprego e, agora, dos lucros empresariais e dos ganhos dos rentistas[19].

O pragmatismo arrecadatório aplicado à estruturação atual da tributação da renda se assemelha ao que se aplica na tributação do consumo – no qual se concentra a cobrança em poucas atividades e contribuintes através da substituição tributária e dos regimes especiais. Obviamente era muito mais fácil fiscalizar, no caso das empresas (dados de 2018), cerca de 169 mil CNPJs inscritos no lucro real do que 883,2 mil inscritos no lucro presumido e 4,2 milhões inscritos no Simples, fora mais 5,0 milhões no MEI. Naquele ano, os contribuintes do lucro real geraram cerca de 68,2% da arrecadação nacional do IRPJ/CSLL de R$ 314,3 bilhões. No mesmo ano de 2018, cerca de 3,2 milhões de pessoas físicas declararam no IRPF anual receber lucros e dividendos, tendo respondido por 15,1% do IRPF devido, que monta a apenas R$ 27,4 bilhões[20].

Por outro lado, se o Brasil é dos raros países que não tributam lucros e dividendos individualmente[21], também é dos que aplicam as maiores alíquotas nominais sobre os lucros corporativos no mundo – embora não seja claro se a opção da política de tributação da renda seja privilegiar a eficiência arrecadatória em detrimento de sua maior progressividade[22].

[19] Haslehner, Werner; Lamensch, Marie. *General Report on Value Creation and Taxation: Outlining the Debate*. BFD, vol. 19 da EATLP International Tax Series (não publicado)

[20] Dados disponíveis da RFB para 2018 – ver em: https://bit.ly/2QXbIzu e https://bit.ly/3etug2r.

[21] Em particular, o modelo brasileiro de tributação dos dividendos e alternativas para sua reforma são abordados, dentre outros autores, por Isaías Coelho em trabalhos disponíveis em: https://tinyurl.com/yfjbpq84 e https://tinyurl.com/yk4t4pec

[22] É importante qualificar que a questão é o grau e não a qualidade de progressividade inconteste do IRPF, constatada em várias pesquisas. A mais recente é a do IPEA, "A Progressividade dos Tributos Diretos nas Pesquisas de Orçamentos Familiares (POFs) 2008-2009 e 2017-2018", de Pedro Humberto Bruno de Carvalho Junior, abril de 2021 – ver em: https://tinyurl.com/yzugr8gp

Nesse contexto, seria inegavelmente leviano e irresponsável supor que se possa eliminar a desoneração do lucro e dividendos do IRPF e, ao mesmo tempo, não reduzir as alíquotas da CSLL e/ou do IRPJ – e não apenas no lucro real, como também e proporcionalmente, as alíquotas vinculadas e exigidas nos regimes do lucro presumido, do arbitrado e do Simples Nacional, o que pressupõe uma reforma maior do imposto de renda, e que, no caso particular do Brasil, também remete à da contribuição previdenciária.

Se a reforma tributária entrou na agenda de debate, é passada a hora de atentar para detalhes da forma peculiar de tributação da renda, ainda mais se for o caso de se avançar na ideia de rever a isenção para lucros e dividendos. Inclusive, ainda que aqui agregados, a distribuição de lucros e dividendos por faixa de rendimentos do contribuinte é muito diferente conforme o tipo de rendimento antes citado. Como seria de se esperar, há uma fortíssima concentração nas retiradas isentas, porém, ela é bem mais acentuada nas grandes empresas (irrelevantes para quem ganha até o teto de contribuição previdenciária) do que nas retiradas do Simples, ao se comparar ambas contra a soma dos rendimentos tributáveis declarados – vide Figura 2.

FIGURA 2 – DIRPF ANO 2019: DISTRIBUIÇÃO DE RENDIMENTOS ISENTOS COM LUCROS E RETIRADAS, POR FAIXA DE RENDA

– em % da renda total

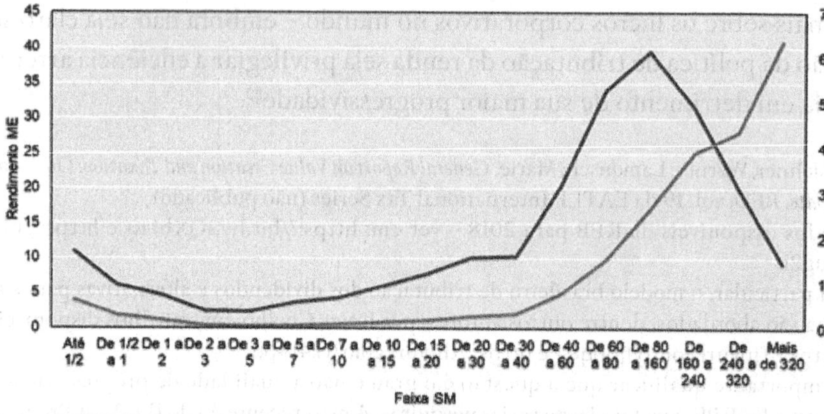

Fonte: RFB. Elaboração Própria.

Há muito mais por se conhecer, estudar e debater em torno da atual forma de tributação e arrecadação do IRPF antes de se proceder à uma reforma, pois o senso comum indica que um microempreendedor e um microempresário levantam renda de uma forma muito diferente do que um acionista de uma grande corporação, ainda que, por conceito (e mesmo por lei), ambos levantem a mesma forma de renda: o lucro (ou dividendo). Se a intenção é ser progressivo, é bom ter cuidado para não tratar a classe média, cada vez mais dependente de retiradas de suas pequenas empresas, como se fossem o absoluto topo da pirâmide de desigualdade, sob pena de se afetar a própria organização e viabilidade dos pequenos negócios.

Não custa recordar comum experiência internacional de se tributar o lucro gerado nas empresas de menor porte direto da declaração de seus proprietários – ou seja, não cobrar IRPJ e sim IRPF, aí sim submetido à tabela progressiva. Por esse motivo, inclusive, não se pode comparar a distribuição proporcional da receita do IRPJ e IRPF entre o Brasil e a OCDE, uma vez que o IRPF será subestimado no nosso país e sobrestimado no bloco[23].

Além do já conhecido e inevitável fenômeno da distribuição disfarçada de lucros (com a transferência de gastos pessoais dos sócios para a empresa), a tributação de dividendos pode estimular o acúmulo de riqueza na pessoa jurídica e assim converter o contrato social em uma forma indireta de testamento, de modo a se atenuar ou mesmo evitar uma futura tributação da herança. Seria positivo se esse efeito colateral de se trocar a poupança da pessoa física pela jurídica fosse convertido, direta ou indiretamente, em aumento do investimento produtivo, porém é provável que, se visto como mera reserva de valor, seja mantido no circuito financeiro, ainda que sujeito a maior tributação.

[23] Por princípio, para igualar as situações, seria preciso eliminar a cobrança do IRPJ/CSLL do lucro presumido (que gera 27,2% da respectiva arrecadação atual no País), bem como de sua parcela da alíquota do Simples Nacional, e, em princípio, a imputar o mesmo percentual do faturamento bruto da empresa como se fosse rendimento tributável do respectivo sócio no IRPF, e submetido à tabela progressiva.

Conclusões

As reflexões traçadas até aqui demonstram que a reforma tributária deve ser vista como um processo inacabado – posto a necessidade de constante evolução, própria do dinamismo da atual era digital –, que precisa começar pelo diagnóstico atualizado e acurado da tributação no País, com a identificação de cada uma de suas fontes, as incidências por principais atividades econômicas e a distribuição das receitas entre esferas de governo. Depois, é preciso estimar a arrecadação dos possíveis novos tributos e, o principal, simular a situação que adviria para cada esfera de governo e ente federado da adoção do novo desenho, dentre outros aspectos quantitativos.

Só com uma estrutura pactuada e com simulações acordadas é que se deveria passar para a redação e a deliberação em torno dos textos constitucionais, restritos às normas básicas essenciais, e infraconstitucionais, que dariam forma ao prévio e minimamente estabelecido. Todas essas etapas foram puladas e ignoradas, e o debate nacional da reforma em 2019 começou pelo que deveria ser o seu fim.

Agora, diante da Covid-19, sem nenhum planejamento ou estratégia, às vezes sem legislação adequada, as famílias e empresas estão a promover radicais mudanças em suas vidas e em suas transações como forma de sobreviver à pandemia e, mais que isso, já se conformando ao novo normal. A intensa e rápida digitalização, o teletrabalho que se soma à tendência antes posta do trabalho independente, a migração mais acelerada do emprego (com carteira assinada) para o empreendedorismo (ainda que forçado), a tempestiva e drástica acumulação de liquidez (empresarial) e poupança (familiar), o crédito cada vez menos bancarizado e menos concentrado, são apenas algumas das muitas e múltiplas facetas desse novo mundo.

Resta às instituições, mais uma vez, reagir e correr atrás de se adaptar ao mundo que já mudou e de forma irreversível, instituindo mecanismos ordenados de transformação. Afinal, nenhuma tributação, seja sobre o consumo, seja sobre a renda, pode ser tomada e reformada isoladamente, sem a necessária observância do todo que constitui o Sistema.

É preciso explorar mais evidências, por exemplo, como as oferecidas pela publicação detalhada das declarações do IRPF, para termos diagnósticos mais atualizados e, a partir deles, formularmos estratégias mais consistentes antes de implementarmos mudanças radicais (especialmente quando se tenta fazê-lo pela via rígida constitucional).

Percebe-se, nesse contexto, que parte dos desafios na formulação de um novo sistema já estão postos e não se pode simplesmente fechar os olhos para o presente enquanto se tentar prever desarrazoadamente o futuro, sob pena de se instituir um sistema ineficiente, defasado em curtíssimo prazo e nocivo ao desenvolvimento empresarial e social e ao próprio objetivo de redução de desigualdades do País.

Referências

AFONSO, José Roberto R.; PORTO, Lais Khaled; FUCK, Luciano Felício. Sistema Constitucional *versus* Novos (e Desconhecidos) Tributos. In. AFONSO, José Roberto; SANTANA, Hadassah Lais (coord). *Tributação 4.0*. São Paulo: Almedina, 2020. p. 203-216.

BANCO MUNDIAL. *Doing Business*. 2020 Disponível em: https://tinyurl.com/yjeo3ta9

BRASIL. Ministério da Economia. *Painel Mapa de Empresas*. Disponível em: https://tinyurl.com/yeno7o88

BRASIL. Ministério da Economia. *Mapa de Empresas: Boletim do 3º quadrimestre/2020*. Disponível em: https://tinyurl.com/yfzfjne4

CENTRE FOR ECONOMIC POLICY RESEARCH. *Covid Economics – Vetted and Real-Time Papers*. 2020. Disponível em: https://bit.ly/2RXb59D.

COELHO, Isaías. *Regime de Tributação dos Lucros*. FISCOSoft, 2013. Disponível em: https://tinyurl.com/yfjbpq84

COELHO, Isaías. *Tributação e Desenvolvimento dos Mercados Financeiros e de Capitais no Brasil*. Apresentação In. Fórum de Palestras CORECON-SP, 2015. Disponível em: https://tinyurl.com/yfjbpq84

CORREIA NETO, Celso de Barros; RODRIGUES AFONSO, José Roberto; FUCK, Luciano Felício. A Tributação na Era Digital e os Desafios do Sistema Tributário no Brasil. *Revista Brasileira de Direito*, v. 15, n. 1, p. 145-167, set. 2019. ISSN 2238-0604. Disponível em: https://bre.is/bKD4wECQ

FERNANDES, Guilherme Vilela. Tributação e escravidão: o imposto da meia siza sobre o comércio de escravos na província de São Paulo (1809-1850). In: *Tributação e escravidão: o imposto da meia siza sobre o comércio de escravos na província de São Paulo*. Disponível em: http://www.almanack.usp.br .

FMI. LAGARDE, Christine. *A tributação das empresas na economia internacional*. 2019. Disponível em: https://tinyurl.com/ye4ul2pc

FMI. MOOJI, Ruud. KLEMM, Alexandre. PERRY, Victoria. *Corporate Income Taxes under Pressure: Why Reform Is Needed and How It Could Be Designed*. FMI: 2021. Disponível em:

https://www.imf.org/en/Publications/Books/Issues/2021/03/01/Corporate-Income-Taxes-under-Pressure-Why-Reform-Is-Needed-and-How-It-Could-Be-Designed-48604

HASLEHNER, Werner; LAMENSCH, Marie. *General Report on Value Creation and Taxation: Outlining the Debate*. BFD, vol. 19 da EATLP International Tax Series.

IPEA. CARVALHO JR, Pedro Humberto Bruno de Carvalho "*A Progressividade dos Tributos Diretos nas Pesquisas de Orçamentos Familiares (POFs) 2008-2009 e 2017-2018*" 2021. Disponível em: https://tinyurl.com/yzugr8gp

LEMOS, Marcílio N.; CURADO, Bento A. A. J. F.; MACHADO, Lúcio S. O Valor Monetário de um Ser Humano – Tributação de Escravos (Peças) na Capitania e Província de Goyaz (1727-1888). *XVI Congresso USP de Iniciação Científica em Contabilidade. São Paulo, 24 a 26 de julho de 2019. Disponível em: www.congressousp.fipecafi.org. Acesso em 12/11/2019.*

PIKETTY, Thomas. *A Economia das Desigualdades*. Lisboa: Editora Actual, 2018.

REZENDE, Fernando; AFONSO, José Roberto R. *50 ANOS DA REFORMA TRIBUTÁRIA NACIONAL*: Origens e Lições. Editora FGV. Ed. 1. 2014.

SANDBU, Martin. A new Washington consensos is born. In. *Financial Times*. 2021. Disponível em: https://tinyurl.com/yfkfwhva.

SCHWAB, Klaus. *A Quarta Revolução Industrial*. Trad. Daniel Moreira Miranda. São Paulo: Edipro, 2016. p. 16.

TÔRRES, Heleno Taveira et al. Sistema Tributário e Direitos Fundamentais no Constitucionalismo Comparado. In: TÔRRES, Heleno Taveira (Coord.). *Sistema Tributário, legalidade e Direito Comparado:* entre forma e substância. Belo Horizonte: Fórum, 2010. p. 21-76.

WEISMAN, Steven. BHATT, Anjali. Rebuilding the Global Economy. PIIE Briefing 21-2, (p.7). 2021. Disponível em: https://tinyurl.com/ygxhstpp

13.

BREVES LINHAS SOBRE A INCLUSÃO DO ELEMENTO "REALIZAÇÃO" NO CONCEITO DE RENDA NO DIREITO BRASILEIRO

LEONARDO ANDRADE REZENDE ALVIM

1. Delimitação do plano de trabalho

O artigo pretende discutir se o conceito de renda, no Brasil, também pressupõe realização. Não se propõe discutir o conceito de renda em sua completude, mas apenas debater se, dentre os elementos que o formam, o elemento realização faz parte. A análise abrangerá os conceitos constitucional e legal (CTN) de renda no que interessa, especificamente, ao seu objeto.

O artigo terá duas partes bem distintas. Uma primeira, com a pretensão mais descritiva, onde o caminho a ser percorrido será, inicialmente, indicar o conceito doutrinário de realização. Diz-se "indicar", porque parece que há um certo consenso sobre o que é realização e não se pretende discutir suas bases. Depois, serão expostos os fundamentos constitucionais mais utilizados para fundamentar o pertencimento, no conceito de renda, da realização, que são a ideia de uma "repartição rígida de competência" tributária e a ofensa ao princípio da capacidade contributiva. Finalizando esta primeira parte, serão conhecidos os motivos, que justificariam a inserção no conceito de renda do

CTN do elemento realização, por meio da atribuição de significados normativos à palavra/expressão "aquisição" e "disponibilidade econômica".

A segunda parte do trabalho será mais crítica/discursiva. Primeiro, serão expostas as premissas sobre teoria da interpretação e da argumentação que irão embasar as conclusões do trabalho, em especial o caráter sempre criativo (de vontade) do intérprete e a força do argumento mais forte num processo deliberativo. Depois, será analisado, com base nas premissas expostas, se existe justificação para a inclusão, no conceito de renda, da realização, sob os aspectos constitucional e legal (CTN).

2. A exigência de realização da renda em nível constitucional

As Constituições federais brasileiras, ao contrário das Constituições da maior parte do mundo, costumam implementar não somente uma repartição das competências tributárias entre os entes federativos, como também indicar, no caso dos impostos, qual será a base tributável pertencente a cada um deles. Esta tradição constitucional remonta à Constituição de 1891, cujos artigos 7º e 9º já estabeleciam as bases de alguns impostos da União e dos estados.

Não é assim, contudo, em outras constituições mundo afora. A título ilustrativo, a Constituição alemã, em seu artigo 105, trata das "competências na legislação tributária"[1], mas não enumera, exaustivamente, os tributos ou suas bases tributárias, como faz a nossa. A Constituição italiana, em seu artigo 119, estabelece apenas que os Municípios, as Províncias, as Cidades metropolitanas e as Regiões "estabelecem e aplicam tributos e receitas próprias, em harmonia com a Constituição e conforme os princípios de coordenação das finanças públicas e do sistema tributário"[2]. A Constituição espanhola permite, em seu

[1] ALEMANHA. [CONSTITUIÇÃO (1949)]. **Lei Fundamental da República Federal da Alemanha de 1949**. Disponível em https://www.btg-bestellservice.de/pdf/80208000.pdf. Acesso em 23 mar. 2021.

[2] ITÁLIA. [CONSTITUIÇÃO (1947)]. **Constituição da República Italiana de 1947**. Disponível em: https://www.senato.it/application/xmanager/projects/.../COST_PORTOGHESE.pdf. Acesso em 23 mar. 2021.

artigo 157, que as Comunidades Autônomas criem "novas imposições sobre os impostos estatais"[3].

Esta repartição de competências e bases tributárias, em nível constitucional, embora com grande variação de premissas teóricas, vem sendo sempre fundamento para que se afirme que a repartição de competências tributárias, no caso Brasil, seria rígida, de tal forma que haveria impedimento para que dois entes tributassem a mesma base tributável por meio de impostos. Aqui, a expressão base tributável está associada à materialidade econômica, não se exigindo a perfeita identidade de fatos geradores. Basta, portanto, que os mesmos fatos possam sofrer incidência de impostos de dois entes distintos.

Geraldo Ataliba justificava a rigidez do direito constitucional tributário brasileiro em função do número de normas constitucionais sobre matéria tributária. Ele dizia que as peculiaridades do direito constitucional brasileiro só seriam descobertas a partir do confronto da nossa Constituição com a Constituição dos demais Estados. A partir desta premissa metodológica, Ataliba afirmava que as Constituições dos Estados com cultura jurídica mais próxima da nossa, como Estados Unidos, Alemanha, Inglaterra, Itália, Argentina e México possuíam apenas duas ou três normas tributárias, o que tornaria o sistema constitucional nesses países bastante flexível. No Brasil, ao contrário, a Constituição, além dos artigos, incluindo os parágrafos, incisos e alíneas, teria mais de cem normas tributárias e o resultado seria um sistema tributário rígido em que o legislador ordinário não teria espaço para fazer nada[4].

Em tempos mais atuais, a compreensão de que matérias mais positivadas devam sofrer interpretação mais restritiva, por denotarem maior preocupação do legislador, encontra-se na teoria do positivista Scott J. Shapiro. Em sua obra, *Legality*, Scott J. Shapiro propõe-se a demonstrar que as atitudes de confiança e desconfiança são centrais no direito para determinação da metodologia interpretativa no direito, de forma que a escolha entre uma interpretação aberta ou fechada deve levar em conta o que ele chama de "economia de confiança"[5]:

[3] ESPANHA. [CONSTITUIÇÃO (1978)]. **Constituição Espanhola e 1978.** Disponível em https://www.tribunalconstitucional.es/es/tribunal/normativa/.../CEportugués.pdf. Acesso em 23 mar. 2021.

[4] ATALIBA, Geraldo. In: MORAES, Bernardo et. al. **Interpretação no Direito Tributário.** Saraiva. São Paulo: 1975, p. 22.

[5] SHAPIRO, Scott J. **Legality.** London: Harvad Univesity Press, 2011, p. 332.

> *"I claim that the choice of methodology to interpret legal texts should be determined in a similar manner, namely, by deferring to economies of trust. A distrustful system requires a constraining methodology, such as textualism, whereas a more trusting system demands on according greater interpretive discretion."*.

Em decorrência da inevitável abertura da linguagem, no entanto, as expressões constitucionais que tratam de delimitação de competência tributária permitem diversas interpretações e, portanto, a criação de normas onde dois entes possam acabar tributando o mesmo fato. Desta forma, para que a rigidez de competências tributárias pudesse ser posta em prática, foi necessária a construção de significados às expressões constantes das bases tributáveis de cada ente sempre sem pontos de intercepção com os significados das expressões constantes das bases tributáveis dos outros entes. Foi preciso, portanto, para obedecer-se à premissa da rígida repartição de competências tributárias, o estabelecimento também de uma rígida separação *conceitual* de bases[6].

Exatamente neste contexto, coloca-se a questão sobre o conceito jurídico-constitucional de renda no Brasil, dentro do qual há a inserção do elemento realização. Isso porque quaisquer acréscimos patrimoniais que já sejam tributados por um ente, em decorrência da rígida repartição de competências tributárias, não poderiam ser tributados por outro ente por meio de impostos.

Conforme esclarece Misabel Derzi, a distinção precisa entre renda e capital (ou patrimônio), sempre foi necessária para assegurar a rigidez do sistema de discriminação de competências[7]. Houve, com isso, uma forte restrição ao conceito constitucional de renda da União. Para Misabel, o conceito constitucional de renda é excludente de várias riquezas que, aqui, seriam conceituadas como patrimônio e encontram-se no âmbito da competência de outros entes federativos[8]:

[6] LEMKE, Gisele. **Imposto de Renda**: os conceitos de renda e de disponibilidade econômica e jurídica. São Paulo: Dialética, 1998, p. 36.

[7] DERZI, Misabel Abreu Machado. **Os conceitos de renda e de patrimônio**: efeitos da correção monetária insuficiente no imposto de renda. Belo Horizonte: Del Rey, 1992, p. 17.

[8] Cf. DERZI, Misabel Abreu Machado. Ob. cit. 1992, p. 20.

> A Constituição Federal de 1988 substraiu o patrimônio imobiliário urbano, o de veículos automotores, aquele acrescido por heranças e doações, as meras transmissões onerosas (independentemente de lucro) de imóveis ou de mercadorias ao campo de competência tributária federal.
>
> (...)
>
> Finalmente, não se suponha que a União possa fundir ou confundir a idéia de renda com a de capital, criando imposto sobre grandes fortunas ou uma figura impositiva nova, misto de renda e patrimônio líquido, pois, para isso, deverá editar lei complementar genérica ou específica (arts. 146, 153) com as limitações do art. 154, I.

Construiu-se, portanto, um conceito jurídico de renda que possui como integrante o elemento *fluxo*. Assim, juridicamente, no Brasil, para se auferir renda, não basta ter acréscimo patrimonial. É necessário que exista, além do acréscimo patrimonial, um ato transacional[9]. Misabel afirma ser um dos "pontos pacíficos na doutrina e na jurisprudência"[10] que a realização do excedente, na pessoa física, ou a realização do lucro, na pessoa jurídica, seja definido como fluxo, seja como acréscimo patrimonial, é requisito essencial e necessário do conceito de renda[11].

O mesmo entendimento é compartilhado por Humberto Ávila para quem não basta a existência do poder de dispor, devendo ele ser exercido. Ele considera que interpretação em sentido diverso levaria ao "esdrúxulo" de se tributar um contribuinte a título de IR, como ganho de capital, porque ele poderia ter vendido seu imóvel, mesmo que efetivamente não tenha exercido seu poder[12].

Fernando Moura, para quem a rigidez é o traço mais marcante do sistema tributário constitucional tributário, compartilhando do mesmo posicionamento da doutrina majoritária, diz que "a rigidez que marca as regras de

9 FONSECA, Fernando Daniel de Moura. **Imposto sobre a renda**: uma proposta de diálogo com a contabilidade. Belo Horizonte: Fórum, 2018, p. 88.

10 Cf. DERZI, Misabel Abreu Machado. Ob. cit. 1992, p. 23.

11 Cf. DERZI, Misabel Abreu Machado. Ob. cit. 1992, p. 24.

12 ÁVILA. Humberto. **Conceito de renda e compensação de prejuízos fiscais.** São Paulo: Malheiros, 2011, p. 36.

competência previstas no texto da CF/88 apenas reforça a impossibilidade de incidência do imposto de renda antes da ocorrência de uma transação"[13], porque seria a partir deste momento que o acréscimo de valor poderia ser considerado juridicamente incorporado ao patrimônio.

3. A exigência da realização da renda no CTN

Alguns autores afirmam que o conceito de renda exige realização numa perspectiva infraconstitucional, já que o artigo 43, do CTN, ao trata do IR afirma que o imposto tem como fato gerador *a aquisição da disponibilidade econômica ou jurídica.*

João Francisco Bianco acredita que a questão esteja no conceito de *adquirir*. Para ele, o conceito de *adquirir* decorre dos artigos 125, 130 e 131 do Código Civil. Em sua visão, portanto, o termo aquisição exigiria um título jurídico, incompatível com tributação de renda não realizada:

> O conceito de patrimônio, tomado como referencial para a apuração da renda como "acréscimo patrimonial", é o do direito civil, âmbito no qual ele é definido como um conjunto (universalidade) único (unicidade) formado por todos os direitos subjetivos e deveres jurídicos economicamente apreciáveis titularizados por uma pessoa (liame). Nesse sentido, e não obstante as divergências acerca do conteúdo das expressões "disponibilidade jurídica" e "disponibilidade econômica" do art. 43 do CTN, haverá a ocorrência do fato gerador do imposto de renda sempre que houver a aquisição do direito à renda, i.e., acréscimo de direito ao patrimônio do titular, quando não estiver pendente de condição suspensiva (art. 125, do Código Civil) e ainda que sujeita a termo (art. 131).[14].

[13] FONSECA, Fernando Daniel de Moura. Ob. cit., 2018, p. 146.

[14] BIANCO, João Francisco. Momento do reconhecimento da receita: a venda para entrega futura. **Estudos de direito tributário:** 40 anos de Mariz de Oliveira e Siqueira Campos Advogados. led. São Paulo: Mariz de Oliveira e Siqueira Campos Advogados, 2018, v. 1, p. 73.

Humberto Ávila constrói o significado de renda, em nível infraconstitucional (CTN), a partir da palavra *disponibilidade* para concluir que a disponibilidade jurídica existe quando o sujeito passivo adquire o direito incondicional de perceber a renda e de dispor dela livremente, embora sem tê-la recebido. Quando efetivamente isso ocorrer, surgiria a disponibilidade econômica, "qualificada livremente um direito no mercado"[15].

Vitor Borges Polizelli afirma que disponibilidade jurídica equivale a regime contábil de competência e disponibilidade econômica a regime contábil de caixa, afirmando que "parece mais razoável concluir que a referência a duas formas de disponibilidades do CTN tem relação com os métodos contábeis (regimes de competência ou caixa)"[16].

Ramon Tomazela atribui ao termo disponibilidade jurídica o significado de renda incorporada "ao patrimônio do contribuinte no momento em que todos os elementos materiais e objetivos do ato jurídico ou do negócio jurídico estiverem devidamente configurados na realidade social" e ao termo disponibilidade econômica "aos acréscimos patrimoniais desprovidos de título jurídico atual ou futuro"[17].

Existe, ainda, uma outra corrente que possui defensores como Roberto Salles e Alexandre Evaristo. Para estes autores, existirá disponibilidade econômica quando houver liquidez dos ativos. Alexandre Evaristo se expressa da seguinte forma:

> Cumpre ressaltar que a eventual tributação dos resultados da avaliação a valor justo somente seriam possíveis de ativos cotados em mercado ativo e com liquidez, o que não se aplica, por exemplo, no caso da avaliação a valor de Ativos Biológicos, visto que estes são destinados ao uso e não à venda, e não possuem mercado ativo ou liquidez de

15 Cf. ÁVILA, Humberto, ob. cit., 2011, p. 35.

16 POLIZELLI, Victor Borges. **O princípio da realização da renda**: reconhecimento de receitas e despesas para fins do IRPJ. Quartier Latin: São Paulo, 2012, p. 177.

17 SANTOS, Ramon Tomazela. A realização da renda no Direito Tributário brasileiro: reflexões à luz do direito comparado. In: Fernando Aurelio Zilveti; Bruno Fajersztajn; Rodrigo Maito Silveira. (Org.). **Direito Tributário:** princípio da realização no imposto sobre a renda: estudos em homenagem a Ricardo Mariz de Oliveira. 1ed.São Paulo: IBDT, 2019, p. 223.

moeda estrangeira, instrumentos ou produtos agrícolas que possam ser enquadrados como "commodities"[18].

Roberto Salles acredita que "a realização não pode depender da transação ou troca de mercado em todo e qualquer caso"[19] e constrói um conceito infraconstitucional de renda, segundo o qual o que define a possibilidade de se tributar sem realização de renda é a certeza do valor da operação. Ele diz que "a troca no mercado pode ser substituída por outro meio de valoração, desde que o substituto garanta também uma certeza razoável acerca do valor da renda"[20].

Luis Eduardo Schoueri atribui outro significado à expressão "disponibilidade jurídica". Ele parte da premissa de que os conceitos constitucionais tributários, mesmo que com palavras idênticas, não necessariamente possuem os mesmos significados que as mesmas palavras possuem para o direito privado. Ele exemplifica com a expressão *propriedade* utilizada para definir a competência dos municípios acerca do IPTU. O autor afirma que, se a palavra *propriedade* tivesse sido utilizada com o mesmo sentido do direito privado, não seria permitido tributar a título de IPTU a posse e o domínio útil[21].

A partir desta perspectiva teórica, Schoueri afirma que o conceito de *disponibilidade econômica*, presente no CTN, pode fazer referência a um sentido que seja econômico e independente da existência de um título jurídico[22], o que teria ocorrido, por meio da Lei n.º 11.638/07, a qual teria contemplado "uma visão econômica da sociedade empresarial, filiando-se aos padrões internacionais da contabilidade"[23].

[18] PINTO, Alexandre Evaristo. A avaliação a valor justo e a disponibilidade econômica da renda. In: LOPES, Alexsandro Broedel; MOSQUERA, Roberto Quiroga (Coord.). **Controvérsias Jurídico-Contábeis**: aproximações e distanciamentos. vol. VI. São Paulo: Dialética, 2015, p. 44.

[19] Cf. LOPES, Roberto Salles, ob. cit., p. 167.

[20] Cf. LOPES, Roberto Salles, ob. cit, p. 168.

[21] SCHOUERI, Luís Eduardo. O mito do lucro real na passagem da disponibilidade jurídica para a disponibilidade econômica. In: LOPES, Alexsandro Broedel; MOSQUERA, Roberto Quiroga. (Orgs.). **Controvérsias jurídico-contábeis**: aproximações e distanciamentos. 1ed. São Paulo: Dialética, 2010, v. 1, p. 249.

[22] Cf. SCHOUERI, Luís Eduardo, ob. cit., p. 251.

[23] Cf. SCHOUERI, Luís Eduardo, ob. cit., p. 255.

Esta visão trazida por Schoueri, pela qual a mudança do direito privado permitiria a mudança da competência tributária, expõe outra discussão abrangida dentre aquelas relacionadas ao conceito de renda.

Em sentido contrário à mutação constitucional de conceitos tributários está Humberto Ávila. Para ele os conceitos de direito privado contemporâneos a 05 de outubro de 1988 seriam imutáveis, quando utilizados pela Constituição para definir competências tributárias. O trecho transcrito abaixo de Humberto Ávila representa seu pensamento[24]:

> O novo Código Civil introduz um modelo de "concreção". O que é socialidade? O julgador vai definir no caso concreto. O que é eticidade? O julgador vai definir no caso concreto. O que são bons costumes e boa-fé? O julgador vai definir no caso concreto. Assim, esses conceitos indeterminados não têm um conceito mínimo anterior ao próprio processo de aplicação individual. Fazem parte de um modelo de concreção. Um modelo por meio do qual conhecemos as obrigações depois, não antes. O modelo tributário instaurado pela Constituição não é um modelo de concreção, mas é um modelo de previsibilidade, ou pelo menos é um modelo de previsibilidade mínima. Se forem conjugados os princípios da segurança jurídica, do Estado de Direito, da legalidade, da irretroatividade, da anterioridade, etc., verificar-se-á uma opção por um modelo, não de concretização a posteriori, mas de conhecimento prévio e mínimo das obrigações a que o particular estará sujeito no futuro.

Em nível infraconstitucional, portanto, verificam-se, ao menos, seis correntes: (i) o conceito de aquisição é próprio do direito civil, qual seja, acréscimo de patrimônio ao patrimônio do titular; (ii) disponibilidade jurídica como direito incondicional e disponibilidade econômica como sua efetivação; (iii) disponibilidade jurídica e econômica como expressões sinônimas de regimes contábeis de competência e caixa; (iv) disponibilidade jurídica como

24 ÁVILA, Humberto. Eficácia do novo Código Civil na legislação tributária. In: GRUPENMACHER, Betina Treiger (Coord.). **Direito Tributário e o novo Código Civil**. São Paulo: Quartier Latin, 2004, p. 78.

aquisição segundo as formas jurídicas e disponibilidade econômica, quando houver liquidez do ativo; (v) disponibilidade jurídica como exigível juridicamente e disponibilidade econômica a recebida por mera liberalidade do pagador e; (vi) disponibilidade jurídica a recebida, conforme as formas do direito e disponibilidade econômica, como aquelas adquiridas desprovidas das formas jurídicas.

4. Os limites interpretativos do conceito de renda constitucional e legal (CTN)

O ponto de partida que tomamos é que o legislador constitucional pretendeu realizar uma regida repartição da competência tributária no que se refere aos impostos. Parece fora de discussão que se pretendeu vedar que dois entes não pudessem instituir o mesmo imposto. A competência residual da União para instituição de novos impostos acaba sendo uma positivação deste desejo do legislador, ao dizer que o novo imposto da União não poderá ter fato gerador e base de cálculo próprios dos discriminados na Constituição.

Mas não foi este o texto que o legislador constitucional deixou. O artigo 153, III, da CF foi extremamente generoso, em termos de competência tributária à União, pela abertura textual da expressão "renda e proventos de qualquer natureza". A expressão veio desacompanhada de qualquer determinante positiva ou negativa que pudesse restringir sua vasta possibilidade interpretativa.

O artigo 154, I, da CF poderia ser esta limitação. A expressão "própria dos impostos já discriminados nesta Constituição" poderia significar que a Constituição não estaria exigindo identidade dos fatos geradores, mas qualquer ponto de contato entre eles, de forma que nunca dois fatos geradores, mesmo que distintos, pudessem incidir sobre o mesmo fato. Afinal, "próprio de" alguma coisa exige propriedades semelhantes, mas não identidade.

Mas não foi esta a interpretação que o STF[25] conferiu à expressão "própria de", em relação ao artigo 145, § 2º, da CF. O dispositivo afirma que as taxas

[25] Súmula vinculante n.º 29: "é constitucional a adoção, no cálculo do valor de taxa, de um ou mais elementos da base de cálculo própria de determinado imposto, desde que não haja integral identidade entre uma base e outra".

não podem ter base de cálculo "própria de" impostos. E a Corte interpretou "própria de" como "idêntica" à de impostos, permitindo que taxas possuam bases de cálculo com um ou mais elementos que estejam presentes na base de cálculo de impostos.

De qualquer forma, mesmo que se considere que os impostos de dois entes públicos não possam incidir sobre o mesmo fato, esta interpretação teria, no mínimo, uma exceção, que é o Imposto sobre Grandes Fortunas (IGF). Embora a CF não tenha trazido o fato gerador deste imposto de competência da União, a experiência internacional mostra que o IGF incide sobre rendimentos e bens das pessoas físicas, descontadas as dívidas, referentes aos mesmos bens.

Assim, no caso da instituição do IGF, a propriedade de imóveis territoriais urbanos e de veículos automotores já tributadas por municípios e estados, pelo IPTU e pelo IPVA, respectivamente, seria, novamente, tributada pelo IGF. E nem há de se falar em ofensa à intenção do legislador ou inconstitucionalidade numa eventual instituição do IGF, por se tratar de um tributo previsto desde a redação original da Constituição de 1988, em dispositivos, portanto, a respeito do qual não há controle de constitucionalidade.

Existe também um argumento que torna a convivência entre a intenção do legislador de que houvesse uma rígida separação de competência e o conceito de renda sem realização bastante harmônica. É que grande parte dos casos que se sujeitariam à incidência do imposto de renda não realizada não sofrem incidência de qualquer imposto.

Definindo-se a competência para tributar renda de maneira negativa, com bloqueio de competência daquilo que já seja tributado por impostos estaduais ou municipais, apenas se afastaria a tributação de imóveis urbanos e veículos. Como, entretanto, o legislador também não pretendeu uma ausência de tributação, outros ativos não tributados por impostos de qualquer ente, como participações societárias, ativos biológicos, moeda, máquinas e equipamentos, dentre outros não ofenderiam a repartição rígida de competências de impostos. Ou seja, mesmo que se interprete a regra de competência para instituição de imposto sobre a renda pela União, delimitada pela rígida separação de competências de impostos, haveria espaço para que o legislador pudesse instituir imposto sobre renda não realizada sobre situações não alcançadas pelos impostos dos estados e municípios.

Mas nos parece que a própria ideia de repartição rígida de impostos entre os entes federativos deva ser testada para que se verifique se seus fundamentos permanecem válidos. Como foi abordado anteriormente, o direito contemporâneo procura sempre o melhor argumento como fato de construção da norma a partir do texto de lei. Neste contexto, a rígida separação de competência entre os entes públicos, no que se refere a impostos, deve ter bem colocado o lugar que ocupa: trata-se do vetusto argumento *intenção do legislador*. Outros argumentos, desde que não ultrapassados os limites linguísticos, devem ser levados em consideração. Dentre eles, destaca-se o princípio da capacidade contributiva.

Alguns autores que constroem um conceito de renda com o elemento realização como elemento indissociável costumam afirmar que a tributação de uma renda não realizada ofenderia o princípio da capacidade contributiva. O direito, segundo afirmam, deve voltar-se ao passado, sendo o valor do bem, ao contrário do preço, uma mera expectativa. Além disso, o contribuinte não possuiria capacidade contributiva por não dispor, no momento da ocorrência do fato gerador, de disponibilidade financeira ao pagamento do tributo.

Estes argumentos só são válidos com a premissa de que o princípio da capacidade contributiva possuiria conceito diferente, conforme se tributasse a renda ou o patrimônio. Isso porque todos os argumentos utilizados para se alegar ofensa ao princípio da capacidade contributiva na tributação de renda não realizada também são aplicáveis aos impostos que incidem sobre o patrimônio. O IPTU, o ITR, o IPVA, o IGF e, em grande medida, o ITCD incidem sobre valores (não preços) estimados, numa expectativa de venda futura e são devidos por contribuintes que igualmente podem não possuir disponibilidade financeira no momento da ocorrência do fato gerador.

Então, se as premissas de que o direito se volta para o passado, para situações concretizadas e apenas para contribuintes com disponibilidade financeira no momento do fato gerador estiverem corretas, todos os impostos sobre o patrimônio são inconstitucionais ou deve existir um fundamento que distinga o conceito do princípio da capacidade contributiva para impostos sobre patrimônio e sobre a renda.

Nenhum autor, contudo, assume o ônus argumentativo de explicar porque haveria dois conceitos distintos ao princípio da capacidade contributiva. Por hipótese, acredita-se no contrário. A tributação de lucro não realizado atingiria, primordialmente, empresas tributadas no lucro real, as quais representam 1,38% dos CNPJ's (169.160) e 81,55% da receita bruta (R$13.640,691,25) do país[26]. Por que estas empresas não teriam capacidade contributiva, enquanto os contribuintes que possuem casas, sítios, veículos ou recebem patrimônio em herança ou doação de baixo valor teriam?

Eliseu Martins, discorrendo sobre o processo histórico e fundamentos que fizeram com que a contabilidade passasse, em diversas situações, a reconhecer o lucro em momento diverso da realização, diz que "o mérito é a base da definição do melhor momento do reconhecimento do lucro"[27]. O autor explica que a mudança de percepção no âmbito contábil se iniciou com operações de câmbio, passando pelo ouro, estendendo-se para extração de produtos minerais/agrícolas e o mercado financeiro. Segundo afirma[28]:

> Reconhecimento do lucro no momento da venda é o modelo que melhor mede o desempenho da entidade? Não permite isso, inclusive, uma certa arbitrariedade na escolha do momento do reconhecimento do lucro? O que realmente completa, do ponto de vista da relevância, o conjunto vital de atividades da empresa no processo de ganhar dinheiro nessa indústria: produzir ou comercializar? Qual ponto mede melhor a performance? Reconhecer o lucro no momento da venda não acaba juntando dois tipos de resultado: produção e especulação, que poderiam, para fins informacionais, ser subdivididos?

Os argumentos "rígida repartição de competência" e "falta de capacidade contributiva" parecem frágeis perto dos argumentos trazidos pela Contabilidade. O lucro é o resultado de um processo e nem sempre o momento mais relevante deste processo é a venda. Com isso não se está a dizer que se deva mudar a legislação para que ela tribute renda não realizada. Mas apenas dizer

[26] BRASIL. Receita Federal. Disponível em: http://receita.economia.gov.br/dados/receitadata/estudos-e-tributarios-e-aduaneiros/estudos-e-estatisticas/estudos-diversos/inform_tribut_sociais_setoriais_pjs-2016-a-2018.pdf. Acesso em 23 mar. 2021.

[27] MARTINS, Eliseu. Ensaio sobre a evolução do uso e das características do valor justo. In: LOPES, Alexsandro Broedel; MOSQUERA, Roberto Quiroga (Coord.). **Controvérsias jurídico-contábeis**: aproximações e distanciamentos. São Paulo: Dialética, 2010. p. 138-146.

[28] Cf. MARTINS, Eliseu. Ob. Cit., 2010. p. 138-146.

que, considerando-se os argumentos até aqui expostos pela doutrina nacional, não nos parece existirem impedimentos constitucionais ou legais (CTN) para que a legislação do imposto de renda, em algum ponto, aproxime-se da contabilidade e tribute renda não realizada. Os conceitos constitucional e legal (CTN) de renda não são incompatíveis com renda não realizada, ao menos, até este momento do debate.

Sua introdução, por meio de leis ordinárias federais, contudo, exige a verificação, sobretudo, da situação escolhida para tributar renda não realizada, além de atender o princípio da capacidade contributiva, do atendimento do princípio da segurança jurídica ao contribuinte e estar em conformidade com cada modelo de negócio.

Perfilando à este entendimento, Luis Eduardo Schoueri[29] também não vislumbra impedimento no CTN para a tributação de renda não realizada:

> Assim, parece que o legislador complementar, ao citar a "disponibilidade econômica" da renda, pode ter buscado fazer referência a um sentido econômico de patrimônio, independente da existência de um título jurídico. A possibilidade de usar e fruir de um bem, assim, seria indicativo de disponibilidade econômica e revelaria, desta forma, a existência de um acréscimo patrimonial passível de tributação pelo imposto de renda.
>
> De qualquer forma, ao empregar a expressão "disponibilidade econômica ou jurídica", o legislador complementar fugiu das discussões acerca da necessidade de um efetivo ingresso de recursos, ou da licitude da atividade que gerou a renda. Econômica ou jurídica, não importa: se houver esta, caberá tributação. Não é necessário indagar qual a diferença entre disponibilidade econômica e a disponibilidade jurídica. O legislador dispensou tal discussão: seja a disponibilidade apenas a econômica, seja ela apenas jurídica, seja, enfim, econômica e jurídica, de qualquer modo haverá a tributação. O que importa – e

[29] SCHOUERI, Luís Eduardo. O mito do lucro real na passagem da disponibilidade jurídica para a disponibilidade econômica. In: Alexsandro Broedel Lopes; Roberto Quiroga Mosquera. (Org.). **Controvérsias jurídico-contábeis**: aproximações e distanciamentos. 1ed. São Paulo: Dialética, 2010, v. 1, p. 251.

isso é relevante para o legislador complementar – é haver alguma disponibilidade. Se não houver disponibilidade, não há tributação.

A respeito do argumento "intenção do legislador" que fundamenta a "rígida repartição de receitas", há uma passagem muito instigante escrita por Dworkin. Em tópico chamado "A política na interpretação", ele diz que a norma que prevê igualdade de proteção na Constituição dos Estados Unidos sempre é interpretada por juristas conservadores com base na intenção dos autores que escreveram a norma. Os conservadores criticam outros autores que interpretam a mesma norma com resultados mais igualitários atribuindo-lhes a pecha de inventarem, ao invés de interpretarem o direito[30].

Mas ele afirma que a intenção dos conservadores é apenas ocultar o papel de suas próprias convicções políticas nas suas escolhas interpretativas e arremata que "os grandes debates jurídicos quanto à cláusula da igualdade de direitos teriam sido mais esclarecedores se fosse amplamente reconhecido que valer-se de uma teoria política não é uma corrupção da interpretação, mas parte do que significa interpretação. "[31]

É necessário o abandono irrefletido de construções interpretativas que tiveram importância no passado, mas que, talvez, não possuam hoje. É preciso que a academia se pergunte: "o que é melhor para o país?". O conceito de renda estará nesta resposta porque, seguramente, a Constituição a permite.

Conclusões

O artigo discutiu se o conceito de renda, no Brasil, também pressupõe realização, ou seja, discutiu se, dentre os elementos que formam o conceito de renda, o elemento realização faz parte. A análise abrangeu os conceitos constitucional e legal (CTN) de renda no que interessou, especificamente, ao este objeto.

Constatou-se que as Constituições federais brasileiras, ao contrário das Constituições da maior parte do mundo, costumam implementar não somente uma repartição das competências tributárias entre os entes federativos, como

30 Cf. DWORKIN, Ronald. Ob. Cit., 2001, p. 246.

31 Cf. DWORKIN, Ronald. Ob. Cit., 2001, p. 247.

também indicar, no caso dos impostos, qual será a base tributável pertencente a cada um deles. Esta tradição constitucional remonta à Constituição de 1891, cujos artigos 7º e 9º já estabeleciam as bases de alguns impostos da União e dos estados.

Esta repartição de competências e bases tributárias, em nível constitucional, embora com grande variação de premissas teóricas, vem sendo sempre fundamento para que se afirme que a repartição de competências tributárias, no caso Brasil, seria rígida, de tal forma que haveria impedimento para que dois entes tributassem a mesma base tributável por meio de impostos. Aqui, a expressão base tributável está associada à materialidade econômica, não se exigindo a perfeita identidade de fatos geradores. Basta, portanto, que os mesmos fatos possam sofrer incidência de impostos de dois entes distintos.

Construi-se, para respeitar a premissa rígida repartição de competências, um conceito jurídico de renda que possui como integrante o elemento *fluxo*. Assim, juridicamente, no Brasil, para se auferir renda, não basta ter acréscimo patrimonial. É necessário que exista, além do acréscimo patrimonial, um ato transacional, um negócio jurídico.

Em nível infraconstitucional, verificou-se, a existência de, ao menos, seis correntes, a respeito do conceito de renda, que importam para verificar se este exige o elemento realização: (i) o conceito de aquisição é próprio do direito civil, qual seja, acréscimo de patrimônio ao patrimônio do titular; (ii) disponibilidade jurídica como direito incondicional e disponibilidade econômica como sua efetivação; (iii) disponibilidade jurídica e econômica como expressões sinônimas de regimes contábeis de competência e caixa; (iv) disponibilidade jurídica como aquisição segundo as formas jurídicas e disponibilidade econômica, quando houver liquidez do ativo; (v) disponibilidade jurídica, aquela segundo o direito e disponibilidade econômica a recebida de atividades ilícitas; (vi) disponibilidade jurídica como exigível juridicamente e disponibilidade econômica a recebida por mera liberalidade do pagador e; (vii) disponibilidade jurídica a recebida, conforme as formas do direito e disponibilidade econômica, como aquelas adquiridas desprovidas das formas jurídicas.

Para analisar se o conceito de renda exige o elemento compreensão como seu integrante, partiu-se da premissa teórica de que de que o intérprete, dentro dos limites do texto, cria normas, numa atividade volitiva. Esta atividade criativa, contudo, para não abrir espaços para subjetividades, deve obrigatoriamente reconhecer como melhor interpretação aquela que se expressar o melhor argumento num processo discursivo. Verificou-se que alguns dos principais constitucionalistas brasileiros vêm representando o processo interpretativo desta forma. A norma a ser extraída do texto deve corresponder ao significado obtido por meio de processo deliberativo que seja capaz de identificar um argumento como sendo vencedor. Vários dos trabalhos publicados recentemente pelos constitucionalistas, não por acaso, formulam críticas ao STF para tornar a Corte como apta a ser este local onde o melhor argumento sobressaia.

O processo argumentativo adotado não hierarquiza, aprioristicamente, princípios, nem argumentos. Adotou-se, no ponto, a teoria de Dworkin[32] para quem a tentativa de uma lista de princípios positivada estaria fadada ao fracasso, porque, quando se estivesse terminando a lista, novos princípios teriam surgido e alguns já teriam sido excluídos. O peso, da mesma forma, só pode ser conhecido diante do caso concreto, sem o aprisionamento de um legislador.

Também não se hierarquizou argumentos no artigo. Verificou-se que, em alguns casos, a intenção dos participantes do processo legislativo, legitimada pelo voto, possui mais força. Os debates da sociedade que conduziram à uma proposta, ocorridos em comissões parlamentares, justificativas de projetos, notas técnicas ministeriais, pareceres jurídicos, exposições de motivo não podem ficar restritos à categoria de argumentos "genéticos" e serem sempre inferiores à um argumento linguístico. Seria até contrário à própria democracia. Em outras situações, contudo, o Poder Judiciário precisa decidir de maneira contra majoritária e, não sendo caso de nulidade, necessita interpretar o texto de lei de maneira diversa daquela pretendida pelos seus proponentes para defender direitos fundamentais. Às vezes, os precedentes precisam ser considerados, mas, às vezes, as decisões precisam ser disruptivas, desde que com clareza e sem retroatividade. E não nos parece que tudo isso possa ser categorizado por nenhuma norma ou teoria do direito.

Para construir o conceito de renda, tomou-se como ponto de partida que, por um lado, o legislador constitucional pretendeu realizar uma regida

32 DWORKIN, Ronald. **Levando os direitos a sério.** Tradução de Nelson Boeira. São Paulo: Martins Fontes, 2002, p. 69.

repartição da competência tributária no que se refere aos impostos. Parece fora de discussão que se pretendeu vedar que dois entes não pudessem instituir o mesmo imposto. A competência residual da União para instituição de novos impostos acaba sendo uma positivação deste desejo do legislador, ao dizer que o novo imposto da União não poderá ter fato gerador e base de cálculo próprios dos discriminados na Constituição. Mas que, por outro, não foi este o texto que o legislador constitucional deixou. O artigo 153, III, da CF foi extremamente generoso, em termos de competência tributária à União, pela abertura textual da expressão "renda e proventos de qualquer natureza".

Apesar do artigo 154, I, da CF, afirmar que a União, no exercício de sua competência residual, somente poderá instituir impostos que não possuam fato gerador e base de cálculo "próprios de" impostos já discriminados na Constituição, o STF[33] conferiu à expressão "própria de", em relação ao artigo 145, § 2º, da CF, o significado de "idêntica", permitindo que taxas possuam bases de cálculo com um ou mais elementos que estejam presentes na base de cálculo de impostos.

A interpretação, no sentido de que a CF teria proibido que dois impostos, mesmo que com fatos geradores distintos, incidissem sobre o mesmo fato, também não é condizente com o Imposto sobre Grandes Fortunas (IGF) que, conforme experiência internacional, incide sobre rendimentos e bens das pessoas físicas, descontadas as dívidas, referentes aos mesmos bens. Assim, no caso da instituição do IGF, a propriedade de imóveis territoriais urbanos e de veículos automotores já tributadas por municípios e estados, pelo IPTU e pelo IPVA, respectivamente, seria, novamente, tributada pelo IGF.

Também se concluiu que, definindo-se a competência para tributar renda de maneira negativa, com bloqueio de competência daquilo que já seja tributado por impostos estaduais ou municipais, apenas se afastaria a tributação de imóveis urbanos e veículos. Como o legislador também não pretendeu uma ausência de tributação, outros ativos não tributados por impostos de qualquer ente, como participações societárias, ativos biológicos, moeda, máquinas e equipamentos, dentre outros não ofenderiam a repartição rígida de competências de impostos.

33 Súmula vinculante n.º 29: "é constitucional a adoção, no cálculo do valor de taxa, de um ou mais elementos da base de cálculo própria de determinado imposto, desde que não haja integral identidade entre uma base e outra".

Recordou-se que os autores que constroem um conceito de renda com o elemento realização como elemento indissociável costumam afirmar que a tributação de uma renda não realizada ofenderia o princípio da capacidade contributiva. O direito, segundo afirmam, deve voltar-se ao passado, sendo o valor do bem, ao contrário do preço, uma mera expectativa. Além disso, o contribuinte não possuiria capacidade contributiva por não dispor, no momento da ocorrência do fato gerador, de disponibilidade financeira ao pagamento do tributo.

No artigo, afirmou-se que estes argumentos só são válidos com a premissa de que o princípio da capacidade contributiva possuiria conceito diferente, conforme se tributasse a renda ou o patrimônio. Isso porque todos os argumentos utilizados para se alegar ofensa ao princípio da capacidade contributiva na tributação de renda não realizada também são aplicáveis aos impostos que incidem sobre o patrimônio. O IPTU, o ITR, o IPVA, o IGF e, grande medida, o ITCD incidem sobre valores (não preços) estimados, numa expectativa de venda futura e são devidos por contribuintes que igualmente podem não possuir disponibilidade financeira no momento da ocorrência do fato gerador.

Nenhum autor, contudo, assume o ônus argumentativo de explicar porque haveria dois conceitos distintos ao princípio da capacidade contributiva. Por hipótese, o trabalho acredita no contrário. A tributação de lucro não realizado atingiria, primordialmente, empresas tributadas no lucro real, as quais representam 1,38% dos CNPJ's (169.160) e 81,55% da receita bruta (R$13.640,691,25) do país[34].

Foi exposto que a contabilidade vem trazendo bons fundamentos para, em algumas situações, compreender-se existir lucro, mesmo sem realização. Eliseu Martins diz que "o mérito é a base da definição do melhor momento do reconhecimento do lucro"[35] e explica que a mudança de percepção no âmbito contábil se iniciou com operações de câmbio, passando pelo ouro,

[34] BRASIL. Receita Federal. Disponível em: http://receita.economia.gov.br/dados/receitadata/estudos-e-tributarios-e-aduaneiros/estudos-e-estatisticas/estudos-diversos/inform_tribut_sociais_setoriais_pjs-2016-a-2018.pdf. Acesso em 23 mar. 2021.

[35] MARTINS, Eliseu. Ensaio sobre a evolução do uso e das características do valor justo. In: LOPES, Alexsandro Broedel; MOSQUERA, Roberto Quiroga (Coord.). **Controvérsias jurídico-contábeis**: aproximações e distanciamentos. São Paulo: Dialética, 2010. p. 138-146.

estendendo-se para extração de produtos minerais/agrícolas e o mercado financeiro.

A conclusão foi de que os argumentos "rígida repartição de competência" e "falta de capacidade contributiva" parecem frágeis perto dos argumentos trazidos pela Contabilidade. O lucro é o resultado de um processo e nem sempre o momento mais relevante deste processo é a venda. Com isso não se está a dizer que se deva mudar a legislação para que ela tribute renda não realizada. Mas apenas dizer que, considerando-se os argumentos até aqui expostos pela doutrina nacional, não nos parece existirem impedimentos constitucionais ou legais (CTN) para que a legislação do imposto de renda, em algum ponto, aproxime-se da contabilidade e tribute renda não realizada. Os conceitos constitucional e legal (CTN) de renda não são incompatíveis com renda não realizada, ao menos, até este momento do debate.

Sua introdução, por meio de leis ordinárias federais, contudo, exige a verificação, sobretudo, da situação escolhida para tributar renda não realizada, além de atender o princípio da capacidade contributiva, do atendimento do princípio da segurança jurídica ao contribuinte e estar em conformidade com cada modelo de negócio.

Referências

ALEMANHA. [CONSTITUIÇÃO (1949)]. **Lei Fundamental da República Federal da Alemanha de 1949**. Disponível em https://www.btg-bestellservice.de/pdf/80208000.pdf. Acesso em 23 mar. 2021.

ALEXY, Robert. **Teoria da argumentação jurídica**: a teoria do discurso racional como teoria da fundamentação jurídica. 3.ed. Tradução de Zilda Hutchinson Schild Silva. Rio de Janeiro: Forense, 2013.

ALVES, H. N.; BUSTAMANTE, T. R. A interpretação literal no Direito Tributário brasileiro: uma proposta de interpretação para o artigo 111 do CTN. IN: ÁVILA, Humberto. **Fundamentos de Direito Tributário**. Madrid; Barcelona; Buenos Aires; São Paulo: Marcial Pons, 2012.

ATALIBA, Geraldo. In: MORAES, Bernardo et. al. **Interpretação no Direito Tributário.** Saraiva. São Paulo: 1975.

ÁVILA, Humberto. Argumentação jurídica e a imunidade do livro eletrônico. In: TORRES, Ricardo Lobo (Org.). **Temas de interpretação do Direito Tributário**. Rio de Janeiro: Renovar, 2003.

ÁVILA, Humberto. Eficácia do novo Código Civil na legislação tributária. In: GRUPENMACHER, Betina Treiger (Coord.). **Direito Tributário e o novo Código Civil**. São Paulo: Quartier Latin, 2004.

ÁVILA, Humberto. **Segurança jurídica**: entre permanência, mudança e realização no Direito Tributário. 2.ed. rev. atual. e ampl. São Paulo: Malheiros, 2012.

ÁVILA. Humberto. **Conceito de renda e compensação de prejuízos fiscais.** São Paulo: Malheiros, 2011.

BIANCO, João Francisco. Momento do reconhecimento da receita: a venda para entrega futura. **Estudos de direito tributário:** 40 anos de Mariz de Oliveira e Siqueira Campos Advogados. 1ed. São Paulo: Mariz de Oliveira e Siqueira Campos Advogados, 2018, v. 1.

BRASIL. Receita Federal. Disponível em: http://receita.economia.gov.br/dados/receitadata/estudos-e-tributarios-e-aduaneiros/estudos-e-estatisticas/estudos-diversos/inform_tribut_sociais_setoriais_pjs-2016-a-2018.pdf. Acesso em 23 mar. 2021.

BRASIL. Supremo Tribunal Federal. Súmula Vinculante nº 29. Disponível em: http://www.stf.jus.br/portal/jurisprudencia/menuSumario.asp?sumula=1282. Acesso em 23 mar. 2021.

DERZI, Misabel Abreu Machado. **Os conceitos de renda e de patrimônio**: efeitos da correção monetária insuficiente no imposto de renda. Belo Horizonte: Del Rey, 1992.

DWORKIN, Ronald. **Levando os direitos a sério.** Tradução de Nelson Boeira. São Paulo: Martins Fontes, 2002.

DWORKIN, Ronald. **O Império do Direito.** 3 ed. São Paulo: Martins Fontes, 2014.

DWORKIN, Ronald. **Uma questão de princípio**. Tradução de Luís Carlos Borges. São Paulo: Martins Fontes, 2001.

ESPANHA. [CONSTITUIÇÃO (1978)]. **Constituição Espanhola e 1978.** Disponível em https://www.tribunalconstitucional.es/es/tribunal/normativa/.../CEportugués.pdf. Acesso em 23 mar. 2021.

FONSECA, Fernando Daniel de Moura. **Imposto sobre a renda**: uma proposta de diálogo com a contabilidade. Belo Horizonte: Fórum, 2018.

HART, H. L. A.. **O conceito de Direito**. Tradução de Antonio de Oliveira Sette-Camara. São Paulo: Editora WMF Martins Fontes, 2009.

ITÁLIA. [CONSTITUIÇÃO (1947)]. **Constituição da República Italiana de 1947**. Disponível em: https://www.senato.it/application/xmanager/projects/.../COST_PORTOGHESE.pdf. Acesso em 23 mar. 2021.

KELSEN, Hans. **Teoria pura do Direito**. 6.ed. Tradução de João Baptista Machado. São Paulo: Martins Fontes, 2003.

LEMKE, Gisele. **Imposto de Renda**: os conceitos de renda e de disponibilidade econômica e jurídica. São Paulo: Dialética, 1998.

MARTINS, Eliseu. Ensaio sobre a evolução do uso e das características do valor justo. In: LOPES, Alexsandro Broedel; MOSQUERA, Roberto Quiroga (Coord.). **Controvérsias jurídico-contábeis**: aproximações e distanciamentos. São Paulo: Dialética, 2010

MENDES, Conrado Hübner. Desempenho deliberativo de cortes constitucionais e o STF. In: MACEDO JUNIOR, Ronaldo Porto; BARBIERI, Catarina Cortada (Org.). **Direito e interpretação. racionalidade e instituições**. São Paulo: Saraiva, 2011.

MENDES, Conrado Hübner. **O projeto de uma corte deliberativa**: jurisdição constitucional no Brasil. VOJVODIC, Adriana et. all. (Org.), São Paulo: Malheiros, 2012.

PINTO, Alexandre Evaristo. A avaliação a valor justo e a disponibilidade econômica da renda. In: LOPES, Alexsandro Broedel; MOSQUERA, Roberto Quiroga (Coord.). **Controvérsias Jurídico-Contábeis**: aproximações e distanciamentos. vol. VI. São Paulo: Dialética, 2015.

POLIZELLI, Victor Borges. **O princípio da realização da renda**: reconhecimento de receitas e despesas para fins do IRPJ. Quartier Latin: São Paulo, 2012.

ROCHA, Sérgio André. **Estudos de Direito Tributário**: Teoria Geral, Processo Tributário, Fim do RTT e Tributação Internacional. Rio de Janeiro: Lumen Juris, 2015.

ROCHA, Sérgio André. Questões fundamentais do Imposto de Renda após a Lei n.º 12.973/14. In: **Direito Tributário, Societário e a Reforma da Lei das S/A.** São Paulo: Quarier Latin, 2015.

SANTOS, Ramon Tomazela. A realização da renda no Direito Tributário brasileiro: reflexões à luz do direito comparado. In: Fernando Aurelio Zilveti; Bruno Fajersztajn; Rodrigo Maito Silveira. (Org.). **Direito Tributário:** princípio da realização no imposto sobre a renda: estudos em homenagem a Ricardo Mariz de Oliveira. 1ed.São Paulo: IBDT, 2019.

SCHOUERI, Luís Eduardo. O mito do lucro real na passagem da disponibilidade jurídica para a disponibilidade econômica. In: LOPES, Alexsandro Broedel; MOSQUERA, Roberto Quiroga. (Orgs.). **Controvérsias jurídico-contábeis**: aproximações e distanciamentos. 1ed. São Paulo: Dialética, 2010, v. 1.

SHAPIRO, Scott J. **Legality**. London: Harvad Univesity Press, 2011.

SUNDFELD, C. A.; Souza, R. P.. Accountability e jurisprudência do Supremo Tribunal Federal: estudo empírico de variáveis institucionais e estrutura das decisões. In: H. M. Pinto. **Jurisdição constitucional no Brasil**. São Paulo: Malheiros, 2012.

14.
ADOÇÃO DO IVA NO BRASIL – REFLEXÕES PARA UMA FUTURA REFORMA TRIBUTÁRIA

Luíza Bárbara Guimarães Alves
Marcelo Jabour Rios

> "Por trás da democracia como ordenamento jurídico, político e social está a sociedade aberta como aspiração àquela sociedade capaz de romper o espírito exclusivista de cada grupo, e de fazer emergir das trevas sociais o homem, o singular, a pessoa em sua dignidade e em sua inviolabilidade."
> *Norberto Bobbio*

Introdução

A sociedade brasileira convive com a perenal expectativa de ampla reforma do sistema tributário nacional, insculpido na Carta Republicana de 1988, a despeito das inúmeras modificações já implementadas, ao longo dos últimos trinta anos.

As alterações promovidas, não obstante, revelaram-se incapazes de combater a regressividade do sistema, a perpetuação das desigualdades sociais e o tipo de modelo centrado na tributação do consumo de bens e serviços, agravando o quadro permanente de injustiça fiscal.

Os projetos de reforma tributária[1] que atualmente tramitam no Congresso Nacional também não logram dar as respostas ambicionadas, em especial por não terem sido capazes de aglutinar, até o presente momento, a necessária revisão das repartições de competências, reequilibrar a repartição de receitas e, ao mesmo tempo, densificar os direitos e garantias constitucionais dos contribuintes, reconhecidas como limitações constitucionais ao poder de tributar.

Neste impasse, permeado por avanços e retrocessos, as propostas debatidas no poder legislativo propõem a modificação da tributação do consumo por meio da adoção de um modelo similar ao arquétipo idealizado em solo europeu, acolhido por quase todos os países, em todos os continentes.

Sabe-se que nossa República não adotou um amplo tributo sobre o consumo de bens e serviços. No sistema constitucional tributário, comprometido com o federalismo, todos os entes políticos da federação possuem competência para instituir e cobrar tributos sobre o consumo, inclusive os municípios. O grande tributo sobre o consumo, usualmente pertencente ao poder central em outros ordenamentos, foi repartido no seio da federação.

A opção de atribuir competência compartilhada aos entes da federação, apesar de ser considerado um reforço ao federalismo, contribuiu para um cenário de incertezas e nada corroborou para o respeito ao princípio da segurança jurídica (formal e material)[2] e a efetividade dos princípios constitucionais tributários.

[1] Atualmente, os textos principais em análise são: A PEC 110/19 (Senado Federal- Davi Alcolumbre) e a PEC 45/2019 (Câmara dos Deputados – Baleia Rossi). Some-se a isso, o insípido Projeto de Lei 3887/2020 do Governo Federal, que propõe a criação da Contribuição sobre Bens e Serviços.

[2] A segurança jurídica concorre para o aperfeiçoamento permanente do Estado Democrático de Direito e, por conseguinte, para a efetividade do sistema constitucional tributário, na medida que tem por finalidade reduzir as incertezas decorrentes do ordenamento e preservar a confiança gerada sobre seu bom funcionamento, sem concessões para subjetivismos e tratamentos diferenciados, exceto nos casos autorizados pela constituição. Nesse sentido: TÔRRES, Heleno Taveira. *Direito constitucional tributário e segurança jurídica*: metódica da segurança jurídica do sistema constitucional tributário. 2. ed. rev., atual. e ampl. São Paulo: Revista dos Tribunais, 2012; Segundo Ávila, a segurança jurídica é um ideal normativo de *primeira grandeza* em qualquer ordenamento jurídico, especialmente no ordenamento pátrio. [...] O essencial é que a Constituição Brasileira, mais do que exigir a promoção do princípio da segurança jurídica, corporifica-o pela preocupação, do início ao fim, com os ideais de cognoscibilidade, de confiabilidade e de calculabilidade nomativas, tal é a ênfase que atribui à limitação do poder, inclusive e especialmente de tributar, e à garantia dos direitos

Agrava o cenário a crença em relação às dificuldades políticas e econômicas internas que não possibilitariam a inclusão do tema em um projeto de reforma tributária, embora a adoção do IVA no Brasil seja um tema recorrente nas discussões sobre a necessidade de uma reforma constitucional que promova a simplificação e a racionalização do nosso sistema tributário.

Sob esse prisma, diverge a doutrina pátria em relação às vantagens, condições e possibilidade de modificação da repartição de competências estabelecida na Carta de 1988, para concentrá-la ainda mais na União, ou se a opção mais adequada, e em sintonia com o princípio federativo, exige apenas o aperfeiçoamento do sistema atual.

Para refutar a impressão de incompatibilidade do federalismo e a adoção de um tributo geral sobre o consumo assaz dirigir o olhar para o atual cenário marcado pelo conflito de competências[3], guerra fiscal[4] e flagrantes violações aos princípios constitucionais, notadamente o da não cumulatividade, que causam incertezas, indefinições e um cenário de completa insegurança jurídica, quer no tocante ao plano interno, quer em relação ao plano internacional.

Nesse contexto, o que se observa é um enfraquecimento da federação e dos objetivos traçados pela Constituição da República Federativa do Brasil, razão pela qual comporta uma possível revisão do modelo adotado. Naturalmente, compreender o processo histórico que culminou com a eleição do IVA como referência de tributação do consumo, contribui para que possamos evitar os equívocos de uma mera transposição de normas para o nosso ordenamento jurídico.

O presente artigo pretende recordar a gênese do Imposto sobre o Valor Acrescido (IVA) no espaço europeu, sua adoção como modelo padrão obrigatório para os países que integram a União Europeia, em razão de suas qualidades intrínsecas e, por fim, evidenciar a experiência de países que necessitaram

fundamentais, notadamente no âmbito do Direito Tributário." (ÁVILA, Humberto. *Segurança jurídica*: entre permanência, mudança e realização do direito tributário. 2. ed. rev., atual. e ampl. São Paulo: Malheiros, 2012. p. 673).

3 Dois ou mais sujeitos passivos exigem o mesmo tributo em bases territoriais distintas, ou tributos distintos, sobre o mesmo fato gerador, em casos não autorizados constitucionalmente.

4 Concessão de benefícios fiscais concedidos pelo sujeito ativo da obrigação tributária que se traduzem em redução da carga tributária, com o objetivo de atrair contribuintes para o seu território.

reformar os sistemas tributários que vigoravam em seus territórios, para dar azo à integração.

Neste sentido, serão observados alguns procedimentos promovidos pela Alemanha e Portugal na jornada de adoção do IVA harmonizado pelas diretivas europeias, para contribuir com as análises a respeito do tema no Brasil.

1. O imposto sobre o valor acrescido (IVA): expoente da *acquis communautaire*

Na União Europeia, uma das primeiras medidas adotadas no processo de unificação foi a exigência de implementação de um amplo imposto sobre o consumo, plurifásico, neutro e incidente sobre o valor acrescido em cada operação.

Inspirado no modelo francês de tributação, o IVA substituiu os impostos cumulativos existentes nos Estados membros, baseado na premissa de que na construção do mercado único europeu, para se implementar as grandes liberdades, foi necessária a harmonização das legislações tributárias, notadamente em relação aos impostos incidentes sobre o consumo e, para tanto, todos foram obrigados a adotar o mesmo modelo de tributação do consumo de bens e serviços.

O imposto vigente em todos os vinte e sete países que hoje integram a União Europeia guarda as seguintes características:[5]

(i) O IVA é um imposto geral sobre o consumo, instituído pelo poder central e alcança as atividades de importação, produção, comercialização de bens e a prestação de serviços.

(ii) Os critérios da norma tributária encontram-se definidos nas diretivas do Conselho, normas supranacionais que vinculam todos os Estados membros. Compete ao Estado inovar apenas nos domínios não disciplinados pelas diretivas, como, por exemplo, definir a data de recolhimento do tributo e atribuir capacidade para fiscalização e cobrança a outros entes do país.

[5] Diretiva 2006/112/CE do Conselho, de 28 de novembro de 2006, relativa ao sistema comum do imposto sobre o valor acrescentado.

(iii) O tributo é calculado a cada etapa da produção, comercialização bens e prestação de serviços, incidindo sobre o valor acrescentado na cadeia pelos operadores do imposto.

(iv) O valor do tributo a recolher aos cofres públicos é decorrente da diferença entre débitos (apurados pelas vendas) menos créditos (apurados pelas compras), o que lhe confere o caráter não cumulativo. O universo de créditos é de natureza financeira, abrange as aquisições de bens e serviços vinculados às saídas tributadas. Esse mecanismo confere ao sistema plurifásico a neutralidade necessária, pois o número de operações existentes até o consumidor final torna-se irrelevante para caracterizar ou diferenciar o valor do encargo devido ao sujeito ativo.

(v) O modelo assegura que o IVA seja suportado em definitivo pelo consumidor final; pelo mecanismo de preços, o tributo devido em cada fase é incorporado ao valor a ser cobrado do destinatário. No preço final do produto, a soma dos valores acrescidos é repassada ao preço e esse valor corresponde exatamente ao valor resultante da aplicação da alíquota do produto sobre a base de cálculo da última operação, considerando-se que o recolhimento efetuado por cada contribuinte foi feito de forma fracionada, mediante a sistemática da não cumulatividade (anestesia fiscal)[6].

(vi) Encontram-se sujeitas ao tributo as operações efetuadas a título oneroso no território de um Estado membro por um sujeito passivo e as importações efetuadas por qualquer pessoa, quer seja um contribuinte habitual ou não.

(vii) O tributo também alcança as aquisições intracomunitárias de bens efetuadas por um sujeito passivo, ocorrendo a tributação no país de destino, salvo as exceções previstas nas diretivas. Nas aquisições de

[6] "Eis, pois, duas características fundamentais do IVA que o tornam particularmente virtuoso e especialmente apetecível: trata-se de um imposto geral sobre o consumo que, actuando através do método subtrativo indirecto nas diversas fases do circuito económico, teoricamente apenas sobre o valor acrescentado em cada uma delas, provoca o chamado efeito de anestesia fiscal." (PALMA, Clotilde Celorico. A harmonização comunitária do imposto sobre o valor acrescentado: quo vadis? In: SARAIVA FILHO, Oswaldo Othon de Pontes; VASQUES, Sérgio; GUIMARÃES, Vasco Branco (Org.). *IVA para o Brasil*: contributos para a reforma da tributação do consumo. Belo Horizonte: Fórum, 2007. p. 176).

serviços, o imposto poderá ser cobrado na origem ou no destino, dependendo da natureza do serviço, conforme as hipóteses delineadas na diretiva.[7]

(viii) O sujeito passivo da obrigação tributária é aquele que exerce de modo independente[8] uma atividade econômica[9]. Contribuintes, portanto, são os produtores, os comerciantes, os prestadores de serviços, os extratores, os profissionais liberais e os equiparados pela legislação (assimilados).

(ix) A entrega de bens é a transferência do poder de dispor de um bem corpóreo como proprietário.

(x) Entende-se por prestação de serviço qualquer operação que não constitua uma entrega de bens.

(xi) A aquisição intracomunitária de bens é a obtenção do poder de dispor, como proprietário, de um bem móvel corpóreo transportado de um Estado membro, com destino ao adquirente noutro Estado membro.

(x) A importação é a introdução na UE de um bem que não se encontre em livre prática de comércio nenhum dos Estados membros.

(xi) Em relação aos bens, ocorre o fato gerador no lugar onde ele se encontra no momento da entrega, exceto nas aquisições intracomunitárias, cujo lugar para a ocorrência do fato gerador é designado no momento da chegada do transporte ao adquirente. Nas importações de terceiros países, o fato gerador ocorre no desembaraço aduaneiro (postos de fronteira).

(xii) O fato gerador da prestação de serviço ocorre no lugar onde o prestador tem a sede de sua atividade econômica ou o domicílio, entretanto,

[7] No exercício de combate à fraude no IVA, o Conselho estabeleceu a obrigatoriedade de recolhimento antecipado do imposto devido no destino. A partir de 1 de janeiro de 2013, quando a Diretiva 2010/45/UE entrou em vigor, o imposto tornou-se exigível no momento da emissão da fatura.

[8] Na medida que os assalariados e outras pessoas se encontrem vinculados à entidade patronal por um contrato de trabalho ou por qualquer outra relação jurídica que estabeleça vínculos de subordinação, as suas atividades não se consideram como sendo exercidas de modo independente.

[9] Qualquer outra pessoa que efetue a título ocasional uma entrega de um meio de transporte novo transportado com destino a outro Estado membro é considerada também um sujeito passivo.

há hipóteses em que o fato gerador ocorre no local da efetiva prestação, tais como serviços relacionados a bens imóveis, ao transporte de passageiros e bens, a atividades culturais, artísticas, desportivas, científicas, docentes e recreativas.

(xiii) A base de cálculo compreende todos os valores que constituem a contraprestação pela entrega do bem ou pelo serviço prestado, com exceção do próprio imposto, portanto é um tributo calculado "por fora". Nas importações de terceiros países, a base de cálculo é acrescida dos tributos e despesas aduaneiras.

(xiv) As alíquotas do imposto são definidas pelos Estados membros, entretanto as diretivas determinam que a alíquota padrão deva ser superior a 15% (vigente até 31.12.2015) e admite a possibilidade de os Estados praticarem duas outras alíquotas reduzidas, não inferiores a 5% para os bens e serviços essenciais (previstos no Anexo III da Diretiva 2009/47/CE).

(xv) As isenções são concedidas de forma coordenada e encontram-se previstas nas diretivas do Conselho. As isenções, geralmente, não permitem que sejam reconhecidos os créditos das aquisições vinculadas a saída isenta, entretanto há previsões de manutenção desses créditos quando a saída isenta se relacionar a entregas intracomunitárias de bens e a exportações de bens da UE para um país terceiro.

(xvi) Os regimes especiais são regidos pelas diretivas e alcançam as seguintes hipóteses: pequenas empresas, produtores agrícolas, bens de segunda mão, objetos de arte, de coleção e antiguidades, ouro para investimento, agências de viagem, serviços prestados por via eletrônica.

(xvii) Princípio da origem x princípio do destino: nas relações com terceiros países, o IVA submete-se ao princípio do país de destino. Dessa forma, as exportações são livres de impostos e as importações sujeitam-se ao imposto, e a carga tributária aplicada é a prevista para os bens e serviços que circulam no interior do país importador. No tocante às operações intracomunitárias, em tese, o princípio deveria ser o da origem, conforme estabelecia o tratado de Roma. Entretanto, a regra vigente é mista: a) para a entrega de bens, a regra geral é a do destino, entretanto há exceções bem delineadas na Diretiva IVA. b) para a prestação de serviço, a regra geral é a da origem, com atenuações também descritas na Diretiva IVA.

(xviii) Por fim, o IVA, embora seja um tributo geral que objetiva alcançar todas as entregas de bens serviços, pode conviver com impostos especiais sobre o consumo[10], entretanto a harmonização (definição de todos os critérios da norma) também deve ocorrer, para evitar conflitos com o imposto sobre o valor agregado.

1.1. Regra-matriz do IVA nas operações e prestações internas

Hipótese:	
Critério material	Entrega de bens móveis ou imóveis e serviços
Critério espacial	Âmbito territorial do Estado (país)
Critério temporal	Momento da venda ou da prestação do serviço

Consequentes:		
Critério pessoal	Sujeito ativo:	O Estado (país)
	Sujeito passivo:	Industriais, comerciantes, extratores, produtores e prestadores de serviços
Critério quantitativo	Base de cálculo:	O valor da operação de venda ou da prestação de serviços, sem a inclusão do próprio imposto
	Alíquota:	Padrão- mínima: 15% , Reduzida- mínima: 5%
	Tributo a recolher:	Resultado do confronto de débitos – créditos apurados no mês. Tributo sujeito a não cumulatividade.

[10] Produtos sujeitos a impostos especiais de consumo na UE: produtos energéticos, álcool e bebidas alcoólicas e tabaco manufaturado, tal como definidos pelas disposições comunitárias em vigor, com exceção do gás fornecido por uma rede de gás natural situada no território da UE ou por qualquer rede a ela ligada.

1.2. Regra-matriz do IVA nas transações intracomunitárias

Hipótese:	
Critério material	Adquirir bens e determinados serviços
Critério espacial	No território do Estado-membro adquirente
Critério temporal	No momento da entrada do bem no estabelecimento do adquirente ou na prestação do serviço em seu território

Consequentes:		
Critério pessoal	Sujeito ativo:	O Estado adquirente (país)
	Sujeito passivo	Adquirente
Critério quantitativo	Base de cálculo	O valor da operação ou prestação, excluído o próprio imposto
	Alíquota	Padrão- mínima: 15% , Reduzida- mínima: 5%
	Tributo a recolher	Conforme definido pelas diretivas

1.3. Regra-matriz do IVA na importação de terceiros países

Hipótese:	
Critério material	Importar bens do exterior; Importar determinados serviços do exterior
Critério espacial	Repartições alfandegárias
Critério temporal	O momento do pagamento dos tributos aduaneiros

Consequentes:		
Critério pessoal	Sujeito ativo:	O Estado
	Sujeito passivo	Importador, inclusive os particulares
Critério quantitativo	Base de cálculo	O preço que servir de base para o cálculo dos tributos aduaneiros, acrescido do montante destes e exclusão do próprio imposto
	Alíquota	Aquela prevista para o similar nacional
	Tributo a recolher	Devido no momento do pagamento dos tributos aduaneiros

2. Processo de harmonização tributária da tributação sobre o consumo no continente europeu

A paz perpétua[11] tem uma longa trajetória no imaginário europeu e, naturalmente, esse desígnio foi renovado após as duas grandes guerras que devastaram política, econômica, física e moralmente o continente, na primeira metade do século XX.

Se for correto afirmar que a exaltação dos poderes do "Estado Nação" contribuiu para os horrores da guerra, do genocídio e do apogeu dos regimes totalitários, torna-se compreensível concluir que o novo caminho se sedimentou no sentido oposto, forjado pela colaboração entre os países e preservação de certos valores caros à civilização, tutelados por um novo poder supranacional.

[11] Os principais fundadores do direito internacional clássico discorreram sobre o assunto. Por todos, Gentilli: "As partes devem estar atentas não apenas às causas que causaram a guerra, mas principalmente às novas que a poderiam renová-la no futuro. O vencedor deve esforçar-se para que aquela paz dure para sempre, porque a natureza da paz é de ser perpétua." (GENTILI, Alberico. *O direito de guerra*. Tradução de Ciro Mioranza. IJUI, RS: Unijuí, 2005. p. 465). A respeito do contexto internacional, projetos e experiências de união na Europa, recomenda-se a leitura do capítulo 1 da parte preliminar do livro: CASELLA, Paulo Borba. *Comunidade Europeia e seu ordenamento jurídico*. São Paulo: LTr, 1994. p. 49-90.

Laureada com o prêmio Nobel da Paz[12], a União Europeia e os valores que a fundamentam consolidaram-se como modelo de luta pela paz e pela reconciliação, capazes de fazer progredir toda a civilização, por meio da defesa intransigente da democracia, do Estado de Direito, do respeito aos direitos da pessoa humana e das liberdades, inclusive a econômica.

Os seis países[13] que deram início a essa jornada atribuíram competências às novas instituições criadas para atingir objetivos comuns. Iniciaram pela construção do mercado comum e já atingiram o patamar de união econômica e monetária.

Assim, a União, com o seu modelo supranacional de integração, tornou-se parte do sistema e do processo constitucional dos Estados membros, bem como "os poderes constitucionais dos Estados membros são a origem da legitimidade da União e dotam-na de um valor e de uma eficiência supranacional".[14]

Se os primeiros tratados firmados ressaltaram a unidade e os princípios de liberdade econômica para alcançar a livre circulação de pessoas, bens, serviços e capitais, como lembram Meinhard[15] e Soares[16], a cada reforma foram reforçados, ou incorporados, novos princípios e valores, tais como a busca pelo desenvolvimento sustentável e a proteção ao meio ambiente e a ampliação dos direitos e as garantias fundamentais do cidadão europeu.

De Paris a Lisboa, *"en passant par Rome, Maastricht, Amsterdam et Nice"*[17], constituiu-se uma união[18]: autônoma, dotada de direitos soberanos; sustentada

[12] Prêmio Nobel entregue pelo Comitê norueguês, no ano de 2012.

[13] Alemanha, França, Bélgica, Itália, Luxemburgo, Países Baixos.

[14] BADURA, Peter. A "identidade nacional" dos Estados Membros na Constituição da Europa. In: CUNHA, Paulo de Pitta e; QUADROS, Fausto de (Orgs.). *Uma Constituição para a Europa*. Instituto Europeu da Faculdade de Direito de Lisboa, British council, Goethe-Institut Lissabon, Institut Franco-Portugais. Coimbra: Almedina, 2004. p. 74-75.

[15] HILF, Meinhard. Os direitos fundamentais na Constituição Europeia. In: CUNHA, Paulo de Pitta e; QUADROS, Fausto de (Orgs.). *Uma Constituição para a Europa*. Instituto Europeu da Faculdade de Direito de Lisboa, British council, Goethe-Institut Lissabon, Institut Franco-Portugais. Coimbra: Almedina, 2004. p. 179.

[16] SOARES, António Goucha. *A carta dos direitos fundamentais da União Européia*: a proteção dos direitos fundamentais no ordenamento comunitário. Coimbra: Coimbra Editora, 2002. p. 10.

[17] BORCHARDT, Klaus-Dieter. *L'ABC du droit de l'Union Européenne*. Luxembourg: Office des publications de l'Union Européenne, 2010. p. 9.

[18] A natureza jurídica da União Europeia foi construída fundamentalmente a partir da combinação de dois acórdãos do Tribunal da Comunidade, os célebres processos *Van Gend & Loos* e o *Da Costa/Enel*. Posteriormente, os princípios decorrentes desses julgamentos foram

por pilares singulares que correspondem a uma ordem jurídica própria; e na qual seus membros reconhecem o primado do direito comunitário sobre o direito nacional.

Dessa forma, das cinzas da Segunda Guerra Mundial, as três Comunidades[19] que deram azo à União visaram a restabelecer o crescimento econômico dos países arrasados pelos conflitos bélicos e assegurar a capacidade de concorrência com as economias dos países que emergiram fortalecidos após o conflito.[20]

parcialmente incorporados aos Tratados da UE. Na opinião de Paulo de Pitta e Cunha, classificar a UE como uma instituição *sui generis* é algo ultrapassado: "Historicamente, pelo menos, a UE é uma organização internacional e, de acordo com alguns critérios, poderia ser classificada como uma confederação, mas também tem muitos atributos de uma federação, sendo que alguns chegam a classificá-la como uma federação (de facto) de Estados. Por esta razão, a organização, no passado, foi denominada como uma instituição *sui generis (única em seu gênero), embora também se argumente que esta designação não é mais verdadeira atualmente.*" (CUNHA, Paulo de Pitta e. Tratado ou Constituição? In: CUNHA, Paulo de Pitta e; QUADROS, Fausto de (Orgs.). *Uma Constituição para a Europa*. Instituto Europeu da Faculdade de Direito de Lisboa, British council, Goethe-Institut Lissabon, Institut Franco-Portugais. Coimbra: Almedina, 2004. p. 45-49). Pode-se afirmar, com segurança, é que a UE goza de existência própria, caráter permanente, vontade distinta dos seus membros e autonomia de atuação (SOARES, Mário Lúcio Quintão. *Mercosul*: direitos humanos, globalização e soberania. 2. ed. rev., atual. e ampl. Belo Horizonte: Del Rey, 1999).

19 (i) Comunidade Europeia do Carvão e do Aço (CECA): o tratado foi firmado em Paris (1951), concretizando a proposta de Schuman, ministro francês dos negócios estrangeiros. Alemanha, Bélgica, França, Itália, Luxemburgo e Países Baixos (a Europa dos Seis) estabeleceram um mercado comum para o controle do comércio das matérias primas dos artefatos bélicos. A *Declaração Schuman*, como ficou conhecida, inicia-se assim: "A paz mundial não poderá ser salvaguardada sem esforços criativos que estejam à altura dos perigos que a ameaçam"; (ii) Comunidade Econômica Europeia (CEE): instituída pelo Tratado de Roma (1957). Os mesmos seis países europeus compuseram um acordo que criou o poder supranacional da Comunidade e estabeleceram o compromisso de implementar um mercado comum, além de avançar na cooperação social e política e econômica; (iii) Comunidade Europeia da Energia Atômica (Euratom): estabelecida pelo Tratado de Roma (1957), com o objetivo de coordenar os programas de utilização pacífica da energia nuclear.

20 "O princípio motor e a legitimidade da União resultam do fato de o Estado, pela mera mobilização dos seus recursos vitais, ser incapaz de salvaguardar e garantir a liberdade, a justiça e o bem-estar, devido ao desenvolvimento econômico e político na Europa e às relações globais." (BADURA, Peter. A "identidade nacional" dos Estados Membros na Constituição da Europa. In: CUNHA, Paulo de Pitta e; QUADROS, Fausto de (Orgs.). *Uma Constituição para a Europa*. Instituto Europeu da Faculdade de Direito de Lisboa, British council, Goethe-Institut Lissabon, Institut Franco-Portugais. Coimbra: Almedina, 2004. p. 74).

Um dos feitos mais notáveis do sonho europeu foi a realização do mercado comum, como afirma Fontaine, "*le marché intérieur est l'une des plus grandes réussites de l'Union européenne*"[21]. Ao consagrar a liberdade de circulação de pessoas, bens, serviços e capitais em seu território, tornou possível o sonho de paz e união do continente, dando início a uma nova história.

E a história do mercado comum confunde-se com a própria história da União que comemorou, em 2021, sessenta anos de esforços que devem ser lembrados para fortalecer os princípios firmados no Tratado de Roma e assegurar o futuro do bloco.

Nesta trajetória, é notória a importância da adoção de um modelo planificado de imposto incidente sobre o consumo de bens e serviços, pelos países fundadores, bem como a formulação de um sistema comum de IVA, para que os objetivos almejados nos tratados internacionais fossem alcançados.

2.1. O tratado de Roma

O Tratado de Roma (1957)[22] que instituiu a Comunidade Econômica Europeia (CEE) elegeu como missão a progressiva, contínua e equilibrada aproximação das políticas econômicas dos Estados membros, mediante o estabelecimento de um mercado comum que deveria ser erigido no período de quinze anos, consideradas as prorrogações autorizadas pelo acordo.[23]

O Tratado foi estruturado de forma a estabelecer, nos prazos acordados, os objetivos a serem alcançados e o papel de cada instituição criada, mediante o firme compromisso dos Estados em adotar as medidas previstas no direito primário ou oriundas do direito derivado, devendo se abster de qualquer ato que pudesse colocar em perigo a realização da integração.[24]

21 FONTAINE, Pascoal. *Comprendre les politiques de l'Union Européenne*: 12 leçons sur l'Europe. Luxembourg: Office des publications de l'Union européenne, 2014. p. 21.

22 COMMUNAUTÉ ÉCONOMIQUE EUROPÉENNE. *Traité instituant la Communauté Économique Européenne*. Roma, 1957.

23 O Tratado de Roma entrou em vigor em 1958, portanto, o mercado comum deveria estar plenamente constituído em 1973 (arts. 1º a 8º).

24 O prazo estabelecido pelo Tratado era de doze anos, admitindo-se a prorrogação por mais três anos (art. 5º).

A estrutura institucional da CEE era composta pelos seguintes órgãos: Assembleia[25], Conselho[26], Comissão[27] e Tribunal de Justiça[28], que detinham poderes para atuar dentro dos limites das competências atribuídas pelos países fundantes. A Comissão e o Conselho eram assistidos por um Comitê Econômico e Social[29], composto por representantes dos diferentes setores da vida econômica e social dos Estados membros, com funções consultivas.

No curso do processo de decisão, o exercício legislativo decorria da atuação conjunta da Assembleia, da Comissão e do Conselho, cabendo a este último a formulação de regulamentos[30], diretivas[31], decisões[32], recomendações ou pareceres [33] direcionados aos países integrantes da CEE.

[25] A Assembleia, composta por representantes do povo de cada um dos Estados membros, exercia a competência de deliberação e de controle atribuídas pelo Tratado (arts. 137 a 144).

[26] Ao Conselho competia assegurar a coordenação das políticas econômicas gerais dos Estados membros, com poder de decisão. Era composta pelos representantes dos Estados membros, sendo que cada governo estava representado por um de seus membros. Após ouvir a Comissão, o Conselho editava regulamentos, diretivas, decisões, recomendações e pareceres (arts. 145 a 154).

[27] A Comissão tinha o objetivo de garantir o funcionamento e o desenvolvimento do mercado comum, velava pela aplicação das disposições do Tratado, assim como as disposições adotadas pelas instituições, formulava recomendações sobre matérias de interesse do mercado comum e dispunha de poder de decisão. O Conselho e a Comissão sempre trabalhavam em conjunto, consultando-se mutuamente (arts. 155 a 163).

[28] O Tribunal de Justiça garantia o respeito ao direto na interpretação e aplicação do Tratado e dos atos emanados das instituições. Interessante notar que os Estados firmaram o compromisso de não submeter as controvérsias relativas à interpretação ou aplicação do Tratado de Roma a um procedimento de solução distinto dos previstos no acordo (arts. 4º e 164 a 188).

[29] Artigos 193 a 198 do Tratado.

[30] Os regulamentos tinham um alcance geral, eram obrigatórios em todos os seus elementos e diretamente aplicáveis em cada Estado membro (arts. 164 a 188 do Tratado).

[31] As diretivas obrigavam os Estados membros no tocante ao resultado que deviam alcançar, deixando às autoridades nacionais a eleição da forma e dos meios (art. 189). A jurisprudência que se formou sobre o tema informa que a diretiva gozava de aplicabilidade direta no ordenamento jurídico do Estado membro se a obrigação era incondicional e suficientemente precisa (sentença RATTI, de 05.04.1979; sentença REWE, de 07.07. 1981; sentença Moormann, de 20.09.1988; e sentença Prefeitura de Milão – Contrato público de obra – Oferta anormalmente baixa, de 22.06. 1989 (MATTERA, Alfonso. *El mercado único europeo*: sus reglas, su funcionamiento. Traducción al castellano por Cora Zapico Landrove. Madrid: Cívitas, 1991. p. 210).

[32] A decisão era obrigatória em todos os seus elementos para todos os destinatários (art. 189).

[33] As recomendações e os ditames não eram vinculantes (art. 189).

Esse período inaugural, denominado transitório, foi dividido em três etapas de quatro anos cada, sujeito a um rígido controle institucional que apurava, ao término de cada período, se os objetivos estabelecidos e as obrigações assumidas haviam sido alcançados, com poderes para agir e fazer valer a vontade manifestada no acordo.

As instituições criadas também deveriam velar para que não restasse comprometida a estabilidade financeira[34] dos Estados membros e, além das medidas de salvaguarda, previu-se a criação do Fundo Social Europeu (com objetivo de melhorar as possibilidades de emprego dos trabalhadores e contribuir para a elevação de seu nível de vida) e a constituição de um Banco Europeu de Inversões (destinado a facilitar a expansão econômica da Comunidade, mediante a criação de novos recursos, autorizado a conceder empréstimos e socorrer os países integrantes).

O primeiro objetivo a ser alcançado era a constituição de uma união aduaneira, mediante: (i) a supressão dos direitos aduaneiros e das restrições quantitativas à entrada e saída de mercadorias, assim como quaisquer outras medidas de efeito equivalente; (ii) definição de uma tarifa externa e de uma política comuns para ser aplicada a terceiros países não integrantes da Comunidade; e (iii) consagração da livre circulação de mercadorias no território da CEE, incluindo as mercadorias originárias dos países da Comunidade ou procedentes de terceiros países que se encontrassem em livre prática[35] nos Estados membros.[36]

A redução dos direitos aduaneiros, as limitações quantitativas à exportação e os encargos de efeito equivalente deveriam ser concluídos até o final da primeira etapa e competia ao Conselho, por maioria qualificada, definir os ajustes para a harmonização interna da pauta comum[37]. Nesse quesito, a evolução da integração foi muito bem-sucedida e a pauta comum passou a ser aplicada integralmente, sem qualquer exceção, ao final do período transitório.[38]

[34] Artigo 6º do Tratado de Roma.

[35] O artigo 10 do tratado estabelece que se consideram em livre prática os produtos provenientes de países terceiros em relação aos quais se tenham cumprido as formalidades de importação e cobrados os direitos aduaneiros.

[36] Artigo 9º do Tratado de Roma.

[37] Artigo 21 do Tratado de Roma.

[38] Artigo 23 do Tratado de Roma.

Para assegurar o progresso do mercado comum, a matéria fiscal recebeu atenção especial no Tratado de Roma, que se ocupou não só de assegurar o princípio da não discriminação[39], cláusula padrão de qualquer tratado de livre comércio, como proibiu a prática de subvenções fiscais às exportações, ao determinar que, no comércio entre os países da Comunidade, era defeso beneficiar-se de devolução de tributos internos superiores ao montante cobrado nas aquisições antecedentes à exportação.[40]

A preocupação dirigia-se aos países que praticavam impostos sobre o consumo segundo os modelos monofásico ou plurifásico cumulativo (incidência em cascata), hipótese em que o cálculo da devolução de tributos suportados pelo exportador é extremamente complexo e de difícil verificação.[41]

Prevendo que a disparidade de modelos de tributação fatalmente culminaria em distorções ao livre comércio intrabloco, atribuiu-se à Comissão a tarefa de preparar estudos sobre a harmonização das legislações relativas aos impostos indiretos. Concluída a análise, caberia ao Conselho, por unanimidade, decidir quais medidas seriam adotadas para a aproximação das legislações.[42]

Iniciou-se assim a consagração da tributação sobre o consumo mediante um modelo de imposto plurifásico, não cumulativo, incidente apenas sobre o valor acrescido por cada sujeito passivo do circuito econômico dos bens e serviços, até desaguar no consumidor final – o verdadeiro contribuinte.

Vivenciou-se também um dos capítulos mais importantes do processo de constituição da União Europeia, considerando que o mercado comum

[39] O princípio universalmente consagrado, que determina a vedação de cobrança de gravame, direto ou indireto, superior para os produtos oriundos de outros países, em comparação com a carga tributária vigente para os produtos nacionais similares. Compromisso cumprido ao término da primeira etapa do período transitório.

[40] Artigo 96 do Tratado de Roma.

[41] Para os tributos cobrados de forma plurifásica e não cumulativa, o valor a ressarcir aos exportadores corresponde exatamente ao valor do imposto cobrado pelas aquisições de bens e serviços vinculados ao produto exportado, portanto é um tipo impositivo considerado neutro sob o ponto de vista do mercado externo. Em sentido oposto, o tipo monofásico concentrado no início do circuito econômico ou o plurifásico não cumulativo dificilmente podem ser conferidos com precisão. Por essa razão, para evitar maiores distorções, enquanto não se harmonizasse o tributo sobre o consumo, o Tratado de Roma estabeleceu critérios para determinar os percentuais de reembolso para essas hipóteses, por tipo de produto.

[42] O instrumento eleito para ser o indutor dessas normas foi a diretiva.

possibilitou o avanço no projeto de integração[43]. É de se notar que a experiência de eleição de um tributo economicamente viável vivenciada pela Comunidade Econômica Europeia difundiu-se velozmente, atingindo todos os continentes. Estima-se que, atualmente, mais de 150 países adotem um modelo similar ao IVA europeu.

Em atendimento ao disposto no Tratado de Roma, nomeadamente os artigos 95 a 99, a Comissão reuniu um comitê de especialistas[44] para discutir os regimes tributários vigentes nos Estados membros e apontar soluções necessárias para a sua harmonização, em prol da construção do mercado comum.

O trabalho avaliou de forma detalhada a situação econômica e financeira dos países da CEE e apontou as disparidades qualitativas e quantitativas existentes, graduando-os conforme o nível de compatibilidade ou incompatibilidade aos objetivos da integração. Ao cabo, apontou as soluções para alcançar a neutralidade da tributação e afastar as causas dos possíveis desequilíbrios concorrenciais.

O resultado do estudo propôs uma harmonização de certos impostos, especialmente o que incide sobre o consumo de bens e serviços, para assegurar a política de integração.

O Relatório Neumark[45], como ficou conhecido, recomendou aos países integrantes a extinção da tributação cumulativa e a adoção de um imposto

[43] Como afirma o Livro Branco da Comissão: "*Just as the Customs Union had to precede Economic Integration, so Economic Integration has to precede European Unity. What this White Paper proposes therefore is that the Community should now take a Further step along the road so clearly delineated in the Treaties. To do less would be to fall short of the ambitions of the founders. Of the community, incorporated in the Treaties; it would be to betray the trust invested in us; and it would be to offer the peoples of Europe a narrower, less rewarding, less secure, less prosperous future than they could otherwise enjoy. That is the measure of the challenge which faces us. Let it never be said that we were incapable of rising to it.*" (COMMISSION OF THE EUROPEAN COMMUNITIES. *White paper from the commission to the European Council*. Completing the internal market. 1985. Conclusion 222. Disponível em: http://europa.eu/documents/comm/white_papers/pdf/com1985_0310_f_fr.pdf). Último acesso em: 01/06/2021.

[44] Presidida por Fritz Neumark e composta pelos seguintes especialistas em matéria fiscal e econômica: Willy Abers, Alain Barrère, Cesare Cosciani, Joseph Kauffman, Maurice Masoin, Bernard Schendstok, Carl S. Shoup, G. Stammati e Georges Vedel.

[45] COMMISSION. COMMUNAUTÉ ÉCONOMIQUE EUROPÉENNE. *Rapport du Comité Fiscal et Financier*. Luxembourg: Office des Publications Officielles des Communautés Européennes, 1962. p. 1-151.

sobre o valor acrescido (IVA). Somente a partir desse pilar seria possível prosseguir na harmonização da norma tributária vigente em cada país, que deveria atingir inclusive a aproximação das alíquotas.[46]

Por fim, propôs, para evitar a dupla imposição nas relações intracomunitárias e assegurar a eliminação das fronteiras físicas existentes entre os países que pretendiam se integrar, a adoção da tributação do IVA no país de origem[47]. Entretanto, diante da dificuldade de se harmonizar de imediato todos os critérios da norma do imposto, admitiu que seria possível inaugurar o mercado comum mediante a adoção do princípio da tributação no destino (exportações exoneradas e importações tributadas, conforme regra internacional padrão vigente em todos os países integrantes do GATT/OMC).[48]

As conclusões apresentadas pela Comissão inspiraram a edição das seguintes diretivas do Conselho, na primeira fase de harmonização da tributação indireta.

2.2. O Livro Branco da Comissão

Em junho de 1985, a Comissão[49] elaborou um Livro Branco para dar um novo impulso ao mercado comum que se encontrava em crise ou em uma

[46] *"La réforme de la taxe sur le chiffre d'affaires sur la base des príncipes formulés dans le rapport doit* être *considérée comme la mesure la plus importante etla plus urgente à prendre dans le cadre de la politique d'harmonisation fiscale."* (COMMISSION. COMMUNAUTÉ ÉCONOMIQUE EUROPÉENNE. *Rapport du Comité Fiscal et Financier.* Luxembourg, Office des Publications Officielles des Communautés Européennes, 1962. p. 89).

[47] Dilema até hoje vivenciado pela União Europeia, que segue sem ser concretizado.

[48] *"Le Comité fiscal et financier se prononce, en ce qui concerne les accises, em faveur du maintien de la pratique actuelle (principe du pays de destination). Le fait que les frontières fiscales doivent être maintenues est regrettable et cela pour les raisons en particulier d'ordre psychologique mentionnées plus haut, mais il n'enlève presque rien à nos constatations concernant le souhait de principe de voir supprimer les frontières fiscales. En effet, les produits soumis à des accises spéciales ne jouent qu'un role modeste tant pour ce qui est de leur part dans l'ensemble des exportations et des importations que si l'on considère l'importance absolue et relative des courants commerciaux internationaux."* (COMMISSION. COMMUNAUTÉ ÉCONOMIQUE EUROPÉENNE. *Rapport du Comité Fiscal et Financier,* Luxembourg. Office des Publications Officielles des Communautés Européennes, 1962. p. 80).

[49] COMMISSION OF THE EUROPEAN COMMUNITIES. White paper from the commission to the European Council. Completing the internal market. 1985. Disponível em: <http://europa.eu/documents/comm/white_papers/pdf/com1985_0310_f_fr.pdf>. Último acesso em: 01/06/2021

encruzilhada[50], como definiu o relatório do estudo, causada pela recessão do início dos anos 1980.[51]

A recessão havia feito ressurgir uma série de barreiras ao comércio intrabloco, erguidas para proteger os mercados nacionais, as indústrias e os empregos dos cidadãos locais[52]. As metas lançadas pela Comissão, presidida por Jacques Delors, foram sumarizadas em duzentas e setenta e nove sugestões voltadas para a supressão, no prazo de sete anos, de todos os entraves físicos, técnicos e fiscais à livre circulação no espaço da CEE.

O grande desafio proposto pelo trabalho foi a eliminação dos postos aduaneiros nas fronteiras para os países integrantes da CEE, por representarem o exemplo visível da divisão que ainda vigorava na Comunidade e a sua remoção significaria o sinal mais nítido da integração. O desmantelamento das fronteiras interiores, símbolo das divisões e lutas do passado, passaria a ser o signo mais representativo da integração e um acontecimento sem precedentes na história do continente europeu, segundo Mattera.[53]

O Livro Branco versou também sobre a necessidade de eliminação dos entraves técnicos, que haviam crescido muito no ambiente de proteção dos mercados nacionais, consagrando o princípio do reconhecimento mútuo, já desenvolvido pelo Tribunal de Justiça da Comunidade Econômica Europeia.[54]

[50] *"Europe stands at the crossroads. We either go ahead – with resolution and determination – or we drop back into mediocrity. We can now either resolve to complete the integration of the economies of Europe; or, through a lack of political will to face the immense problems involved, we can simply allow Europe to develop into no more than a free trade area."* (COMMISSION OF THE EUROPEAN COMMUNITIES. White paper from the commission to the European Council. Completing the internal market. 1985. Conclusion n. 219: Disponível em: <http://europa.eu/documents/comm/white_papers/pdf/com1985_0310_f_fr.pdf>. Último acesso em: 01/06/2021.

[51] MATTERA, Alfonso. *El mercado único europeo*: sus reglas, su funcionamento. Traducción al castellano por Cora Zapico Landrove. Madrid: Cívitas, 1991. p. 338.

[52] Nos anos 70/80 houve outros entraves que dificultaram a realização completa do mercado interno. As especificações técnicas, as normas de saúde e de segurança, os controles cambiais e as regulamentações nacionais relativas ao exercício das profissões restringiam, todos eles, a livre circulação de pessoas, de mercadorias e de capitais.

[53] MATTERA, Alfonso. *El mercado único europeo*: sus reglas, su funcionamento. Traducción al castellano por Cora Zapico Landrove. Madrid: Cívitas, 1991. p. 32.

[54] Princípio de índole jurisprudencial. O princípio do reconhecimento recíproco é fruto da jurisprudência Cassis de Dijon. MATTERA, Alfonso. *El mercado único europeo*: sus reglas, su funcionamento. Traducción al castellano por Cora Zapico Landrove. Madrid: Cívitas, 1991.

Com a abolição dos controles de fronteiras (barreiras físicas), concebidos para assegurar que cada Estado membro pudesse cobrar as receitas na forma de tributação indireta, seria necessário alterar a forma de controle do IVA, ainda cobrado no destino.

A tributação na origem seria conformada mediante ajustes a serem efetuados por uma câmara de compensações[55], mecanismo que nunca foi adotado por resistência dos Estados.

Por meio de um acordo político, os Estados membros conseguiram aprovar um regime transitório para as operações intracomunitárias que permitiria cumprir o prazo para abolição das fronteiras, mas manteria o princípio da tributação no destino, com algumas exceções, estabelecidas principalmente pelas Diretivas 91/680/CEE e 92/111/CEE.

2.3. O Ato Único Europeu

O Ato Único Europeu, que modificou o Tratado de Roma, com o objetivo de impulsionar a integração europeia, foi assinado em Luxemburgo em 17 de fevereiro de 1986 e entrou em vigor no dia 1º de julho de 1987.

O tratado alterou as regras de funcionamento das instituições europeias, em especial no tocante à tomada de decisões que requeria a unanimidade para a maior parte dos temas de harmonização legislativa, regra que foi modificada, entretanto não atingiu a matéria fiscal e alargou as competências tributárias, em especial no tocante à política externa comum, ao desenvolvimento e ao meio ambiente.[56]

p. 32. No mesmo sentido: VEIL, Simone. *L'Europe de la responsabilité*: Traité de Rome, 25ème anniversaire. Bruselas: Comissión de las Comunidades Europeas, 1982.

55 "Uma câmara de compensação apuraria as situações líquidas que dariam lugar a pagamentos (dos países exportadores líquidos aos países importadores líquidos). A distribuição final de receita pelos vários países, uma vez operadas as compensações e regularizados os saldos, corresponderia à distribuição típica dos impostos no destino." (BASTO, José Guilherme Xavier de. *A tributação do consumo e a sua coordenação internacional*. Lisboa: Centro de Estudos Fiscais, 1991. p. 142).

56 Para facilitar a realização do mercado interno, o Ato Único prevê um aumento do número de casos em que o Conselho pode deliberar por maioria qualificada e não por unanimidade. Essa medida facilita a tomada de decisões, evitando bloqueios inerentes à procura de obtenção de um acordo unânime por parte dos Estados-Membros. A unanimidade deixa de ser necessária para as medidas com vista ao estabelecimento do mercado interno, com exceção

O impulso foi garantido pela inclusão do artigo 8-a, que passou a conceituar o mercado interno como o espaço sem fronteiras internas, no qual a livre circulação das mercadorias, das pessoas, dos serviços e dos capitais seria assegurada. Note-se que o mercado comum previsto no tratado anterior e o mercado interno possuem o mesmo objetivo: consagrar as liberdades entre os países integrantes.

A nova denominação tinha como objetivo reforçar a necessidade de remoção efetiva das barreiras físicas, técnicas e fiscais ainda remanescentes[57]. A meta era alcançar esse mercado único em 1992, por meio de um programa e calendários obrigatórios.

Por fim, o acordo modificou o artigo 99 do Tratado de Roma, no sentido de reforçar o papel das instituições no processo de harmonização da tributação indireta, considerando que os passos dados já haviam contribuído para a construção do mercado comum, entretanto precisavam continuar avançando.

A grande contribuição do Ato Único Europeu foi permitir a progressão do mercado comum e a eliminação das fronteiras em janeiro de 1993, bem como a criação de novas competências comunitárias e a reforma das instituições, preparando o terreno para a integração política e para a união econômica e monetária, posteriormente instituídas pelo Tratado de Maastricht.

das medidas relativas à fiscalidade, à livre circulação das pessoas e aos direitos e interesses dos trabalhadores assalariados.

57 A noção ampla de mercado comum foi confirmada pela jurisprudência do tribunal, em particular na sentença Schul, de 5 de maio de 1982: "*La noción de mercado comum, delimitada por uma reiterada jurisprudencia, comprende la eliminación de todas las trabas a los intercambios intracomunitarios con vistas a la fusión de los mercados nacionales en un mercado único que funcione en condiciones lo más similares posible a las de un verdadero mercado interior.*" (MATTERA, Alfonso. *El mercado único europeo*: sus reglas, su funcionamento. Traducción al castellano por Cora Zapico Landrove. Madrid: Cívitas, 1991. p. 42).

3. As diretivas de harmonização do IVA

3.1. A Primeira Diretiva IVA do Conselho da Comunidade Econômica Européia[58]

A Primeira Diretiva relativa à harmonização das legislações fiscais dos Estados membros foi publicada no dia 11 de abril de 1967.

O documento destacou que o objetivo essencial do Tratado de Roma impunha que a concorrência entre os países deveria ter características análogas a um mercado interno, o que pressupunha a aplicação de legislações respeitantes aos impostos sobre o volume de negócios que não causassem desequilíbrios concorrenciais e não impedissem a livre circulação das mercadorias e dos serviços no mercado comum.

Como as legislações em vigor nos países da Comunidade não correspondiam às exigências referidas, a harmonização das legislações deveria ser precedida pela adoção de um tipo impositivo idêntico, regido por um sistema comum de imposto sobre o valor acrescido, combinado com a eliminação dos tributos cumulativos. Os Estados membros deveriam adotar esse novo modelo a partir de 1970.[59]

A diretiva, seguindo as recomendações da Comissão, definiu que o sistema comum consistia em aplicar um imposto geral sobre o consumo de bens e serviços, incidente sobre o preço desses (base de cálculo), em todas as fases

[58] CONSEIL DES COMMUNAUTÉS EUROPÉENNES. Première Directive du Conseil, du 11 avril 1967. En matière d'harmonisation des législations des États membres relatives aux taxes sur le chiffre d'affaires (67/227/CEE). *Journal Officiel des Communautés Européennes*, du 14/04/67, p. 1.301-1.303.

[59] Posteriormente prorrogado para 1972, pela Terceira Diretiva. A República Italiana e o Reino da Bélgica comunicaram à Comissão, em 14 de julho de 1969 e 12 de setembro de 1969, respectivamente, não estarem em condições de respeitar a data limite de 1º de janeiro de 1970 fixada para a introdução do IVA e solicitaram a prorrogação do prazo. A Bélgica alegou razões de ordem conjuntural e orçamentária, enquanto a Itália necessitava de um projeto de reforma geral dos impostos que dependia da aprovação do parlamento, que estabelecia o prazo de 31 de outubro de 1970 para a conclusão dos trabalhos. A Terceira Diretiva então prorrogou o prazo para implementação obrigatória do IVA para 1º de janeiro de 1972 (CONSEIL DES COMMUNAUTÉS EUROPÉENNES. Troisième Directive du Conseil, du 9 décembre 1969. En matière d'harmonisation des legislations des États members relatives aux taxes sur le chiffre d'affaires – Introduction de la taxe à la valeur ajoutée dans les États members (69/463/CEE). *Journal Official des Communautés Européennes*, du 20/12/69, p. 34-35).

de produção, distribuição e fornecimento ao consumidor (adoção da plurifasia). Afinal, os estudos demonstraram que um imposto sobre o valor acrescido consegue a maior simplicidade e a maior neutralidade se for cobrado da forma mais geral possível e se o seu âmbito de aplicação abranger todas as fases da produção e da distribuição, bem como o setor das prestações de serviços.

Entretanto, de forma equivocada e que ocasionou uma série controvérsias, a diretiva reconheceu que alguns Estados teriam dificuldades para adotar o sistema plurifásico compreendendo também o momento da venda a varejo, já que esse tipo de gravame era incomum para alguns dos integrantes da CEE. Por essa razão, autorizou que o IVA fosse aplicado até o momento da venda no atacado, deixando a cargo dos Estados cobrarem um imposto complementar autônomo nas vendas a varejo.[60]

Cientes de que a harmonização dos impostos sobre o consumo implicaria relevantes modificações nas suas estruturas fiscais, com sensíveis consequências orçamentárias, econômicas e sociais, estabeleceu-se que a harmonização das taxas e isenções seriam definidas em uma etapa posterior.[61]

Determinou que em cada transação o imposto calculado fosse deduzido o montante do imposto que tivesse incidido diretamente sobre o custo dos diversos elementos constitutivos do preço (não cumulatividade apurada pelo método subtrativo: débitos-créditos).

Anunciou que uma nova diretiva seria publicada para definir a estrutura e as modalidades de aplicação do sistema comum do imposto sobre o valor acrescido e estabeleceu o prazo para a Comissão apresentar propostas que indicassem de que modo e em qual prazo a harmonização dos impostos sobre o consumo atingiria o objetivo da tributação na origem.

[60] A decisão causou muitos conflitos entre os Estados membros que adotaram medidas muito diferentes e, consequentemente, prejudiciais ao mercado comum. Tal disparate somente foi corrigido no ano de 1977, com a edição da Sexta Diretiva IVA. Para o MERCOSUL, a experiência demonstra que a plurafasia perfeita é condição para o sucesso da harmonização dos impostos indiretos.

[61] Em relação às isenções, elas também causaram sérias deformações na neutralidade do tributo, erro sanado na Sexta Diretiva IVA.

3.2. A Segunda Diretiva do Conselho da Comunidade Econômica Europeia

Em 14 de abril de 1967 foi publicada a Segunda Diretiva IVA[62], que teve como objetivo delinear os critérios da norma tributária do imposto que seria adotado pelos Estados membros. Eivada de imprecisões e permissiva em relação às decisões que poderiam ser tomadas pelos Estados, ao ser transporta para o direito interno de cada país, foi revogada em curto tempo.

Os aspectos positivos que podem ser extraídos da norma são o reconhecimento da importância da progressividade na tributação sobre o consumo[63], a proibição de inclusão do tributo em sua própria base de cálculo e a obrigatoriedade de aplicação da mesma alíquota interna aos produtos importados.[64]

Por outro lado, a indefinição precisa da regra matriz do tributo permitiu que fossem colhidos diversos insucessos, que seriam corrigidos posteriormente pela Sexta Diretiva IVA do Conselho.

[62] CONSEIL DE LA COMMUNAUTÉ ÉCONOMIQUE EUROPÉENNE. Deuxième Directive du Conseil, du 11 avril 1967. *Journal Officiel des Communautés Européennes*, du 14/04/1967, p. 1.303-1.312.

[63] Foi sugerida a aplicação seletiva das alíquotas, maiores ou menores em razão da essencialidade das mercadorias e dos serviços, como meio de conferir justiça à tributação. A crítica à regressividade da tributação sobre o consumo é de longa data, entretanto o tema voltou ao centro das discussões mundiais após a publicação de livro de Thomas Piketty em que propõe a criação de um tributo internacional sobre a riqueza acumulada e, segundo ele, progressivo, para que seja justo. Para ele, o instituto da progressividade tributária é um grande instrumento de distribuição da riqueza e o defende na aplicação desse novo tributo porque "a história da distribuição da riqueza jamais deixou de ser profundamente política, o que impede sua restrição aos mecanismos puramente econômicos. Em particular, a redução da desigualdade que ocorreu nos países desenvolvidos entre 1900-1910 e 1950-1960 foi, antes de tudo resultado das guerras e das políticas pública adotadas para atenuar o impacto desses choques. Da mesma forma, a reascensão da desigualdade depois dos anos 1970-1980 se deveu, em parte, às mudanças políticas ocorridas nas últimas décadas, principalmente no que tange à tributação e às finanças. A história da desigualdade é moldada pela forma como os atores políticos, sociais e econômicos enxergam o que é justo e o que não é, assim como pela influência relativa de cada um desses atores e pelas escolhas coletivas que disso decorrem. Ou seja, ela é fruto da combinação, do jogo de forças, de todos os atores envolvidos [...] Contudo, uma conclusão clara surge desde agora: é ilusório pensar que existem, na estrutura do crescimento moderno, ou nas leis da economia de mercado, forças de convergências que conduzam naturalmente a uma redução da desigualdade da riqueza ou a uma estabilização harmoniosa." (PIKETTY, Thomas. *O capital do século XXI*. Tradução de Monica Baumgarten de Bolle. Rio de Janeiro: Intrínseca, 2014. p. 27 e 367).

[64] Princípio da não discriminação.

Os equívocos, que podem servir de alerta ao processo de harmonização da tributação indireta no MERCOSUL, podem ser assim descritos:

(i) As hipóteses de incidência não foram bem delineadas e o tributo geral, que deveria alcançar a generalidade do consumo de bens e serviços, acabou perdendo força nas leis internas. A diretiva deixou a cargo dos Estados a tarefa de determinarem a regulamentação relativa à inclusão dos serviços que seriam alcançados pela exação, cuidando apenas de listar, no Anexo B do documento, as dez hipóteses que deveriam ser obrigatoriamente alcançadas pelo imposto.

(ii) No tocante às alíquotas, permitiu que os Estados as definissem livremente, sem estabelecer qualquer parâmetro entre o percentual máximo e mínimo, ou mesmo um percentual padrão, o que culminou com diversas distorções.

(iii) Admitiu-se que era possível reconhecer, a título transitório, certas diferenças entre as modalidades de aplicação dos impostos[65]. A disciplina dos regimes especiais de tributação das microempresas e dos produtos agrícolas ficaram a cargo dos Estados, o que causou várias distorções.

(iv) Permitiu-se que os Estados concedessem livremente isenções, comprometendo a neutralidade pretendida.

(v) Em relação à não cumulatividade, restringiram-se os créditos das aquisições de bens e serviços destinados às necessidades do sujeito passivo (denominados de uso e consumo próprios), além de permitir uma série de derrogações, pelos Estados, ao reconhecimento do crédito dos bens destinados ao ativo imobilizado, mesmo aqueles vinculados à atividade da empresa, afetando, de forma descoordenada, o resultado da apuração mensal do imposto.

(vi) Em relação à apuração do imposto, ficou definido que seria mensal, entretanto os países poderiam reduzir ou ampliar esse prazo para

[65] Procedimento também revisto na Sexta Diretiva IVA, já que a experiência comprova que para atingir a neutralidade é necessário limitar os regimes especiais e as medidas de exceção do tributo.

trimestral, semestral ou anual, conferindo desigualdade no tratamento da apuração do tributo a pagar.

(vii) Possibilitou-se a exclusão do imposto no momento da entrega de bens efetuada pelo comerciante varejista (plurifasia imperfeita).

(vii) A definição imperfeita do aspecto especial da tributação dos serviços causou muitas divergências entre os Estados e culminou com diversas reclamações dirigidas ao Conselho.

Esses defeitos somente foram corrigidos cinco anos após os relatórios da Comissão apontarem as divergências que o sistema estava causando ao mercado comum.

A França e a Alemanha conseguiram implementar essas regras previstas na primeira fase de harmonização do IVA no ano de 1968, seguidas pelos Países Baixos (1968), Luxemburgo (1970), Bélgica (1972) e Itália (1973).

3.3. A Sexta Diretiva do Conselho (17.05.1977)[66] e a sua consolidação pela atual diretiva 2006/112/CE

Após a experiência de implementação do IVA em todos os países, e munidos das recomendações da Comissão, o Conselho editou, em maio de 1977, a mais importante diretiva sobre a harmonização do IVA. Os principais critérios insculpidos na norma tributária inspiraram todas as demais normas futuras, e em grande parte ainda permanecem em vigor na norma atual, com pequenos ajustes.

Outro fator relevante que contribuiu para delimitar adequadamente os critérios da norma foi a decisão[67] de substituir as contribuições financeiras dos

[66] CONSELHO DAS COMUNIDADES EUROPEIAS. Sexta Diretiva do Conselho, de 17 de maio de 1977. Relativa à harmonização das legislações dos Estados-membros respeitantes aos impostos sobre o volume de negócios – sistema comum do imposto sobre o valor acrescentado: matéria colectável uniforme (77/388/CEE). As medidas foram implementadas pelos Estados nas seguintes datas: 1978 na Dinamarca, 1979 na França, Países Baixos, Itália e Irlanda, e em 1980 na Alemanha e Luxemburgo.

[67] Decisão tomada pela Comunidade Econômica Europeia em 21 de abril de 1970. Para financiar o mercado comum, nada mais justo que a receita seja oriunda das próprias operações e prestações geradas nesse novo ambiente.

Estados membros por recursos próprios das comunidades, dentre os quais os recursos provenientes da arrecadação dos impostos sobre o consumo.

Ao definir um percentual de arrecadação do tributo a ser destinado à Comunidade, tornava-se imperiosa a prática de uma exação bem similar, de modo que a carga fosse de fato suportada de forma isonômica por todos os países.

Dessa forma, a diretiva objetivou definir com mais clareza a hipótese de incidência, o sujeito passivo da obrigação tributária, o lugar das operações tributáveis, o conceito de fato gerador, a exigibilidade do imposto e a base de cálculo.

A primeira medida foi estabelecer que o imposto alcançaria a tributação dos bens e todos os serviços, de modo a alcançar a generalidade almejada. Assim, proibiu que os Estados editassem listas de inclusão ou exclusão de hipóteses sujeitas à tributação.

A definição legal de serviços era bastante abrangente e alcançava qualquer atividade que não correspondesse a uma entrega de bem. Portanto, não se limitava ao conceito civil de obrigação de fazer. Para atender aos reclames dos Estados, estabeleceu que a regra de tributação dos serviços seria regida pelo princípio da tributação na origem (país competente para tributar seria aquele onde estivesse estabelecido o prestador do serviço), entretanto, com atenuações. No tocante à entrega de bens, manteve o princípio da tributação no destino, com a promessa de revisão do modelo, de modo a permitir a supressão das barreiras físicas em futuro próximo.

Decidiu, acertadamente, por estabelecer uma lista comum de isenções, já que os recursos próprios seriam cobrados de modo uniforme, e padronizou as regras dos regimes especiais de tributação que alcançavam a microempresa e a agricultura, evitando as distorções que foram praticadas pelos Estados membros.

No novo sistema comum harmonizou-se o conceito de não cumulatividade, ampliando-se os créditos do contribuinte, ao se adotar o conceito de crédito financeiro, integral e imediato[68]. É fundamental que o regime de deduções seja harmonizado, na medida que tem influência direta no cálculo do tributo

68 O crédito admitido alcançava os bens e serviços utilizados nas operações ou prestações gravadas, entretanto eram excluídos os gastos que não tivessem um caráter estritamente profissional, tais como os artigos de luxo e recreação. O saldo remanescente era trasladado para o mês seguinte ou devolvido ao contribuinte.

a ser recolhido aos cofres públicos. A apuração mensal passou a ser obrigatória, podendo os Estados definir quando o contribuinte deveria efetuar o recolhimento ao erário.

Prevendo a necessidade de maior diálogo e aproximação dos países envolvidos, a diretiva criou um comitê para discussão permanente do imposto, que desempenharia um papel muito relevante no combate à fraude, na cooperação e troca de informações entre os poderes fiscais dos países da Comunidade.

Quanto ao aspecto quantitativo da norma, inovou-se ao admitir que os descontos e os valores não recebidos na contraprestação da entrega de bens ou da prestação de serviços fossem excluídos da base de cálculo do tributo.

Assim, os aspectos material, pessoal, temporal, espacial e quantitativo da norma restaram bem delineados e protegidos do risco de serem transpostos pelos Estados de forma que prejudicassem as liberdades almejadas no mercado comum.

A Sexta Diretiva vigorou até o ano de 2006 e sofreu vinte e nove alterações, até a publicação da **Diretiva 2006/112/CE**, que a substituiu, codificando todas as alterações à Sexta Diretiva, preservando, portanto, integralmente os conceitos e pressupostos básicos desta.

A Sexta Diretiva foi alterada para contemplar uma nova hipótese de incidência: as operações intracomunitárias de bens e serviços. Já que não seria possível adotar a tributação na origem, mas também não seria possível, em razão da supressão das barreiras físicas, exigir o tributo nas aduanas de destino, estabeleceu-se um regime provisório para que o imposto pudesse ser exigido em momento posterior à entrada no país comunitário de destino (distinto do desembaraço aduaneiro na hipótese de importação de terceiros países). Para tanto, a operação do remetente não seria gravada pelo imposto, mas, estaria sujeita à confirmação de recebimento pelo destinatário localizado no outro Estado membro e comprovação do recolhimento do tributo.

Após a assinatura dos Tratados de Maasctricht (1992), Amsterdam (1997), Nice (2001) e Lisboa (2007), a estrutura delineada pelo Livro Branco, a regra matriz de incidência elaborada pela Sexta Diretiva e a exigência de unanimidade para definir as questões fiscais no Conselho permaneceram intocadas.

A Comissão tem se preocupado atualmente com a simplificação das obrigações fiscais, a consolidação da legislação existente sobre o tema e o combate à fraude fiscal no IVA, a tributação dos serviços digitais e o comércio eletrônico.[69]

4. As reformas dos sistemas tributários em Portugal e na Alemanha

4.1. República portuguesa

Conforme dito alhures, a adoção do sistema comum do IVA, regulado pelas diretivas do Conselho, era obrigatória para a adesão à Comunidade Econômica Europeia (CEE). As negociações para a entrada de Portugal na CEE estabeleceram que o país ingressaria no ano de 1986, devendo adotar o acervo comunitário fiscal em até três anos. Entretanto, a prorrogação negociada não foi necessária e o país adotou o IVA de matriz comunitária no mesmo ano de sua adesão.[70]

A antecipação do prazo assentou-se nos próprios méritos do IVA, em confronto com o sistema de tributação do consumo em Portugal, que já apresentava uma série de problemas internos.

Segundo Jaime Devesa, o IVA respondia bem às necessidades de reforma da tributação indireta, porque no sistema cumulativo as distorções ao funcionamento do mercado tornaram-se intoleráveis e o regime monofásico praticado pelo país incapacitava o crescimento das receitas e favorecia a evasão e fraudes fiscais. [71] Para Basto, os problemas tributários não constituíram questões de grande sensibilidade e dificuldade nas negociações de adesão da República Portuguesa à CEE, mas o sistema tributário nacional era ainda significativamente diferente do modelo adotado pela Comunidade.[72]

[69] SANTOS, António Carlos dos. Implicações do processo de integração de Portugal na Comunidade Europeia nas políticas fiscal e orçamental. In: SARAIVA FILHO, Oswaldo Othon de Pontes; VASQUES, Sérgio; GUIMARÃES, Vasco Branco (Org.). *IVA para o Brasil*: contributos para a reforma da tributação do consumo. Belo Horizonte: Fórum, 2007. p. 251.

[70] BASTO, José Guilherme Xavier de. Adopção do sistema comum europeu de Imposto sobre o Valor Acrescentado (IVA) em Portugal. In: SARAIVA FILHO, Oswaldo Othon de Pontes; VASQUES, Sérgio; GUIMARÃES, Vasco Branco (Org.). *IVA para o Brasil*: contributos para a reforma da tributação do consumo. Belo Horizonte: Fórum, 2007. p. 89.

[71] DEVESA, Jaime. *IVA: Código do Imposto sobre o Valor Acrescentado.* Coimbra, Portugal: Almedina, 2003. p. 37.

[72] DEVESA, Jaime. *IVA: Código do Imposto sobre o Valor Acrescentado.* Coimbra, Portugal: Almedina, 2003. Artigo 90, p. 43.

Vigorava em Portugal um imposto sobre transações (IT), monofásico, implantado na produção industrial e no comércio atacadista. Era um imposto parcialmente não cumulativo e usava a técnica do anel (*ring system*), a qual assegura que as transações entre contribuintes registrados não sejam tributadas, evitando a cumulação de impostos nas operações intermediárias, entretanto sem muito sucesso. Esse mecanismo de suspensão do imposto, uma das linhas mestras do sistema, era um caminho aberto à fraude.[73]

A base de incidência não era muito ampla: poucos serviços eram alcançados e o país praticava um número muito grande de isenções, principalmente para os bens essenciais.

O Código do IVA português foi publicado quando Portugal ainda era país candidato à adesão, pelo Decreto-Lei n. 394-B, de 26 de dezembro de 1984, com previsão para entrar em vigor no dia 1º de julho de 1985.[74]

A norma revogou o imposto de transações, aprovado pelo Decreto-Lei n. 374-D/79, de 10 de setembro, a respectiva legislação complementar, e aboliu os seguintes impostos aplicados sobre o consumo: (i) imposto ferroviário, criado pelo Decreto-Lei n. 38245, de 5 de maio de 1951, (ii) imposto de turismo, regulamentado pelo Decreto-Lei n. 134/83, de 19 de março, (iii) a percentagem, cobrada a favor do Fundo de Socorro Social, nos termos do n. 3 do artigo 2º do Decreto-Lei n. 47500, de 18 de janeiro de 1967, incidente sobre as despesas efetuadas em cassinos, salões públicos de dança e diversão, com ou sem variedades, bares e outros estabelecimentos congêneres, (iv) as hipóteses descritas no imposto do selo que conflitavam com o IVA, como por exemplo o incidente sobre as especialidades farmacêuticas.

[73] SANTOS, António Carlos dos. Implicações do processo de integração de Portugal na Comunidade Europeia nas políticas fiscal e orçamental. In: SARAIVA FILHO, Oswaldo Othon de Pontes; VASQUES, Sérgio; GUIMARÃES, Vasco Branco (Org.). *IVA para o Brasil: contributos para a reforma da tributação do consumo.* Belo Horizonte: Fórum, 2007. p. 221-258.

[74] DEVESA, Jaime. *IVA: Código do Imposto sobre o Valor Acrescentado.* Coimbra, Portugal: Almedina, 2003. Artigo 10, p. 22.

4.2. Medidas adotadas pela República portuguesa para a solução dos problemas enfrentados pela modificação do seu sistema tributário

a) Para que não houvesse problemas em relação à neutralidade e prejuízo aos sujeitos passivos no momento da transição fiscal, os créditos porventura existentes do tributo IT, que foi revogado, seriam amplamente compensados com o IVA, a partir de sua vigência.[75]

b) Definiu-se que a equipe responsável pelo desenvolvimento, implantação e acompanhamento dos resultados, sob a batuta de Alípio Dias, não seria modificada mesmo se houvesse troca de governo. Dessa forma, assegurou-se a continuidade e a qualidade do serviço, para além das posições políticas da República.[76]

c) A segurança jurídica foi reforçada, com o estabelecimento do prazo de um ano após a vigência do IVA para que houvesse qualquer autuação fiscal, salvo em caso de culpa grave apurada e autorização expressa do diretor geral das contribuições e impostos. Nesse período, a fiscalização deveria atuar de forma a orientar os contribuintes.

d) No período transitório conferido pelo tratado de adesão, excluiu-se da incidência um conjunto de bens considerados essenciais para o consumo humano, a fim de evitar uma passagem brusca ao sistema de base ampla do IVA.

e) Estabeleceu-se um regime especial para os pequenos contribuintes, em especial mediante a simplificação das regras de cumprimento das obrigações acessórias, no regime transitório.

f) Considerando a inexistência, no período, de maiores restrições relativas às alíquotas que poderiam ser adotadas pelos países, aplicou-se amplamente a progressividade delas, aliviando a carga para os gêneros alimentícios e prestação de serviços essenciais e majorando-as para

[75] Artigo 3º do CIVA e Decreto-Lei n. 351/85 (DEVESA, Jaime. *IVA: Código do Imposto sobre o Valor Acrescentado*. Coimbra, Portugal: Almedina, 2003).

[76] BASTO, José Guilherme Xavier de. Adopção do sistema comum europeu de Imposto sobre o Valor Acrescentado (IVA) em Portugal. In: SARAIVA FILHO, Oswaldo Othon de Pontes; VASQUES, Sérgio; GUIMARÃES, Vasco Branco (Org.). *IVA para o Brasil*: contributos para a reforma da tributação do consumo. Belo Horizonte: Fórum, 2007. p. 100.

os artigos de luxo, em atendimento ao disposto na Constituição portuguesa, que exige a aplicação da seletividade nesses casos.[77]

g) Houve o cuidado de manipular as alíquotas com o objetivo de assegurar que a receita do IVA fosse próxima à obtida com os impostos que seriam substituídos, de forma a não causar distúrbios financeiros ao país. A ampliação da base de incidência permitiu aliviar a pressão sobre as alíquotas.

h) Medidas administrativas também contribuíram para o sucesso da implementação do IVA em Portugal, podendo ser destacados o reforço no recrutamento de pessoal habilitado no novo imposto, as campanhas de informação dirigida aos contribuintes e particulares, familiarizando-os com as novas obrigações fiscais, e a reforma do sistema de cobrança, que lançou mão das tecnologias disponíveis no período para elaborar "um sistema mais ágil e confiável".[78]

Dessa feita, a adoção do IVA em Portugal no ano de 1986 foi realizada sem sobressaltos e "isso deveu-se em grande parte, à preparação prévia que fora desenvolvida em devido tempo".[79]

Em recente análise sobre a experiência de implementação do IVA na República Portuguesa, Basto afirmou que o imposto deu as provas de que é um excepcional instrumento fiscal porque "é um imposto altamente produtivo, tendencialmente neutro nos seus efeitos econômicos, geralmente bem tolerado pelos contribuintes e de administração acessível, o que o torna muito atraente, em especial no período de profunda crise fiscal".[80]

[77] Artigo 107, n. 4, da Constituição da República Portuguesa.

[78] BASTO, José Guilherme Xavier de. Adopção do sistema comum europeu de Imposto sobre o Valor Acrescentado (IVA) em Portugal. In: SARAIVA FILHO, Oswaldo Othon de Pontes; VASQUES, Sérgio; GUIMARÃES, Vasco Branco (Org.). *IVA para o Brasil*: contributos para a reforma da tributação do consumo. Belo Horizonte: Fórum, 2007. p. 98.

[79] BASTO, José Guilherme Xavier de. Adopção do sistema comum europeu de Imposto sobre o Valor Acrescentado (IVA) em Portugal. In: SARAIVA FILHO, Oswaldo Othon de Pontes; VASQUES, Sérgio; GUIMARÃES, Vasco Branco (Org.). *IVA para o Brasil*: contributos para a reforma da tributação do consumo. Belo Horizonte: Fórum, 2007. p. 99.

[80] BASTO, José Guilherme Xavier de. Adopção do sistema comum europeu de Imposto sobre o Valor Acrescentado (IVA) em Portugal. In: SARAIVA FILHO, Oswaldo Othon de Pontes; VASQUES, Sérgio; GUIMARÃES, Vasco Branco (Org.). *IVA para o Brasil*: contributos para a reforma da tributação do consumo. Belo Horizonte: Fórum, 2007. p. 122.

4.3. República Federal da Alemanha

A República Federal da Alemanha[81] é membro fundador da Comunidade Econômica Europeia e, como tal, participou de todas as fases de harmonização do IVA impostas pelas diretivas do Conselho, entretanto não sem enfrentar uma série de problemas decorrentes da constitucionalidade e da transposição do tipo de modelo criado por um Estado unitário (França) para um Estado federal.

Conforme o prazo estabelecido pelas duas primeiras diretivas, a Alemanha introduziu o IVA em janeiro de 1968[82] e revogou os impostos cumulativos em cascata que vigoravam em seu território. É curioso notar que a reforma do sistema tributário foi também promovida não somente para atendimento das exigências impostas pela CEE, mas em decorrência da declaração de inconstitucionalidade proferida pelo Tribunal Constitucional Federal alemão em relação ao imposto plurifásico cumulativo sobre as vendas, denominado *Allphasen-Brutto-Umsatzteuer*.[83]

A decisão foi fundamentada na ofensa aos princípios constitucionais de direito econômico, por violar o princípio de igualdade de concorrência ou da neutralidade dos tributos. Para o Tribunal, as grandes empresas poderiam planejar a concentração de atividades em uma única pessoa jurídica, reduzindo o circuito econômico e, consequentemente, a tributação. A ofensa configurava-se em detrimento das empresas alemãs de menor porte que não teriam o poder de reduzir os preços por meio desse planejamento.[84]

Klaus Tipke relata que a adoção do IVA (*Mehrwertsteuer*) implicou séria controvérsia sobre a sua constitucionalidade, em razão dos artigos da Lei Fundamental alemã citarem explicitamente o imposto sobre vendas (*Umsatzteuer*)

[81] Na época da fundação da CEE vigorava a divisão da Alemanha e o acordo foi assinado pela Alemanha Ocidental (também denominada República Federal da Alemanha).

[82] Lei do IVA alemã, *Umsatzsteuergesetz* (UStG), de 29 de maio de 1967, revista em 1973 e posteriormente modificada em 1979, em razão das alterações inseridas pela Sexta Diretiva IVA do Conselho.

[83] YAMASHITA, Douglas. *ICMS e IVA*: princípios especiais: capacidade contributiva, não cumulatividade, destino e origem. São Paulo: IOB, 2000. p. 9-10.

[84] BVerfGE (coletânea oficial de decisões do Tribunal Constitucional Federal alemão) ns. 18, p. 1, 21, p. 12 e 33, p. 22 (YAMASHITA, Douglas. *ICMS e IVA*: princípios especiais: capacidade contributiva, não cumulatividade, destino e origem. São Paulo: IOB, 2000. p. 9-10).

em diversos artigos relacionados à competência e à repartição de receitas. Entretanto, em favorecimento ao processo de integração, "prevaleceu o ponto de vista da não necessidade de reforma constitucional, pois o *Umsatzsteuer* era uma designação genérica e aberta que poderia abranger o IVA".[85]

Ao analisar o projeto de reforma alemã, Michele Pisaturo afirmou que a proposta recebeu amplo apoio de diversos setores da sociedade tedesca porque propunha solução para os três principais problemas relacionados à tributação do consumo vivenciados na Alemanha: eliminação do efeito cumulativo que gerava a concentração vertical das empresas, eliminação dos problemas decorrentes do ressarcimento ao exportador do valor do imposto indireto sofrido nas aquisições vinculadas aos produtos exportados e também assegurava o princípio da livre concorrência, falseado em razão do efeito cumulativo em cascata.[86]

O último aspecto relevante que envolve adoção do IVA está relacionado à adoção de mecanismos para a sua implementação em um Estado federal, que geralmente compartilha competências tributárias no seio da federação.

A federação tedesca encontrou uma solução para equilibrar o conflito de forças entre os poderes da República, considerando que, em um Estado federal, o poder estatal deve ser dividido materialmente entre a União e os Estados membros (*Länder*). Segundo Klaus Tipke, a fórmula encontrada foi a repartição de competências de uma maneira diferenciada e complexa, objetivando equilibrar dois princípios *a priori* antagônicos: de um lado, o princípio da autônoma, que atribuiu competências separadas à União e aos *Länder* e, de outro, o "princípio federativo", que fundamenta as competências comuns.[87]

[85] TIPKE, Klaus. Derecho tributario: ¿caos, conglomerado o sistema? *Revista de la Facultad de Derecho de Granada*, nº 146, 1976, p. 6-17.

[86] PISATURO, Michele Mario. *L'imposta sul valore aggiunto*: prospettive in relazione al sistema tributario ed agli obblighi internazionali dello Stato italiano. Napoli: E. Jovene, 1967.

[87] "A soberania fiscal não implica somente a competência legislativa, mas envolve, ainda, a competência administrativa e a competência de dispor de receita." (ROTHMANN, Gerd Willi. *Tributação do consumo: Reflexões sobre uma reforma tributária economicamente racional e politicamente viável*. No prelo. O artigo será publicado na Revista da pós-graduação da Faculdade de Direito da Universidade Federal de Minas Gerais, no primeiro trimestre de 2015. Arquivo cedido pelos organizadores do projeto e mediante anuência do autor).

Assim, o capítulo do sistema financeiro da Lei Fundamental compreende dois universos que se fundem em um só núcleo: "o direito constitucional--financeiro estatal federal e o direito constitucional do orçamento". Ambos fundamentam e coordenam as competências tributárias: "a soberania legislativo-tributária, a soberania da arrecadação tributária e a soberania administrativo-tributária".[88]

Por conseguinte, os tributos são repartidos segundo um sistema misto: os grandes impostos (como os que alcançam a renda e o consumo de bens e serviços) são reunidos em um sistema integrado de impostos conjuntos, agrupados com distribuição compartilhada. Os demais são atribuídos segundo um sistema de partição inteiramente de competência da União ou inteiramente dos *Länder*.

A autoridade legislativa pode ser reservada exclusivamente para a União, ou compartilhada com os Estados membros (concorrente), podendo os *Länder* legislar sempre que, e na extensão que, a União legisle sobre o tema, ou exclusiva dos *Länder*[89]. Na Alemanha, os municípios não possuem autoridade legislativa, salvo em relação à definição das alíquotas do imposto imobiliário.[90]

A autoridade da receita tributária (a soberania da arrecadação) pode ser exclusiva da União, dos *Länder* ou compartilhada, como ocorre com o IVA. As quotas da União e dos *Länder* são fixadas através de lei federal, mediante aprovação do Conselho Federal.[91]

Os tributos são administrados (soberania administrativa) pelas autoridades financeiras federais ou pelas autoridades financeiras do *Land*, que pode ser também decorrente da delegação do *Bund* (denominada administração por delegação). Segundo Gerd Willi, com exceção dos impostos relacionados ao comércio exterior, "somente os Estados membros possuem administração fiscal,

[88] TIPKE, Klaus. *Direito tributário.* Tradução de Luiz Dória Furquim. Porto Alegre: Sergio Antonio Fabris, 2008. v. 1, p 126-127. As competências ou soberanias encontram-se disciplinadas nos art. 105 a 108 da Constituição Alemã.

[89] GERMANY. *Basic Law for the Federal Republic of Germany, on 23 May 1949.* Berlin: German Bundestag, 2008. Artigos 71-72 e 105.

[90] TIPKE, Klaus. *Direito tributário.* Tradução de Luiz Dória Furquim. Porto Alegre: Sergio Antonio Fabris, 2008. v. 1, p. 145-153.

[91] GERMANY. *Basic Law for the Federal Republic of Germany, on 23 May 1949.* Berlin: German Bundestag, 2008. Artigo 106.

a quem cabe a fiscalização e arrecadação dos impostos federais, estaduais e municipais, independentemente da repartição das respectivas receitas".[92]

Nesses termos, a Lei Fundamental alemã estabelece a competência comum da Federação (*Bund*) e dos Estados (*Länder*) em relação ao IVA, sendo que compete ao *Bund* a legislação (uniformidade legislativa) e a arrecadação é compartilhada entre o *Bund* e os *Länder*, entretanto, um percentual deve ser revertido aos municípios.[93]

Para assegurar o interesse dos *Länder* no quesito legislativo, para as questões não definidas nas diretivas do Conselho, que conferem o caráter harmonizado do IVA europeu, o Conselho Federal (*Bundesrat*) exerce um importante papel, conforme estabelece a Constituição da Alemanha. É por meio do Conselho Federal que os Estados participam da legislação e da administração da federação, bem como das questões concernentes à União Europeia. Esse Conselho é formado por membros dos governos dos Estados.[94]

Por fim, há ainda uma reversão de valores arrecadados para os Estados menos desenvolvidos do país, por meio de um mecanismo denominado sistema de compensação financeira interestadual (*Länderfinanzausgleich*).

Conclui-se que o federalismo de cooperação alemão determina a equalização das receitas tributárias para reduzir as desigualdades regionais e o IVA é distribuído mediante os seguintes mecanismos:

As receitas do IVA são repartidas entre o *Bund* e os *Länder*, conforme lei federal (os municípios participam dessa distribuição, conforme determinar a lei dos *Länder*).

A parte da receita dos *Länder* é redistribuída entre eles, tomando-se como base o desenho constitucional territorial.[95]

[92] ROTHMANN, Gerd Willi. *Tributação do consumo: Reflexões sobre uma reforma tributária economicamente racional e politicamente viável*. No prelo. O artigo será publicado na Revista da pós-graduação da Faculdade de Direito da Universidade Federal de Minas Gerais, no primeiro trimestre de 2015. Arquivo cedido pelos organizadores do projeto e mediante anuência do autor.

[93] TORRES, Ricardo Lobo. É possível a criação do IVA no Brasil? In: SARAIVA FILHO, Oswaldo Othon de Pontes; VASQUES, Sérgio; GUIMARÃES, Vasco Branco (Org.). *IVA para o Brasil*: contributos para a reforma da tributação do consumo. Belo Horizonte: Fórum, 2007. p. 19-36.

[94] GERMANY. *Basic Law for the Federal Republic of Germany, on 23 May 1949*. Berlin: German Bundestag, 2008. Artigos 50-51.

[95] GERMANY. *Basic Law for the Federal Republic of Germany, on 23 May 1949*. Berlin: German Bundestag, 2008. Artigo 107.

Há uma equalização entre os Estados membros em favorecimento aos Estados menos desenvolvidos, calculado conforme lei federal.

Os Estados menos desenvolvidos recebem um valor suplementar do *Bund*, nos termos da lei federal.

A fórmula encontrada pela Alemanha foi capaz de introduzir o IVA no poder central sem descurar da importância desse recurso para os demais entes, preservando o federalismo, protegido por cláusula pétrea, nos termos do artigo 79 da Lei Fundamental alemã.

Conclusões

Um dos pilares da construção da União Europeia foi erigido a partir da adoção de um modelo de tributo incidente sobre o consumo de bens e serviços que, além de favorável ao desenvolvimento econômico, possibilitou estabelecer uma importante fonte de recursos para sustentar as instituições criadas para dar azo ao sonho de integração.

O modelo adotado, denominado Imposto sobre o Valor Acrescido, foi fundamental para alcançar os objetivos traçados e inclusive, é obrigatória o seu acatamento para qualquer país que pretenda ingressar como membro da UE.

A escolha do espécime fiscal, influenciada pela experiência francesa de tributação do consumo, foi baseada nos seguintes critérios valorativos: (i) o imposto atendia aos anseios de arrecadação, posto que o tributo é arrecado em todo o circuito econômico (plurifasia); (ii) favorecia a economia e não causava distorções no mercado interno, por ser neutro e não piramidal, já que permite a dedução do tributo já cobrado anteriormente (não cumulatividade); (iii) assegurava a definição de bases comuns para que parte de sua arrecadação fosse direcionada à construção do mercado comum (recursos próprios).

Por suas características intrínsecas favoráveis ao desenvolvimento, pouco suscetível a ambientes de guerra fiscal ou conflitos de competências e a sua viabilidade econômica, pautadas na neutralidade da tributação o tributo, serviu de modelo para diversos países.

Na UE os países fundantes praticavam modelos muito distintos de tributação sobre o consumo, que poderiam afetar a concorrência e as devoluções de tributos aos exportadores, comprometendo a dinâmica do mercado comum.

Para implementar as reformas dos sistemas tributários, os países europeus superaram e encontraram soluções que podem contribuir para a implementação da sistemática em outras localidades, observadas as características, princípios e valores do ordenamento jurídico do interessado.

No Brasil, a Constituição da República de 1988 contém um extenso capítulo dedicado ao sistema tributário nacional e, no tocante à repartição de competências, os entes da federação possuem capacidade de instituir e cobrar tributos[96], inclusive sobre o consumo. À União compete a instituição das contribuições sociais para os Programas de Integração Social e de Formação do Patrimônio do Servidor Público (PIS/PASEP) e para o Financiamento da Seguridade Social (COFINS) e do Imposto sobre Produtos Industrializados (IPI); aos Estados e ao Distrito Federal, o Imposto sobre a Circulação de Mercadorias e Serviços de Transporte e Comunicação (ICMS), e aos Municípios e ao Distrito Federal, o Imposto sobre Serviços de Qualquer Natureza (ISSQN).

A possibilidade ou não de substituição de todos estes tributos pelo IVA está umbilicalmente associada às soluções que possam ser planeadas para preservar o federalismo fiscal e fortalecer o poder local, ao invés de enfraquecê-lo e acirrar a dependência que os entes federados já vivenciam em relação à União.

A experiência legislativa que emergiu no território europeu, após a eleição do tributo que deveria alcançar o consumo, investigada sob o prisma dos obstáculos superados por aqueles países que possuíam um sistema tributário diverso do modelo exigido, é pouco explorada pela doutrina pátria, embora as questões que envolvam a tributação do consumo no Brasil estejam intimamente relacionadas à necessidade (ou não) da adoção do IVA no país, em substituição ao atual modelo de tributação.

[96] Aliomar Baleeiro, sempre poético, cravou: "O tributo é vetusta e fiel sombra do poder político há mais de 20 séculos. Onde se ergue um governante, ela se projeta sobre o solo de sua dominação. Inúmeros testemunhos, desde a Antiguidade até hoje, excluem qualquer dúvida." (BALLEIRO, Aliomar. *Limitações constitucionais ao poder de tributar.* 7. ed. atualizada por Misabel Abreu Machado Derzi. Rio de Janeiro: Forense, 1997. p. 1). O nosso direito positivo estabelece que: "Tributo é toda prestação pecuniária compulsória, em moeda ou cujo valor nela se possa exprimir, que não constitua sanção de ato ilícito, instituída em lei e cobrada mediante atividade administrativa plenamente vinculada." (BRASIL. *Código Tributário Nacional.* 43. ed. São Paulo: Saraiva, 2014. Artigo 3º). Há vários autores nacionais que criticam essa denominação; podemos sugerir duas leituras a respeito: SCHOUERI, Luís Eduardo. *Direito tributário.* 3. ed. São Paulo: Saraiva, 2013. p. 137; e CARVALHO, Paulo de Barros, *Curso de direito tributário,* cit., p. 50.

Ao discorrer sobre as reformas dos sistemas tributários consumadas pela República Federal da Alemanha e República Portuguesa, pretendeu-se lançar luzes para os desafios a serem enfrentados pelo Brasil em eventual adoção deste modelo de tributação do consumo.

Esses países superaram as dificuldades decorrentes da extinção de tributos locais que alcançavam a circulação de riquezas e o desenrolar desse processo nos permite avaliar quais medidas foram elaboradas para assegurar que essa importante fonte de recursos fosse devidamente compartilhada entre os entes políticos internos.

A opção da República Federativa do Brasil em atribuir competência compartilhada aos entes da federação não inviabiliza a adoção do IVA, desde que seja compensada mediante transferência direta e imediata da receita para os demais entes federados. A adoção do IVA poderá representar um reforço ao federalismo no Brasil, em razão da eliminação dos conflitos de competências, da guerra fiscal, das renúncias de receitas e ofensas aos princípios constitucionais, hoje vivenciados em nosso país.

Todas as experiências vivenciadas pelos integrantes da EU permitem concluir que os projetos de reforma tributária devem ter um propósito, serem coordenados e precedidos por estudos fundamentados, em especial acerca dos impactos que serão gerados no sistema fiscal, respeitar o modelo de estado e o ordenamento jurídico próprios e, sobretudo, necessitam ser integrais, não se admitindo que as questões mais relevantes sejam definidas em momento posterior à sua propositura.

Referências

BADURA, Peter. A "identidade nacional" dos Estados Membros na Constituição da Europa. In: CUNHA, Paulo de Pitta e; QUADROS, Fausto de (Orgs.). Uma Constituição para a Europa. Instituto Europeu da Faculdade de Direito de Lisboa, British council, Goethe-Institut Lissabon, Institut Franco-Portugais. Coimbra: Almedina, 2004.

BASTO, José Guilherme Xavier de. A tributação do consumo e a sua coordenação internacional. Lisboa: Centro de Estudos Fiscais, 1991.

BASTO, José Guilherme Xavier de. Adopção do sistema comum europeu de Imposto sobre o Valor Acrescentado (IVA) em Portugal. In: SARAIVA FILHO, Oswaldo Othon de Pontes; VASQUES, Sérgio; GUIMARÃES, Vasco Branco (Org.). IVA para o

Brasil: contributos para a reforma da tributação do consumo. Belo Horizonte: Fórum, 2007.

BORCHARDT, Klaus-Dieter. L'ABC du droit de l'Union Européenne. Luxembourg: Office des publications de l'Union Européenne, 2010.

COMMISSION. COMMUNAUTÉ ÉCONOMIQUE EUROPÉENNE. Rapport du Comité Fiscal et Financier. Luxembourg: Office des Publications Officielles des Communautés Européennes, 1962. p. 1-151.

COMMUNAUTÉ ÉCONOMIQUE EUROPÉENNE. Traité instituant la Communauté Économique Européenne. Roma, 1957.

CUNHA, Paulo de Pitta e. Tratado ou Constituição? In: CUNHA, Paulo de Pitta e; QUADROS, Fausto de (Orgs.). Uma Constituição para a Europa. Instituto Europeu da Faculdade de Direito de Lisboa, British council, Goethe-Institut Lissabon, Institut Franco-Portugais. Coimbra: Almedina, 2004.

DEVESA, Jaime. IVA: Código do Imposto sobre o Valor Acrescentado. Coimbra, Portugal: Almedina, 2003.

FONTAINE, Pascoal. Comprendre les politiques de l'Union Européenne: 12 leçons sur l'Europe. Luxembourg: Office des publications de l'Union européenne, 2014.

HILF, Meinhard. Os direitos fundamentais na Constituição Europeia. In: CUNHA, Paulo de Pitta e; QUADROS, Fausto de (Orgs.). Uma Constituição para a Europa. Instituto Europeu da Faculdade de Direito de Lisboa, British council, Goethe-Institut Lissabon, Institut Franco-Portugais. Coimbra: Almedina, 2004.

MATTERA, Alfonso. El mercado único europeo: sus reglas, su funcionamiento. Traducción al castellano por Cora Zapico Landrove. Madrid: Civitas, 1991.

MAZOWER, Mark. O continente das trevas: o século XX na Europa. Coimbra: Edições 70, 2014.

PALMA, Clotilde Celorico. A harmonização comunitária do imposto sobre o valor acrescentado: quo vadis? In: SARAIVA FILHO, Oswaldo Othon de Pontes; VASQUES, Sérgio; GUIMARÃES, Vasco Branco (Org.). IVA para o Brasil: contributos para a reforma da tributação do consumo. Belo Horizonte: Fórum, 2007.

PITTA, Paulo de e; QUADROS, Fausto de (Orgs.). Uma Constituição para a Europa. Instituto Europeu da Faculdade de Direito de Lisboa, British council, Goethe-Institut Lissabon, Institut Franco-Portugais. Coimbra: Almedina, 2004.

PIKETTY, Thomas. O capital do século XXI. Tradução de Monica Baumgarten de Bolle. Rio de Janeiro: Intrínseca, 2014.

PISATURO, Michele Mario. L'imposta sul valore aggiunto: prospettive in relazione al sistema tributario ed agli obblighi internazionali dello Stato italiano. Napoli: E. Jovene, 1967.

ROTHMANN, Gerd Willi. Tributação do consumo: Reflexões sobre uma reforma tributária economicamente racional e politicamente viável. In: DERZI, Misabel Abreu Machado; BATISTA JÚNIOR, Onofre Alves; MOREIRA, André Mendes (Org.). Estado Federal e tributação: uma perspectiva jurídico-filosófica. Belo Horizonte: Arraes Editores, 2015. p. 21-42.

SANTOS, António Carlos dos. Implicações do processo de integração de Portugal na Comunidade Europeia nas políticas fiscal e orçamental. In: SARAIVA FILHO, Oswaldo Othon de Pontes; VASQUES, Sérgio; GUIMARÃES, Vasco Branco (Org.). IVA para o Brasil: contributos para a reforma da tributação do consumo. Belo Horizonte: Fórum, 2007.

SANTOS, António Carlos dos. Implicações do processo de integração de Portugal na Comunidade Europeia nas políticas fiscal e orçamental. In: SARAIVA FILHO, Oswaldo Othon de Pontes; VASQUES, Sérgio; GUIMARÃES, Vasco Branco (Org.). IVA para o Brasil: contributos para a reforma da tributação do consumo. Belo Horizonte: Fórum, 2007. p. 221-258.

SOARES, António Goucha. A carta dos direitos fundamentais da União Européia: a proteção dos direitos fundamentais no ordenamento comunitário. Coimbra: Coimbra Editora, 2002.

SOARES, Mário Lúcio Quintão. Mercosul: direitos humanos, globalização e soberania. 2. ed. rev., atual. e ampl. Belo Horizonte: Del Rey, 1999.

TIPKE, Klaus. Derecho tributario: ¿caos, conglomerado o sistema? Revista de la Facultad de Derecho de Granada, nº 146, 1976, p. 6-17.

TIPKE, Klaus. Direito tributário. Tradução de Luiz Dória Furquim. Porto Alegre: Sergio Antonio Fabris, 2008. v. 1, p 126-127. As competências ou soberanias encontram-se disciplinadas nos art. 105 a 108 da Constituição Alemã.

TORRES, Ricardo Lobo. É possível a criação do IVA no Brasil? In: SARAIVA FILHO, Oswaldo Othon de Pontes; VASQUES, Sérgio; GUIMARÃES, Vasco Branco (Org.). IVA para o Brasil: contributos para a reforma da tributação do consumo. Belo Horizonte: Fórum, 2007. p. 19-36.

YAMASHITA, Douglas. ICMS e IVA: princípios especiais: capacidade contributiva, não cumulatividade, destino e origem. São Paulo: IOB, 2000. p. 9-10.

15.
AS PROPOSTAS DE REFORMA TRIBUTÁRIA NO MUNDO PÓS-COVID-19

Maria do Carmo Cardoso

1. Os tributos, o Estado e os direitos dos contribuintes

Séculos após a sua morte, as palavras de Benjamin Franklin[1] ainda são frequentemente repetidas. As falas perpetuadas pela recorrência não são aquelas extraídas dos textos produzidos enquanto promovia a liderança da Revolução Americana, nem tampouco se referem aos esforços por ele empreendidos para abolir a escravatura, mas correspondem ao seu desafogo pessoal a respeito da carga tributária suportada pelos norte-americanos. Disse ele, "só há duas coisas certas na vida: a morte e os impostos. Mas há uma diferença: a morte não fica pior cada vez que o congresso se reúne".

A tributação é indispensável para o Estado porque é a forma por meio da qual os recursos financeiros necessários são angariados, e esse vínculo imanente fica perfeitamente ilustrado na imagem criada por Fernando Facury Scaff, quando disse que "os tributos são como sangue que corre pelas

[1] Benjamin Franklin, nasceu em Boston em 17/1/1706 e faleceu em 17/4/1790. Foi jornalista, editor, autor, filantropo, político, abolicionista, funcionário público, cientista, diplomata, inventor e enxadrista estadunidense. Foi um dos líderes da Revolução Americana e o primeiro embaixador dos Estados Unidos na França.

artérias estatais, sustentando o seu corpo"[2]. A edificação do corpo do Estado e sua sustentação são providas pelos cidadãos, que pagam os impostos. O Congresso Nacional é o palco principal onde são definidas a carga tributária federal devida pelo cidadão e a forma como os recursos arrecadados serão utilizados. A história recente evidencia a contradição na atuação dos congressistas, pois, apesar de serem representantes dos interesses do povo, são os principais fomentadores da desigualdade tributária, que, no Brasil, chega a vergonhosos patamares.

O Estado é o epíteto que se dá para a intrincada estrutura administrativa indispensável para a consecução dos direitos fundamentais dos brasileiros. Para o funcionamento dessa máquina, é indispensável o aporte de recursos financeiros. Grande parte desse financiamento é resultado direto do poder de tributar conferido ao Estado pela Constituição Federal de 1988. Ao mesmo tempo que a Carta Magna confiou ao Estado o aparelhamento necessário para financiar as suas atividades, também impôs rígidas limitações ao ato de tributar. É necessário equilibrar a extensão dos deveres constitucionalmente impostos numa balança extremamente precisa, na qual deve estar nivelada a cobrança de tributos na exata proporção para arrecadar a quantia suficiente para que o Estado exerça as suas atribuições precípuas. Luciano Fuck identifica essa delicada relação como Estado fiscal[3].

Relembrando as lições de Padre Antônio Vieira no Sermão de 14 de setembro de 1642, o qual registrou que "o tributo é necessário para a conservação da pátria", e que todos devem contribuir para o sustento do Estado, Fuck aponta que, apesar de o poder tributário ser um dos pilares da soberania do Estado — uma vez que sem recursos públicos não há poder estatal —, ainda assim, esse poder deve respeitar os direitos dos cidadãos.

[2] SCAFF, Fernando Facury. *Duas coisas são certas na vida: a morte e os tributos*, texto publicado pela revista eletrônica Consultor Jurídico em 6/11/2012, disponível em: https://www.conjur.com.br/2012-nov-06/contas-vista-duas-coisas-sao-certas-vida-morte-tributos

[3] Em suas palavras, "o Estado fiscal é proposto como parâmetro adequado para avaliar o delicado equilíbrio entre a arrecadação de fundos suficientes para a efetivação dos direitos fundamentais e os limites da capacidade contributiva de cada cidadão que coopera com o financiamento estatal", *in* FUCK, Luciano Felício. *Estado fiscal e o Supremo Tribunal Federal*. São Paulo: Saraiva, 2017 (Série IDP: Linhas Pesquisa Acadêmica), pg. 36.

Porém, o que fazer quando a renda dos contribuintes é avassaladoramente diminuída ao mesmo tempo em que a população depende cada dia mais dos direitos assegurados pela Constituição Federal para garantir a própria sobrevivência?

Com a pandemia da Covid-19, houve, indiscutivelmente, a redução da renda dos brasileiros e a diminuição dos empregos formais, o que leva ao aumento de cidadãos que dependem do serviço público para ter acesso à saúde, à educação e a moradia. Essa situação paradoxal demanda solução urgente, o que oportuniza a retomada do debate sobre a reforma tributária, visto que dela pode surgir a solução para o problema do desequilíbrio fiscal.

2. A pandemia da Covid-19

A pandemia causada pelo coronavírus é a maior crise sanitária que tem assolado o mundo neste século e, por esse motivo, certamente segregará a história em "antes" e "depois" deste horrível período de contágio massivo, da mesma forma como ficaram registradas nos livros de história as grandes guerras mundiais. O impacto desta catástrofe sanitária ultrapassa os lares, os bairros, as cidades e transformou a relação dos cidadãos com os governantes e entre os países. Indiscutivelmente, a pandemia nos arremessou a um mundo novo, economicamente frágil e socialmente distante.

A pandemia derrubou a economia global em 2020, e o Brasil não ficou imune a esse abalo financeiro. A queda decorreu, no primeiro momento, da necessidade de isolamento social, que gerou severas dificuldades para as atividades econômicas, acarretou a queda da renda das famílias e, consequentemente, a redução do consumo. De acordo com estimativas do Banco Central, o Produto Interno Bruto (PIB) brasileiro do ano de 2021 diminuiu 4,3% em relação ao ano anterior. Essa drástica redução econômica coloca o ano de 2021 no mesmo patamar dos dois piores anos do PIB nacional: 1990 (-4,35%) e 1981 (-4,25%). De março a junho de 2020, 1,6 milhão de empregos com carteira assinada foram eliminados, o que equivale dizer que 4% dos postos de trabalho formais deixaram de existir em apenas quatro meses, aumentando significativamente o enorme universo de pessoas que trabalham na informalidade, sem a segurança dos direitos previdenciários e trabalhistas[4].

Diante da crise iminente, o governo federal foi obrigado a adotar medidas de incentivo fiscal e preservação de empregos[5] beneficiando inicialmente os setores industrial e de comércio de bens. A partir de abril e maio de 2020 todos os demais os setores da economia foram retomando paulatinamente suas atividades. Porém, no meio da catástrofe econômica, eis que surge um vencedor: o comércio eletrônico, que registrou altas recordes de faturamento durante o período da pandemia.

O grupo latino-americano de comércio *on-line* Mercado Livre registrou alta de 40% nas buscas realizadas por usuário no conjunto de suas atividades na América Latina entre o fim de fevereiro e fim de maio de 2020. Mundialmente, há estudos que demonstram que as vendas realizadas pela internet alcançaram quase US$ 26,7 trilhões, o que corresponde a um aumento de 4% na comparação com o ano de 2018. Essa alavancagem inclui dados das vendas entre empresas (B2B) — que representam a grande maioria do comércio internacional (82%) — e de vendas das empresas diretamente aos consumidores (B2C), o que equivale a 30% do PIB mundial do ano[6]. O autor do estudo realizado pela Conferência das Nações Unidas sobre Comércio e Desenvolvimento, Sr. Torbjorn Fredriksson, afirmou que, entre 2018 e 2019, a participação do *on-line* nas vendas totais do varejo aumentou 1,7 ponto

[4] Dados divulgados pelo jornal Valor Econômico, disponíveis em https://valor.globo.com/coronavirus/a-economia-na-pandemia/

[5] Entre as principais ações do governo federal, merece destaque a concessão do auxílio emergencial, que fez circular na economia brasileira mais de R$ 300 bilhões, e a permissão do saque do Fundo de Garantia por Tempo de Serviço (FGTS) emergencial, que objetivou recompor as perdas de renda da população. De acordo com a 4E Consultoria, se não fossem as medidas de incentivo, a redução da renda do ano de 2020, que foi de 4,9% em relação ao ano de 2019, seria de 12,6%. Dados disponíveis em https://g1.globo.com/economia/noticia/2020/12/12/como-a-pandemia-baguncou-a-economia-brasileira-em-2020.ghtml

[6] Dados apurados pela Conferência das Nações Unidas sobre Comércio e Desenvolvimento (UNCTAD, na sigla em inglês). Esse levantamento conclui que o setor de comércio *on line* registrou um "avanço espetacular" em um contexto de restrições de deslocamento, apesar de a pandemia ter destruído setores inteiros da economia. Essas informações foram replicadas pelo periódico Exame e podem ser acessadas em https://exame.com/negocios/covid-estimula-comercio-eletronico-mas-nao-em-todos-os-setores/

percentual, enquanto entre 2019 e 2020 o aumento foi de 3,6 pontos percentuais, o que corresponde a um avanço mais do que duas vezes mais rápido.

Segundo a Associação Brasileira de Comércio Eletrônico (ABComm), o crescimento das vendas no comércio eletrônico no ano de 2020 foi 68% superior ao ano de 2019, elevando a participação do *e-commerce* no faturamento total do varejo, que passou de 5% no final de 2019 para um patamar acima de 10% em alguns meses do ano de 2021. Os setores de *e-commerce* que mais se beneficiaram das medidas restritivas e de isolamento foram moda, alimentos e serviços. Ilustrativamente, vale a pena saber que o setor de vendas de produtos de beleza e perfumaria *on-line* apurou em 2020 receita 107,4% maior do que no ano anterior[7].

A análise que proponho neste estudo é avaliar as propostas de reforma tributária sobre o *e-commerce*, uma vez que houve aumento expressivo da riqueza oriunda dessa nova forma de comércio.

3. Sobre a reforma tributária

3.1. Breve histórico

A história da reforma tributária no Brasil demonstra que essa pauta é muito antiga, muito complexa e está, infelizmente, longe de acabar.

A discussão sobre a necessidade de modificar a estrutura da taxação brasileira começou em 1966, quando editada a Lei 5.172, que moldou a estrutura do sistema tributário nacional[8]. Um dos motivos para a importante mudança

[7] Números disponibilizados no artigo intitulado "Faturamento do *e-commerce* cresce 56,8% neste ano e chega a R$ 41,92 bilhões, veiculado no portal da Associação Brasileira de Comércio Eletrônico em 21/9/2020, acessível em https://abcomm.org/noticias/faturamento-do-e-commerce-cresce-568-neste-ano-e-chega-a-r-4192-bilhoes/

[8] Lucas Siqueira dos Santos, em sua dissertação para conclusão do curso de mestrado, informa que a reforma tributária de 1966 se tornou possível porque precedida de "três eventos importantes da economia nacional: a política de substituição de importações (1946-1950), o Plano de Metas do Governo Juscelino Kubitschek (1956-1960) e o PAEG – Plano de Ação Econômica do Governo (1964-1967). *In* SANTOS, Lucas Siqueira dos. *Reforma Tributária no Brasil: Histórico, Necessidades e Propostas.* – 2015. Dissertação de mestrado – Escola de Direito de São Paulo da Fundação Getúlio Vargas. Orientadora: Tathiane dos Santos Piscitelli, p. 16.

no sistema tributário foi a constatação de grave déficit na arrecadação gerado pela queda em uma das principais bases de incidência tributária da época, a importação. Naquela oportunidade foi implementada a estrutura necessária para permitir que a tributação se desse sobre o consumo baseado no valor agregado, em substituição da tributação em cascata. Também foram delineadas, de forma meticulosa, as competências tributárias de cada um dos entes federativos.

O segundo momento significativo da história da reforma tributária foi a promulgação da Constituição Federal de 1988[9], que, apesar de não alterar substancialmente a estrutura tributária engendrada em 1966, alterou as regras de repartição de receita entre os três entes da federação[10]. Porém, como bem observado por Ricardo Varsano, um dos problemas causados pelo texto da Constituição Cidadão foi a diminuição dos recursos disponíveis para o Governo Federal[11]. Não há dúvidas de que a Constituição Federal de 1988 acabou por reduzir o montante de recursos disponíveis para o Governo Federal. Andrea Viol apresenta outra crítica pertinente ao texto constitucional:

> "A Constituição de 1988 não procurou resolver os problemas estruturais que vieram se acumulando no sistema tributário brasileiro e, pelo contrário, ao buscar reverter a tendência centralizadora instituída pela reforma de 1966, acabou por provocar maiores distorções econômicas no sistema"[12].

[9] Não esquecemos que, antes da promulgação da Carta Magna, foram realizadas importantes produções legislativas, como a edição da Lei Complementar 7/1970, que instituiu o Programa de Integração Social (PIS), seguida pela Lei Complementar 8/1970, que criou o Programa de Formação do Patrimônio do Servidor Público (PASEP), e a criação do FINSOCIAL, em 1982, por meio do Decreto-Lei 1.940.

[10] Andrea Viol, citada por Lucas Siqueira dos Santos (obra já citada), aponta que as principais mudanças promovidas pela Constituição Cidadã foram "a ampliação da base tributária do ICMS (antigo ICM), o qual incorporou à sua base os Impostos Únicos da União (incidentes sobre energia elétrica e combustíveis) e o aumento dos repassas aos Fundos de Participação, elevando-se os índices de participação de 32% para 57% em relação ao IPI e de 32% para 47% em relação ao IR", *in* SANTOS, Lucas, p. 59.

[11] VARSANO, Ricardo. *A evolução do sistema tributário ao longo do século: anotações e reflexões para futuras reformas.* Rio de Janeiro: IPEA, 1996, pp. 16-17.

[12] VIOL, Andréa Lemgruber. *O processo de Reforma Tributária no Brasil: mitos e verdades.* Brasília: Editora da UnB, 2000, p. 27-28.

A Constituição Federal de 1988 representou a devolução da democracia aos brasileiros e, justificadamente, a correção das distorções tributárias não foi a principal preocupação dos constituintes. O texto da Carta Magna resultou na diminuição dos recursos da União Federal, ao passo que estabeleceu uma longa lista de direitos e garantias que o Estado deve executar, o que gerou um perigoso descompasso no orçamento público.

A periclitante situação orçamentária causada pela desproporção entre os deveres constitucionalmente impostos ao Estado e a verba disponível para tanto foi agravada pela inesperada pandemia sanitária causada pela Covid-19. A urgência em obter recursos públicos para combater a pandemia, acompanhada da necessidade de implementação de políticas de distanciamento social, resulta em uma conta que não fecha no positivo.

Se a população não pode sair às ruas para trabalhar e consumir, a arrecadação tributária obviamente irá diminuir, o que leva à redução dos valores disponíveis para que o Estado adote as medidas necessárias para garantir o bom funcionamento da máquina estatal. Essa conclusão decorre da lógica elementar sobre o funcionamento básico da estrutura tributária, que deve ser entendido sob a perspectiva da capacidade contributiva, a qual dispõe que os tributos serão devidos apenas e tão somente na proporção da disponibilidade econômica dos contribuintes.

A proposta que trago a discussão tem o objetivo de analisar a pertinência de ser levada adiante a reforma tributária sob a perspectiva da vida real, especialmente modificada pela pandemia da Covid-19.

3.2. É oportuno discutir a reforma tributária durante a pandemia?

José Sarney detém o título de agente que atuou por mais tempo no cenário político brasileiro. Foram cinquenta e um anos no Congresso Nacional, como deputado federal e senador, além de ter sido presidente da república. Indiscutivelmente, é pessoa deveras qualificada para opinar sobre a conveniência de realizar uma reforma tributária neste momento tão sombrio. O Sr. Sarney lembra que o clamor pelas reformas estatais sempre caminha ao lado de gritos de urgência e desespero. Eis a sua ponderação:

> "Não há palavra mais usada e gasta no vocabulário político do que reforma. Quando as coisas precisam mudar e parecem gastas o caminho a que se lança mão é o apelo a reforma. Vem do Império o primeiro chamado forte a ela, para conjurar a República que já surgia. E veio do Conselheiro Nabuco de Araújo, conservador que se tornou liberal e bradou, num momento de grandes dificuldades: 'OU REFORMA OU REVOLUÇÃO!'"[13].

O Presidente Sarney conta que, ao longo de toda a sua vida profissional como político, "não se passou uma só legislatura sem que houvesse uma reforma salvadora para ser votada — e nunca uma sequer foi completamente aprovada"[14].

Como muito brilhantemente ponderado pelo Prof. Everardo Maciel, "a pandemia impõe, mais que nunca, serenidade, que começa pelo reconhecimento da prevalência da política sanitária"[15].

Diante da constatação de que nenhuma reforma "salvadora" foi finalizada em tempo hábil, e que se há de privilegiar o combate à crise sanitária, somos levados a refletir se é apropriado dar seguimento à reforma tributária em curso.

Por um lado, temos que a proposta vigente deve objetivar o aumento do montante a ser arrecadado, de modo a propiciar que serviços públicos de saúde sejam prestados de forma eficaz a todos os brasileiros. De outra ponta, temos que a majoração da arrecadação tributária não pode implicar em custos adicionais aos contribuintes já depauperados.

É certo que

> "todas as políticas públicas e as atividades privadas devem ser subalternas da política sanitária. A salvação de vidas não admite opções de prioridade. Restará, afinal, a duríssima e complexa mitigação de danos"[16].

[13] SARNEY, José. *A Reforma sem Forma – a reforma urgente que temos que fazer é tornar o País governável.* Artigo publicado em 3/7/2021 no Blog do Noblat. Disponível em: https://www.metropoles.com/blog-do-noblat/artigos/a-reforma-sem-forma-por-jose-sarney

[14] SARNEY, texto já citado.

[15] MACIEL, Everardo. *Generosidade e serenidade em tempos de catástrofe.* Estadão de 2/4/2020.

[16] MACIEL, obra já citada.

A discricionariedade do administrador público em eleger uma ação como prioritária é também um juízo político. Esse arbítrio é inerente ao juízo de relevância, pois, se a ação não contar com o mínimo de apoio popular, pode acarretar na inviabilidade de sua execução. A meu ver, se os agentes políticos envolvidos no processamento dos projetos legislativos em curso conseguirem convencer uma parcela da população brasileira de que haverá aumento na arrecadação, e que esse incremento não ocasionará o aumento de impostos, há viabilidade política para a reforma pretendida.

Como é próprio do jogo político, todos os dias a balança da popularidade da proposta pende de um lado para o outro. Deve-se reconhecer que há interesse popular — ou, no mínimo, político — na discussão, uma vez que já foram apresentadas até o momento 145 emendas ao texto da PEC 110/2019, e 219 à PEC 45/2019. Por esse motivo, há de se considerar o fator "popularidade" como secundário, uma vez que não se pode contar com isso para definir o futuro de projeto tão grandioso.

Se não se pode prever o resultado da reforma política pelo quesito "aceitação popular", e também não é possível cercear as discussões de propostas de interesse da mais ínfima parcela da sociedade. Há, então, de se analisar os aspectos técnicos das proposições, como o direcionamento à justiça fiscal, e se podem ser consideradas como medidas de política pública essencial para o enfrentamento da pandemia.

Dessa maneira, concluo que a discussão a respeito da viabilidade e da conveniência da reforma tributária é oportuna, porque a reestruturação tributária pode resultar no incremento fiscal desejado por toda sociedade.

Neste artigo, delimitarei a análise sobre aos projetos de alteração tributária que foram alvos de debate no primeiro bloco de palestras organizado pelo Núcleo de Estudos Luso Brasileiro da Faculdade de Direito da Universidade de Lisboa (NELB) sobre "A Reforma da Tributação das Empresas – Uma visão para o empresariado brasileiro". São as propostas legislativas: Projeto de Emenda Constitucional nº 110/2019, do Senado Federal e Projeto de Emenda Constitucional nº 45/2019, da Câmara dos Deputados.

3.3. Breves considerações a respeito das proposições em andamento

As duas propostas encartadas nas PECs 110/2019 e 45/2019 objetivam a simplificação e a racionalização da tributação sobre o comércio de bens e a prestação de serviços, que compõem base tributável compartilhada entre União, Estados, Distrito Federal e Municípios. A simplificação pretendida perpassa pela extinção de uma série de tributos e remete a base tributável para dois novos impostos: (i) o Imposto sobre Bens e Serviços (IBS), que seguirá a lógica dos impostos sobre valor agregado, comum nos países desenvolvidos, e (ii) o Imposto Seletivo, o qual incidirá sobre alguns bens e serviços e, grosso modo, corresponde aos *excise taxes*[17].

As duas PECs propõem a extinção do ICMS e do ISS, e a arrecadação das duas exações será substituída pelo IBS. O novo Imposto sobre Bens e Serviços incluirá em sua base de cálculo os valores de bens e serviços, inclusive a exploração de bens e direitos, tangíveis e intangíveis, e a locação de bens, operações que atualmente estão de fora da tributação do ICMS estadual e do ISS municipal. Os dois projetos preveem a possibilidade de devolução do imposto recolhido para os contribuintes de baixa renda, nos termos de lei complementar a ser editada.

As diferenças entre as proposições são significativas:

- A PEC do Senado Federal (110) autoriza a concessão de benefícios por lei complementar, para determinadas situações[18], enquanto a proposta da Câmara dos Deputados não permite a concessão de nenhum benefício;
- A PEC 110 propõe que o produto da arrecadação do IBS seja partilhado entre União, Estados, Distrito Federal e Municípios segundo método previsto nas regras a serem inseridas em novo texto constitucional (mediante o repasse de recursos a cada ente federativo conforme

[17] São tributos que incidem sobre determinados bens e serviços de escolha do legislador tributário. Geralmente são alvo desse tipo de taxação os combustíveis, cigarros e bebidas alcoólicas.

[18] A proposta permite a concessão de benefícios fiscais nas operações com alimentos (inclusive os destinados ao consumo animal), medicamentos, transporte público coletivo de passageiros urbanos e de caráter urbano, bens do ativo imobilizado, saneamento básico e educação infantil, fundamental, médio, superior e educação profissional.

aplicação de percentuais previstos na Constituição sobre a receita bruta do novo imposto);

- O desenho da PEC 45 atribui a cada ente federativo sua parcela no montante arrecadado pelo IBS, conforme a aplicação direta da "sub--alíquota" sobre base de cálculo do imposto[19]. A proposta descrita na PEC 45 pretende garantir que todos os bens e serviços destinados ou consumidos em um determinado Município/Estado serão taxados por uma mesma alíquota. Porém, a tributação não será uniforme em todo território nacional, uma vez que cada Município/Estado poderá fixar a sua alíquota;
- A PEC 110 confere ao Imposto Seletivo a natureza meramente arrecadatória e incidirá sobre as operações com petróleo e seus derivados, combustíveis e lubrificantes de qualquer origem, gás natural, cigarros e outros produtos do fumo, energia elétrica, serviços de telecomunicações a que se refere o inciso XI do art. 21 da Constituição Federal, as bebidas alcóolicas e não alcóolicas, e veículos automotores novos, terrestres, aquáticos e aéreos. Por sua vez, a PEC 45 atribuiu ao imposto índole extrafiscal, e será cobrado sobre determinados bens e serviços diretos e indiretos, com o objetivo de desestimular o consumo. Caberá a lei ordinária ou medida provisória listar os bens, serviços ou direitos a serem tributados pelo novo imposto.

De qualquer sorte, para os fins deste artigo, é imperioso destacar que o IBS proposto nas duas PECs muito se assemelha ao IVA (Imposto de Valor Agregado) existente em vários países, de modo que o produto da arrecadação pertencerá ao Estado de destino/consumo, acabando com o grave problema decorrente da atual sistemática do ICMS, relevante no comércio eletrônico.

[19] A PEC 45 propõe que cada ente federativo fixe uma parcela da alíquota total do imposto por meio de lei ordinária, federal, estadual, distrital ou municipal (que seria uma "sub-alíquota"). Uma vez estabelecido o universo das "sub-alíquotas", forma-se uma alíquota única aplicável a todos os bens e serviços consumidos em ou destinados a cada um dos Municípios e Estados brasileiros. A proposta é criar uma "alíquota de referência", que irá substituir a arrecadação dos tributos federais a serem extintos, excluído o montante a ser arrecadado o novo Imposto Seletivo, do ICMS estadual e do ISS municipal.

Ao pretender simplificar o sistema tributário nacional, a esperança dos Congressistas é que se aumente a segurança jurídica e se diminua a gigantesca judicialização das discussões tributárias.

Apesar de válida a intenção, a meu ver, nenhuma proposta de alteração do texto constitucional favorece o primado da segurança jurídica, nem tampouco reduz a litigiosidade entre contribuintes e Fisco. Isso porque a própria "alteração das regras do jogo enquanto a bola está em campo" suscita dúvidas, gera críticas e estimula atos próprios do inconformismo escusável, situações que, inevitavelmente, irão ser submetidas e dirimidas pelo Poder Judiciário. A história recente comprova que mudanças estruturais significativas aumentam a insegurança jurídica, como ocorreu depois da edição da Lei 10.637/2002, que criou o PIS/Pasep, e da Lei 10.883/2003, que instituiu a COFINS.

As críticas mais recorrentes às duas propostas de alteração do texto constitucional são:

- As propostas afrontariam o pacto federativo, na medida em que a limitação da competência tributária dos Estados, do Distrito Federal e dos Municípios em favor da União comprometeria a autonomia financeira e orçamentária dos entes, além do fato de que tal sugestão impossibilita a realização da política tributária;
- A carga tributária que resultaria do IBS descrito nas duas propostas seria de 26,9%, o que alçaria a carga tributária brasileira para uma das mais altas do planeta[20];
- Se o objetivo das propostas de reforma tributária é reduzir a carga tributária atual, seria então suficiente promover mudanças nos tributos de competência federal, alterações estas que dispensam a reforma na Constituição[21];

[20] Número apresentado pelo Instituto de Pesquisa Econômica Aplicada (IPEA) no estudo *Reforma Tributária e Federalismo Fiscal: uma análise das propostas de criação de um novo imposto sobre o valor adicionado para o Brasil"*, de autoria de Rodrigo Octávio Orair e Sérgio Wulff Gobetti, publicado em janeiro de 2021.

[21] O Centro de Orientação Fiscal (CENOFISCO), órgão criado pela Comissão Especial de Direito Tributário da Seção Paulista da Ordem dos Advogados do Brasil, faz referência ao levantamento realizado pela Receita Federal do Brasil, o qual identificou que em 2017, 22,06% da carga tributária total correspondeu a tributos federais, enquanto 8,34% foram arrecadados

- A instituição de alíquotas uniformes não se mostra adequada, porque resulta na oneração desproporcional da população mais carente, aumentando as indesejadas desigualdades sociais;
- A extinção de benefícios fiscais não é razoável em um país de dimensões continentais que padece de distorções econômicas e sociais absurdas.

A crítica mais difícil de superar é a de que as duas propostas não endereçam o grave problema da regressividade do sistema vigente, o qual impõe aos mais pobres (parcela da população que consome grande parte da renda) a maior onerosidade da carga tributária. Os efeitos esperados das PECs manterão a excessiva tributação indireta que macula o sistema na concepção vigente. Por esse motivo é correto afirmar que as duas propostas não resolvem — sequer pretendem diminuir — o problema da injustiça tributária, já que mantêm o caráter regressivo do sistema tributário, deixando de tributar a renda e o patrimônio.

O IBS, como descrito nas referidas PECs, beneficiaria 19 Estados, entre os quais estão 12 de renda baixa[22]. Por outro lado, 8 Estados de renda média[23] e alta[24] perderão significativa parcela de sua arrecadação com as propostas[25]. Para compensar a perda de arrecadação, o Governo Federal propõe a criação de um novo imposto sobre pagamentos digitais, o IMF, que será abordado no próximo capítulo.

4. *E-Commerce* e o Imposto sobre Movimentações Financeiras

Somos a segunda população mais atuante nas redes sociais no mundo; perdemos apenas para os Estados Unidos[26]. Esse dado foi empiricamente

por tributos estaduais, e apenas 2,03% desse montante foram destinados aos Municípios. Estudo disponível em https://www.cenofisco.com.br/Especiais/ReformaTributaria

[22] Entes federativos nos quais o PIB *per capita* é de até R$ 20 mil por habitante.

[23] PIB *per capita* entre R$ 20 mil e R$ 30 mil.

[24] PIB *per capita* acima de R$ 30 mil.

[25] Estudo do IPEA, já citado na nota de rodapé nº 19.

[26] De acordo com o estudo realizado pelo Comitê Gestor da Internet no Brasil (CGI.br), o Brasil ocupa atualmente o 2º lugar no *ranking* de tempo médio em visita às redes sociais, superado apenas pelos Estados Unidos.

constatado e também reconhecido pelo ator Tyler William James, que interpretou o personagem Chris no seriado "Todo mundo odeia o Chris". Diante da enxurrada de comentários deixados por brasileiros em suas redes sociais, o Sr. James pediu que " o deixemos em paz". Esse episódio seria cômico, se não representasse o novo perfil da população brasileira, que deixou a televisão de lado para atuar massivamente na internet[27].

Três em cada quatro brasileiros já utilizam a internet, segundo aponta pesquisa TIC Domicílios 2019[28]. O Brasil conta com 134 milhões de usuários na internet, o que representa 74% da população com 10 anos ou mais. Pela primeira vez na série histórica de pesquisa, mais da metade da população que vive em áreas rurais declarou ser usuária da internet, chegando a 53%, proporção bastante significativa se comparada às áreas urbanas (77%). No recorte por classe econômica, percebeu-se um avanço no percentual de usuários da rede entre a população das classes DE[29], que, de 30% em 2015, aumentou para 57% em 2019[30].

De acordo com o estudo realizado pelo Comitê Gestor da Internet no Brasil (CGI.br), o celular é o principal mecanismo de acesso à internet, usado por quase a totalidade dos usuários da rede (99%). Em 2019, 39% dos brasileiros usuários da rede de computadores compraram produtos pela internet no ano anterior à pesquisa. O aumento na utilização da internet pelas classes economicamente classificadas como DE comprova a democratização do acesso

[27] De acordo com a matéria intitulada *Pela 1ª vez, rede social é mais citada que TV como fonte de notícia no Brasil*, divulgada pelo sítio eletrônico Poder 360 em junho de 2020, o relatório Reuters Digital News Report, lançado no dia 16/6/2020, mostra que, pela primeira vez, as redes sociais estão à frente da TV como fonte de informação para os brasileiros. São 67% os que dizem usá-las para se informar e 66% citam a televisão. A matéria está disponível em https://www.poder360.com.br/midia/pela-la-vez-rede-social-e-mais-citada-que-tv-como-fonte-de-noticia-no-brasil/

[28] Estudo realizado em parceria com o Comitê Gestor da Internet Brasil (CGI.br) por meio do Centro Regional de Estudos para o Desenvolvimento da Sociedade da Informação (Cetic.br) do Núcleo de Informação e Coordenação do Ponto BR (NIC.br) intitulado "Três em cada quatro brasileiros já utilizam a internet, aponta pesquisa TIC Domicílios 2019", publicada em 26/5/2020, acessível em https://cgi.br/noticia/releases/tres-em-cada-quatro-brasileiros-ja-utilizam-a-internet-aponta-pesquisa-tic-domicilios-2019/

[29] De acordo com o Centro de Políticas Sociais da Fundação Getúlio Vargas, a Classe DE é definidas a partir dos rendimentos familiares per capita que vão de nenhuma renda a R$ 2.004. Dados relativos ao ano de 2014 e divulgados em https://cps.fgv.br/qual-faixa-de-renda-familiar-das-classes

[30] Todos os dados foram apresentados pelo estudo referido na nota de rodapé anterior.

à informação e, na mesma toada, o aumento dessa parcela de brasileiros nas operações de comércio fiscalizado pelas autoridades fiscais, o que diminui a sonegação fiscal.

Outra questão a ser considerada é a tributação dos serviços e produtos genuinamente virtuais (digitalizáveis), principalmente os que se configuram como prestação de serviços (*download* ou execução de programas, filmes e músicas, prestação de serviços de consultoria *on-line*, disponibilização de jogos virtuais, etc). Nesse caso, é preciso entender que o comércio eletrônico ocorre em duas formas: "*business-to-business*" (B2B) ou "*business-to-consumer*" (B2C).

No comércio B2B, teoricamente o serviço adquirido pela empresa representa um insumo e, assim, a importância paga por ele representa um valor agregado na produção e comporia o custo dos produtos finais produzidos pela empresa. A implementação do sistema de notas fiscais eletrônicas no país propiciou que a Administração Tributária tenha as informações necessárias para auditar o volume de insumos adquiridos pela empresa, e como será contabilizado o resultado financeiro da operação de comércio entre a empresa fornecedora e a adquirente.

Estão incluídos na categoria de operações B2B a comercialização de produtos como *market place, cloud computing* e outras espécies de negócios disruptivos. As peculiaridades desse novo setor da economia tornam desnecessária a circulação de pessoas, bens tangíveis e até mesmo do dinheiro na forma em que conhecemos. As relações econômicas ocorrem em ambiente virtual, e as receitas decorrentes de publicidade e intermediação são vultuosas. Foi nesse cenário que algumas poucas empresas de tecnologia se tornaram "etéreos monstros colossais", que não se submetem aos regimes tributários tradicionais e ganharam o apelido de GAFAM — Google, Facebook, Amazon e Microsoft.

Os dados colhidos empiricamente apontam que, no ano de 2017, 88% das receitas do Google foi auferida pelos serviços de publicidade. A publicidade do Facebook naquele mesmo ano representou 93% do seu faturamento, enquanto a Amazon obteve 18% pelo mesmo serviço. O faturamento do YouTube em 2019, pelos serviços de publicidade, ultrapassou o montante de US$ 15 bilhões[31], o que comprova a relevância dessas empresas para o Estado Arrecadador.

[31] Número divulgado pela própria empresa e noticiado pela revista Eletrônica Época Negócios na matéria *Google divulga receita do YouTube com publicidade pela primeira vez*, publicada em

Essas grandes empresas se valiam de estratégias para diminuir a sua carga tributária. Porém, recentemente, o grupo das sete maiores economias do mundo (chamado de G-7) firmou acordo histórico para tributar as empresas multinacionais com alíquota mínima de 15%. Essa foi a solução aventada para o problema conhecido como "erosão da base tributável", que é a estratégia adotada pelas empresas identificadas no acrônimo GAFAM, que migram os lucros auferidos para paraísos fiscais de baixa tributação. Esse acordo poderá garantir ao Brasil um ganho de arrecadação estimado em R$ 5,58 bilhões ao ano (algo em torno de 900 milhões de euros)[32].

As operações B2C destinam os produtos e serviços ao consumidor final, e não retornam ao processo produtivo, como ocorre no B2B. Em 2001, ano em que o volume negociado pela internet era insignificante, se comparado ao montante transacionado hoje, a Receita Federal considerava que a tributação de bens digitalizáveis seria "de difícil fiscalização", pois seria "o maior desafio a ser enfrentado pelas administrações tributárias, devido à dificuldade de o Fisco enxergar a transação"[33]. A resposta encontrada pelo Fisco para esse problema foi monitorar em tempo real as transações de *e-commerce* pelos órgãos estaduais, por meio da apuração das Notas Fiscais Eletrônicas. Esse monitoramento identificou que, entre janeiro e maio de 2020, o valor das vendas eletrônicas no Brasil atingiu R$ 114,8 bilhões. Desse montante, R$ 65,2 bilhões em compras foram feitas por pessoas físicas; R$ 46,9 bilhões, por empresas, e; R$ 2,7 bilhões por compradores fora do país.

Foi constatado que, de 2019 para 2021, houve vertiginoso crescimento de vendas de alimentos pela modalidade de comércio eletrônico, que atingiu o terceiro lugar de produtos comercializados pela internet[34].

4/2/2020, acessível em https://epocanegocios.globo.com/Empresa/noticia/2020/02/google--divulga-receita-do-youtube-com-publicidade-pela-primeira-vez.html

[32] Dados disponibilizados na matéria *Imposto para gigantes de tecnologia pode gerar R$ 5,6 bi ao Brasil*, escrito por Adriana Fernandes, publicado pelo sítio eletrônico da CNN Brasil em 14/6/2021. Disponível em https://www.cnnbrasil.com.br/business/2021/06/14/imposto-para-gigantes-da-tecnologia-pode-gerar-r-5-6-bi-ao-brasil

[33] Ministério da Fazenda e Secretaria da Receita Federal, *O Brasil e o Comércio Eletrônico. Paper* publicado em abril/2001.

[34] O levantamento realizado pela Receita Federal demonstra que o valor das vendas feitas com NF eletrônica somou R$ 4,37 trilhões, uma alta de 40% no resultado apurado em 2010, e, desse total, R$ 1,78 trilhão é referente ao comércio.

Provavelmente, essa nova forma de compras não irá mudar nos próximos anos, porque a pandemia exigiu que até os pequenos comércios passassem a anunciar seus produtos nas redes sociais, de modo a permitir a transação mesmo a distância[35]. O próprio Fisco acredita que o aumento de arrecadação do *e-commerce* será contínuo e progressivo nos próximos anos.

A expectativa do Governo Federal a respeito do crescimento nos próximos anos do já expressivo volume de compras realizado *on-line* por meio dos telefones celulares propiciou que fossem criados mecanismos para facilitar esse tipo de comércio, o que resultou no desenvolvimento e disponibilização de métodos de pagamentos como o Pix e as transações financeiras via Whatsapp[36]. Tais medidas comprovam que a Administração Pública Federal considera que os novos hábitos de consumo dos brasileiros perdurarão no futuro, de forma que o próprio sistema financeiro — e tributário — deve se adaptar ao novo cenário, a fim de evitar perdas na arrecadação e problemas como a evasão e a sonegação.

Diante desse novo cenário, o Ministro da Economia, Sr. Paulo Guedes, propôs a criação do Imposto sobre Movimentações Financeiras (IMF) que atingirá todo o comércio eletrônico. A alíquota da exação sugerida ficaria entre 0,2% e 0,4% da operação e, de acordo com o proponente, não aumentaria a carga tributária existente e serviria para cobrir a redução de outros tributos, como o Imposto de Renda Pessoa Física e a desoneração da folha de pagamento. Para os críticos, esse novo imposto seria, em alguma medida, parecido com o extinto — e famigerado — CPMF, o que gerou manifestações contrárias de diversos setores da economia à proposta do Governo Federal. Em defesa de sua proposição, o Sr. Guedes assegurou que a base da tributação desse novo

[35] Constatação feita pela Professora Vanessa Rahal Canado, publicada na reportagem *Receita espera aumento de arrecadação de impostos, levado por vendas online*, divulgada em 28/6/2021 no sítio eletrônico da CNN Brasil. A reportagem é de autoria de Adriana Fernandes. Acessível em: https://www.cnnbrasil.com.br/amp/business/2021/06/28/receita-espera-aumento-de-arrecadacao-de-impostos-levado-por-vendas-online

[36] Meio de pagamento criado pelo Banco Central em novembro de 2020, com a proposta de mudar o custo das transferências bancárias. Desde a sua criação, já foram transacionados mais de R$ 500 milhões até maio de 2020, reduzindo o espaço cativo de transferências como TED e DOC. Outro mecanismo disponibilizado pelo Banco Central em 30/3/2021 é a opção de pagamento via Whatsapp, gratuita como pix, a qual permite que os usuários do aplicativo transfiram valores. Informações disponíveis no sítio eletrônico do Banco Central do Brasil, acessíveis em https://www.bcb.gov.br/detalhenoticia/17359/nota

imposto não acarretaria os mesmos problemas da CPMF já extinta e traria o benefício de diminuir a gritante sonegação fiscal, pois é moderna, de caráter digital e incidirá até sobre as operações realizadas pelo comércio informal.

Contudo, a impressão que se tem é que a proposta do IMF manterá a regressividade do sistema tributário, porque a pretensão é fazer recair sobre o consumo a tributação necessária para compensar a perda de arrecadação ocasionada por outras medidas fiscais.

Outra questão que merece ser esclarecida é como será implementada a IMF sobre as operações virtuais, de modo a evitar a "erosão da base tributável" recorrentemente engendrada pelas empresas GAFAM. Ora, é certo que o grande problema na tributação dos serviços como publicidade, *streaming e cloud services* é que as *big techs* não têm sede no Brasil, tampouco as filiais, e os pagamentos feitos pelos cidadãos brasileiros são remetidos a paraísos fiscais, sem nenhum dos elementos indispensáveis para que os resultados sejam tributados pelo Fisco brasileiro.

Conclusões

Como visto, a tributação é o principal mecanismo de arrecadação de recursos para custear a execução de todos os deveres constitucionalmente atribuídos à Administração Pública.

A pandemia da Covid-19 acarretou impactos devastadores na saúde da população e, na mesma proporção, causou prejuízos inestimáveis ao já debilitado equilíbrio orçamentário. O Estado busca meios para equilibrar suas contas e aumentar a arrecadação, para que possa fazer frente a todas as necessidades da população, como a aquisição de vacinas, fornecimento de medicamentos, equipamentos para garantir a educação a todas as crianças, e uma série de outras demandas não menos urgentes.

Diante desse cenário, reavivou-se a discussão a respeito das propostas de reforma tributária em andamento, encartadas nas PECs 110/2019 e 45/2019. Apesar de democraticamente imprescindível que se propicie a discussão pública, ficou demonstrado que as proposições ainda carecem de ajustes, uma vez que os problemas identificados são significativos e podem vir a prejudicar toda economia brasileira.

Há consenso no entendimento de que as mudanças de comportamento da sociedade acarretadas pela necessidade de distanciamento social perdurarão ao longo dos próximos anos. O aumento das operações realizadas pelo e-*commerce* foi percebido pelo Governo Federal, que criou mecanismos para assegurar que essas transações ocorram por meio de mecanismos tecnológico que possibilitem a incidência dos tributos devidos. O crescimento vertiginoso da economia virtual oportunizou a proposta de criação de um imposto igualmente cibernético, que tem por escopo compensar a perda de arrecadação causada pelos benefícios sociais concedidos para amenizar os efeitos da pandemia.

Contudo, nenhuma das propostas analisadas se dispõe a reduzir a regressividade tributária, e se afastam, assim, da almejada justiça fiscal. Ao contrário, todas as três propostas avaliadas pretendem manter ou aumentar a tributação incidente sobre o consumo, que hoje é no patamar de 50% de toda a carga tributária, enquanto nos países desenvolvidos essa proporção é de 32%. Nenhuma das propostas sugere que a renda seja tributada de forma mais equânime. Atualmente, o Brasil tributa renda em 18% enquanto os países ricos recolhem dos contribuintes algo em torno de 34% de seus rendimentos[37]. Isso comprova que a regressividade tributária brasileira é perversa e não se pretende corrigir tal injustiça nos textos da PEC 110/2019, da PEC 45/2019, nem tampouco na proposta de criação do Imposto sobre Movimentações Financeiras (IMF).

Ainda que se realizem os indispensáveis ajustes para promover a tão sonhada justiça fiscal nas propostas em andamento, é certo que ainda será necessário permitir extenso diálogo com todos os contribuintes brasileiros, o que impossibilita a aprovação e a execução das reformas tributárias em momento próximo.

Assim, ainda que sejam aprovadas, é certo que as reformas tributárias se prestarão a recompor o desequilíbrio orçamentário causado pelos anos de má-gestão da máquina pública, que foi ainda mais agravado pelos efeitos da pandemia causada pelo Coronavírus.

[37] Manifestação reproduzida na reportagem de Sílvia Mugnatto, intitulada *Confederação da Indústria defende a criação de imposto para o comércio eletrônico*, divulgada no sítio eletrônico da Câmara dos Deputados em 17/8/2020. Acessível em https://www.camara.leg.br/noticias/684959-confederacao-da-industria-defende-criacao-de-imposto-para-o-comercio-eletronico/

Referências

MACIEL, Everardo. *Generosidade e serenidade em tempos de catástrofe.* Estadão de 02.04.2020.

FUCK, Luciano Felício. *Estado fiscal e o Supremo Tribunal Federal.* São Paulo: Saraiva, 2017 (Série IDP: Linhas Pesquisa Acadêmica).

ORAIR, Rodrigo Octávio, GOBETTI, Sérgio Wulff. *Reforma Tributária e Federalismo Fiscal: uma análise das propostas de criação de um novo imposto sobre o valor adicionado para o Brasil".* Novos Estudos. CEBRAP, v. 37.

SANTOS, Lucas Siqueira dos. *Reforma Tributária no Brasil: Histórico, Necessidades e Propostas.* – 2015. Dissertação de mestrado – Escola de Direito de São Paulo da Fundação Getúlio Vargas. Orientadora: Tathiane dos Santos Piscitelli.

SARNEY, José. *A Reforma sem Forma – a reforma urgente que temos que fazer é tornar o País governável.* Artigo publicado em 03.07.2021 no Blog do Noblat. Disponível em: https://www.metropoles.com/blog-do-noblat/artigos/a-reforma-sem-forma-por-jose-sarney

SCAFF, Fernado Facury. *Duas coisas são certas na vida: a morte e os tributos,* texto publicado pela revista eletrônica Consultor Jurídico em 6/11/2012, disponível em: https://www.conjur.com.br/2012-nov-06/contas-vista-duas-coisas-sao-certas-vida-morte-tributos

VARSANO, Ricardo. *A evolução do sistema tributário ao longo do século: anotações e reflexões para futuras reformas.* Rio de Janeiro: IPEA, 1996.

VIOL, Andréa Lemgruber. *O processo de Reforma Tributária no Brasil: mitos e verdades.* Brasília: Editora da UnB, 2000.

16.
POSSÍVEIS MODIFICAÇÕES SOBRE A TRIBUTAÇÃO DA RENDA CORPORATIVA: IMPOSTO DE RENDA MÍNIMO E TRIBUTAÇÃO DOS RESULTADOS DISTRIBUÍDOS. UMA ANÁLISE CRÍTICA

Misabel Abreu Machado Derzi
Fernando Daniel de Moura Fonseca

Introdução

É preciso ressaltar. Nosso problema maior, a considerar em uma reforma tributária, é exatamente o mais negligenciado: a grave desigualdade entre pessoas e entre grupos e regiões do País, que subsiste e nos desafia através dos tempos.[1] O IDH-M oficial (índice de desenvolvimento humano médio)

[1] Um dos indicadores da profunda desigualdade regional no Brasil é o IDH-M (índice de desenvolvimento humano médio), que sofre severa variação entre os Estados Federados. O Distrito Federal, por exemplo, possui o IDH-M mais alto do Brasil, no montante de 0,824, enquanto o Estado de Alagoas, que aparece em último lugar, tem IDH-M de 0,631. Para se ter uma noção, o IDH-M do Distrito Federal está acima do de países como Portugal (0,822 – 41ª posição), Chile (0,822 – 41ª posição) e Emirados Árabes Unidos (0,827 – 40ª posição), enquanto o de Alagoas está abaixo do de países como Iraque (0,642 – 120ª posição), Vietnã (0,642 – 120ª posição) e Guiana (0,638 – 121ª posição). Fonte para o IDH-M nos Estados Brasileiros: http://www.pnud.org.br/atlas/ranking/Ranking-IDHM-UF-2010.aspx; para o ranking global: http://noticias.uol.com.br/infograficos/2014/07/22/brasil-fica-em-79-no-ranking-mundial-de-idh-veja-resultado-de-todos-os-paises.htm.

sofre uma severa oscilação entre os Estados Federados. O Distrito Federal, por exemplo, tem o mais alto IDH, o mesmo que Portugal ou Chile, estando na posição 40. Já o Estado de Alagoas, ao contrário, tem o mais baixo IDH, comparado àquele do Vietnam ou do Iraque, na posição 120. Variamos, pois, entre 40 e 120, o que é excessivo.

A grave desigualdade em questão não é considerada, de forma efetiva, nos projetos de reforma abrigados na Câmara (PEC 45) ou no Senado (PEC110). Ambos fazem um recorte (a PEC 45 mais do que a PEC 110) no sistema tributário nacional, considerando prioritariamente os tributos sobre o "consumo", na sua acepção clássica, ou seja, pressupondo como problemas mais graves, a redução da base tributária do ICMS a ser recuperada, como ainda a arrecadação na origem a beneficiar os Estados produtores líquidos, em detrimento da maioria dos demais, consumidores líquidos. De fato, tais questões configuram fatores de relevância (o princípio do destino é norma internacional sancionada pela OCDE e pela OMC), mas tais questões não devem ser tratadas isoladamente. Na verdade, a redução da base de cálculo do ICMS, advinda dos benefícios fiscais, concedidos legítima ou ilegitimamente, também reduzem a base de cálculo do Imposto sobre a Renda das pessoas jurídicas, já que os lucros ou investimentos incentivados são intributáveis – se não forem distribuídos aos sócios, ou seja, uma vez que não sejam desviados dos programas de desenvolvimento a que estão vinculados.

Tais projetos negligenciam, em decorrência: (i) o caráter regressivo do sistema tributário como um todo, inclusive o imposto sobre a renda das pessoas jurídicas, nos moldes atuais; (ii) os efeitos possíveis da Lei Complementar 160, que ainda não se fizeram sentir; e (iii) as opções provavelmente benéficas de redução das desigualdades – isenções e outros benefícios – na correção das injustiças desencadeadas pela regressividade, sem a construção de um federalismo de política conjunta entre os Estados e a União.

Para falarmos algo em torno da tributação da distribuição de lucros e dividendos, seria necessário fazer, em primeiro lugar, tais considerações em um quadro geral, em que a luta pelo capital, no âmbito internacional, desencadeia uma aproximação entre o imposto de renda das pessoas jurídicas (das corporações) aos tributos sobre o consumo, por meio da criação recente, em vários países, de um imposto sobre a renda mínimo, que independe da existência de resultados positivos da atividade.

1. As tendências transformadoras do Imposto sobre a Renda (das pessoas jurídicas ou corporações) em imposto sobre o consumo

O caráter regressivo do sistema tributário brasileiro como um todo ficou esquecido nos projetos de reforma tributária no Brasil. É que eles partem da concepção clássica, hoje em questão, pois também o imposto de renda, graças à volatilidade do capital, tende a se voltar para a base de tributação do consumo, mais estável em relação à renda e aos próprios salários. Segundo aquela concepção tradicional, os impostos que incidem sobre as atividades econômicas independentemente de seu resultado – sendo indiferentes ao resultado positivo/lucrativo ou não – configuram custo ou despesa, a serem necessariamente transferidos, pelo mecanismo dos preços das mercadorias e serviços, ao consumidor final. Daí serem designados como tributos incidentes sobre o consumo (ou indiretos), uma designação econômica e não jurídica (neles se incluindo o IPI, o ICMS, o ISS, as contribuições para o PIS e a COFINS, além daquelas sobre salários e folha de pagamentos. Análises recentes do IPEA negligenciam tais efeitos recessivos totais, do sistema em geral[2].

Tanto o IVA europeu, como o IPI e o ICMS foram pensados dentro dessa lógica. Devem, em termos ideais, tributar o consumo, jamais onerar a produção ou o comércio. Garante-se que, em cada fase de incidência, o contribuinte de direito (produtor, comerciante ou industrial), se credite do imposto que suportou nas aquisições feitas e, ao mesmo tempo, transfira ao adquirente o tributo que deva adiantar aos cofres públicos. Somente o consumidor se torna o contribuinte de fato, porque não tendo direito de crédito, suporta finalmente a carga tributária. Em decorrência, devem ser **neutros,** como impostos ideais de mercado, indiferentes na formação dos preços e na competitividade, onerando apenas o **consumo final e a formação do capital fixo das famílias e das administrações públicas.**

Em contrapartida, dentro da classe dos chamados tributos diretos, em geral se incluem o imposto sobre a renda e a contribuição social sobre o lucro líquido, que oneram somente os resultados positivos (no sentido de lucro) da

2 Cf. ORAIR, Rodrigo Otávio e GOBETTI, Sérgio Wulff. Texto para Discussão 2530. Reforma Tributária e Federalismo fiscal: uma análise das Propostas de Criação de um novo Imposto sobre o Valor Adicionado Para o Brasil. IPEA. 2019.

atividade. As análises econômicas se dividem entre aqueles que entendem que a incidência do IRPJ e a CSLL apenas reduzem o lucro a ser distribuído entre os sócios, não impactando os preços, em contraste com aqueles que entendem que tais tributos, embora ditos diretos, acabam repercutindo no mercado de preços dos produtos vendidos. Não obstante, os estudos da OCDE e os técnicos em geral continuam a prestigiar a diferenciação clássica e a denominar de tributos diretos, os tributos que têm como base de incidência os lucros, que pertencem aos investidores como resultado da exploração econômica.

Tal discussão mais profunda não será abordada neste curto estudo, pois ela poderia levar mesmo à questão da geração de riqueza pelo trabalho e da apropriação da mais valia no sistema capitalista (nas ponderações marxistas e seguidores). Ou mesmo, por outro ângulo, chegaríamos à unificação das incidências – na renda – que estariam diversificadas somente do ponto de vista jurídico-formal (imposto sobre a disponibilidade da RENDA; imposto sobre o consumo da RENDA – IVA e seletivos; impostos e contribuições sobre o patrimônio – RENDA POUPADA). Ou seja, uma realidade econômica única, **a renda,** desdobrar-se-ia em várias hipóteses de tributos formalmente diferentes. Tal questão é tão interessante que a Corte Constitucional alemã considera como tributos sobre o consumo aqueles que oneram a renda privada do consumidor final (já que a carga dos impostos ditos sobre o consumo lhe é transferida pelo mecanismo dos preços).[3] Tal fator é altamente relevante, pois, com base nessas distinções tradicionais, jurídico/formais, **constitucionalizadas,** assentam-se o federalismo e a autonomia tributária/financeira dos Entes Federados no Brasil.

Estamos considerando tão somente a questão formal. Nos sistemas jurídico-tributários, os legisladores em geral fazem diferenciação entre a tributação do consumo em oposição à tributação dos lucros/renda e patrimônio. Mas tal distinção tem acolhida também em textos e estudos internacionais, da OCDE, do FMI e da OMC. Em alguns casos, tal diferenciação é de alta

[3] Cf. BVerfG, Order of Second Senate of 13 April 2017 - 2 BvL 6/13 -, para. [1-162], http://www.bverfg.de/e/ls20170413_2bvl000613.html
- BVerfG, Beschluss des Zweiten Senats vom 13. April 2017- 2 BvL 6/13 -, Rn. [1-45], http://www.bverfg.de/e/ls20170413_2bvl000613.html
- BVerfG, Decisão do Segundo Senado de 13 de abril de 2017 - 2 BvL 6/13 -, para. [1-162], http://www.bverfg.de/e/ls20170413_2bvl000613.html

relevância como nos países de forma federativa, em que a rigidez das regras de competência advém da própria Constituição, como ocorre no Brasil. Nossas regras de competência tributária, delimitadas na Constituição, precisam ser levadas a sério, pois elas pautam o volume da receita de cada Ente federado, a qualidade dos serviços públicos pertinentes e o índice de desenvolvimento médio em cada grupo ou região.

Deu-se que, em face da volatilidade do capital em uma economia mundializada, há uma recente aproximação generalizada e formal, feita pelos legisladores domésticos, em tais tributos diretos, incidentes sobre o lucro das sociedades e corporações, aos indiretos. A aproximação aos impostos indiretos ou sobre o consumo dá-se por meio de um imposto de renda mínimo, haja lucro a ser distribuído ou não, ou a criação de um imposto sobre a renda "fictícia". **Dentro de tais parâmetros, não devem ser esquecidas a concorrência tributária internacional e a chamada crise dos Estados do "bem-estar social".**

Tradicionalmente, como acabamos de anotar, poderíamos dividir os modelos de sistemas tributários em dois grandes grupos. No primeiro deles, próprio dos países desenvolvidos, exportadores de capital e, em geral, ostentando uma relativa descentralização da renda marcada por uma grande classe média, como ocorre na Europa e nos EEUU, a receita tributária dos Estados sempre resultou mais da arrecadação de impostos incidentes sobre a renda e o capital do que de tributos incidentes sobre o consumo/trabalho. No segundo modelo, próprio dos países em desenvolvimento, entre os quais se inclui o Brasil, países importadores de capital, com fraca poupança interna e grande concentração de renda, os cofres públicos se alimentaram e ainda se alimentam principalmente de impostos sobre o consumo e sobre os salários (inclusive renda proveniente dos salários), sendo mais fraca a participação de tributos incidentes sobre a renda proveniente do capital ou do patrimônio.

Na contemporaneidade, não obstante, essa separação entre os dois modelos clássicos não se apresenta mais com a mesma nitidez. A globalização evidenciou a mobilidade extrema do capital (renda e lucros), muito mais ágil do que os salários e, sobretudo, do que o consumo, e propiciou uma evidente guerra competitiva, no plano internacional, pelo capital, quer como investimento direto em carteira de títulos, quer como investimento indireto. Os diversificados estudos constantes do Projeto BEPS (*Base Erosion and Profit*

Shifting),[4] desenvolvidos pela Organização para a Cooperação e Desenvolvimento Econômico (OCDE), com apoio do G20, dão notícia dessa preocupação quase universalizada.

Não são raros os países que reduziram substancialmente suas alíquotas em favor dos investimentos feitos por estrangeiros. É o caso dos EUA que tradicionalmente procuram beneficiar os investimentos estrangeiros em seu território ou repatriados para seu território. Ainda recentemente, a Lei de Cortes de Impostos e de Empregos de 2017 reduziu a alíquota do imposto de renda das empresas de 35% para 21%, sendo que os lucros auferidos no exterior por multinacionais, residentes nos EUA, agora estão isentos, em um sistema "territorial".[5] Outros se especializaram em tributação nula ou quase isso, forte atrativo para os lucros e o capital alojados em verdadeiros paraísos fiscais e protegidos pelo sigilo bancário. Além disso, em muitos países desenvolvidos, cresceu significativamente a receita pública proveniente de impostos incidentes sobre o consumo, como se pode exemplificar com o IVA dos europeus.

É evidente que o tratamento tributário, dado pelo legislador, pode capitalizar as empresas ou, ao contrário, tornar os investimentos inseguros ou de difícil recuperação. No Brasil, por exemplo, as Leis nº 8.981/1995 e nº 9.065/1995 trouxeram a limitação da compensação dos prejuízos acumulados em exercícios anteriores a 30% do lucro dos exercícios subsequentes. (Observe-se que as metas nacionais, à época, não eram as de combater a erosão da base de incidência do imposto sobre a renda, como fruto de evasão em uma economia mundializada. As metas concentravam-se na luta contra a sonegação doméstica e, sobretudo, no fito de trazer à luz a economia informal.) O que espanta é o fato de que o limite é baixo demais. Prejuízos correspondem a perdas ocorridas em exercícios anteriores e a restrição parcial à compensação representa tributação de "renda fictícia. Esses objetivos "fiscais", com vistas à manutenção de certos níveis de arrecadação, podem ter sido parcialmente adotados em alguns países, com atenuantes é verdade, mas aqui esbarram em sérios empecilhos constitucionais. A limitação da dedução dos prejuízos acumulados ofende o conceito constitucional de renda, em razão das

[4] Em livre tradução: "erosão da base e transferência de lucros."

[5] Cf. https://www.taxpolicycenter.org/briefing-p.2

características de nosso modelo e agride a igualdade e a equidade, pois quanto maior o prejuízo e menor a renda, mais tempo se levará para compensá-los.

Além disso, entre nós, o legislador não previu as técnicas que outros países introduziram ao autorizarem certa limitação da dedução e que configuram grandes atenuantes respectivas. Como se sabe, a partir do Relatório Ruding, muitos países europeus (inclusive a Alemanha) adotaram a dedução retroativa dos prejuízos acumulados. A dedução retroativa não inibe ou impede a dedução dos referidos prejuízos, para a frente, em exercícios subsequentes (EUA, Inglaterra, França e outros), se houver saldo a abater. Antes de serem deduzidos do lucro do exercício subsequente, os prejuízos de determinado exercício devem ser imputados, de forma retroativa, em relação a exercícios anteriores àquele em que foram registrados os prejuízos. Nessa hipótese, é refeito o balanço passado e o contribuinte – que tinha recolhido o imposto incidente sobre os lucros – adquire um crédito a ser apresentado contra o Fisco, capitalizando-se. Esse crédito pode ser pago pelo Estado em dinheiro ou abatido do imposto a pagar em exercícios subsequentes (como permite a França).

A dedução retroativa, que o Brasil desconhece, representa um incentivo, provoca a absorção dos prejuízos para trás e incentiva a capitalização, significando um ponto de atração para os investidores e para o mercado. Credores, sócios e investidores institucionais têm, assim, em uma apuração fiscal mais fidedigna apenas um primeiro passo no longo caminho a percorrer, no exercício do seu direito de planejar e decidir. As normas brasileiras sobre a limitação da compensação dos prejuízos acumulados (e, como se sabe, segundo nossas leis comerciais, o lucro do exercício não pode ser distribuído aos sócios, enquanto não forem compensados os prejuízos anteriores) convertem o imposto sobre a renda em um imposto sobre o consumo, porque as empresas, impedidas de deduzirem os seus prejuízos, tenderão, na medida do possível, a projetar, nos preços das mercadorias e serviços, o peso do imposto.

O Brasil arrecada tributos como um país desenvolvido, cerca de 34% de seu próprio PIB. Mas o seu sistema tributário é regressivo porque onera mais o consumo/trabalho do que o capital. Com o aumento da competição tributária, as receitas do Estado para pagar os benefícios da previdência social, da saúde e da assistência social, também se reduzem. Em face da alta mobilidade do capital e necessitando desesperadamente de investimentos, as reações entre nós têm sido as mesmas, presentes nos demais países: **(a)** procura-se não fazer incidir o imposto sobre a renda e os lucros provenientes do capital (ou pelo menos fazer incidir mais suavemente), de tal forma que a carga fiscal sobre o trabalho/consumo tende a se acentuar mais ainda; **(b)** no afã de se aumentar a arrecadação, o Brasil introduziu a limitação dos prejuízos acumulados a 30% dos lucros dos exercícios subsequentes, medida que converte o imposto sobre a renda em imposto sobre o consumo, porque a tributação da renda fictícia, independentemente dos resultados reais (lucratividade), transforma o imposto sobre a renda em custo e desencadeia a transferência da carga para os preços das mercadorias e serviços; **(c)** com isso, o imposto sobre a renda, sendo mero custo da atividade econômica, converte-se também em imposto sobre o consumo, aumentando-se a regressividade do já regressivo sistema tributário brasileiro; **(d)** há certa tendência de redução dos benefícios previdenciários, o que se apresenta em movimentos repetitivos. E, embora a sociedade brasileira já tenha feito as suas opções, de forma irreversível, em sua Constituição, em favor de um Estado Democrático de Direito, a redução dos benefícios previdenciários é movimento que se concretiza em contínuas reformas.

Vejamos em que circunstâncias e, com que atenuantes, os países desenvolvidos criam barreiras à compensação integral dos prejuízos acumulados em exercícios anteriores, posicionando melhor do que nós os mecanismos de atração do capital para seus territórios.

1.1. Brevíssimo resumo das recentes reformas do Imposto de Renda das corporações ou sociedades. O Imposto de renda mínimo

Antes é interessante lembrar o contexto em que se dão tais reformas que supõem a erosão da base de incidência do imposto de renda, decorrente da evasão e da volatilidade do capital.

Na Alemanha, por exemplo, o imposto de renda das pessoas jurídicas pode incidir sobre a organização como um conjunto, formado pela empresa-mãe/controladora e suas subsidiárias, em lugar de incidir sobre o resultado de cada entidade isoladamente. Em tais circunstâncias, o resultado anual se apura por meio de compensações com as perdas das subsidiárias, ao nível da empresa-mãe. Para isso determinadas condições devem ser preenchidas como: (i) a subsidiária deve ser financeiramente integrada e a controladora deve deter mais de 50% das ações com direito a voto; (ii) o investimento na subsidiária deve ser atribuído à parte da controladora e ser submetida à lei alemã; (iii) a subsidiária deve estar sediada na Alemanha; e (iv) as empresas envolvidas devem ter concluído um acordo sobre lucros e perdas integrados pelo período mínimo de 5 anos. A subsidiária submete toda a sua renda à controladora e, ao mesmo tempo, a empresa-mãe é obrigada a compensar as perdas incorridas pela subsidiária, conforme acordo firmado.[6]

Acresce ainda que, na Alemanha, os prejuízos acumulados pelo grupo (ou para empresas em geral) podem ser deduzidos em exercícios futuros sem limite temporal. Para o imposto incidente sobre o lucro das corporações, há ainda uma dedução retroativa opcional relativa ao último ano anterior, até o limite de 1 milhão de euros. Em relação às perdas excedentes, se houver, poderá haver uma compensação em futuros exercícios no limite de um milhão de euros mais 60% da renda excedente de tal montante. Sobre os 40% remanescentes da renda, acima de um milhão de euros, haverá a incidência do imposto das corporações a alíquotas correntes. Isso é chamado de "tributação mínima".[7]

Também no Reino Unido[8], ou nos EUA, as perdas das controladas podem estar submetidas às empresas do mesmo grupo (no caso das perdas existentes antes de abril de 2017, elas podem ser utilizadas no próprio ano no qual surgiram).

Mas, além da consideração dos ganhos e perdas dentro de uma organização empresarial, que reúne uma controladora e suas controladas; e a par da redução do imposto incidente sobre a renda das empresas, como ocorreu nos EUA (além de um tratamento benéfico para os lucros auferidos no exterior, pelas multinacionais sediadas naquele País), houve uma atenuação da pureza do conceito de renda, de tal modo que lá se pode falar também da incidência de um imposto de renda mínimo.

Vejamos: – nos EUA, após as mudanças realizadas pelo governo Trump, com a redução substancial do Imposto de Renda das empresas (cuja alíquota máxima passou de 35% para 21%), para a maioria dos contribuintes, após 2018,

[6] Cf. pwc Worldwide Tax Summaries. Germany, last reviewed, 27/june/2019.
[7] Cf. pwc Worldwide Tax Summaries. Germany, last reviewed, 27/june/2019.
[8] Cf. https://www.dlapiperintelligence.com/goingglobal/tax/index.html

os prejuízos acumulados não podem mais ser deduzidos retroativamente, como ocorria antes, com algumas exceções pontuais. A dedução dos mesmos prejuízos líquidos acumulados em exercícios anteriores somente será permitida em exercícios futuros até o limite de 80% do lucro tributável. Restará ao contribuinte pagar o IR sobre os restantes 20% da renda que não podem ser alcançados pela compensação. Pagar-se-á então um IR mínimo.[9]

No Reino Unido, igualmente, apesar de se poder compensar os prejuízos indefinidamente para a frente, somente se pode levá-los retroativamente por um ano e, em casos excepcionais, até 3 anos. Mas o saldo restante dos prejuízos, uma vez abatido de exercício anterior (com o que o contribuinte adquire um crédito contra o Estado) somente pode ser compensado em exercícios futuros no limite dos primeiros 5 milhões de libras dos lucros tributáveis (por grupo de empresas) mais 50% dos lucros excedentes àqueles 5 milhões de libras.[10] Estamos a falar de um imposto de renda mínimo.

Também na França, houve uma consolidação das regras do imposto, valendo a partir de 1º de janeiro de 2019. As perdas do grupo empresarial podem ser compensadas para frente, até o primeiro milhão de euros e mais 50% dos lucros tributáveis excedentes a tal valor. As perdas podem também ser compensadas retroativamente com os lucros do exercício imediatamente anterior, até o limite máximo de 1 milhão de euros. Dá-se então, igualmente, a existência de um imposto de renda mínimo, por grupo.[11]

1.2. O imposto de renda mínimo no Brasil. A aproximação aos tributos incidentes sobre o consumo

O Brasil não adotou o imposto de renda mínimo, como reação à erosão da base de incidência da renda das pessoas jurídicas em um contexto de economia mundializada. Nem tampouco a isenção na distribuição dos lucros e dividendos resultou de tal contexto. Nosso legislador preferiu adotar uma integração completa entre pessoas físicas e jurídicas, cujo fundamento teria

9 Cf. IRS, publication 536 (2018), net operations losses (NOLS) for individuals, Estates and Trusts.

10 Cf. https://www.dlapiperintelligence.com/goingglobal/tax/index.html

11 Cf. pwc Worldwide Tax Summaries. France, last reviewed, 16/September/2019.

origem na simplificação dos controles e no combate à evasão fiscal.[12] Uma medida contrária à evasão fiscal doméstica e à economia informal. Essas as metas, como veremos.

As Leis nº 8.981/1995 e nº 9.065/1995 trouxeram a limitação da compensação dos prejuízos acumulados em exercícios anteriores a 30% do lucro dos exercícios subsequentes. O limite é baixo demais. Inexiste também a compensação retroativa. E a trava de 30% atinge a todas as empresas de uma mesma organização empresarial, em sua vida corrente. Como mencionado, a indedutibilidade parcial dos prejuízos acumulados, relativamente à renda a que correspondem (embora de exercício anterior) representa tributação de "renda fictícia. E mais, a incidência do imposto sobre a renda – se os 70% excedentes tiverem valor inferior aos prejuízos acumulados – não poderão ser distribuídos aos sócios, segundo a lei comercial. É o que diz a LSA (Lei 6.404/76), em seu art. 189: *"Do resultado do exercício serão deduzidos, antes de qualquer participação, os prejuízos acumulados e a provisão para o Imposto sobre a Renda."*

Corretíssima, nossa lei comercial busca preservar a vida da empresa. Se prejuízos (do exercício corrente ou cumulados em exercícios anteriores) são redução patrimonial, inexistem lucros efetivos a distribuir. A distribuição de lucros é, por si só, quando os lucros são reais, um fator de redução patrimonial, mas nesse caso a decisão pela não distribuição, com vistas à capitalização, deverá ser livre opção dos sócios.

Assim sendo, com a trava legal de 30% para a compensação dos prejuízos, embora o investidor não possa receber o resultado de seus investimentos, que é negativo (pois, em realidade, os lucros inexistem já que os prejuízos acumulados se fossem compensados, anulariam os "lucros" do exercício), surge um lucro fictício, meramente fiscal, sobre o qual incidirá o imposto sobre a renda e a contribuição social sobre o lucro líquido. Isso configura o imposto sobre a renda mínimo, no Brasil, com o qual convivemos há mais de

[12] Lei 9.2949/95. Exposição de Motivos. "12. Com relação à tributação dos lucros e dividendos, estabelece-se a completa integração entre a pessoa física e a pessoa jurídica, tributando-se esses rendimentos exclusivamente na empresa e isentando-se quando do recebimento pelos beneficiários. Além de simplificar os controles e inibir a evasão, esse procedimento estimula, em razão da equiparação de tratamento e das alíquotas aplicáveis, o investimento nas atividades produtivas".

vinte anos. As agravantes, se comparado o nosso sistema àqueles dos países desenvolvidos, são as seguintes:

(a) inexiste a possibilidade de prévia consolidação por grupo empresarial, como nos países citados. Em nosso País, o legislador não abre exceções e impõe a incidência sobre o montante de 70% do resultado, entidade por entidade da mesma organização empresarial, ainda que tal montante seja correspondente apenas a prejuízos;

(b) em face dos princípios da equidade e da isonomia, em geral, tais países citados concedem pelo menos um valor mínimo à compensação dos prejuízos, tanto para compensação retroativa, quanto para a futura, impondo a trava apenas acima da renda excedente àquele valor. Tal valor destina-se a atender minimamente àquelas empresas que aufiram renda menor ao longo dos anos, embora cumulem prejuízos consideráveis;

(c) a fundamentação dos legisladores reside no princípio da continuidade da vida empresarial. A rigor, o exercício financeiro e fiscal de um ano é somente uma convenção artificial – princípio válido e consistente a direcionar as normas comerciais e contábeis. Daí a necessidade de o legislador determinar a compensação dos prejuízos acumulados em exercícios anteriores, exatamente porque tais exercícios são artifícios a serem derrotados. Mas então, como corolário de tal princípio, as fazendas públicas argumentam que, prosseguindo a vida empresarial sem solução de continuidade, a dedução integral dos prejuízos acumulados teria sido apenas diferida pelo legislador, para exercícios posteriores. Ao fim e ao cabo de determinados exercícios, haveria dedução integral de tais prejuízos. Enquanto isso, os contribuintes recolheriam um imposto de renda mínimo, decorrente do artifício meramente "fiscal" da existência de lucro;

(d) na interpretação equivocada e contraditória da Fazenda Pública, no caso do Brasil, a trava elevada deve vigorar mesmo nos casos de incorporação ou extinção de uma empresa, o que contradiz visceralmente a noção de continuidade da vida empresarial. Ora, havendo a extinção da empresa, o último balanço deve contemplar a possibilidade de compensação integral dos prejuízos pois, inexistindo futuro, o adiamento perdeu sentido. Todo o imposto de renda recolhido sobre os prejuízos transforma-se em "calote", sem devolução do excedente recolhido aos cofres públicos;

(e) finalmente, o que é o mais relevante, temos uma Constituição minuciosa, que diferencia os conceitos de renda, dos conceitos de faturamento e receita; de operações mercantis de circulação, produção e serviços; de patrimônio imobiliário, transmissões e seus acréscimos. Tal diferenciação é extremamente rígida e relevante, pois dela depende o exercício da competência de cada Ente político da Federação; a qualidade dos serviços públicos atribuídos a cada um deles, em especial, educação, saúde e segurança; a alocação de recursos e a distribuição da receita pública dentro do território nacional, portanto o padrão de vida dos cidadãos, não importa a região a que pertença;

(f) finalmente, é evidente a aproximação entre o imposto sobre a renda no Brasil e os tributos incidentes sobre o consumo. As consequências dessa aproximação ainda não foram mensuradas por organismos especializados como o IPEA, cujos estudos limitam-se às considerações e classificações tradicionais dos tributos, em um sistema já tão regressivo como o de nosso País.[13] Os resultados, então, não são realísticos.

Esses objetivos "fiscais", com vistas à manutenção de certos níveis de arrecadação, podem ter sido parcialmente adotados em alguns países, com atenuantes é verdade, mas como sabemos, aqui esbarram em sérios empecilhos

[13] Ver ORAIR, Rodrigo Otávio e GOBETTI, Sérgio Wulff. Texto para discussão 2530. Reforma Tributária e Federalismo: uma análise das propostas de criação de um novo imposto sobre o valor adicionado para o Brasil. IPEA. Rio de Janeiro, dezembro de 2019. http//www.ipea.gov.br/ouvidoria
Além disso, o Poder Legislativo da União já fez um gesto pacificador. Aprovou a Lei Complementar 160, que prevê a remissão e a anistia em relação a todos aqueles atos normativos dos Estados transgressores das normas constitucionais, atos inerentes à guerra fiscal. O perdão para o passado. Para o futuro, a regularização, com a ratificação de tais atos, acompanhada da proibição de novos benefícios, que forem aprovados sem o consentimento unânime dos demais Estados da Federação. Estranhamente, os novos projetos de reforma tributária, mesmo os mais relevantes, que correm no Congresso Nacional, ignoram os possíveis efeitos benéficos da citada Lei Complementar 160, embora ela possa recuperar a base tributária do ICMS, no momento perdida e exaurida em razão da renúncia que provoca, alimentando a guerra fiscal entre os Estados. Tal questão, entretanto, é desconsiderada nos estudos do IPEA.

constitucionais. A limitação da dedução dos prejuízos acumulados ofende o conceito constitucional de renda, em razão das características de nosso modelo e, conforme já observamos, agride a igualdade e a equidade, pois quanto maior o prejuízo e menor a renda, mais tempo se levará para compensá-los.

1.3. Questão de fundo, primeira ou prévia: o aspecto temporal da RENDA

O raciocínio fazendário de que a renda seria contínua, pois a vida empresarial não cessaria no encerramento do balanço e a dedução dos prejuízos estaria meramente diferida no tempo, abala a concepção lógica da regra matriz do imposto e torna ilimitado o conceito de renda. Em que momento surge o dever de pagar o imposto? Qual a lei aplicável? Como resolver os conflitos de lei no tempo e a contagem dos prazos decadenciais e prescricionais?

É evidente, e sobre o assunto já escrevemos longamente, que o legislador coloca um limite temporal e artificial (anual), como aspecto da hipótese de incidência, para apuração da renda, que é um fato contínuo. A periodização da renda, que não pode ser inferior a um ano, é opção do legislador, necessária como marco das demonstrações financeiras, de interesse dos sócios, dos credores e das fazendas públicas. Embora o fracasso ou o êxito de uma atividade econômica somente se possa apurar ao encerramento da vida empresarial, não seria razoável esperar tal termo e podemos dizer que o modelo temporal é universal, acompanhando o desenrolar das estações, dos fluxos comerciais e dos orçamentos públicos. O princípio da anterioridade das leis tributárias, em suas origens, conecta-se a tal fenômeno. Assim sendo, as arrecadações anteriores, como o imposto de renda retido na fonte, ou o recolhimento por estimativa, são meras antecipações da obrigação do contribuinte, que surge tão somente ao findar o exercício. Outras hipóteses de exercícios mais curtos, trimestrais, por isso mesmo, são opcionais para os contribuintes.

Não obstante, e simultaneamente, o legislador em todo o planeta sabe que a periodização é uma escolha artificial, uma convenção, que pode configurar uma violação da capacidade econômica, e do próprio conceito de **renda,** como se dá com o fenômeno dos prejuízos acumulados, que se revelam em um exercício mas persistem além dele, se os lucros supervenientes são insuficientes para cobri-los. Em decorrência, o legislador sempre consagra, nos mais diversificados sistemas de diferentes países, quer por alguns exercícios futuros, ou de modo ilimitado no tempo, o direito de o contribuinte compensar aqueles prejuízos acumulados em exercícios anteriores. Por razões superiores de capacidade econômica, o legislador **supera sempre aquele limite temporal anual, por ele mesmo posto. Ele tem o dever de fazê-lo.**

Não discutiremos a inconstitucionalidade, entre nós, de um imposto de renda mínimo, criado pela União, para isso incompetente. Mas à vista da atual posição da Corte Suprema, não abordaremos tal aspecto neste trabalho.

O imposto de renda mínimo brasileiro não nos parece mínimo, mas bastante elevado, sempre que incidir (com a força de 34%) sobre 70% da renda, fictícia, correspondente a prejuízos acumulados, tornados indedutíveis. Além disso, entre nós, inexiste prévia dedução de prejuízos dentro da organização empresarial, como ocorre em diversos países; tal imposto de renda não corresponde a lucros não distribuídos, pois tais lucros inexistem, são prejuízos. Assim sendo, converte-se o imposto de renda mínimo em custo da atividade empresarial.

Somente dentro desse quadro é que deveríamos analisar a proposta de incidência do imposto de renda sobre a distribuição de lucros e dividendos. O imposto de renda mínimo (que pode ser bem elevado entre nós) representa um custo alto para as empresas aqui radicadas, quer seja ele considerado como antecipação de um tributo devido (no futuro); quer seja ele visto como mero diferimento do lucro a demandar um acerto. Convertido em espécie nova, *sui generis,* de tributo sobre o consumo, por sua repercussão em preços de mercadorias e serviços, o imposto de renda mínimo poderia ser: **(i)** deduzido na formação da base de incidência, todas as vezes e na medida em que corresponder a prejuízos indedutíveis; **(ii)** e sofrer redução, por meio de alíquotas menores, como foi o regime adotado nos EUA, já que ele é antecipação ou imposto de renda **sem existência de renda,** concentrando-se a tributação na renda das pessoas físicas, com as adaptações que haveremos de considerar.

2. A tributação dos lucros e dividendos

A discussão sobre a necessidade de revisão da regra brasileira relativa à isenção de lucros e dividendos, comumente tida por excessivamente abrangente, sobretudo quando comparada às existentes em outras importantes nações, esteve presente nas pautas de todos os candidatos à Presidência da República nas eleições de 2018. Talvez, um certo incômodo com o regime vigente tenha sido um dos poucos pontos de consenso entre os postulantes ao cargo máximo do Poder Executivo, embora o debate não tenha evoluído a ponto de permitir identificar quais eram efetivamente as críticas apontadas e as possíveis alternativas para cada uma delas. Para além disso, trata-se de pauta frequente em discussões que envolvem reforma tributária, especialmente porque o regime pode ser modificado por lei ordinária, o que simplifica o caminho.

Dado esse contexto, o que se almeja neste pequeno artigo, é contribuir com o debate, tentando demonstrar que a complexidade do assunto exige profunda reflexão. Não seria prudente que eventual mudança legislativa nascesse ultrapassada e já carente de nova alteração, o que representaria um inegável retrocesso. E o ponto de partida da análise passa pela constatação de que os modelos adotados em diferentes países estão diretamente ligados a questões domésticas. Elas dizem respeito não apenas à composição da legislação tributária, como também à sua relação com o direito privado, além de aspectos econômicos da mais alta relevância.

Por essas razões, confere-se importância apenas relativa aos diversos quadros comparativos que colocam o Brasil como sendo exemplo de uma aparente posição isolada sobre a matéria. Em que pese o respeito que se tem por trabalhos dessa natureza, eles revelam (quando muito) o retrato de uma posição atual, sendo incapazes de oferecer dados relacionados às possíveis mudanças que estejam em vias de acontecer. Diz-se quando muito, porque tais estudos tendem a ignorar questões internas e específicas de cada jurisdição, especialmente as atinentes à estrutura do sistema tributário. Ainda nesse contexto, qualquer análise comparativa deve pressupor a realização de juízos de compatibilidade entre o modelo adotado por um determinado país e a sua pertinência para o Brasil. São diversas as especificidades – não apenas jurídicas – que dirigem a construção de um sistema relacionado à tributação da renda e que não podem ser subestimadas. De um lado, portanto, o contexto internacional se apresenta como importante referencial. De outro lado, contudo, deve ser utilizado com as cautelas necessárias.

2.1. Breves apontamentos sobre o regime atual

Quando a Lei n. 9.249/95 foi concebida, optou o legislador brasileiro por um modelo de incidência única, concentrado nas pessoas jurídicas. Por essa razão, a passagem do lucro para os sócios foi objeto de uma isenção. A Exposição de Motivos do referido diploma legal declinou as suas razões. Afirmou-se que, por meio daquela exclusão, seria promovida uma integração completa entre pessoas físicas e jurídicas, cujo fundamento teria origem na simplificação dos controles e no combate à evasão fiscal.[14] E não se tratava de um modismo tupiniquim. A opção por regimes sustentados na isenção dos resultados distribuídos (mesmo que parcial) vinha se mostrando a tendência em jurisdições importantes. Àquela altura era grande a preocupação com os efeitos de uma dupla tributação da renda.[15]

O momento atual sugere novas preocupações. O mundo vem lidando com as consequências de uma concorrência tributária ferrenha, em que países lutam para atrair contribuintes para o seu território, ainda que **à custa** de uma obscena redução da carga tributária ou da concessão de benefícios fiscais questionáveis. Isso pode ser constatado por meio de uma rápida incursão sobre detalhes genéricos do Projeto BEPS. Diversas das questões endereçadas têm origem justamente nos efeitos tributários de uma competição por mercados cada vez mais globalizada. Discussões como territorialidade e universalidade da tributação, concorrência tributária prejudicial e transparência fiscal estão em evidente ebulição. Como reação a tudo isso, o mundo parece caminhar no sentido da redução das alíquotas do imposto de renda das pessoas jurídicas, com a transferência de parte desse ônus para as pessoas físicas.

Não era essa a preocupação do legislador brasileiro em 1995. Naquele momento, não se cogitava da mobilidade contemporânea do capital, tampouco da erosão das bases tributáveis. O país se encontrava em outro estágio do

[14] Lei 9.2949/95. Exposição de Motivos. "12. Com relação à tributação dos lucros e dividendos, estabelece-se a completa integração entre a pessoa física e a pessoa jurídica, tributando-se esses rendimentos exclusivamente na empresa e isentando-se quando do recebimento pelos beneficiários. Além de simplificar os controles e inibir a evasão, esse procedimento estimula, em razão da equiparação de tratamento e das alíquotas aplicáveis, o investimento nas atividades produtivas".

[15] POLIZELLI, Victor. **Tributação de Dividendos no Brasil: propostas e questões para sua implementação.** p. 421.

ponto de vista de desenvolvimento econômico, as instituições estavam menos consolidadas, a legislação carecia de melhoramentos básicos, o Fisco ainda não tinha obtido o grau de desenvolvimento atual, etc. Por todas essas razões, avaliar a opção de outrora com os olhos de hoje, para concluir que a isenção representa a concessão de um benefício odioso aos titulares do capital, é temerário. O debate precisa se apresentar em outro patamar, deixando de se vincular apenas a argumentos de justiça em abstrato, para promover uma discussão técnica sobre o modelo mais adequado de tributação da renda no Brasil (buscando uma justiça mais eficaz).

Dito isso, questiona-se: é possível repensar a regra atual? Claro que sim. Mas é preciso fazer a importante ressalva de que a sua mera revogação levará ao estabelecimento de dois níveis de tributação de toda a renda gerada na economia, o que é absolutamente incompatível com a separação existente entre pessoas físicas e jurídicas no direito brasileiro. Os únicos efeitos reais serão o estrangulamento da atividade produtiva e a ameaça à existência de regimes como o lucro presumido, representativos da opção manifestada por boa parte das empresas nacionais. Caso seja essa a decisão do Poder Legislativo, aí sim o Brasil estará caminhando na contramão do mundo e passará a ser exemplo de um sistema singular.

Ademais, não se deve pensar em tributação apenas por meio da análise de alíquotas (nominais e efetivas) e bases de cálculo. A existência de pessoas jurídicas atrai uma série de obrigações legais cujos custos não podem ser deixados de lado. Como medir a repercussão econômica da complexidade do sistema tributário brasileiro para as pessoas jurídicas? E da litigiosidade exagerada? Quanto efetivamente se paga para pagar tributos? E a impossibilidade de se corrigir monetariamente os balanços? Será mesmo verdade que o Brasil tributa muito o consumo e pouco a renda? Como inserir as contribuições ao PIS e a Cofins nesse debate?

A ausência de respostas para cada uma das perguntas acima apenas revela que o sistema tributário brasileiro reclama uma mudança em sua estrutura, o que impõe ainda mais cautela nas modificações de questões pontuais, a despeito de sua inegável relevância. Enquanto isso não for realizado, o país continuará a apresentar uma estrutura pouco coesa, irracional, desestimulante e onerosa, que pode ser do interesse de alguns, mas que gera malefícios para a imensa maioria, especialmente para aqueles mais pobres, que veem uma máquina estatal ineficiente e sem recursos para investir e distribuir renda.

Em síntese, a questão passa por uma reforma que deve levar em conta as particularidades da realidade brasileira, ainda que isso imponha alguma espécie de distanciamento em relação ao praticado por outros países. Não se trata de uma defesa do isolacionismo, mas de parcimônia na consideração de estrangeirismos, para que a complexidade da realidade brasileira não acabe negligenciada. Isso impõe certa deferência às razões que inspiraram a alternativa atualmente em vigor (mesmo que para verificar se elas não estariam mais presentes) e uma análise da forma pela qual o Brasil deveria reagir às mudanças decorrentes de uma economia cada vez mais integrada.

2.2. Uma visão mais crítica sobre a questão

A definição dos critérios para a tributação de lucros e dividendos pressupõe a definição das hipóteses em que seria razoável cogitar-se de duas incidências do imposto de renda. Essa possibilidade de dupla oneração decorre da óbvia necessidade de se identificar quando se está diante de distintas manifestações de capacidade contributiva, o que não ocorrerá pelo simples fato de que lucros foram transferidos aos sócios. Dito de outro modo, a presença de uma sociedade não induz à necessária conclusão acerca da existência de riquezas que possam ser consideradas desvinculadas da atuação das pessoas físicas dos acionistas.[16]

Esse raciocínio pressupõe um rompimento com a ideia de que a capacidade contributiva das pessoas jurídicas seria uma decorrência do fato de que a legislação reconhece a autonomia do seu patrimônio e de sua responsabilidade, pelo menos como regra geral. O ponto é que essa noção não precisa encontrar necessária ressonância no direito tributário. É forçoso reconhecer que algumas sociedades existem apenas como forma de permitir que riquezas sejam geradas pelas pessoas físicas e a elas imediatamente repassadas, não tendo o lucro apurado status de uma riqueza considerada de forma

16 McNULTY, John K. **Corporate Income Tax Reform in the United States: Proposals for integration of the Corporate and Individual Income Taxes, and International Aspects.** p. 13.

autônoma.[17] Nesse cenário, cabe à legislação tributária tratar essas pessoas jurídicas como entidades transparentes, no sentido de não submetê-las ao imposto de renda corporativo.[18]

Sob esse prisma, pouco importa que, para o direito privado, exista um lucro societário atribuído a uma pessoa jurídica. Tampouco que ele precise ser juridicamente transferido ao sócio. A distribuição de lucros torna-se uma figura irrelevante para o direito tributário, pois se rompe o véu que encobre a pessoa jurídica, exclusivamente para esse fim. A decisão dos contribuintes de exercerem a sua atividade econômica por meio de uma sociedade não obriga que o resultado apurado precise estar submetido às regras do imposto de renda das empresas. O direito tributário enxergará apenas uma manifestação de capacidade contributiva, diretamente atribuível às pessoas físicas.[19]

Ainda nessa linha, fica sem sentido a distinção entre rendimentos do capital e do trabalho, muitas vezes invocada como fundamento para a defesa de um sistema de dupla imposição. É que a renda obtida por meio de sociedades de pessoas será sempre rendimento do trabalho, dada a pessoalidade do vínculo existente entre o sócio e a atividade assim exercida pela pessoa jurídica. Essa conclusão apenas reforça a impossibilidade de que tais rendimentos sejam tributados duplamente, na medida em que se estabeleceria uma discriminação injustificada. É dizer, determinados rendimentos do trabalho seriam onerados em dois momentos distintos apenas porque a decisão das pessoas físicas foi no sentido de exploração de uma atividade econômica por meio de uma entidade autônoma sob a ótica do direito privado.

Apesar de ser essa uma questão trivial em outras jurisdições, a legislação brasileira se comporta de forma particular. Prevalece no direito civil doméstico uma distinção rígida entre pessoas físicas e jurídicas.[20] E essa separação

[17] FALSITTA, Gaspare. **Manuale di Diritto Tributario:** *Parte Speciale.* 12. ed. Padova: CEDAM, 2018, p. 286.

[18] AVI-YONAH, Reuven S. **Corporations, Society, and the State: A Defense of the Corporate Tax.** p. 1201.

[19] FALSITTA, Gaspare. **Manuale di Diritto Tributario:** *Parte Speciale.* 12. ed. Padova: CEDAM, 2018, p. 99.

[20] Código Civil. Art. 49-A. A pessoa jurídica não se confunde com os seus sócios, associados, instituidores ou administradores.
Parágrafo único. A autonomia patrimonial das pessoas jurídicas é um instrumento lícito de alocação e segregação de riscos, estabelecido pela lei com a finalidade de estimular

repercute no âmbito tributário, na medida em que a legislação não permite que determinadas sociedades escapem à tributação pelo IRPJ. A propósito, mesmo as sociedades simples prestadoras de serviços de natureza personalíssima obedecem a essa regra, tendo o legislador, inclusive, se valido da expressão *tão-somente* para designar o regime tributário a elas aplicável.[21] Não há opção. A existência de uma pessoa jurídica atrai a incidência do imposto de renda corporativo.

Conjugando novamente as regras civis e tributárias, chega-se a mais um efeito. Até que seja deliberada a distribuição, os lucros pertencem à sociedade e não aos sócios, de tal sorte que o efetivo pagamento dos dividendos representa alteração na titularidade jurídica do rendimento. Somente a partir desse momento é que a riqueza gerada no âmbito da sociedade se incorpora ao patrimônio jurídico do sócio. Por uma questão de lógica, entende-se que a aquisição da disponibilidade dessa renda – que antes pertencia à pessoa jurídica – representa nova manifestação de riqueza, que poderia ser submetida ao imposto de renda das pessoas físicas.

Veja-se que a dinâmica da legislação brasileira conduz a quatro diferentes conclusões: (i) pessoas físicas e jurídicas são entidades distintas e plenamente capazes de gerar riqueza; (ii) a opção pela constituição de uma pessoa jurídica, seja ela simples ou empresária, reclama a submissão de seu resultado à tributação pelo IRPJ; (iii) o lucro pertence à sociedade até que haja deliberação no sentido de sua distribuição; (iv) o pagamento de dividendos aos sócios sugere nova e distinta manifestação de capacidade contributiva, fruto da aquisição de disponibilidade jurídica ou econômica de uma renda que deriva da titularidade de uma participação societária.

Diante desse contexto, é possível levantar-se a possibilidade de que o legislador brasileiro se viu desprovido de maiores alternativas. Em linha com o declarado na Exposição de Motivos da Lei n. 9.249/95 – integração e combate

empreendimentos, para a geração de empregos, tributo, renda e inovação em benefício de todos.

[21] Lei n. 11.196/05. Art. 129. Para fins fiscais e previdenciários, a prestação de serviços intelectuais, inclusive os de natureza científica, artística ou cultural, em caráter personalíssimo ou não, com ou sem a designação de quaisquer obrigações a sócios ou empregados da sociedade prestadora de serviços, quando por esta realizada, se sujeita tão-somente à legislação aplicável às pessoas jurídicas, sem prejuízo da observância do disposto no art. 50 da Lei nº 10.406, de 10 de janeiro de 2002 – Código Civil.

à evasão fiscal –, a exclusão dos lucros e dividendos da tributação no nível das pessoas físicas era a única alternativa possível. Do contrário, duas seriam as consequências imediatas. A incidência do IRPF sobre lucros e dividendos levaria a dois níveis de tributação, o que contrariaria a integração. E o combate à evasão restaria dificultado pela necessidade de fiscalização de todo um universo de pessoas físicas. Dito de outro modo, sob a bandeira da integração no panorama normativo brasileiro impunha-se a exclusão dos dividendos recebidos da base de cálculo do imposto de renda das pessoas físicas.

Não se pode negar que a isenção prevista causa situações de sobreinclusão.[22] O ponto é que a correção demandaria uma reforma mais ampla da legislação, que reconhecesse a impossibilidade de que determinados resultados apurados por pessoas jurídicas fossem tributados pelo IRPJ. Como decorrência disso, algumas sociedades teriam os seus lucros atribuídos diretamente aos sócios, o que continuaria a gerar apenas um nível de tributação, só que no âmbito das pessoas físicas, em conjunto com os demais e por meio de aplicação de alíquotas progressivas.

Nota-se que a discussão sobre a possibilidade de tributação de lucros e dividendos passaria a ter viés completamente distinto, uma vez que se romperia com a ideia, de certa forma induzida pelo legislador, de que toda e qualquer sociedade possui capacidade contributiva. De igual modo, restaria afastada a ideia de que o recebimento de lucros invariavelmente denota a aquisição de riqueza nova, desvinculada de sua origem nas pessoas jurídicas. Com isso, ficaria mais clara a ideia de que tributar os lucros distribuídos por sociedades de pessoas é tributar a mesmíssima riqueza duas vezes. E mais, onerar duplamente rendimentos do trabalho apenas em razão de sua origem.

2.3. O espaço existente para mudanças

2.3.1. Pontos de atenção

Há, inegavelmente, espaço para mudanças a serem implementadas em relação ao modelo brasileiro. Quaisquer modificações, contudo, não podem

[22] SCHAUER, Frederick. **Playing by the rules. A philosophical examination of rule-based decision-making in law and in life.** New York: Oxford University Press, 1991.

passar por uma decisão irrefletida de dupla oneração de todas as riquezas geradas. O momento vivido pelo Brasil reclama a elaboração de um projeto de reforma tributária pensando em seus mínimos pormenores, sobretudo sob a perspectiva dos impactos que uma mudança pode causar sobre situações não pensadas pelo legislador, cujos efeitos podem ser prejudiciais ao desenvolvimento do país.

E as razões são diversas. Em primeiro lugar, porque a dupla tributação da renda não é uma tendência mundial. Não mais. Em segundo lugar, porque a atual estrutura normativa brasileira, de rigorosa separação entre pessoas físicas e jurídicas, não permite identificar quais situações revelam a existência de duas capacidades contributivas distintas. Em terceiro lugar, porque o sistema tributário nacional carece de uma reforma abrangente, cujos objetivos não serão atingidos por meio de alterações pontuais. Em quarto lugar, porque o restabelecimento de um tributo sobre lucros e dividendos pode simplesmente não ter o efeito arrecadatório esperado, especialmente quando são levados em conta as possíveis consequências sobre regimes simplificados de tributação.

Para além disso, sabe-se que a maior parte das pessoas jurídicas brasileiras é optante por regimes simplificados de tributação, com especial destaque para o lucro presumido. O cenário atual, de duradoura crise econômica, parece pouco compatível com mais um ônus imposto sobre a receita, que é efetivamente a base de incidência dos referidos regimes. Dito de outro modo, a cominação de um gravame sobre os resultados distribuídos tende a gerar um efeito perigoso de desestímulo aos principais regimes existentes.

Talvez, mais oportuna do que uma tentativa de aumento de arrecadação pela via da tributação dos lucros e dividendos seja um estudo sério a respeito da plausibilidade dos modelos atuais. Ainda que os autores não disponham dos elementos necessários para manifestar a sua opinião a respeito do tema, devem ser admitidas como válidas as discussões sobre os limites de ingresso no Simples Nacional e no lucro presumido, especialmente em comparação com regimes semelhantes em outras jurisdições. De toda forma, se esse é um problema real, não será por meio da tributação dos resultados distribuídos por essas sociedades que ele será resolvido.

2.3.2. A criação de um regime de transparência e a manutenção de um sistema integrado de tributação da renda advinda do trabalho

Do ponto de vista conceitual, o Brasil poderia adotar um regime de transparência, por vezes chamado de *shareholder allocation prototype*, em que as pessoas jurídicas são vistas apenas como um veículo para que a riqueza chegue aos seus reais titulares.[23]

Como se sabe, em diversos países, muitas empresas não estão sujeitas ao imposto de renda corporativo, como é o caso das sociedades de pessoas (modelo europeu em geral). Nos EUA, elas são vistas como entidades de "passagem" (*pass-through business*), não enfrentando um imposto sobre sociedade e outro imposto sobre o lucro distribuído na pessoa física. Entidades de passagem incluem empresas de proprietário único; parcerias ou corporações profissionais que optam por serem tributadas apenas nas pessoas físicas do sócio ou sócios[24]. Nesse cenário, os rendimentos auferidos por meio de sociedades de pessoas seriam imputados diretamente aos sócios. Trata-se de posição alinhada com as ideias lançadas por Cristiane Botelho em sua tese de doutorado.[25]

Eventual incidência do imposto de renda das pessoas jurídicas poderia servir como uma espécie de antecipação, a despeito do método escolhido. Com essa medida, os lucros e dividendos recebidos dessas pessoas jurídicas, por ostentarem natureza de rendimentos do trabalho, seriam tributados da mesma forma que outros de perfil idêntico, como seria o exemplo dos rendimentos do trabalho assalariado. Em síntese, o imposto de renda passaria a incidir sobre os reais titulares da capacidade contributiva.

De forma alguma lucros e dividendos recebidos de sociedades de pessoas podem ser onerados duplamente. Caso contrário, o legislador criaria uma intolerável discriminação baseada na forma de organização da atividade econômica, uma vez que apenas os rendimentos do trabalho cuja origem fosse

[23] McNULTY, John K. **Corporate Income Tax Reform in the United States: Proposals for integration of the Corporate and Individual Income Taxes, and International Aspects.** p. 13.

[24] Cf. Tax Policy Center, https://www.taxpolicycenter.org/briefing-book

[25] BOTELHO, Cristiane Miranda. **Tributação da Renda e Justiça Distributiva. O imposto de renda da pessoa física. Cf. Tese de Doutorado publicada nos Cursos de Pós-Graduação da FD-UFMG, 2019.**

uma sociedade seriam objeto de dois níveis de tributação. A correção de uma suposta desigualdade iria criar outra ainda maior. Na essência, ter-se-iam duas incidências do imposto de renda para idênticas manifestações de capacidade contributiva. Para além disso, regimes como o lucro presumido restariam prejudicados, dado o relevante incremento da carga tributária sobre eles incidente. Diante da inexistência de um regime de transparência a isenção acaba sendo a medida mais adequada para assegurar a integração.

Discutir seriamente a questão passa ainda por quantificar os efeitos da opção atual e confrontá-los com os que se espera de um novo regime. Para tanto, a mera comparação entre alíquotas nominais se revela insuficiente. Em se tratando de pessoas jurídicas, é preciso levar-se em conta os custos inerentes à sua própria existência. O custo de ser uma pessoa jurídica no Brasil é elevado, especialmente em razão da complexidade inerente ao sistema tributário nacional. Não bastasse isso, a falta de segurança jurídica e a litigiosidade que permeiam a relação Fisco-contribuinte também geram ônus relevantes. A título de exemplo, podem ser citadas as inúmeras autuações que vêm sendo lavrados contra pessoas jurídicas de natureza personalíssima, ao arrepio da legislação, em razão do mero inconformismo da autoridade administrativa com a existência do art. 129, da Lei n. 11.196/05.

A análise também deve considerar qual será a reação dos contribuintes diante de uma mudança. Trata-se de algo inerente a qualquer alteração de legislação tributária, já que o efeito indutor de comportamentos não é algo restrito às normas denominadas de extrafiscais. De forma mais específica, não é crível considerar apenas o que seria arrecadado caso a isenção atual fosse revogada. Esse raciocínio pressupõe que a situação fática será mantida como está, com a mera submissão dos lucros distribuídos à tributação nas pessoas físicas, o que certamente não será o caso.

2.3.3. A imposição de dois níveis de incidência

Superada a questão dos regimes de transparência, que pressupõem a inexistência de uma manifestação de capacidade contributiva autônoma para sociedades de pessoas, é preciso discutir eventuais mudanças sobre a regra de isenção aplicável às sociedades de capital. Antes disso, porém, é necessário refletir sobre uma modificação que vem sendo implementada em jurisdições diversas, que consiste na redução do imposto de renda devido pelas jurídicas com a sua transferência para os beneficiários dos rendimentos, por meio de ônus incidente sobre a distribuição de lucros.

O Brasil precisa estar atento a isso para que eventuais alterações legislativas não nasçam carregadas de anacronismo. A discussão precisa ir além de debates sobre a (in)justiça na isenção dos resultados distribuídos e como a sua tributação poderia, de uma só vez, aumentar a arrecadação e reduzir problemas de desigualdade. Sem entrar no mérito de cada uma delas, pode-se afirmar que a decisão de simplesmente optar pelo sistema de dupla incidência não se mostrará alinhada à tendência mundial, muito mais vinculada aos efeitos concretos da concorrência tributária global. A questão precisa ser vista de forma abrangente, com a real consideração de que alíquotas do imposto de renda das pessoas jurídicas destoantes das praticadas em outras jurisdições podem desestimular investimentos.

A razão está com POLIZELLI, para quem a reforma da legislação brasileira dos próximos anos deveria vir alinhada a movimentos internacionais, cujos reflexos já são observados em países latino-americanos, como é o caso da Argentina. O país vizinho recentemente reduziu as alíquotas do imposto de renda das pessoas jurídicas, substituindo esse efeito por meio da imposição de uma tributação sobre dividendos. O modelo argentino anterior, assim como o brasileiro, previa a isenção sobre os resultados distribuídos e foi substituído pela previsão de retenção na fonte, que será de 13% a partir de 2020. Ou seja, as mudanças não tiveram por objetivo aumentar a carga tributária, mas assegurar uma incidência mais eficiente e sobre base menos móvel. Trata-se de uma postura de alinhamento com os países membros da OCDE e uma forma de fomentar a entrada de recursos voltados ao investimento produtivo.[26]

Ainda de acordo com POLIZELLI,[27] as alíquotas do imposto de renda das pessoas jurídicas brasileiras poderiam ser reduzidas para algo em torno de 20-25%, patamar significativamente inferior aos atuais 34%. Como decorrência dessa redução, os resultados distribuídos deveriam passar a ser

[26] POLIZELLI, Victor. **Tributação de Dividendos no Brasil: propostas e questões para sua implementação.** p. 421-423.

[27] POLIZELLI, Victor. **Tributação de Dividendos no Brasil: propostas e questões para sua implementação.** p. 413-423.

tributados nessa mesma medida. Na oportunidade, poder-se-ia repensar a tabela progressiva aplicável às pessoas físicas, reformular as regras de preços de transferência e aprimorar a legislação brasileira em matéria de tributação internacional. Pode representar um fator de pressão nesse sentido o objetivo brasileiro de ingressar na OCDE.

É justamente esse o ponto. O legislador brasileiro precisa aproveitar a janela de discussão aberta em torno de uma pretensa necessidade de tributação dos lucros e dividendos para colocar a questão em seus devidos termos. Não basta que seja revogado o art. 10 da Lei n. 9.249/95. É necessária uma tomada urgente de posição sobre a relação entre tributação dos resultados distribuídos e os regimes simplificados de tributação da renda, sobre a natureza dos lucros advindos de sociedade de pessoas, sobre mecanismos para se evitar a erosão da base de cálculo do imposto das pessoas jurídicas, sobre o comportamento da legislação brasileira diante de investimentos internacionais, entre tantas outras questões que precisam ser tratadas conjuntamente.

Como visto, a alteração mencionada acima não representa uma redução da carga tributária, mas uma política que busca onerar uma base menos móvel, hoje representada pelas pessoas físicas. Além disso, tem-se observado uma erosão da base de cálculo do imposto de renda das pessoas jurídicas, fazendo com que um imposto de tamanha importância venha perdendo sucessivo espaço em termos de representatividade na arrecadação.

O deslocamento para as pessoas físicas seria uma espécie de garantia de maior respeito à alíquota nominal. Assim, é de se cogitar que o imposto de renda das pessoas jurídicas não passe de 20%, máximo 25%, sendo a redução compensada por uma incidência sobre lucros e dividendos. Para além disso, levar à tributação nos beneficiários finais de pelo menos parte dos lucros apurados pelas pessoas jurídicas estaria na direção dos critérios da generalidade e da progressividade, objetos de expressa previsão constitucional.

Conclusões

Em suma, há bastante espaço para que aprimoramentos sejam sugeridos, discutidos e implementados. Algumas questões, porém, não podem deixar de ser consideradas.

A primeira delas parte da tributação adequada e isonômica da renda do trabalho, quer essa renda advenha do trabalho independente, que se tenha organizado em sociedade de pessoas, quer seja proveniente de salários ou proventos. A progressividade inerente à tributação das pessoas físicas deve se comunicar sem qualquer preconceito. Por meio do **sistema de transparência das sociedades de pessoas**, com incidência única do imposto na pessoa física dos sócios; ou considerando-se os tributos pagos na pessoa jurídica como adiantamento daquilo que será pago na pessoa física. Seja qual for a opção adotada, deve-se equiparar a tributação da renda do trabalho independente ao assalariado.

Nas sociedades de capital, persistindo o atual e inconstitucional imposto de renda mínimo do Brasil (que, em alguns casos, representa um custo muito elevado para as empresas), deve-se consentir na sua dedução integral na formação da base de incidência. O imposto de renda mínimo – que onera a "renda fictícia" correspondente a prejuízo, em nada se distingue dos demais tributos sobre o consumo, a repercutirem no preço das mercadorias e serviços. Sendo assim, o imposto de renda mínimo não configura, realmente, imposto sobre a renda e tem o caráter de **custo.** Como tal, deve ser dedutível, pois é encargo inerente ao exercício da atividade, independentemente de seu resultado, quer positivo ou negativo. Desse modo, em países, como o Brasil, em que a carga tributária sobre o consumo já é muito elevada, o imposto de renda mínimo causa mais estragos, tornando mais regressivo um sistema já tão regressivo.

Para além disso, o atual contexto mundial de pandemia tem estimulado as nações desenvolvidas a tomarem providências no sentido de capitalizar as empresas. E isso não se dá apenas por meio de transferências diretas de recursos e/ou financiamentos, mas também por meio de alterações na legislação tributária, que tenham aptidão para aliviar a crise atual e para criar um cenário capaz de estimular um crescimento orgânico e duradouro a partir do retorno à (nova) normalidade. Em matéria de imposto de renda, por exemplo, a possibilidade de dedução retorativa das perdas acumuladas (prejuízo fiscal) – que o Brasil não poderia desconhecer –, bem como a flexibilização das travas para compensação de prejuízos são medidas que deveriam ser consideradas. No caso brasileiro, por exemplo, dever-se-ia cogitar a extinção (ainda que temporária) da malfadada limitação da compensação dos prejuízos a 30% do lucro do exercício, especialmente em períodos de lucros modestos, bem como a possibilidade de utilização desse saldo de créditos para extinção de passivos tributários, como admitido em parcelamentos especiais recentes.

Ainda nas sociedades de capital, a tributação dos dividendos em geral, ou dos lucros distribuídos deve vir com uma necessária redução dos tributos incidentes sobre a renda para patamares em torno de 20%, como têm feito diversos países. Os possíveis e diversificados métodos de integração devem levar em conta a consolidação das contas por grupo de empresas; o contexto internacional de alta competitividade; e os efeitos na manutenção e atração de investimentos.

Por fim, necessário analisar com cautela o tema relativo à atual regra brasileira de isenção dos resultados. É preciso evitar a adoção da ideia pré-concebida de que o legislador brasileiro simplesmente abriu mão de fazer incidir o imposto de renda sobre uma importante base (o resultado distribuído por pessoas jurídicas), com o intuito de privilegiar os rendimentos do capital, usualmente detidos pela parcela mais favorecida da população. O que a Lei n. 9.249/95 fez foi adotar um modelo de integração centrado na figura das pessoas jurídicas.

Mas isso não torna o modelo brasileiro atual imune a críticas, na medida em que:

(a) a isenção é concedida ao resultado societário, sem a exigência de que ele tenha sido previamente onerado pelo imposto de renda da pessoa jurídica;
(b) alcança também beneficiários não residentes, que provavelmente se verão obrigados a oferecer esses mesmos rendimentos à tributação em suas respectivas jurisdições;
(c) igualmente não realiza qualquer distinção fundada na relação entre o resultado auferido e a efetiva contribuição ao capital do beneficiário para a sua ocorrência, dentre outras questões igualmente importantes.

Ainda assim, **é possível** afirmar a impossibilidade de revogação da regra de isenção de lucros e dividendos distribuídos nas hipóteses de sociedades de pessoas. Os seus lucros representam rendimentos do trabalho, que não podem ser tributados duplamente apenas em razão de sua origem. A isenção, nesses casos, é a única solução possível diante de um conjunto normativo que exige uma intransigente separação entre pessoas físicas e jurídicas, não havendo qualquer exceção para fins tributários. Em termos concretos, deve o Poder Legislativo pensar em mudanças que passem pela criação de um modelo de transparência.

Como proclama o grande filósofo norte-americano, JOSEPH RAZ, a liberdade moralmente aceitável pressupõe a possibilidade de escolha entre alternativas viáveis de uma vida digna. E o Estado tem o dever de assegurar os meios adequados e tais opções. Se em uma sociedade, como na nossa, a maioria somente pode sobreviver, sem opções possíveis para uma vida digna, então as pessoas não podem exercer a liberdade. Ela não existe.

E a implementação de uma reforma tributária efetiva, que retire do Brasil a pecha de pior sistema do mundo e nos coloque em posição condizente com a importância de nossa economia em termos globais, depende efetivamente da consideração da desigualdade e da regressividade do sistema.

17.
EFEITOS DA REFORMA TRIBUTÁRIA NO AGRONEGÓCIO

PAULO HONÓRIO DE CASTRO JÚNIOR
MANOEL MÁRIO DE SOUZA BARROS

Introdução

A pandemia do Covid-19 levou o Congresso Nacional a decretar estado de calamidade pública até 31.12.2020, por meio do Decreto Legislativo nº 06, de 20.03.2020. A grave crise sanitária trouxe consigo, rapidamente, uma severa crise econômica, com retração no PIB global em 5,2%[1] em 2020.

No Brasil, Boletim MacroFiscal da Secretaria de Política Econômica do Ministério da Economia, informa, ao lado da queda de 4,7% do PIB em 2020[2], que "espera-se que a indústria, *agropecuária* e comércio sejam *os principais motores para a retomada.*" Natural que seja assim, considerando que o *agronegócio* brasileiro, apesar da pandemia, teve crescimento recorde de 24,31% em 2020[3].

1 Cf. *June 2020 Global Economic Prospects* << http://pubdocs.worldbank.org/en/267761588788282656/Global-Economic-Prospects-June-2020-Highlights-Chapter-1.pdf>>.

2 Cf. *Boletim MacroFiscal da Secretaria de Política Econômica do Ministério da Economia*, divulgado em setembro de 2020: << https://www.gov.br/fazenda/pt-br/centrais-de-conteudos/publicacoes/conjuntura-economica/boletim-macrofiscal/boletim-macrofiscal-setembro-2020-v14.pdf >>.

3 Cf. << https://www.cnabrasil.org.br/noticias/pib-do-agronegocio-tem-crescimento--recorde-de-24-31-em-2020#:~:text=PIB%20do%20agroneg%C3%B3cio%20tem%20crescimento%20recorde%20de%2024%2C31%25%20em%202020,-Bras%C3%ADlia%20

Percebe-se, neste cenário, que o mundo passa por crise econômica comparável a tempos de pós-guerra, ao passo que o agronegócio brasileiro demonstra a sua força e o quanto a economia nacional depende deste setor.

Avança no debate público, por sua vez, a ideia de realizar uma *reforma tributária*, notadamente relativa aos tributos que oneram o consumo. Ocorre que, a dizer pelos projetos de reforma tributária em curso no Congresso Nacional – especialmente PECs nº 45 e 110, bem como PL nº 3.887/2020 –, a ideia subjacente a essa reforma é impor a conta da recuperação da economia justamente ao setor que sustenta o PIB brasileiro: o agronegócio. Estudo elaborado pela CNA4 indica que a aprovação da PEC nº 45 pode gerar aumento de mais de 20% nos custos de produção do agronegócio e queda de rentabilidade superior a 50%, podendo chegar a 1.000%.

As principais razões que justificam o referido aumento de carga tributária no agronegócio, caso as propostas de reforma tributária em curso no Congresso sejam aprovadas, podem ser depreendidas a partir dos *seis pontos que resumem o pleito do setor*, apresentados em 14.10.2020, mediante carta aberta[5] à Câmara dos Deputados:

> Com o objetivo de contribuirmos com a construção do texto da reforma tributária, encaminhamos a Vossa Excelência as propostas do setor produtivo. O documento foi elaborado a partir de reuniões com representantes dos produtores rurais, indústria de insumos agropecuários, processadora de alimentos voltada ao mercado interno, indústria exportadora e também as cooperativas.

(11%2F03&text=Com%20o%20resultado%2C%20o%20agroneg%C3%B3cio,do%20pa%C3%ADs%20no%20ano%20passado.&text=O%20desempenho%20do%20PIB%20do,volume%20quanto%20de%20pre%C3%A7os%20reais. >>

[4] Segundo o estudo, *o aumento será o seguinte*: 1) Pecuária de corte: +23,6%; 2) Avicultura de postura: 23,4%; 3) Suinocultura independente: + 19,7%; 4) Pecuária de leite: +11,8%; 5) Soja e milho: +19,4%; 6) Café: +19,3%; 7) Tomate: +14,6%; 8) Arroz: +14%; 9) Laranja: +13,1%; 10) Manga: +12,9%; 11) Alface: +11,6%.
E a projeção de *queda de rentabilidade*: 1) Mandioca: -1.507,3%; 2) Café: -496,4%; 3) Cana-de-açúcar: -366,3%; 4) Uva: -167%; 5) Tomate: -147,4%; 6) Pecuária de leite: -100%; 7) Arroz: -79,8%; 8) Soja e milho: -64,6%; 9) Suinocultura independente: -68,5%; 10) Pecuária de corte: -53,1%.

[5] Cf. << https://valor.globo.com/agronegocios/noticia/2020/10/19/entidades-enviam-carta-a-relator-de-pec-com-seis-propostas-do-agronegocio-para-a-reforma-tributaria.ghtml >>.

> Entendemos a complexidade existente nas discussões em torno do tema e concordamos que a simplificação dos processos é fundamental. Porém, ressaltamos que os países que possuem a agropecuária forte apresentam tratamentos tributários diferenciados a este setor. O que almejamos nessa reforma não é competir com os outros setores da economia brasileira e sim manter nossa competitividade frente ao agronegócio do resto do mundo.
>
> Para tanto, baseamos nossos argumentos em *seis pontos*:
>
> 1. *Desoneração da cesta básica;*
> 2. *Produtor rural estabelecido como pessoa física não se tornar contribuinte direto do IBS;*
> 3. *Crédito presumido nas operações oriundas de produtor rural pessoa física;*
> 4. *Ressarcimento e compensação dos créditos tributários, inclusive os atuais;*
> 5. *Alíquota zero para insumos agropecuários; e*
> 6. *Adequado tratamento tributário ao ato cooperativo.* – (grifei).

A razão central que justifica esse aumento de carga é a premissa, presente nas propostas de reforma tributária, quanto à impossibilidade de concessão de incentivos fiscais. É ver o exemplo da PEC nº 45:

> Art. 152-A. Lei complementar instituirá imposto sobre bens e serviços, que será uniforme em todo o território nacional, cabendo à União, aos Estados, ao Distrito Federal e aos Municípios exercer sua competência exclusivamente por meio da alteração de suas alíquotas.
>
> §1º. O imposto sobre bens e serviços:
>
> [...]
>
> IV – *não será objeto de concessão de isenções, incentivos ou benefícios tributários ou financeiros, inclusive de redução de base de cálculo ou de crédito presumido ou outorgado, ou sob qualquer outra forma que resulte, direta ou indiretamente, em carga tributária menor que a decorrente da aplicação das alíquotas nominais.* – (grifei).

Ocorre que a Constituição, em seu art. 187, I, deixou expresso que a política agrícola nacional será planejada levando em conta "*instrumentos ... fiscais*".

Diante disso, o presente trabalho investigará: (i) os textos de reforma tributária e as principais críticas que devem ser tecidas sobretudo no que tange aos impactos sobre o agronegócio; e (ii) verificar se é possível, do ponto de vista constitucional, deixar de incentivar fiscalmente o agronegócio.

1. Razões para reformar o sistema tributário brasileiro

Em primeiro lugar, é preciso reconhecer que não faltam motivos para reformar o sistema tributário brasileiro. A sua notória litigiosidade, a falta de segurança jurídica, complexidade, alto custo de conformidade, dentre outros motivos axiomáticos, torna difícil que alguém se posicione contra a ideia de reforma da tributação no Brasil.

As principais razões, contudo, parecem ser as seguintes:

a) *Crise do federalismo fiscal*
Os entes subnacionais chegaram ao limite do colapso financeiro. O federalismo fiscal, desenhado pela Constituição para ser cooperativo e equilibrado, foi se tornando competitivo e desequilibrado, concentrando recursos e poder na União em detrimento dos entes periféricos. É preciso rever, portanto, as bases do federalismo fiscal, no que se inclui a (re)distribuição de competências tributárias e a forma como os entes federativos distribuem entre si e gerem os recursos arrecadados.

b) *Incapacidade de capturar, com segurança jurídica, as bases da economia digital*
O modelo tributário nacional, pensado e estruturado na década de 60 do século passado, estrutura-se em regras de competência que denotam conceitos, limitando o poder de tributar dos entes federativos em torno de noções rígidas. Os conceitos escolhidos refletiam os principais signos presuntivos de capacidade contributiva presentes naquela época (*circulação de mercadoria, prestação de serviço, transmissão de propriedade imobiliária etc.*). A economia digital desafia frontalmente esse modelo, na medida em que os conceitos de mercadoria e serviço, por exemplo, mesclam-se ou se tornam irrelevantes frente às utilidades que são objeto das transações digitais. Ademais, as noções clássicas de estabelecimento e de residência fiscal não são adequadas à nova

realidade econômica, em que empresas com presença digital significativa em uma jurisdição podem não ser contribuintes.

O problema não é brasileiro, e sim global. Mas, aqui, lei complementar deveria resolver os conflitos de competência (ICMS x ISSQN, por exemplo), havendo iniciativas nesse sentido, como a LC nº 157/2016, que são, todavia, insuficientes. Isso aumenta a complexidade do sistema e causa insegurança jurídica, exigindo do Poder Judiciário respostas, sempre demoradas, que deveriam ser dadas pelo Poder Legislativo. Isso demonstra a falência do modelo e torna imperativa uma reforma tributária.

c) *Há um movimento global por reformas e por harmonização das legislações tributárias*

Tarcísio Magalhães[6] aponta que a era da "modernidade líquida" representa uma ruptura com o "princípio da territorialidade" (*source taxation*). Conforme o autor[7], em um verdadeiro "tribute-me se for capaz" (vide o relatório[8] "*Tax Us If You Can*"), a mobilidade do capital trouxe consigo a mobilidade (ou levou à fuga) de tributos.

Conforme Onofre Batista[9], a solução para a guerra fiscal que se implementou com a "modernidade líquida" depende de "uma ação coordenada dos Estados nacionais". Não há consenso sobre como se deve tributar a economia globalizada em que o capital voa, muito menos a economia digital. Reuven S. Avi-Yaonah[10] entende que a solução está na coordenação de regimes por meio de organizações como a OCDE: "*The key to finding a solution to the tax competition problem is to attack it on a broad multilateral basis, through an organization such as OECD.*"

Hoje o Brasil possui a quinta maior alíquota nominal (34%) de imposto de renda corporativo do mundo[11] e, segundo dados recentes,

[6] MAGALHÃES, Tarcísio Diniz. *Governança Tributária Global: limitações externas ao poder de tributar (e de não tributar) na pós-modernidade.* Belo Horizonte: Arraes, 2016, p. 36.

[7] MAGALHÃES, Tarcísio Diniz. *Governança Tributária Global ..., cit., p. 38.*

[8] Cf. TJN. *Tax us if you can.* 2ª ed. TJN, 2012.

[9] BATISTA JÚNIOR, Onofre Alves. *O outro Leviatã e corrida ao fundo do poço.* São Paulo: Almedina, 2015, p. 308.

[10] AVI-YAONAH, Reuven S. Globalization and tax competition: implications for developing countries. *Cepal Review,* Washington, D.C.; Cambridge, n. 74, p. 64.

[11] Cf. << https://www.oecd.org/tax/tax-policy/tax-database/ >> Acesso em 13.10.2019.

166 países empregariam tributos na modalidade IVA – Imposto sobre Valor Agregado[12], grupo este que não é composto pelo Brasil.
Em março de 2018 a OCDE publicou o relatório "*Tax Challenges Arising from Digitalization — Interim Report 2018*" e, no mesmo mês, a Comissão Europeia publicou duas diretivas sobre a tributação da economia digital, sendo a primeira relativa à criação, no curto prazo, de um imposto sobre serviços digitais (*DST – Digital Services Tax*) e, a segunda, de longo prazo, relativa à tributação de receitas a partir da noção de presença digital significativa (*Significant Digital Presence*), que seria uma referência alternativa à noção clássica de estabelecimento e de residência fiscal.

Especificamente quanto à economia digital, é preciso verificar que, de fato, chegamos a um ponto de inflexão, em razão da rigidez do sistema tributário brasileiro, que nã comporta mais formas tradicionais de solução de conflitos de competência.

É que a Constituição tributária, ao invés de delegar a escolha das bases tributáveis ao legislador ordinário, optou por uma estrutura de regras de competência, que, por sua vez, denotam conceitos, logo rígidos e necessários, dos quais a atividade legiferante e a do aplicador da norma não podem se afastar. É ver a lição de Humberto Ávila[13]:

> Em primeiro lugar, a Constituição Brasileira prevê regras de competência, e as regras, à diferença dos princípios, constituem razões entrincheiradas que não podemos, simples e puramente, abandonar por qualquer motivo. As regras de competência estabelecem os fatos que podem ser objeto de tributação e esses fatos não podem ser abandonados, inclusive por razões principiológicas de solidariedade social, de função social, etc. Essa é a função das regras. Se houver, no mesmo nível hierárquico, conflito entre regra e princípio, vence a regra.

[12] Cf. *Consumption Tax Trends 2018: VAT/GST and excise rates, trends and policy issues*. Consumption Tax Trends. Secretary-General of the OECD. 2016.

[13] ÁVILA, Humberto. Eficácia do novo código civil na legislação tributária. In GRUMPENMACHER, Betina Treiger (coord.) – *Direito tributário e o novo código civil*. São Paulo: Quartier Latin, 2004.

> Em segundo lugar, a Constituição Brasileira estabelece um sistema rígido, em que todos esses elementos – princípios, regras de competência, limitações ao poder de tributar – não podem ser objeto de modificação. pela legislação infraconstitucional, às vezes nem mesmo por emenda constitucional (§4º do artigo 60 da CF/88). Em face disso, a estrutura do sistema tributário fica enrijecida na Constituição e o legislador infraconstitucional, inclusive de Direito Civil, por lei ordinária, não pode modificar.

Por isso, segundo Ávila[14], *"se a Constituição utiliza o termo 'salário', e 'salário' é definido pela Consolidação das Leis do Trabalho, evidentemente que o legislador infraconstitucional não pode mudar o conceito de salário.* [...]." Isso se pode dizer de uma série de conceitos, definidos (direta e indiretamente) ou pressupostos pela Constituição tributária, como "serviço", "mercadoria", "propriedade", "produto industrializado" etc.

Foi por regras que o constituinte originário descreveu condutas e estatuiu limites ao poder dos entes federados, sendo dever do legislador observá-las, porquanto não lhe é cabível escolher quando uma norma é uma regra, e se esta, sendo de competência, denota ou não um conceito[15].

Segundo Misabel Derzi[16], enquanto os conceitos são erigidos como notas irrenunciáveis, fixas e rígidas, implicando limites expressos, tipos, por sua vez, no Direito, referem-se estruturas abertas à realidade, flexíveis e graduais. A discriminação de competências tributárias, por sua vez, decorre da aplicação de *conceitos*, e não de tipos[17]:

> No Brasil, a questão da discriminação de competência tributária é a manifestação do próprio federalismo, por configurar partilha,

[14] Idem.

[15] "Quando a Constituição contém um dispositivo que privilegia o caráter decisivo da conduta ou a definição de um âmbito de poder, há, nesse contexto e nesse aspecto, a instituição de uma regra que não pode ser simplesmente desprezada pelo legislador, ainda que haja internamente alguma margem de indeterminação para a definição do seu sentido". ÁVILA, Humberto. *Teoria dos Princípios*. São Paulo: Editora Malheiros, 2018, p. 160.

[16] DERZI, Misabel Abreu Machado. *Direito Tributário, Direito Penal e Tipo*. São Paulo: RT, 2007, p. 83-84.

[17] *Op. Cit.* (nota 41), p. 103.

> descentralização do poder de instituir e regular tributos (...) o tipo como ordenação do conhecimento em estruturas flexíveis, de características renunciáveis, que admite as transições fluídas e contínuas e as formas mistas, não se adapta à rigidez constitucional de discriminação da competência tributária.

Tal conclusão demonstra a opção do constituinte de não permitir que a fluidez gradual dos tipos implicasse em conflitos de competência entre os entes federados. Quando se pensa na rigidez conceitual do sistema tributário brasileiro, verifica-se um elemento de maior complexidade, em comparação ao cenário global, para o desafio de capturar as bases da economia digital.

Pensado e estruturado a partir de uma realidade econômica da década de 60 do século passado, em que os conceitos de "serviço" e "mercadoria", por exemplo, reportavam-se aos signos presuntivos de capacidade econômica mais difundidos então, e sendo o sistema tributário rígido e constitucionalmente determinado, há pouco espaço para acomodá-lo e adaptá-lo à economia digital, senão por meio de uma reforma tributária.

Ocorre que ser a favor *da reforma* do sistema tributário nacional não significa aderir, sem críticas ou ressalvas, *a qualquer* reforma. Exatamente por isso, é papel da doutrina oferecer contribuições críticas para o aperfeiçoamento das propostas em curso, notadamente quando são tão onerosas para o principal setor econômico brasileiro, como o agronegócio.

É o que passaremos a expor.

2. As propostas de reforma tributária

Existem três principais propostas em discussão no Congresso Nacional. Em linhas gerais, os textos das propostas visam a simplificar a cobrança de tributos, por meio da sua unificação, ao passo que a carga tributária, em sua essência, seria *supostamente* mantida.

A principal alteração recai sobre os tributos que oneram o consumo, além de uma pretendida redistribuição dos recursos arrecadados. Para melhor compreensão, convém sintetizar os principais elementos das três Propostas de Reforma Tributária.

2.1. PEC nº 45/2019

A Proposta de Emenda Constitucional nº 45/2019, que conta com o apoio do atual Presidente da Câmara, Rodrigo Maia, foi encabeçada pelo deputado Baleia Rossi (MDB-SP), baseada nos estudos do economista Bernard Appy, do Centro de Cidadania Fiscal.

Essa proposta pretende a simplificação do modelo tributário brasileiro, com foco da tributação de bens e serviços. Para tanto, prevê a substituição de cinco tributos – PIS, Cofins, IPI, ICMS e ISSQN – por um imposto do tipo IVA, o Imposto sobre Bens e Serviços (IBS), cuja receita seria partilhada entre a União, os Estados e os Municípios.

O IBS, principal foco da PEC, compreenderia as seguintes características:

a) Incidência sobre bens, serviços, intangíveis, cessão, licenciamento de direitos e locação de bens, inclusive em importação;
b) Alíquota única fixada por cada ente;
c) Alíquota uniforme para todos os bens, tangíveis e intangíveis, serviços e direitos, podendo variar entre Estados, Distrito Federal e Municípios;
d) A alíquota do imposto aplicável a cada operação será a soma das alíquotas fixadas pela União, pelos Estado e pelos Municípios;
e) Em operações interestaduais e intermunicipais, incidirá a alíquota do Estado ou do Distrito Federal e do Município de destino;
f) Incidência não-cumulativa;
g) Adoção do regime de crédito financeiro;
h) Desoneração das exportações, garantindo o crédito das operações anteriores;
i) Incidência *"por fora"*, isto é, sobre o preço dos bens e serviços sem imposto;
j) Devolução tempestiva de créditos acumulados, no prazo máximo de 60 dias;
k) Inexistência de incentivos fiscais;
l) A arrecadação permanece do Estado de destino;
m) Os débitos e créditos serão escriturados por estabelecimento e o imposto será apurado e pago de forma centralizada;

n) A receita do IBS será distribuída entre a União, os Estados, o Distrito Federal e os Municípios, proporcionalmente ao saldo líquido entre débitos e créditos do imposto atribuível a cada ente, nos termos da lei complementar;
o) A lei complementar criará o comitê gestor nacional do IBS, integrado por representadas da União, dos Estados e do Distrito Federal e dos Municípios;
p) IBS com alíquota de 1% por 2 anos. Redução da alíquota da Cofins, de modo a manter a arrecadação estável;
q) Transição ao longo de mais 8 anos, por meio da elevação progressiva da alíquota do IBS e da simultânea redução das alíquotas dos tributos atuais;
r) Compete à lei complementar disciplinar o processo administrativo do imposto sobre bens e serviços, que será uniforme em todo o território nacional.

A proposta da Câmara ainda propõe a criação de impostos seletivos (*no plural*), de competência federal, destinados a desestimular o consumo de determinados bens, serviços ou direitos.

2.2. PEC nº 110/2019

A Proposta de Emenda à Constituição nº 110/2019, de relatoria do Senador Roberto Rocha, possui como base a PEC nº 293/2004, sob a relatoria do ex-deputado Luiz Carlos Hauly:

> JUSTIFICAÇÃO: (...)
> A presente proposta reproduz o texto de reforma tributária já aprovado por Comissão Especial da Câmara dos Deputados, que teve como idealizador e relator o Deputado Luiz Carlos Hauly. A proposta já foi discutida em cerca de 170 palestra e 500 reuniões técnicas"
> "Sem alterar a carga tributária, espera-se conseguir menor custo de produção; aumento da competitividade; menos curto de contratação; mais empregos; maior poder de consumo; volta do círculo virtuoso e crescimento importante da economia.

Pretende-se que nove tributos sejam extintos (IPI, IOF, PIS/Pasep, Cofins, Salário-Educação, Cide-Combustíveis, ICMS e ISSQN) e substituídos por um imposto sobre operações com bens e serviços (IBS), de competência estadual, e um imposto seletivo, de competência federal.

O IBS, de competência estadual, seria regulado mediante legislação federal. No que toca ao imposto seletivo, competirá à lei complementar definir quais os produtos e serviços se sujeitariam às alíquotas do imposto seletivo.

Em regra, não serão concedidos benefícios fiscais no âmbito do IBS, havendo, no entanto, exceções, tais como: transporte público de passageiros, medicamentos, alimentos (inclusive ração animal), bens do imobilizado, saneamento básico e educação de todos os tipos.

O IBS, tal como pensado na PEC nº 110, contempla características muito similares ao IVA da PEC nº 45, destacando-se as seguintes características:

a) Incide sobre locações e cessões de bens e direitos, bem como quaisquer operações com bens intangíveis e direitos;
b) Crédito financeiro garantido pelo texto;
c) Imunidade sobre a mera movimentação ou transmissão de valores e de créditos e direitos de natureza financeira;
d) Imunidade sobre serviço de comunicação nas modalidades de radiodifusão sonora e de sons e imagens de recepção livre e gratuita.

No que toca ao imposto seletivo, este incidiria sobre operações com petróleo e seus derivados, combustíveis e lubrificantes de qualquer origem, gás natural, cigarros e outros produtos de fumo, energia elétrica, serviços de telecomunicações a que se refere o art. 21, XI, bebidas alcoólicas e não alcoólicas, e veículos automotores novos, terrestres, aquáticos e aéreos. Teria, ainda, as seguintes características:

a) Incidência em qualquer importação;
b) Poderá ter alíquotas diferenciadas, nos termos da lei;
c) Não incidirá na exportação de bens e serviços, na medida em que a lei deve estabelecer forma de devolução do imposto que os onerar;
d) Alíquota inferior ao do IBS;

e) Será monofásico, na forma da lei;
f) E, por fim, não integrará a sua própria base de cálculo ou a do IBS.

Nessa PEC, haveria a extinção da Contribuição Social sobre o Lucro Líquido (CSLL), para, então, ser incorporada ao Imposto de Renda, cujas alíquotas seriam majoradas, para alcançar o patamar vigente de 34% em um tributo unificado.

Ademais, a PEC nº 110 possui as seguintes determinações:

a) Os Municípios teriam a iniciativa na proposição de leis complementares que tratem do IBS;
b) O prazo de transição seria de 5 anos;
c) Criação de dois fundos para compensar eventuais disparidades da receita per capta entre estados e municípios;
d) A União ainda teria a competência sobre o ITR, IR e ITCD (cuja receita seria destinada aos municípios);
e) A receita do IPVA seria integralmente destinada aos municípios e o imposto incidiria sobre aeronaves e embarcações, não incidindo sobre veículos comerciais destinados à pesca e ao transporte público de passageiros.

Também seria criada uma Contribuição, de competência da União, sobre Bens e Serviço (CBS), cuja alíquota seria de 1%, a ser cobrada apenas no primeiro ano de vigência do regime.

2.3. PL nº 3.887/2020 (CBS)

O PL em questão propõe a extinção de PIS/Cofins e sua substituição pela Contribuição sobre Bens e Serviços – CBS. Trata-se da primeira parte de uma suposta reforma tributária ampla, e fatiada, a ser apresentada pelo Governo Federal.

Os principais destaques da CBS são:

a) Terá uma alíquota geral de 12%, com adoção obrigatória do regime não cumulativo;

b) Isenção para produtos integrantes da cesta básica;
c) Isenção para produtos *in natura* classificados nos Capítulos 1 a 12 e nas posições 1401, 1801 e 1802 da Nomenclatura Comum do Mercosul (NCM), desde que seja uma venda para pessoa jurídica;
d) Incidência monofásica para os combustíveis, entre eles o biodiesel e o álcool para fins carburantes;
e) Para entidades financeiras, a alíquota será 5,8% em regime cumulativo;
f) Terá como base de cálculo a receita bruta da atividade da pessoa jurídica, acrescida de multas e encargos, e não mais todas as receitas;
g) Incidência "por fora", podendo ser excluídos ICMS e o ISS destacados no documento fiscal, além da própria CBS;
h) Não incidência na exportação, garantida a manutenção dos créditos;
i) Incidirá sobre operações de Importação de bens e serviços;
j) Créditos sobre a aquisição de bens e serviços;
k) A aquisição do produto in natura isento permitirá à pessoa jurídica um crédito presumido de 1,8%, desde que com destino à revenda ou para atividades da empresa;
l) CBS incidirá sobre resultados positivos em operações de *hedge*, sem direito a crédito sobre despesas financeiras.
m) Imprescindível documento fiscal idôneo para apropriação dos créditos;
n) Eventual excedente de créditos poderá ser utilizado nos períodos seguintes;
o) Trimestralmente o saldo excedente poderá ser objeto de ressarcimento ou compensação;
p) Sem alteração no Simples Nacional.

A ideia, manifestada pelo Governo Federal, é que a CBS seja "acoplada" ao IBS nas PECs nº 45 e 110, de forma a evitar o conflito político com as propostas mais avançadas no Congresso.

3. Sugestões de aperfeiçoamento para as propostas de reforma tributária

Ainda que o ideal simplificador agrade, há críticas a serem feitas, para que se possa aperfeiçoar as propostas.

É o que passaremos a export.

3.1. Ausência de demarcação clara da hipótese de incidência do IBS

A hipótese de incidência do tributo é identificada por critérios, mínimos e suficientes para, em conjunto, deflagarem a consequência normativa ou dever ser. Dentre eles, o aspecto material, fundado no binômio "verbo" e "complemento". Conforme Paulo de Barros[18], ao definir que a regra matriz de incidência tributária é composta pela fórmula "D{[Cm (v.c). Ce. Ct] – [Cp (As. Sp) Cq(bc.al)]}":

> Explicando os símbolos dessa linguagem forma, teremos: "D" é o dever-ser neutro, inerposicional, que outorga validade à norma jurídica, incidindo sobre o conectivo implicacional para judiciaziar o vínculo entre a hipótese e a consequência "[Cm (v.c). Ce. Ct]" é a hipótese normativa, em que "Cm" é o critério material da hipótese, núcleo da ddesccrição fátiva; "v" é o verbo, sempre pessoal e de predição incomplete; "c" é o complemento do verbo; "Ce" é o critério espacial; "Ct" o critério temporal; "." È o conectivo conjuntor "i" é o símbolo do conectivo adicional, interposicional; e "[Cp(As. Sp).Cq(bc.al)]" é o consequente normativo, em que "Cp" é o critério pessoal; "As" é o sujeito ativo da obrigação; "Sp" é o sujeito passivo; "bc" é a base de cálculo; e "al" é a alíquota.

Sendo o caso do ICMS e do ISSQN, por exemplo, a própria regra de competência, desde a Constituição, ao dispor "circular mercadoria" e "prestar serviço", respectivamente, delimita a hipótese de incidência dos tributos, fixando com clareza seus critérios materiais e, especialmente, *temporais.*

[18] CARVALHO, Paulo de Barros. *Direito Tributário: Linguagem e Método.* São Paulo: Noeses, 2013, p. 613.

A estrutura rígida dos conceitos, presente na Constituição tributária, fixa não apenas a materialidade que dá ensejo à obrigação, como o momento de ocorrência do fato gerador, vide a *circulação*, verificada com a tradição da coisa móvel corpórea.

Dito isso, no caso do IBS, é impossível extrair o binômio "verbo" e "complemento" da sua matriz constitucional de incidência: há, tão somente, os complementos: "bens", serviços", "direitos" etc. *Mas os verbos faltaram*. Isso sugere que a lei complementar de instituição do imposto deveria cuidar desse aspecto. Contudo, havendo tamanha liberdade para o legislador infraconstitucional, como controlar a constitucionalidade da opção normativa que será realizada? Não seria mais adequado, desde logo, fixar balizas temporais para a hipótese de incidência do IBS?

Sugere-se a inclusão, nos textos da reforma, de um dispositivo que trate do momento de ocorrência do fato gerador do IBS, permitindo que todo o contorno da competência possa ser extraído da Constituição.

A nosso ver, o *momento* ideal para incidência do IBS seria o da emissão do documento fiscal de suporte, dado que simplificaria a fiscalização e a apuração da base de cálculo, evitando discussões quanto aos critérios temporais e quantitativos. A *base de cálculo*, por sua vez, deve ser a *receita líquida*, expurgando-se os tributos que eventualmente incidirem sobre a transação que originar o fato gerador e demais despesas acrescidas na composição do valor da fatura, de forma que o critério quantitativo mensure *exclusivamente* o que manda a regra de competência: o valor do *bem*, do *serviço* ou do *direito*, e nada mais. Nesse sentido, despesas com frete e seguro incorridas na saída de um bem, por exemplo, seriam dedutíveis do IBS por força constitucional, uma vez que a materialidade eleita é o bem transacionado, e não a receita bruta decorrente da transação.

De todo modo, sendo a hipótese de incidência determinada pela prática de negócios jurídicos, devidamente qualificados por regras de Direito Privado, desse subsistema serão extraídos os conceitos e paradigmas necessários para identificação dos critérios temporal e quantitativo. Por exemplo, se a tradição (entrega do bem) for o critério adotado pelo Direito para determinar o momento da mudança de titularidade de um bem, esse também será o critério temporal para incidência do IBS.

3.2. Problemas quanto ao crédito financeiro

Os créditos dos impostos plurifásicos não cumulativos, a rigor, podem ser físicos ou financeiros. Adota-se o crédito físico quando é garantido apenas o aproveitamento do imposto repercutido na aquisição de insumos, ou seja, dos produtos aplicados *diretamente* no processo produtivo (matérias primas, produtos intermediários e embalagens), além de mercadorias para revenda.

Já o regime do crédito financeiro assegura a recuperação do imposto repercutido em todas as aquisições, mesmo de bens que não integram diretamente o processo produtivo. É o caso do ativo imobilizado e dos bens de uso e consumo, sendo este o modelo que se pratica com o IVA europeu, por exemplo[19].

As PEC 45 e 110 afirmam em suas justificativas que estar-se-ia propondo o regime do crédito financeiro para o IBS.

Ocorre que a PEC nº 45 dispõe tão somente que o imposto *"será não-cumulativo, compensando-se o imposto devido em cada operação com aquele incidente nas etapas anteriores."*

A redação do art. 155, § 2º, I – que trata da não cumulatividade do ICMS – é muito similar: *"será não-cumulativo, compensando-se o que for devido em cada operação relativa à circulação de mercadorias ou prestação de serviços com o montante cobrado nas anteriores..."*. Essa redação do dispositivo constitucional pertinente ao ICMS levou o Supremo Tribunal Federal a decidir, no julgamento da medida cautelar na ADI nº 2325-MC/DF, que a Constituição não determinou, decisivamente, o modelo do creditamento; ou, se optou, escolheu o "crédito físico". Ainda que se trate de medida cautelar, a decisão tem efeitos vinculantes e *erga omnes* e ainda orienta a jurisprudência nacional.

A PEC nº 110 padece de problemas similares, apesar de ser mais detalhista quanto ao creditamento possível, evitando possíveis problemas.

[19] "O IVA europeu é um imposto sobre o consumo de larga base tributária e de grande eficiência arrecadatória. É considerado um imposto simples, porque é de não-cumulatividade plena, *adota o sistema de crédito financeiro,* onde é possível deduzir *todo imposto pago na operação anterior.* Utiliza de poucas desonerações e adota poucas alíquotas. Existe limite para as alíquotas, tanto para as mínimas quanto para as máximas. A tributação ocorre totalmente no destino e a receita é efetivada no país onde os produtos e os serviços são consumidos, o que evita a guerra fiscal entre os Estados-membros." SOUSA JÚNIOR, René de Oliveira. *ICMS: exposição, virtudes, desafios e propostas.* Belo Horizonte: Editora D'Plácido, 2018. p.128

Já o PL nº 3.887/2020 possui uma grave contradição nesse ponto do crédito: (i) ao mesmo tempo que determina a incidência da CBS sobre quaisquer receitas da atividade da pessoa jurídica – como locação ou *royalties*, por exemplo, decorrentes de proteção de cultivares; (ii) apenas autoriza a apropriação de créditos sobre bens e serviços.

Isso significa que o aluguel de máquinas e equipamentos para o agronegócio não dará direito a crédito, tampouco o pagamento de *royalties* pelo direito de uso de proteção de cultivares.

3.3. A questão da tributação dos resultados positivos de *hedge* na CBS

Apesar de afirmar que a CBS incidirá apenas sobre as receitas decorrentes da atividade da pessoa jurídica, o PL nº 3.887/2020 impõe a incidência da CBS sobre os resultados positivos de *hedge*:

> Art. 102. A Lei nº 11.051, de 29 de dezembro de 2004, passa a vigorar com as seguintes alterações:
>
>> "Art. 32. Para fins de determinação da base de cálculo do Imposto sobre a Renda das Pessoas Jurídicas, da Contribuição Social sobre o Lucro Líquido e da *Contribuição Social sobre Operações com Bens e Serviços*, os resultados positivos ou negativos incorridos nas operações realizadas em mercados de liquidação futura, incluídos os sujeitos a ajustes de posições, serão reconhecidos por ocasião da liquidação do contrato, cessão ou encerramento da posição."

A CBS, nesses termos, implicará tributação efetiva de 12% sobre ganhos em instrumentos de proteção, ao passo que, atualmente, tais receitas estão sujeitas à alíquota zero, conforme § 4º, art. 1º, do Decreto nº 8.426/2015:

> Art. 1º Ficam restabelecidas para 0,65% (sessenta e cinco centésimos por cento) e 4% (quatro por cento), respectivamente, as alíquotas da Contribuição para os Programas de Integração Social e de Formação do Patrimônio do Servidor Público – PIS/PASEP e da Contribuição para o Financiamento da Seguridade Social – COFINS incidentes

> sobre receitas financeiras, inclusive decorrentes de operações realizadas para fins de hedge , auferidas pelas pessoas jurídicas sujeitas ao regime de apuração não-cumulativa das referidas contribuições.
> [...]
> § 4º *Ficam mantidas em zero as alíquotas das contribuições de que trata o caput incidentes sobre receitas financeiras decorrentes de operações de cobertura (hedge)* realizadas em bolsa de valores, de mercadorias e de futuros ou no mercado de balcão organizado destinadas exclusivamente à proteção contra riscos inerentes às oscilações de preço ou de taxas quando, cumulativamente, o objeto do contrato negociado:
> a) estiver relacionado com as atividades operacionais da pessoa jurídica; e
> b) destinar-se à proteção de direitos ou obrigações da pessoa jurídica.

Ademais, como visto, estar-se-ia a tributar uma receita de origem financeira, ao passo que as despesas financeiras, inclusive de *hedge*, não permitiram créditos da CBS, em afronta à sua anunciada não cumulatividade ampla.

3.4. Outros defeitos da CBS no agronegócio

Por fim, vale pontuar, brevemente, aspectos problemáticos da CBS no agronegócio:

a) Não houve a manutenção da alíquota zero para defensivos, adubos e fertilizantes, ração destinada à alimentação animal e vacinas, o que levará a um aumento do custo de produção, sobretudo da pessoa física;
b) O regime de crédito presumido de 1,8% sobre aquisições isentas não terá o efeito econômico de absorver o aumento de custo;
c) Créditos presumidos para milho, arroz, soja, café, leite, entre outros, são superiores ao concedido pela CBS;
d) A entrega pelo cooperado à cooperativa não dará direito ao crédito presumido da CBS, uma vez que não há aquisição, e sim entrega de sua produção (ato cooperado típico).

Vê-se, portanto, que é necessário aperfeiçoar o texto da proposta.

4. A imposição constitucional de incentivos fiscais para o agronegócio

Como visto, a razão central que justifica o aumento de carga para o agronegócio, no cenário de aprovação das propostas em curso de reforma tributária, é a premissa de impossibilidade de concessão de incentivos fiscais, conforme PEC nº 45:

> Art. 152-A. Lei complementar instituirá imposto sobre bens e serviços, que será uniforme em todo o território nacional, cabendo à União, aos Estados, ao Distrito Federal e aos Municípios exercer sua competência exclusivamente por meio da alteração de suas alíquotas.
> §1º. O imposto sobre bens e serviços:
> [...]
> IV – *não será objeto de concessão de isenções, incentivos ou benefícios tributários ou financeiros, inclusive de redução de base de cálculo ou de crédito presumido ou outorgado, ou sob qualquer outra forma que resulte, direta ou indiretamente, em carga tributária menor que a decorrente da aplicação das alíquotas nominais.* – (grifei).

Ocorre que a Constituição, em seu art. 187, I, deixou expresso que a política agrícola nacional será planejada levando em conta "*instrumentos ... fiscais*". Trata-se de um objetivo da ordem econômica, que não pode significar mera recomendação, pois se trata de norma constitucional.

As finalidades constitucionais são extraídas da *Constituição Econômica* e *Social*, em diálogo com a *Constituição Tributária*, fazendo com que a norma tributária seja instrumento de concretização de objetivos da ordem econômica e social. A *interconstitucionalidade*, observa Heleno Torres[20], "*concorre para a convergência, na justaposição imanente dos textos das constituições materiais que a integram, para a efetividade da Constituição total.*"

A Constituição definiu os fins a serem perseguidos pelo Estado, notadamente o dirigismo estatal sobre a ordem econômica, a educação, a saúde, a segurança pública, a redução das desigualdades regionais, o combate à pobreza

[20] TORRES, Heleno Taveira. *Direito constitucional financeiro.* SP: RT, 2014, p. 61.

etc. Conforme Heleno Torres[21], para o atingimento desses fins, a Constituição disponibiliza *"diversos meios e receitas a serem cobradas dentro de serviços próprios, [...], afora a autorização das despesas pelo orçamento e a burocracia necessária à realização do gasto público, e respectivos controles."*

A constitucionalização da atividade financeira do Estado permite identificar, no texto constitucional, um conjunto de normas jurídicas que regulam direta ou indiretamente a obtenção de receitas públicas, a autorização e a realização das despesas públicas e os mecanismos de controle, pelos quais são realizados os fins constitucionais[22]. Daí Heleno Torres propor a Teoria da Constituição Financeira, como uma teoria da submissão do poder financeiro estatal à Constituição.

Todo tributo possui uma feição fiscal e uma extrafiscal. Será extrafiscal, legitimamente, o cumprimento de um objetivo constitucional por meio do instrumento tributário, mediante diálogo da *Constituição Tributária* com a *Constituição Econômica* ou com a *Constituição Social*, por exemplo.

A Constituição definiu as atividades rurais como *estratégicas*. O art. 187, que trata da política agrícola nacional, deixou expresso a necessidade de lhe serem endereçados especiais instrumentos *"creditícios e fiscais"* (inciso I):

> Art. 187. A política agrícola será planejada e executada na forma da lei, com a participação efetiva do setor de produção, envolvendo produtores e trabalhadores rurais, bem como dos setores de comercialização, de armazenamento e de transportes, levando em conta, especialmente:
> I – os instrumentos creditícios e *fiscais;* – (grifei).

Isso significa dizer que a opção econômica por não conceder incentivos fiscais ao agronegócio não possui suporte constitucional.

21 TORRES, Heleno Taveira. *Direito constitucional financeiro.* SP: RT, 2014, p. 88.

22 TORRES, Heleno Taveira. *Direito constitucional financeiro.* SP: RT, 2014, p. 54.

Conclusões

Ante o exposto, conclui-se:

1) A pandemia do Covid-19 levou, rapidamente, a uma severa crise econômica, com estimativas de retração no PIB global em 5,2% em 2020. O cenário brasileiro é igualmente preocupante. Boletim MacroFiscal da Secretaria de Política Econômica do Ministério da Economia, divulgado em setembro de 2020, apresenta projeção de queda de 4,7% do PIB em 2020;
2) O *agronegócio* brasileiro é apontado pelo Ministério da Economia como um dos "*principais motores para a retomada*." Isso porque, apesar da pandemia, o PIB do setor cresceu 5,26% entre janeiro e junho de 2020, conforme pesquisa realizada pelo Cepea/USP e CNA;
3) A dizer pelos projetos de reforma tributária em curso no Congresso Nacional – especialmente PECs nº 45 e 110, bem como PL nº 3.887/2020 –, a ideia subjacente a essa reforma é impor a conta da recuperação da economia justamente ao setor que sustenta o PIB brasileiro: o agronegócio. Estudo elaborado pela CNA indica que a aprovação da PEC nº 45 pode gerar aumento de mais de 20% nos custos de produção do agronegócio e queda de rentabilidade superior a 50%, podendo chegar a 1.000%;
4) Todas as propostas de reforma tributária possuem graves defeitos, que precisam ser aperfeiçoados, sobretudo para que o agronegócio não seja onerado, perdendo sua competitividade;
5) A premissa das propostas de reforma tributária, pela não concessão de incentivos fiscais para o agronegócio, viola a Constituição, que definiu as atividades rurais como estratégicas. O art. 187, que trata da política agrícola nacional, deixou expresso a necessidade de lhe serem endereçados especiais instrumentos "creditícios e fiscais".
   Isso significa dizer que a opção econômica por não conceder incentivos fiscais ao agronegócio não possui suporte constitucional.

Referências

ÁVILA, Humberto. Eficácia do novo código civil na legislação tributária. In GRUMPENMACHER, Betina Treiger (coord.) – *Direito tributário e o novo código civil*. São Paulo: Quartier Latin, 2004.

ÁVILA, Humberto. *Teoria dos Princípios*. São Paulo: Editora Malheiros, 2018.

AVI-YAONAH, Reuven S. Globalization and tax competition: implications for developing countries. *Cepal Review*, Washington, D.C.; Cambridge, n. 74.

CARVALHO, Paulo de Barros. *Direito Tributário: Linguagem e Método*. São Paulo: Noeses.

DERZI, Misabel Abreu Machado. *Direito Tributário, Direito Penal e Tipo*. São Paulo: RT, 2007.

BATISTA JÚNIOR, Onofre Alves. *O outro Leviatã e corrida ao fundo do poço*. São Paulo: Almedina, 2015.

MAGALHÃES, Tarcísio Diniz. *Governança Tributária Global: limitações externas ao poder de tributar (e de não tributar) na pós-modernidade*. Belo Horizonte: Arraes, 2016.

SOUSA JÚNIOR, René de Oliveira. *ICMS: exposição, virtudes, desafios e propostas*. Belo Horizonte: Editora D'Plácido.

TORRES, Heleno Taveira. *Direito constitucional financeiro*. SP: RT, 2014.

18.
A REFORMA TRIBUTÁRIA E O NOVO CICLO DE DESENVOLVIMENTO BRASILEIRO[1]

Roberto Coelho Rocha

Introdução

O Núcleo de Estudo Luso-Brasileiro da Faculdade de Direito da Universidade de Lisboa (NELB), entidade estudantil criada para representar os alunos brasileiros matriculados na Faculdade de Direito da Universidade de Lisboa, promoveu, em 2020, Ciclo de Palestra para debater a Reforma da Tributação das Empresas. Na qualidade de Presidente da Comissão Mista da Reforma Tributária no Congresso Nacional, tive a honra de participar como palestrante da segunda rodada de debates, com o tema "*Tributação Direta: Aspectos positivos e aspectos negativos da reforma nos projetos apresentados*".

Como desdobramento do evento, a direção do NELB propôs aos palestrantes produzir um artigo para registrar os resultados e conclusões do Ciclo. Pois bem, elaborar um texto sobre reforma tributária em meio a tantos especialistas acadêmicos e profissionais não é tarefa fácil, para quem não é da área, como

[1] A elaboração deste artigo contou com a contribuição técnica de Sérgio Ricardo dos Santos Rosa, Assessor do Senador Roberto Rocha e membro da carreira de Especialista em Políticas Públicas e Gestão Governamental.

é o caso. Ao aceitar o convite, no entanto, estou me propondo a oferecer uma contribuição para o aprofundamento do debate sobre a reforma tributária, mediante contextualização do ambiente político e social que colocaram simultaneamente na pauta da Câmara dos Deputados e do Senado Federal respectivamente a PEC 45/19 e a PEC 110/19, da qual sou o relator.

Desde a promulgação da Constituição de 1988, o sistema tributário nacional tem sido objeto de discussão no Congresso Nacional, por meio de propostas que preconizam diferentes arranjos, como o imposto único e o modelo norte americano baseado num imposto sobre vendas, passando por alterações pontuais de ajuste no atual sistema. Na prática, porém, o consenso que vem da sociedade está fundado no modelo instituído pelo Imposto sobre Valor Agregado (IVA), com é o caso das duas PEC acima mencionadas.

Cobrado em 168 países, dos 193 considerados pela Organização das Nações Unidas (ONU), o IVA é um modelo consagrado mundialmente e com capacidade de se adaptar às diferentes necessidades de cada nação, tanto para simplificar o sistema tributário, quanto para dar consistência lógica ao modelo, razão pela qual criou-se nos meios acadêmicos um consenso em torno do IVA e que hoje representa um importante referencial para modernizar o regime tributário, sem expor a sociedade aos riscos de experiências com baixo grau de conhecimento.

A tramitação simultânea, nas duas Casas do Congresso Nacional, de propostas de IVA com mais semelhanças do que diferenças, porém com especificidades relevantes, é bastante eloquente para evidenciar a disputa pelo protagonismo da iniciativa, em meio à dificuldade do Governo Federal para, de forma unilateral, propor um rearranjo do pacto federativo. A Câmara dos Deputados goza da prerrogativa constitucional de ser a Casa iniciadora das proposições originárias do Poder Executivo, como é o caso da PEC 293, de 2004, apresentada com o objetivo de reestruturar o sistema tributário vigente. Por seu turno, o Senado Federal representa as unidades da federação e tem prerrogativas constitucionais para aperfeiçoar o pacto federativo firmado na Constituição de 1988. Dessa forma, ambas as Casas são instâncias legítimas para a iniciativa de uma reforma tributária ampla. É nesse contexto, portanto, que defendi uma solução de consenso entre as duas Casas, que culminou com a criação da Comissão Mista da Reforma Tributária (CMRT), cujo relatório final, apresentado no último dia 12 de maio pelo Relator, Deputado Aguinaldo

Ribeiro, consolida as duas propostas num único documento. O anteprojeto, forjado mediante muito diálogo com todos os setores da sociedade, não representa um ponto de chegada, mas sim de partida para a aprovação e implantação de regras consensuais sobre um novo sistema tributário nacional.

Por último, não poderia deixar de mencionar a valiosa contribuição do Poder Executivo, por meio do PL 3887/20, cujo apoio é imprescindível para aprovação de reforma tão robusta e abrangente, como a do sistema tributário nacional. O PL apresentado constitui proposição formulada pela Secretaria Especial da Receita Federal do Brasil, limitada aos tributos federais, com um olhar muito especial sobre o atual sistema e a forma de aperfeiçoá-lo.

No anteprojeto da Comissão Mista, vale destacar, a proposta do Governo foi considerada dentro das suas limitações, posto que a reforma da Constituição não pode ser realizada para se adaptar ao PL concebido sob o atual ordenamento jurídico. A proposta, no entanto, constitui importante referencial para indicar como o Executivo gostaria de ver regulamentada a reforma constitucional do IVA, no que tange aos tributos de competência da União.

1. Origem do Sistema Tributário Nacional

A origem do atual sistema tributário nacional é a Emenda Constitucional nº 18, de 1965, recepcionada pela Constituição de 1967 com a finalidade de instituir um regime centralizado de repartição de receitas, a partir da União para os estados e dos estados para os municípios[2]. À época, a reforma representou importante modernização não somente na maneira de se cobrar tributos, medindo a capacidade contributiva do cidadão pelo consumo, renda e patrimônio, como também das relações jurídicas, substituindo os fatos geradores caracterizados por atos jurídicos por fatos de natureza essencialmente econômica.

Embora a Carta de 1967 tenha avançado bastante na estruturação de um sistema tributários moderno e com uma base econômica consistente para

[2] https://ambitojuridico.com.br/cadernos/direito-tributario/evolucao-historica-do-sistema-tributario-nacional/#:~:text=Com%20a%20Constitui%C3%A7%C3%A3o%20de%201967,de%20tributa%C3%A7%C3%A3o%20de%20forma%20sistematizada%E2%80%9D.

sistematizar as normas tributárias, jamais teve como objetivo a maximização de direitos e garantias fundamentais individuais e coletivas do cidadão, característicos dos Estados de bem-estar social, constituídos com maior intensidade ao redor do mundo a partir do pós-guerra, e que orientaram muitas das reformas tributárias baseadas no IVA.

No intervalo de tempo transcorrido entre a Constituição outorgada de 1967 e a promulgada em 1988 houve um amplo e intenso movimento político reivindicatório de liberdades individuais e coletivas, para a construção de um Estado de direto democrático, como forma de se forjar nas ruas, por meio dos movimentos sociais, avanços em direção a instituição de um verdadeiro Estado de bem-estar social nos moldes do que já vinha ocorrendo, com êxito, na Europa. Após intensas lutas, somadas ao realinhamento político das grandes potências para a formação da nova ordem internacional, finalmente foi instalada em 1987 a Assembleia Nacional Constituinte, com a finalidade de elaborar o novo pacto constitucional brasileiro. Durante seu funcionamento, a Assembleia concentrou energias no debate sobre a pauta dos direitos e garantias fundamentais individuais e coletivas, sob a perspectiva de que o sistema tributário nacional vigente atenderia bem ao conjunto da sociedade, uma vez que o problema estaria concentrado na redistribuição e não na forma de se arrecadar recursos da sociedade.

Na sua origem, em 1967, e dentro do regime político e social vigente à época, o sistema tributário teve como objetivo político da sua formulação reduzir a autonomia dos entes subnacionais para instituir tributos, bem como centralizar na União a distribuição dos recursos arrecadados. Ainda que sob o argumento de tornar o sistema mais eficiente, o mecanismo de centralização jogou um importante papel para a organização política e econômica dos entes federados, que se fez refletir na Constituição cidadã, tal como a repartição da competência para tributar, cabendo aos municípios o ISS e o IPTU e aos estados o ICM[3] e o ITBI, além da vedação à bitributação e a competência residual de tributação exclusiva da União.

A fragmentação da base de tributação sobre o consumo entre a União, com o IPI, os estados, com o ICMS, e os municípios com o ISS, atendia muito

[3] Na constituição do Imposto sobre Circulação de Mercadoria (ICM) passou a ser denominado ICMS.

bem a estratégia de maior controle sobre os entes subnacionais. No novo contexto político e social, em que o Poder Legislativo e o Judiciário ganharam independência e tornaram-se mais fortes, a fragmentação da base consumo, para a qual a Assembleia Constituinte não se atentou, acabou por criar uma superposição de competências entre os entes, porém, em um ambiente democrático de disputas não centralizadas na autoridade do Poder Executivo.

Dentro do objetivo de fazer do Brasil um Estado de bem-estar social, a Constituição de 1988 instituiu um orçamento próprio para financiar as despesas da seguridade social sob no tripé: previdência social, saúde e assistência social. Para fazer face aos gastos orçamentários da seguridade, a Constituição de 1988 conferiu à União competência sobre todas as contribuições sociais, de forma integral e exclusiva, que se somou à competência para cobrar e fiscalizar o IPI e o Imposto de Renda, cujo produto, ao contrário das contribuições sociais, se submete à repartição dos resultados com os demais entes da federação.

Assim, o regime formulado a partir da ordem constitucional anterior, e recepcionado pela Constituição de 1988, ganhou um elemento estranho à doutrina que serviu de esteio para sua modernização. Ainda que o Código Tributário Nacional (CTN) não tenha previsto como espécie do gênero tributo, as contribuições sociais, cuja incidência estava prevista desde a edição do CTN em 1966, deixou de ser residual em relação ao montante arrecado e acessório no regramento tributário, e passou a constituir uma das principais fontes de arrecadação do Governo Federal, cuja tributação tem por base a produção e o consumo de bens e serviços.

O fato problemático e para o qual a reforma tributária visa apresentar uma alternativa consiste em que, com a implementação das novas regras tributárias, em 1989, e o crescimento de forma paulatina das demandas da população por mais gastos na seguridade, a folha de salários, o faturamento e o lucro das empresas, base de tributação das contribuições sociais, passaram a onerar demasiadamente a produção e, por conseguinte, o consumo. Ao mesmo tempo, as contribuições sociais geraram um conflito federativo com os estados, sobrepondo-se à base do ICMS e com ela competindo. Em disputa com a União, os estados, por sua vez, passaram a fazer investidas contra a base própria dos municípios, representada pelo ISS, sobretudo, em relação à nova economia digital.

A evolução do sistema tributário instituído em 1968, somada ao desenvolvimento econômico e social do país ao longo desse período, nos colocaram diante de dois grandes obstáculos a serem enfrentados de maneira inexorável mais cedo ou mais tarde. Um deles consiste na desoneração da folha de pagamentos, extremamente carregada pelas contribuições sociais, e que retroalimenta um ciclo vicioso de restrição da base de contribuintes formais e aumento da demanda por políticas sociais. O outro grande desafio concentra-se no aperfeiçoamento do pacto federativo, com a necessária descentralização fiscal, num ambiente democrático e de maior autonomia da administração fazendária dos entes subnacionais.

No que tange à estrutura dos gastos sociais, a seguridade social está baseada no tripé: previdência social, saúde e assistência social. A previdência social é um caso à parte, posto que fundada no pacto geracional e financiada por critérios atuariais, mediante contribuição dos empregadores e dos respectivos trabalhadores, objeto recentemente de uma ampla reforma para adequação do passivo previdenciário e de compatibilização do fluxo de receitas com o fluxo de despesas. Ainda que seja razoável pensar em se reduzir ainda mais as despesas com benefícios no futuro, em razão da necessidade de novos ajustes, a previdência dispõe de fontes próprias e permanentes de receitas, de tal modo que o subfinanciamento do sistema não constitui problema estrutural. O grande problema da seguridade, esse sim estrutural, concentra-se na definição de fontes de financiamento das despesas com a saúde e com a assistência social

O fato é que desde a promulgação da Constituição de 1988, a saúde não dispõe de uma fonte de receita própria e perene. Essa insegurança, que atinge o coração do pacto constitucional de 1988 representado pela seguridade social, levou a soluções provisórias, como a instituição, em 1994, do imposto provisório sobre movimentação financeira (IPMF), transformado posteriormente em contribuição provisória sobre movimentação financeira (CPMF) e, finalmente, extinta pelo Congresso Nacional em 2007.

A seguridade social, já com um orçamento robusto em razão das contribuições sociais, passou a financiar despesas do orçamento fiscal, por meio da Desvinculação dos Recursos da União (DRU), que apareceu pela primeira vez em 1994, com o nome de Fundo Social de Emergência, e foi reeditada depois com o nome de Fundo de Estabilização Fiscal.

Até a promulgação da Emenda Constitucional de 103/19 (Reforma da Previdência), que excluiu da DRU as receitas das contribuições sociais destinadas ao custeio da seguridade social, a desvinculação permitia ao governo retirar 20% da arrecadação destinada à seguridade social, saúde, educação, assistência e previdência social, a fim de fazer face aos gastos discricionários do governo, como por exemplo investimentos, além de contribuir para gerar superavit no orçamento primário para pagamento do serviço de dívida.

O aumento da rigidez dos recursos orçamentários da União, somado à pressão sobre os gastos crescentes da assistência social, como o bolsa família e outros programas de renda mínima, evidenciaram inconsistências estruturais do sistema tributário, como a necessidade de desoneração da folha de pagamento das empresas e a repactuação federativa.

É nesse contexto que a reforma tributária entra na pauta das duas Casas do Congresso Nacional. Diferentemente da Assembleia Nacional Constituinte de 1987, hoje a remodelagem do sistema tributário nacional tem pela frente uma dificuldade adicional a ser superada, que é enfrentar dois colegiados com características de representatividade distintas e ritos próprios.

2. Contexto da reforma tributária

Se, na história recente do Brasil, o clamor popular por um novo pacto social amplo e voltado para a construção de um Estado democrático atingiu seu ápice em 1987, com a convocação da Assembleia Nacional Constituinte; em 2019, sob o governo do Presidente Jair Bolsonaro, o clamor da sociedade se voltou em direção a uma reforma tributária que, para além de reduzir as iniquidades e regressividade do sistema, imprimisse maior racionalidade econômica às modernas relações de produção de bens e serviços, a partir do reordenamento da tributação sobre a base consumo, de tal modo a tornar viável a construção do Estado de bem-estar social acolhido pela Assembleia Constituinte e insculpido na Constituição Federal de 1988.

O avanço dos debates sobre a reforma do principal pilar da seguridade social, a previdência, ocorrido ainda no governo do Presidente Michel Temer, foi o prenúncio do encerramento de um ciclo político e social, marcando a inauguração de um novo período. A mobilização em torno da reforma tributária constituiu, dessa forma, uma consequência natural do novo ciclo, que teve impulso inicial em 2018, com a instituição da Comissão Especial de Reforma Tributária da Câmara dos Deputados, criada para analisar a PEC 293/04.

Na prática, a criação da Comissão Especial da Reforma Tributária decorre da oportuna percepção dos integrantes da Comissão Especial para Análise, Estudo e Formulação de Proposições Relacionadas à Reforma Tributária – CETRIBUT, que funcionou na Câmara dos Deputados entre 2015 e 2018 e aprovou uma proposta de reforma tributária, sob a relatoria do Deputado Luiz Carlos Hauly. Com a proposta da CETRIBUT em mãos, o relator liderou o pleito junto ao Presidente da Câmara dos Deputados para a criação da Comissão Especial, a fim de fazer tramitar a proposta formulada pela CETRIBUT, que culminou com a aprovação, em dezembro de 2018, do substitutivo denominado PEC nº 293-A/04, encaminhado à Mesa Diretora da Casa para votação em Plenário.

O substitutivo aprovado pela Comissão Especial, sob a presidência do Deputado Hildo Rocha, do Maranhão, fez com que outros segmentos da sociedade, com embasamento acadêmico bastante consistente, se mobilizassem em torno EMC nº 7/2018, emenda à PEC nº 293-A, de autoria do Deputado Antonio Carlos Mendes Thame, que no mérito consistia num segundo projeto substitutivo. No processo legislativo, a proposta substitutiva aprovada e a EMC 7/18 passaram a concorrer entre si pela aprovação em plenário, caso a matéria fosse posta em votação. Sem acordo, no entanto, não se vislumbrava perspectiva de a reforma ser pautada.

Enquanto a reforma da previdência avançava sob o governo do Presidente Jair Bolsonaro, a movimentação em torno da reforma tributária entrou em ebulição. Em fevereiro de 2019, o Deputado Rodrigo Maia foi reeleito presidente da Câmara. Percebendo a necessidade da reforma tributária e ao mesmo tempo uma certa apatia do Governo Federal com o tema, o Presidente da Câmara articulou com o Deputado Baleia Rossi, uma grande liderança do PMDB de São Paulo, o prosseguimento da EMC nº 7/18, que a essa altura já tinha obtido a preferência das lideranças políticas hegemônicas na Casa. Protocolada sob a PEC 45/19, a EMC 7/18 ganhou autonomia e passou a disputar na Câmara dos Deputados a preferência dos pares com o substitutivo à PEC 293-A/04, que no processo legislativo teria a preferência regimental na apreciação, em relação à EMC 7/18.

Sem ter logrado sucesso no pleito eleitoral de 2018, o agora ex-deputado Hauly foi instigado a buscar apoio para o substitutivo no Senado Federal. A proposta, por sugestão do Senador Álvaro Dias, foi apresentada aos membros do Colégio de Líderes. O Presidente do Senado, David Alcolumbre, acolheu a ideia e tornou-se o primeiro signatário da proposta, sendo acompanhado imediatamente por 66 senadores signatários. A proposta foi protocolada imediatamente e passou a tramitar no Senado Federal sob a PEC 110/19, cujo inteiro teor é cópia fidedigna do substitutivo à PEC nº 293-A/04.

Vale destacar que o apoio do Presidente do Senado ao substitutivo da Câmara marca um importante ponto de inflexão, em relação às forças hegemônicas no cenário político, que culminou com as eleições para a presidência da Câmara dos Deputados, reproduzindo o processo enfrentando pelo Senado Federal no biênio anterior, referente ao período 2019-2021.

Acolhida no Senado Federal, coube a mim, Senador Roberto Rocha, escolhido de forma consensual por meus pares, a relatoria da PEC 110/19, com o objetivo de fazer o devido e produtivo contraponto com a proposta que já tramitava na Câmara dos Deputados. No Senado Federal, o rito de tramitação da proposta de emenda à Constituição prevê apenas a análise da Comissão de Constituição, Justiça e Cidadania – CCJ, antes de seguir para o Plenário, diferentemente da Câmara que depende da criação de uma Comissão Especial. Na CCJ, foram realizadas 5 audiências públicas com cerca de 30 convidados, representando os mais diversos setores. Além disso, foram realizadas várias reuniões com os mais diferentes segmentos da sociedade. Após um amplo debate, foi apresentada, em 18.09.2018, a primeira versão do parecer do relator na CCJ.

Digno de nota mencionar que, em uma das primeiras reuniões técnicas com a equipe do Senado Federal, um dos especialistas do quadro da Casa fez uma importante observação, ao notar que no Senado a proposta vinda da Câmara, tecnicamente estruturada, tinha sido flexibilizada em vários pontos para acomodar interesses políticos da sociedade.

Na prática, portanto, todas as questões técnico-especializadas sobre a reforma tributária já estavam postas à mesa de discussão, seja pela PEC 45/19, seja pela PEC 110/19, bem como pelas demais propostas em tramitação nas Casas do Congresso Nacional. No caso, arriscaria dizer que foi pelo Senado Federal, a Casa da Federação, que o diálogo de construção de um verdadeiro entendimento político sobre a reforma tributária começou a ser construído. Reforça essa percepção, o fato de ter partido do Senado Federal, por minha provocação, iniciativa de criação da Comissão Mista da Reforma Tributária (CMRT), a fim de unificar as duas propostas encabeçadas pelas PEC 45/19 e PEC 110/19.

No que pese ambas as propostas possuírem o mesmo chassi, a carroceria de cada uma apresenta diferenças aerodinâmicas relevantes – para ficar na analogia – que deveriam passar por um processo de convergência. A conclusão dos trabalhos da CMRT culminou com a apresentação do anteprojeto de Reforma Tributária, construído pelo relator Deputado Aguinaldo Ribeiro com a participação dos segmentos sociais interessados. Cabe destacar que o Deputado Aguinaldo é também o relator da PEC 45/19.

Pois bem, o anteprojeto apresentado revela dois fatos curiosos: primeiro é que a proposta técnica contida na PEC 45/19, base do anteprojeto, sofreu flexibilização semelhante a que já havia enfrentado a PEC 110/19, convergindo na mesma direção e; segundo, nem uma nem a outra proposta conseguiram superar integralmente os dois grandes problemas estruturais da Reforma, que é a questão da desoneração da folha e o rearranjo do pacto federativo, esse último sem alterar a sua substancia, cláusula pétrea da Constituição de 1988. Não obstante, cabe registrar que o substitutivo à PEC 110/19 se debruçou sobre esses dois temas e apresentou um esboço de solução para ambos os problemas.

3. Principais obstáculos à reforma tributária ampla

Em face das dificuldades que o texto da Reforma Tributária ainda não conseguiu superar, em qualquer de suas versões, o Governo Federal já sinaliza com a ideia de fatiamento da proposta, iniciando a tramitação de uma parte pela Câmara e de outra pelo Senado Federal. Como acima descrito, a rigor, não há uma divergência de entendimento entre as Casas do Congresso, mas sim dentro da própria sociedade e que se manifesta de forma peculiar em cada uma delas. O texto do anteprojeto da CMRT não deixa dúvidas sobre o alinhamento entre Câmara e Senado.

Partindo da correta intenção de não interferir na proposta de ajuste do pacto federativo fiscal, em razão do seu interesse arrecadatório direto, o Poder

Executivo Federal está formulando e propondo uma reforma tributária delimitada aos tributos federais; sem, contudo, se opor a uma reforma mais ampla, desde que de iniciativa do Congresso Nacional e que não atribua o ônus de eventual redistribuição da receita à União.

Ainda que existam outros motivos até mais relevantes, a melhoria da arrecadação, por si só, já justificaria para a União a pretensão de uma reforma tributária parcial, sobretudo, num sistema tão ineficiente quanto o brasileiro, em que qualquer pequeno ajuste das regras pode gerar algum ganho arrecadatório, sem aumento da carga tributária. Não obstante, essa estratégia não resolve o problema da base consumo e nem dos demais entes federados e, além disso, se aprovada, tende a reduzir o interesse da União por uma subsequente reforma mais ampla negociada no Legislativo. Na prática, uma reforma fatiada, atendendo primeiramente os interesses da União, poderá transferir o debate sobre a reforma do Legislativo para o Executivo.

A reforma constitucional promovida pelo constituinte derivado pode muita coisa, mas não pode tudo. A essência do pacto federativo, por exemplo, mereceu da nossa parte uma atenção muito especial, com vistas a assegurar imutável o que de fato está petrificado no texto da Constituição de 1988, e para o qual nenhum representante do povo tem poderes para tanto.

Dentro desse objetivo, tive algumas reuniões com o Ministro da Economia, a fim de tratar, dentre outras matérias atinentes à reforma tributária, da questão federativa, como também tive oportunidade de tratar do assunto com os representantes da fazenda estadual e municipal. Na ocasião, colhi a intenção de o Governo Federal ter um IVA próprio e apartado do IVA estadual/municipal, tal qual existe em outros países como o Canadá. Na proposta apresentada no relatório da PEC 110/19, foi acatado o modelo de IVA dual, exatamente nesse formato descrito, sendo as regras de um espelho das regras do outro.

A grande polêmica envolvida no modelo de IVA nem é tanto o fato de ser nacional ou dual, mas sim no que diz respeito a sua forma de gestão e de como isso poderia interferir ou até mesmo aperfeiçoar o pacto federativo originário. A experiência dos entes subnacionais com o Comitê Gestor do Simples Nacional[4], órgão vinculado ao Ministério da Economia, fez com que

[4] Simples Nacional é um regime tributário compartilhado de arrecadação, cobrança e fiscalização de tributos entre os três entes da federação: União, estados e municípios.

os estados e municípios defendessem proposta de um órgão gestor desvinculado da União. Proposta essa que poderia suscitar questionamento jurídico quanto à autonomia desse órgão dentro da atual estrutura federativa, baseada em três entes. Por conseguinte, um eventual comitê gestor do IVA necessariamente deveria estar vinculado ao Poder Executivo Federal. E se assim o for, não se pode admitir, dentro da regra dos três poderes, atribuir um órgão ao Poder Executivo e não dar ao seu chefe prerrogativas assemelhadas às exercidas no Comitê Gestor do Simples, cuja centralização não interessa aos entes subnacionais.

No que pese a necessidade de refinamento e aperfeiçoamento, a PEC 110/19 encaminhou uma solução bastante razoável, na medida em que tira o interesse do Poder Executivo Federal sobre o órgão gestor do IVA, ao adotar o modelo dual, e ainda que preveja um órgão gestor executivo, de vinculação obrigatória ao Poder Executivo, propôs a criação de um conselho vinculado ao Senado Federal. O modelo proposto é bastante razoável não somente por se tratar de uma vinculação à Casa da federação, mas sobretudo porque não há no Poder Legislativo interesse arrecadatório direto tanto quanto há no Poder Executivo. Assim, a autonomia dos entes federados seria integralmente respeitada em todos os níveis, enfraquecendo o argumento de que a unificação dos tributos estaduais e municipais, instituindo um imposto federativo, poderia ferir o pacto de 1988.

Importante salientar que a criação de um órgão colegiado, integrado por representantes dos entes subnacional e vinculado ao Senado Federal pode ser aperfeiçoado, com o objetivo de conferir-lhe prerrogativas legislativas limitadas para apresentar proposições de interesse tributário dos respectivos entes e também requerer regime de tramitação mais célere, mas esse é um debate que precisar ser aprofundado, a fim de se encontrar uma solução ainda que em outro formato.

O segundo obstáculo a ser superado pela reforma, cujos desafios são igualmente complexos, diz respeito à desoneração da folha de pagamentos. Na Constituição de 1988, os tributos sobre a folha constituem espécie não prevista no Código Tributário Nacional. Aliás, demonstrando a opção do constituinte originário, o artigo 145 da CF/88 parece ter sido construído com o intuito de adaptar a Constituição ao Código Tributário vigente, de tal modo que os tributos instituídos para financiar o orçamento da seguridade social, na prática, constituem um sistema à parte.

Na proposta substitutiva à PEC 110/19, está prevista a instituição de uma contribuição sobre bens e serviços, nos mesmos moldes do imposto sobre bens e serviços, com o objetivo exclusivo de financiar a seguridade social, facultando ao contribuinte, de acordo com a regulamentação posterior, a compensação com a contribuição social a que se refere o art. 195 da CF/88.

Durante os debates com os segmentos da sociedade, a solução acima foi a que se apresentou como a mais viável. No entanto, o encargo sobre a folha tende a ter um peso maior para as empresas com uso mais intensivo de mão--de-obra. Soma-se a isso o fato de que o IVA tende a onerar mais as empresas prestadoras de serviço, em razão da cadeia produtiva ser mais curta e, consequentemente, se beneficiar em menor proporção do sistema de creditamento próprio do modelo. Ainda que a PEC 110/19 permita que se atenue, nesse particular, eventual desvantagem dos prestadores de serviço com a novo sistema tributário, no geral, a reforma poderá trazer ganhos para todos os segmentos em particular e para a sociedade como um todo.

Na busca por uma proposta que atendesse os interesses do setor de serviços, foram realizadas diversas reuniões com o segmento específico, restando bem evidenciada uma certa preferência por um tributo do tipo da contribuição provisória sobre movimentação financeira (CPMF). A razão é simples de compreender, uma vez que quanto menor a cadeia produtiva, menos esse tipo de tributo onera o contribuinte, no caso o tomador final de serviços.

Nesse diapasão, sem levar em consideração o contexto que levou à criação da CPMF e a forma tão veemente como a sociedade a rejeita, as motivações técnicas para a sua criação são fortes e, além disso, constitui tipo de tributo compatível com o modelo IVA. Ademais, pode-se dizer que em algum sentido o IVA e a CPMF seriam complementares, já que na economia há segmentos que possuem cadeia produtiva mais longa e outros, mais curtas. Assim, uma combinação dos dois se apresentaria de forma bastante plausível no âmbito da reforma tributária, desde que o tributo sobre movimentação financeira se limitasse às pessoas jurídicas, haja vista que seu objeto principal seria desonerar a folha de pagamento das empresas, não havendo razão para estender a base de tributação também às pessoas físicas.

A proposta chegou a ser sugerida ao Governo, mas não prosperou da forma como fora formulada, ou seja, com base de incidência restrita às pessoas jurídicas. Em face da grande repulsa da CPMF pela população de uma maneira geral, o assunto não voltou mais à tona, no âmbito da PEC 110/19, e o enfrentamento da questão da desoneração permanece pendente de resolução.

Conclusões

No Ato das Disposições Constitucionais Transitórias, o constituinte originário fixou, em seu art. 35, o prazo de 10 anos para que, de forma progressiva, as desigualdades inter-regionais fossem eliminadas. Ainda que a meta fixada tenha sido muito desafiadora e difícil de ser atingida, ela expressa o espírito da vontade popular com relação sistema tributário nacional. Passados mais de 30 anos da promulgação da Constituição Federal, os mecanismos instituídos para tanto não lograram sequer reverter a tendência de aumento das desigualdades regionais, quanto mais reduzi-las.

É bem verdade que a tendência ao aumento das desigualdades regionais e sociais é um fenômeno mundial. No entanto, o que a experiência internacional tem revelado é que o desenho do sistema tributária, tanto quanto o perfil dos gastos sociais, jogam um papel de grande relevância para reverter essa inexorável tendência.

Nesse contexto, a reforma tributária, ora em discussão no Congresso Nacional, surge como a melhor e talvez última grande oportunidade de o Brasil continuar avançando em direção à construção efetiva de um Estado de bem-estar social sustentável, com redução paulatina das desigualdades regionais e sociais.

A proposta de criação e implantação de uma reforma tributária baseada no modelo IVA tem um olhar especial para geração de valores econômicos e riquezas, de tal forma a imprimir maior racionalidade aos agentes econômicos, tendo como vetor o valor que cada elo da cadeia agrega no processo produtivo de bens ou de prestação de serviços.

Em complementação ao espírito que moveu o constituinte originário, que concentrou seus esforços na redistribuição do produto nacional, o olhar do constituinte derivado, no que tange à reforma tributária, está focado na geração de valores, de maneira a possibilitar que com os mesmos recursos disponíveis se alcance um nível de produção bem superior, como resultado das novas regas do sistema tributário.

Por conseguinte, além de observar as principais características desejáveis de um sistema tributário, como a equidade, progressividade, neutralidade e simplicidade, a reforma que está sendo discutida no Congresso Nacional tem uma grande preocupação com o aperfeiçoamento da ordem institucional vigente e com o pacto social insculpido na Constituição de 1988, a partir das suas cláusulas pétreas.

A reforma tributária em tramitação no Congresso Nacional tem também um olhar para o futuro não somente do Brasil, como também do desenvolvimento econômico e social internacional. Nunca é demais relembrar que o mundo moderno, cada vez mais integrado, está caminhando para a padronização das relações comerciais e de consumo e que a adoção do modelo IVA coloca o Brasil nessa rota de integração e cooperação entre os países.

Nesse processo de integração e cooperação internacional, não se pode perder de vistas dois aspectos relevantes das mudanças que estão orientando as transformações sociais e econômicas ao redor do planeta. A primeira delas é a tendência evolutiva dos meios de transações, cada vez mais virtuais, num mercado globalizado por meio de transações digitais. A outra tendência é o aumento da automação dos meios de produção, com a crescente prestação de serviços cada vez mais especializados e realizados por meios remotos de trabalho. Nesse particular, a reforma tributária está em linha com as tendências e, além disso, coloca o Brasil como um importante interlocutor para pensar e encontrar soluções para essa nova realidade econômica e social globalizada.

Referências

BRASIL. Constituição (1988). *Constituição da República Federativa do Brasil.* Brasília, DF: Senado Federal: Centro Gráfico, 1988.

FERREIRA, Marco Antonio Pereira. *Evolução histórica do Sistema Tributário Nacional.* In Revista Âmbito Jurídico, 2017.

Disponível em: https://ambitojuridico.com.br/cadernos/direito-tributario/evolucao-historica-do-sistema-tributario-nacional/#:~:text=Com%20a%20Constitui%C3%A7%C3%A3o%20de%201967,de%20tributa%C3%A7%C3%A3o%20de%20forma%20sistematizada%E2%80%9D.

19.
A TRIBUTAÇÃO DAS PESSOAS JURÍDICAS NA REFORMA TRIBUTÁRIA

Sandro de Vargas Serpa

Introdução

No último dia 25 de junho, o governo federal apresentou na Câmara dos Deputados a segunda fase da Reforma Tributária – o Projeto de Lei (PL) nº 2.337/2021, que altera a legislação do Imposto sobre a Renda e Proventos de Qualquer Natureza das Pessoas Físicas (IRPF) e das Pessoas Jurídicas (IRPJ) e da Contribuição Social sobre o Lucro Líquido (CSLL). A chamada "segunda fase da reforma" se somou à primeira fase encaminhada em julho de 2020, a qual se transformou no PL nº 3887/2020 que propõe a criação da Contribuição Social sobre Operações com Bens e Serviços (CBS) e as revogações da Contribuição para o PIS/Pasep e da Contribuição para o Financiamento da Seguridade Social (Cofins), além dos seus homônimos incidentes na importação de bens e serviços.

Esses movimentos deram concretude jurídica e política a anos de estudos e análises de cenários efetuados pela Secretaria Especial da Receita Federal do Brasil (RFB), os quais procuraram através dessas propostas – e de outras que ainda podem vir – tornar o sistema tributário nacional mais simples e mais justo, promovendo maior segurança jurídica e reduzindo as grandes distorções presentes em nossa legislação tributária.

Mas a pergunta que deve ser feita é: por que reformar o sistema tributário? Por que tanto esforço dispendido em horas de trabalho, reuniões intermináveis e discussões envolvendo as mais altas autoridades da República? Como toda questão complexa, várias são as respostas possíveis.

A primeira resposta seria para aumentar a segurança jurídica no nosso país. Hoje vivemos sob o julgo de um emaranhado infindável de normas tributárias que se sobrepõem e se contradizem nos três níveis de governo. Essa quantidade de leis fiscais atrapalha e praticamente inviabiliza a conformidade tributária dos contribuintes que querem cumprir a legislação e beneficia aqueles que não querem cumpri-la. Além disso, batalhas intermináveis nos contenciosos judicial e administrativo geram ainda mais insegurança jurídica. E se fossem apenas discussões diletantes o problema não seria tão grande. Esse contencioso tributário atingiu em 2018 o montante de R$ 3,44 trilhões, perfazendo 50,4% do PIB Nacional (ETCO, 2019, p. 11).

Outra resposta seria para melhorar as contas públicas. O país adota como princípios constitucionais plasmados no art. 170 da Carta Magna a livre concorrência e a propriedade privada, assim como o seu art. 173 exara que o Estado apenas deve explorar diretamente atividade econômica quando necessário aos imperativos da segurança nacional ou a relevante interesse coletivo, conforme definidos em lei (BRASIL, 1988). Com isso, não podendo praticamente contar com receitas originárias, as receitas derivadas do Estado, principalmente as decorrentes da tributação, são as responsáveis pelos investimentos públicos e pela manutenção da máquina estatal (HABLE, 2018, p. 25). Tornar o sistema tributário mais eficiente, portanto, deve prover o Estado das receitas de que tanto precisa.

A terceira resposta, não menos importante do que as anteriores, seria a necessidade de melhoria do ambiente de negócios do país. Hoje a profusão de regimes tributários que se multiplicam à guisa de mitigar a complexidade da legislação faz com que a concorrência entre as empresas não seja definida pela competência na gestão ou pelas vantagens competitivas de cada ramo de negócio, mas sim por conta de incentivos fiscais e/ou regimes tributários concedidos a alguns contribuintes em detrimento dos demais.

Por fim, poder-se-ia também reformar para buscar uma maior progressividade e justiça fiscal. A tributação tradicional recai sobre a renda, sobre o consumo de bens e serviços, sobre a folha de salários, sobre a propriedade e sobre outras bases tributárias. Porém o que a experiência internacional aponta é que a tributação sobre o consumo costuma ser mais regressiva do que a tributação sobre as demais bases imponíveis, dado que aquela não respeita a capacidade contributiva do contribuinte como as demais. Ou seja, não importa a renda do consumidor que compra um pão em uma padaria, a tributação sobre o consumo incidirá sobre o preço do bem da mesma forma. Um contribuinte de baixa renda pagará o mesmo que um de alta renda, o que significa que essa compra retirará do mais pobre um percentual da renda muito maior do que despojará de um consumidor mais abastado.

Ademais, ao ser comparado com 35 países da OCDE, a característica regressiva de nosso sistema tributário fica ainda mais evidente na medida em que, em 2015, a composição da nossa carga tributária que incidia sobre a renda chegava a um percentual do PIB de 20,8%, bem abaixo da média de 33,8% dos países da OCDE pesquisados e apenas superior a de quatro países desse grupo. Por outro lado, a proporção do PIB dos impostos que incidiam sobre o consumo no Brasil era de 42,6%, bem acima da média da OCDE (31,9%) e somente menor que a de três países pesquisados (ORAIR; GOBETTI, 2018, p. 224).

Pois bem. Se é público e notório que a legislação tributária apresenta complexidade exagerada e muitas imperfeições, é cediço que uma confluência de ideias sobre quais são os melhores rumos a seguir em direção a um melhor sistema tributário não é uma tarefa trivial. Boa parte dessa discordância é gerada por alternativas intelectualmente honestas e descompromissadas. Por outro lado, como ocorre em qualquer país, interesses corporativos e setoriais se opõem a qualquer alteração do *status quo* e atuam fortemente para manter privilégios e distorções que beneficiam um pequeno grupo em prejuízo de toda a sociedade.

Somando-se à complexidade natural do tema, vive-se um cenário de baixo crescimento do Produto Interno Bruto (PIB) nos últimos anos em meio à pandemia causada pela covid-19 que assola o planeta desde dezembro de 2019 e ainda impacta fortemente as economias de quase todos os países, inclusive a brasileira. Ou seja, diferentemente de outras tentativas de reformas tentadas nos últimos 30 anos, essa pretende ser aprovada em um cenário ainda mais desafiador.

Apesar das dificuldades apontadas, a nosso sentir há desta vez uma boa chance de chegarmos a um bom termo nessa empreitada. Primeiro porque a sociedade brasileira parece ter entendido que o atual sistema tributário contribui para promover a desigualdade social reinante em nosso país e uma baixa competitividade dos agentes econômicos nacionais frente aos nossos concorrentes estrangeiros. Outro ponto favorável é o fato da atual composição do Congresso Nacional apresentar um perfil reformista, oriundo de um desejo legítimo da sociedade por mudanças estruturais. Por fim, há que se louvar o grande apoio político que tem sido dado à reforma, tanto do Poder Legislativo quanto do Poder Executivo, fato inédito em períodos recentes.

1. A reforma tributária sobre o consumo

Como mencionado alhures, a primeira fase da reforma tributária apresentada pelo governo federal, consubstanciada no PL nº 3887/2020, é composta pela criação da CBS e a extinção da Contribuição para o PIS/Pasep e da Cofins incidentes sobre o mercado interno e sobre a importação de bens e serviços. É certo que a reforma dessas contribuições sociais não compreende todos os tributos federais incidentes sobre o consumo, a saber, o Imposto sobre Produtos Industrializados (IPI), as Contribuições de Intervenção no Domínio Econômico (CIDE), o IOF[1], entre outros. Porém entende-se que já se avançará bastante em termos de simplificação e segurança jurídica se esse Projeto de Lei for convertido em lei.

Também não se pode olvidar que há muitos anos ocorrem discussões no Congresso Nacional sobre a possibilidade de um avanço maior na reforma da tributação sobre o consumo através da criação não de um tributo incidente sobre o valor agregado em nível federal, mas sim de um imposto sobre o valor agregado (IVA) nacional, o qual resultaria da fusão não só da Contribuição

[1] Imposto sobre Operações de Crédito, Câmbio e Seguro, ou relativas a Títulos ou Valores Mobiliários.

para o PIS/Pasep e da Cofins federais, como do ICMS[2], do ISS[3] e de outros tributos. Logicamente que a criação de tal imposto demanda a alteração da Carta Política de 1988, o que de fato foi intentado através das duas propostas de emenda constitucional (PEC) que (até aqui) mais avançaram nesse sentido: a PEC 45/2019 e a PEC 110/2019. Entretanto foge ao nosso escopo a discussão sobre essas propostas, pois este trabalho se propõe a discutir apenas as propostas apresentadas pelo governo federal.

1.1 As atuais Contribuição para o PIS/Pasep e Cofins

A legislação vigente apresenta diversos pontos que apresentam muitas controvérsias jurídicas e consequente contencioso administrativo e judicial. São diversas regras que retiram a eficiência do sistema e dificultam a administração do tributo tanto pelas empresas quanto do próprio fisco.

O exemplo principal é a definição do conceito de insumo para fins de creditamento. O inciso II do art. 3º da Lei nº 10.637, de 30 de dezembro de 2002, e o inciso II do art. 3º da Lei nº 10.833, de 29 de dezembro de 2003, definem esse conceito para a Contribuição para o PIS/Pasep e para a Cofins, respectivamente. Tais definições causaram grande controvéria jurídica, já que a RFB sempre entendeu que os respectivos dispositivos aproximavam os insumos aptos a servirem de base de cálculo de creditamento mais da definição tradicional do IPI e do ICMS do que da definição do Imposto de Renda. Após vários anos, a discussão jurídica chegou aos tribunais superiores e o STJ, em sede de Recurso Especial[4], decidiu que "o conceito de insumo deve ser aferido à luz dos critérios da essencialidade ou relevância, vale dizer, considerando-se a imprescindibilidade ou a importância de determinado item – bem ou serviço – para o desenvolvimento da atividade econômica desempenhada pelo contribuinte.". Como se pode ver, a decisão acabou por criar um novo conceito e trazer mais complexidade ainda ao sistema, já que os conceitos

[2] Imposto sobre operações relativas à circulação de mercadorias e sobre prestações de serviços de transporte interestadual e intermunicipal e de comunicação, ainda que as operações e as prestações se iniciem no exterior

[3] Imposto sobre serviços de qualquer natureza.

[4] Recurso Especial 1.221.170/PR.

de "imprescindibilidade" e de "importância para o desenvolvimento da atividade" deverão ser aferidos no caso a caso.

Outro assunto que fez com que fisco e contribuintes esgrimassem intermináveis argumentos jurídicos nos tribunais administrativos e judiciais foi a inclusão do ICMS na base de cálculo da Contribuição para o PIS/Pasep e da Cofins. Vários anos se passaram até que a "tese do século", como apelidada pela mídia e pelo meio jurídico, fosse enfim decidida pelo STF no sentido de que aquele imposto não deveria integrar as bases de cálculo desses. Mesmo após os efeitos da decisão terem sido modulados recentemente por aquela Corte Suprema, as discussões em torno desse tema ainda podem se estender pelos próximos anos. Tese semelhante também já corre nos tribunais quanto ao ISS e à inclusão da Contribuição para o PIS/Pasep e da Cofins na sua própria base de cálculo.

Muitas outras questões permanecem sem uma definição, tais como o conceito de serviços e o de construção civil. O próprio conceito de receita, cerne principal dessa exação, ainda resta indefinido. E mesmo algumas questões que já foram resolvidas pela Corte Suprema, como a discussão sobre a não cumulatividade ser uma técnica jurídica e não um princípio constitucional dessas contribuições sociais, ainda suscitam questionamentos jurídicos por parte dos contribuintes.

Resta cristalino, portanto, que a legislação vigente dessas contribuições sociais apresenta inúmeros pontos que geram litígios e trazem grande insegurança jurídica para o país. Um exemplo que elucida bem essa situação é a decisão do Ministro Dias Tofoli nos autos do RE 607.642/RJ, no qual era alegada uma suposta inconstitucionalidade formal da Contribuição para o PIS/Pasep e da Cofins por afronta ao art. 246 da Carta Federal de 1988, cujo excerto é trazido abaixo *in verbis*:

> "Apesar de todo o exposto, não me parece razoável declarar a inconstitucionalidade da legislação por conta das imperfeições sistêmicas e fazer com que tudo retorne para o regime cumulativo. Nem me parece sensato permitir que o Poder Judiciário diga que todo o setor de prestação de serviço deva, necessariamente, ficar submetido ao regime cumulativo. Isso porque esse regime, enquanto vigia isoladamente, trazia, além da perda da eficiência econômica, sérios desequilíbrios de

> concorrência, notadamente por conta da indução à verticalização artificial de empresas. E o regime não cumulativo, não obstante imperfeito, foi instituído com o principal propósito de corrigir essas distorções. Também não me afigura correto declarar uma inconstitucionalidade em menor extensão para atingir apenas determinados contribuintes. Afinal, o sistema tributário é traçado para ser universal." (BRASIL,

Resta cristalina, portanto, a urgência da reforma da legislação federal sobre o consumo no país.

1.2 A proposta de criação da CBS

O PL nº 3887/2020, ao propor a criação da CBS e a extinção da Contribuição para o PIS/Pasep e da Cofins, almeja resolver vários dos problemas apontados acima. O principal ponto é o fim da cumulatividade, com a promoção da não cumulatividade oriunda da cobrança apenas sobre o valor adicionado.

Para tanto, a proposta visa transformar o crédito dessas contribuições em um crédito genuinamente financeiro de CBS, afastando-se de vez das malfadadas listas *numerus clausus* previstas nos dispositivos legais mencionados anteriormente. Com esse crédito financeiro, todas as aquisições da pessoa jurídica serão passíveis de creditamento no valor da CBS destacado em documento fiscal relativo à aquisição de bens ou serviços, com exceção das despesas referentes à folha de salários. Com isso, espera-se superar definitivamente as inúmeras controvérsias jurídicas relativas ao creditamento.

Outro avanço importante é a previsão do art. 14 do PL quanto à possibilidade de compensação ou ressarcimento do saldo de créditos existente ao término do trimestre-calendário. Espera-se que esse dispositivo resolva de vez o problema do acúmulo de créditos dos contribuintes que têm pouca ou nenhuma contribuição social a pagar (como as empresas exportadoras e as que vendem produtos imunes, isentos e não sujeitos à Contribuição para o PIS/Pasep e da Cofins) e acabam por aguardar longos períodos pela resposta do fisco aos seus pedidos de ressarcimento. É evidente que a complexidade da legislação atual faz com que o fisco cumpra o seu poder-dever de zelo pelos cofres públicos e acabe por promover uma verificação bastante acurada da contabilidade da empresa para verificar se o pedido de ressarcimento é devido ou não. Com a CBS, tal complexidade acaba, pois todas as aquisições serão passíveis de crédito se forem oneradas com a CBS.

Ainda, o PL retira da base de cálculo da CBS o ICMS e o ISS destacados no documento fiscal, bem como prevê que também não integra a sua base de cálculo a própria CBS. Com isso, a CBS já nascerá livre dessas que são as grandes controvérsias jurídicas da Contribuição para o PIS/Pasep e da Cofins.

Outro ponto importante do projeto e que gerou bastante discussão foi quanto ao cálculo da alíquota da CBS. É evidente que a alíquota de 12% prevista no art. 8º do PL foi resultante de todos os avanços que foram propostos na medida. As retiradas do ICMS, do ISS e da própria contribuição da base de cálculo da CBS, bem como a concessão de crédito financeiro quase que ilimitado nas aquisições, precisaram ser compensadas com uma alíquota que representasse neutralidade em relação à arrecadação, de forma que esta não fosse nem inferior, nem superior às arrecadações obtidas com as contribuições que ora se propõe extinguir.

Ainda entraram no cálculo da alíquota (como redutores, logicamente) a extinção de uma centena de regimes tributários, sendo mantidos apenas os relativos à Zona Franca de Manaus (ZFM), às Áreas de Livre Comércio (ALC) e ao Simples Nacional. Os créditos presumidos incidentes na produção agrícola foram reformulados e a isenção do ato cooperativo foi preservada. É bom deixar assente que a quase totalidade desses regimes foram criados no passado justamente em virtude da dificuldade que as empresas tinham de se creditar dos valores pagos a título da Contribuição para o PIS/Pasep e da Cofins nas suas operações de exportação ou em aquisições de produtos que seriam utilizados na fabricação de produtos exportados ou não tributados. Em virtude do crédito financeiro quase ilimitado e da previsão legal de devolução expressa e expedita dos eventuais créditos que não puderem ser aproveitados nas operações normais da pessoa jurídica, a existência de tais regimes passaram a não se justificar nesse novo cenário.

Também em relação aos regimes monofásicos a CBS promove uma grande reformulação. Restarão apenas sujeitos a regimes monofásicos os combustíveis e os cigarros. Produtos como medicamentos, cosméticos, pneus, autopeças e automóveis deixarão de se submeter ao regime monofásico e passarão a serem tributados pelo regime normal da CBS.

Por fim, a exemplo do que ocorre no IVA europeu, as instituições financeiras ficarão fora do regime da não cumulatividade, sendo-lhes cobrada uma alíquota de 5,80%, porém sem direito a apropriar ou transferir[5] crédito.

2. A reforma tributária sobre a renda das pessoas jurídicas

O PL nº 2337/2021, por sua vez, constitui a proposta do governo para a tributação da renda das pessoas físicas e jurídicas. Esse projeto pretende promover as alterações mais arrojadas e profundas na legislação do Imposto de Renda (IR) desde a reforma tributária ocorrida no período de 1964 a 1967, quando o país experimentou "uma ampla reavaliação do imposto de renda, dentro do projeto de reforma tributária programado pelo governo" (NÓBREGA, 2014, p. 74).

Na verdade, as alterações que estão sendo propostas não mexem na estrutura do IR. Elas pretendem alterar pontos importantes da legislação, tornando a tributação da renda das empresas mais justa e progressiva.

Com efeito, o PL promove redução na alíquota do IRPJ, acaba com a isenção de dividendos, altera as normas sobre a dedutibilidade dos juros sobre capital próprio (JCP), modifica as regras de dedutibilidade da mais valia e do goodwill, institui novas normas referentes à tributação do ganho de capital indireto etc. Também promove alterações na tributação pelo IRPJ de investimentos financeiros e na legislação do IRPF.

2.1 A nova alíquota do IRPJ e a tributação sobre a distribuição de lucros e dividendos

Pode-se considerar que as principais mudanças do PL nº 2337/2021 foram a redução da alíquota do IRPJ dos atuais 15% para 12,5% em 2022 e para 10% em 2023 e a extinção da isenção na distribuição de lucros e dividendos.

5 "Transferir crédito" é uma expressão cunhada na legislação do ICMS para representar a situação em que um sujeito passivo fornece bem ou serviço a outro e este pode apropriar créditos em relação a este fornecimento. No caso específico das instituições financeiras, o PL nº 3887/2020 veda que a contratação de serviços junto a elas gere créditos para as pessoas jurídicas que os recebem.

A redução da alíquota aplicar-se-á a todas as empresas que apuram o IRPJ pelo lucro real e pelo lucro presumido. As empresas optantes pelo Simples Nacional e pelo MEI, que são regidas pela Lei Complementar nº 123, de 14 de dezembro de 2006, já tem regras de tributação diferenciadas e não se sujeitarão, portanto, a essas mudanças. O adicional de 10% da alíquota do IRPJ para as empresas que aufiram lucro superior a R$ 20.000,00 por mês não será alterado. Com isso, é de se notar que a redução se dará na alíquota do IRPJ aplicável a todas as empresas contempladas. O IR adicional que tributa as grandes empresas (no valor de 10%) não terá sua alíquota reduzida.

Outra alteração importante é o fim da isenção na distribuição de lucros e dividendos. Essa isenção foi estabelecida em 1995 (vigorando a partir de 1996) e foi uma medida adotada pelo governo de então para facilitar a entrada de divisas no país em virtude das privatizações promovidas à época (assim como o JCP). Porém, após mais de 25 anos, percebe-se que o país caminhou na contramão dos outros países, pois somente acompanham o Brasil na concessão desse beneplácito legal a Estônia e a Letônia.

Muito tem se discutido se o término dessa isenção representaria um aumento de carga tributária para as pessoas jurídicas. Nada mais equivocado. Não se pode confundir a tributação da renda da pessoa jurídica, representada pelo IRPJ e pela CSLL, e a tributação da pessoa física recebedora do dividendo. Houve até quem somasse os percentuais de 29% [IRPJ após as reduções de alíquotas (20%) + CSLL (9%)] com os 20% dos dividendos, alardeando que uma alíquota de 49% seria cobrada da pessoa jurídica e que essa estaria muito acima das alíquotas praticadas em outros países. Porém quem divulga essa informação equivocada parece desconhecer o arcabouço jurídico e contábil que estabelece que a pessoa jurídica não se confunde com a pessoa do seu sócio. Não se pode misturar as duas exações.

Na tributação da distribuição dos lucros e dividendos, a pessoa física do sócio ou acionista é quem suportará essa oneração, embora o PL tenha optado, unicamente para fins de simplificação, impor à pessoa jurídica distribuidora dos lucros e dividendos a obrigação legal de retenção do imposto devido pelo acionista. É fácil perceber que nenhuma obrigação será imputada à pessoa jurídica se ela não distribuir os lucros ou dividendos. Ademais, a própria sistemática poderia ser diferente, seguindo o modelo dos Estados Unidos da América, por exemplo, que não promove a retenção na pessoa jurídica e leva todo o valor do dividendo recebido para ser tributado por meio de duas tabelas do IRPF, uma para dividendos recebidos de aplicações de curto prazo (até um ano) e outra para aplicações de longo prazo (mais de um ano).

No mais, se for para fazer o cálculo correto englobando essas incidências (IRPJ + CSLL + Dividendos), tal percentual correto seria 43,2% e não 49% [20% + 9% + (100% – 29%) x 20%)]. Se esse cálculo for feito, deve-se então comparar o resultado dessa tributação composta por essas incidências com a de outros países englobando a tributação da renda da Pessoa Jurídica e a sobre os Dividendos. Perceber-se-á que a alíquota composta do Brasil se posicionará abaixo da alíquota integrada de países da OCDE como Austrália (47%), Dinamarca (54,76%), França (52,75%), Holanda (46,56%) entre outros[6].

Por fim, nessa discussão não há como não clamar por dois princípios que norteiam esta reforma tributária, ou seja, o da justiça fiscal e o da progressividade. É fácil perceber o quanto essa medida caminha nesse sentido quando se verifica que em 2019 somente 26.162 contribuintes do imposto de renda da pessoa física com salários acima de 320 salários mínimos receberam em torno de R$ 260 bilhões a título de rendimentos isentos[7]. Esse número parece um pingo no oceano quando comparado com os mais de 32 milhões de contribuintes que não usufruíram desse mesmo benefício.

2.2 O fim da dedutibilidade dos Juros sobre Capital Próprio

Outra medida importante que o PL está promovendo é a vedação à dedutibilidade do JCP. Em virtude de uma alteração legislativa também editada em 1995, a legislação atual permite que a empresa deduza como despesa operacional o pagamento de JCP a seus sócios. Embora esse pagamento sujeite-se a uma retenção de 15%, a diferença de alíquotas acaba beneficiando a empresa, que será tributada apenas pela diferença entre elas (19% = 34% – 15%).

Um dado que denota bem o afastamento do Brasil em relação a uma tributação mais justa também em relação ao JCP é que entre 2014 e 2020 foram pagos R$ 145,6 bilhões a título de JCP para apenas 11.345 empresas, o que corresponde a menos que 1% do total de empresas e uma renúncia de receitas

6 Fonte: OCDE

7 Fonte: RFB. Grandes Números IRPF – Ano-Calendário 2019, exercício 2020. Tabela 9 página 13.

tributárias da ordem de R$ 29 bilhões[8]. Ou seja, uma renúncia bilionária está beneficiando uma parcela mínima da sociedade.

Um fato insofismável é que o mercado de crédito e a condição macroeconômica do Brasil em 1995 eram totalmente diferentes do que se verifica nos dias atuais. Com isso, continuar concedendo um incentivo tão caro à sociedade para que o empresário invista na sua própria empresa parece desarrazoado. Além disso, estudo do FMI (KLEMM, 2006) demonstrou que o modelo de dedutibilidade de JCP aplicado no Brasil não propiciou uma mudança significativa na estrutura de capital das empresas brasileiras ao longo desses mais de 20 anos.

Conclusões

O objetivo deste trabalho foi apresentar uma visão geral das duas fases da reforma tributária apresentadas pelo governo federal até a presente data.

A primeira fase visa promover mudanças na tributação sobre o consumo em nível federal através da criação da CBS e da extinção da Contribuição para o PIS/PASEP, da Cofins, da Contribuição para o PIS/PASEP-Importação e da Cofins-Importação. Os principais motes do projeto são a simplificação e o aumento da segurança jurídica. Com a aprovação do PL, todas as aquisições tributadas pela pessoa jurídica passarão a fornecer créditos que poderão ser abatidos da CBS a pagar ou, se isso não ocorrer, poderão ser compensados ou ressarcidos em dinheiro no final do trimestre-calendário. Além disso, discordâncias entre o fisco e os contribuintes que foram parar nas raias da Justiça já estarão desde o início afastadas, tais como, a inclusão do ICMS, do ISS e da própria CBS na base de cálculo da CBS e a definição de insumos.

A segunda fase altera a tributação da renda. Por este assunto estar mais próximo do cidadão comum, essa fase tem despertado maior interesse da mídia e da população em geral.

As principais mudanças residem na redução da alíquota do IRPJ em 2022 e em 2023 de modo que a alíquota do imposto no final do período seja reduzida de 15% para 10%, bem como na revogação da isenção na distribuição de lucros

[8] Fonte: RFB.

e dividendos. Outro ponto de extrema importância reside na não permissão da dedutibilidade do JCP. Tanto a dedutibilidade do JCP quanto a isenção da distribuição de lucros e dividendos foram criadas em 1995 sob um outro cenário econômico e institucional. Entende-se que as renúncias anuais na casa dos bilhões de reais de cada medida não mais se justificam, ainda mais no cenário de baixo crescimento econômico que o Brasil tem experimentado nos últimos anos.

Quanto às chances de aprovação da reforma tributária, só o tempo dirá. Porém entende-se haver uma boa chance de ela ser aprovada em virtude da crescente conscientização da população quanto à sua necessidade, do perfil reformista da atual legislatura do Congresso Nacional e do suporte político que ela tem recebido.

Referências

BRASIL. **Constituição da República Federativa do Brasil**, de 5 de outubro de 1988. Diário Oficial da República Federativa do Brasil, Brasília, 5 out. 1988. Disponível em: <http://www.planalto.gov.br/ccivil_03/Constituicao/ConstituicaoCompilado.htm>. Acesso em: 2 jul, 2021.

BRASIL. **Superior Tribunal de Justiça**. Tributário. PIS e Cofins. Contribuições Sociais. Não-Cumulatividade. Creditamento. Conceito de Insumos. Definição Administrativa pelas Instruções Normativas 247/2002 e 404/2004, da SRF, que traduz propósito restritivo e desvirtuador do seu alcance legal. Descabimento. Definição do Conceito de Insumos à Luz dos Critérios da Essencialidade ou Relevância. Recurso Especial da Contribuinte Parcialmente Conhecido, e, nesta extensão, parcialmente provido, sob o rito do art. 543-C do CPC/1973 (arts. 1.036 e seguintes do CPC/2015). Recurso Especial n. 1221170-PR. Anhambi Alimentos Ltda. e Fazenda Nacional. Relator: Ministro Napoleão Nunes Maia Filho. DJ, 22 fev, 2018. DJE 24 abr, 2018. Disponível em : <https://stj.jusbrasil.com.br/jurisprudencia/570453384/recurso-especial-resp-1221170-pr-2010-0209115-0/inteiro-teor-570453391>. Acesso em: 2 jul, 2021.

Grandes Números IRPF Ano-Calendário 2019, Exercício 2020, dez. 2020. Brasília: Secretaria Especial da Receita Federal do Brasil, 2020. Disponível em : <https://www.gov.br/receitafederal/pt-br/acesso-a-informacao/dados-abertos/receitadata/estudos-e-tributarios-e-aduaneiros/estudos-e-estatisticas/11-08-2014-grandes-numeros-dirpf/gn-irpf-ac2019-publicacao.pdf>. Acesso em: 5 jul, 2021.

KLEMM, Alexander. Allowances for Corporate Equity in Pratice. **IMF Working Paper**. n. 259, nov. 2006. International Monetary Fund. Washington (DC), USA, 2006.

Mais de meio PIB em contencioso tributário. **Revista ETCO**, São Paulo, SP, v. 17, n. 25, p. 79, ago. 2020. Disponível em: <https://www.etco.org.br/wp-content/uploads/WEB_Revista-ETCO_Agosto-2020_02.pdf>. Acesso em: 5 jul, 2021.

NÓBREGA, Cristóvão Barcelos da. **História do Imposto de Renda no Brasil, Um Enfoque da Pessoa Física (1922-2013)**. Brasília: Secretaria da Receita Federal do Brasil, 2014. 395 p.

OCDE. Overall Statutory tax rates on dividend income. Disponível em: <https://stats.oecd.org/Index.aspx?QueryId=59615>. Acesso em: 5 jul, 2021.

ORAIR, Rodrigo; GOBETTI, Sérgio. Reforma Tributária no Brasil: Princípios norteadores e propostas em debate. **Novos Estudos CEBRAP**, São Paulo, SP, v. 37, n. 2, p. 213-244, mai./ago. 2018. Disponível em: <https://www.scielo.br/j/nec/a/SPvDStxHz47863pCGcxWTHN/?format=pdf&lang=pt>. Acesso em: 5 jul, 2021.

SACHSIDA, Adolfo (org.); SIMAS, Erich Endrillo Santos (org.). **Reforma tributária: Ipea-OAB/DF**. Rio de Janeiro: Ipea, 2018. 268 p. Disponível em: <https://www.ipea.gov.br/portal/images/stories/PDFs/livros/livros/180508_reforma_tributaria.pdf>. Acesso em: 2 jul, 2021.

20.
AS PROPOSTAS DE REFORMA TRIBUTÁRIA E A FALTA DE DISCUSSÃO DE TRIBUTAÇÃO E GÊNERO

Tathiane Piscitelli
Daniela Silveira Lara

Introdução

Os debates sobre a reforma tributária têm ocupado as últimas décadas da agenda política brasileira, com avanços pouco significativos – desde a vigência da Constituição de 1988, houve ao menos três propostas de emenda constitucional com objetivo de alterar o Sistema Tributário Nacional: uma delas no governo Fernando Henrique Cardoso (PEC 175/1995) e duas no governo Lula (PEC 233/2009 e PEC 41/2003). Apenas uma delas foi aprovada: a PEC 41/2003, que resultou na promulgação da EC 42/2003.

A emenda constitucional então promulgada trouxe poucas mudanças no texto constitucional – a maior novidade foi a alteração do prazo de anterioridade, para conferir maiores garantias aos contribuintes, a previsão de não cumulatividade para as contribuições destinadas ao financiamento da Seguridade Social e a possibilidade de incidência dessas contribuições na importação e previsão do Simples Nacional[1].

[1] Artigo 150, inciso III, alínea *c*, artigo 195, inciso IV e parágrafo 12 e artigo 146, inciso III, alínea *d* e parágrafo único.

Em 2019, duas novas propostas se somaram às iniciativas anteriores: as PECs 45 e 110. Mais recentemente, o governo federal apresentou o Projeto de Lei (PL) 3887/2020 que, igualmente, propõe alterações no sistema atual. Em todos os casos, o foco central das mudanças seria a tributação do consumo, e as medidas, em linhas gerais, indicam a unificação de tributos hoje existentes e a fixação de alíquotas uniformes para bens e serviços, independentemente de critérios de essencialidade ou seletividade. O argumento frequentemente indicado para justificar tais escolhas seria a maior eficiência econômica que um modelo mais simplificado traria, em contrapartida ao cipoal de benefícios tributários e regimes especiais atualmente vigentes[2].

Ainda da perspectiva do consumo, cumpre recordar que, no Brasil, a tributação sobre bens e serviços supera 40% da arrecadação tributária e tem como resultado um sistema significativamente regressivo, que potencializa as desigualdades sociais e econômicas[3]. É esse cenário, portanto, que deve ser considerado quando se cogita de reforma do sistema tributário: complexidade que resulta em perda de eficiência de um lado, e distribuição desequilibrada das bases tributárias, de outro.

O objetivo deste artigo é confrontar as principais propostas de reforma tributária em andamento no Congresso Nacional, mais notadamente as PECs 45/2019 e 110/2019, com o debate da tributação e gênero. Para tanto, a análise dos projetos em discussão no cenário legislativo brasileiro passará especialmente por seus principais objetivos, de forma a ser possível demonstrar que não levam em consideração a justiça tributária como necessária para a redução da desigualdade de gênero. O tema, a despeito de relevante, tem sido pouco discutido no Brasil.

O debate sobre os impactos do sistema tributário na desigualdade de gênero pode ser realizado tanto da perspectiva estrutural, que envolve avaliação

[2] Nessa linha, confira-se: https://ccif.com.br/wp-content/uploads/2020/06/NT-IBS-v2_2.pdf> pp. 21-22, acesso em 15 jun. 2021.

[3] OECD et al. (2020), **Revenue Statistics in Latin America and the Caribbean 2020**, OECD Publishing, Paris, https://doi.org/10.1787/68739b9b-en-es, acesso em 29 jul 2020. Sobre a relação entre o sistema tributário brasileiro e as desigualdades, confira-se: OXFAM Brasil. **País estagnado: um retrato das desigualdades brasileiras 2018**. São Paulo, 2018. Disponível em: https://www.oxfam.org.br/um-retrato-das-desigualdades-brasileiras/pais-estagnado/?_ga=2.87158232.1703516416.1596022790-1900851144.1595852226, acesso em 29 jul 2020.

da distribuição da carga tributária na população brasileira e o impacto que tal distribuição gera para mulheres, quanto do ponto de vista de análises mais específicas, focadas na tributação de determinados bens essenciais às mulheres, como produtos de higiene menstrual, ou mesmo na distribuição de benefícios fiscais na tributação da renda, como é o caso das pensões alimentícias.

O presente texto se concentrará nas questões estruturais e, portanto, tem por objetivo responder à seguinte pergunta: as alterações propostas pelas PECs em andamento no Congresso resultam em um agravamento da desigualdade de gênero no Brasil ou, ao contrário, contemplam tal questão? O enfrentamento desse questionamento pressupõe, em primeiro lugar, a apresentação das premissas e pressupostos das propostas em questão, o que será feito na segunda seção deste texto e, após, a contextualização desse debate com a relação entre tributação e gênero no geral e em específico com as propostas de reforma, pontos que serão analisados na terceira seção. A última e quarta seção conclui o texto e responde à questão ora apresentada.

1. Objetivos dos projetos de reforma tributária

Há muito verifica-se o debate em torno da necessidade de reforma do sistema tributário brasileiro, principalmente com os argumentos voltados para a defesa de determinados setores empresariais. Em razão disso, normalmente as propostas de reforma se voltam majoritariamente a objetivos de redução da complexidade e irrazoabilidade do sistema. São frequentes as menções ao Índice de Competitividade Global, elaborado pelo Fórum Econômico Mundial – em 2019[4], o Brasil figurou na 136ª posição, entre 140 países analisados, em relação ao efeito distorcivo de tributos e subsídios tributários na competitividade nacional. Na mesma linha, o último *Doing Business in Brazil*, elaborado pelo Banco Mundial, colocou o país na 184ª posição de um total de 190 no critério "pagamento de tributos"[5].

[4] Disponível em: http://www3.weforum.org/docs/WEF_TheGlobalCompetitivenessReport2019.pdf, acesso em 28 jul 2020.

[5] Disponível em: https://www.doingbusiness.org/content/dam/doingBusiness/country/b/brazil/BRA.pdf, acesso em 28 jul 2020.

Os projetos atualmente em debate para a tão propalada reforma tributária não fogem a essa regra. Não que a simplificação e a eficiência econômica não sejam finalidades necessárias a serem buscadas em uma intenção de reforma da legislação tributária em vigor, mas o que se propõe neste texto é a necessidade de alinhar tais objetivos com outros tão ou mais importantes para a sociedade brasileira, como a busca da justiça tributária com a redução das desigualdades sociais e, mais especificamente, com a redução da desigualdade de gênero.

É evidente que um olhar para o direito tributário que o relacione com a necessária realização da justiça via instrumentos de arrecadação está alinhado com parte da doutrina jurídica e econômica[6] que entende que os tributos têm papel fundamental no dever do Estado de buscar a redução das desigualdades sociais, principalmente diante dos propósitos da Constituição Federal de 1988[7], enunciados no artigo 3º. Ora, sendo o exercício da tributação a principal forma de financiamento estatal, e, assim, viabilizador de sua existência material, deve-se ter em mente que o modelo de Estado limita e informa os contornos do sistema tributário, que não pode se afastar dos valores daquele mesmo Estado, financiado pela tributação. Portanto, qualquer proposta de reforma tributária que se afaste dos ditames de justiça, superação de desigualdades e solidariedade é, a princípio, contrária às bases que fundam o Estado Social e Democrático de Direito instituído pela Constituição de 1988.

[6] Nesse sentido, confira-se: José Casalta Nabais, Ricardo Lobo Torres, Misabel Derzi, Richard Musgrave, Thomas Piketty, Liam Murphy e Thomas Nagel, dentre outros. "Numa economia capitalista, os impostos não são um simples método de pagamento pelos serviços públicos e governamentais: são também o instrumento mais importante por meio do qual o sistema político põe em prática uma determinada concepção de justiça econômica ou distributiva". In: MURPHY, Liam; NAGEL, Thomas. *O mito da propriedade*. São Paulo: Martins Fontes, 2005. "Pesquisar, portanto, os efeitos progressivos ou regressivos do imposto para decidir sobre sua constitucionalidade ou não, indagar sobre a igualdade de uma determinada exação tributária e sobre a redistributividade da despesa não é mais, após a Constituição de 1988, pugnar por princípios meramente ético, morais ou econômicos ao sabor de uma determinada ideologia. É fazer correta interpretação do sistema tributário, estritamente jurídica e necessária a uma razoável aplicação do comando constitucional". In: BALEEIRO, Aliomar. *Limitações constitucionais ao poder de tributar*. 8. ed. atual. por Misabel Abreu Machado Derzi. Rio de Janeiro: Forense, 2010.

[7] "Art. 3º Constituem objetivos fundamentais da República Federativa do Brasil:
I – construir uma sociedade livre, justa e solidária; (...)
III – erradicar a pobreza e a marginalização e reduzir as desigualdades sociais e regionais".

Pois bem, dentre os projetos mais debatidos de uma reforma, mesmo que parcial, há a PEC 45/2019, que propõe a substituição de cinco tributos (ISS, ICMS, IPI e as contribuições ao PIS e a COFINS) pelo Imposto sobre Bens e Serviços (IBS), e a PEC 110/2019, originária do Senado Federal que, de forma mais extensa, prevê a criação do IBS em substituição, além dos 5 tributos acima, também do IOF, PASEP, CIDE-Combustíveis e Salário-Educação. Em ambas as propostas há a previsão de criação de um imposto seletivo com caráter extrafiscal.

Desde logo destaque-se que, como já mencionado na introdução, tais projetos visam à alteração da tributação sobre o consumo apenas, deixando de lado as considerações para uma nova formatação da tributação da renda e do patrimônio[8]. Desse modo, não há qualquer reflexão quanto ao aumento ou redução dos níveis de regressividade hoje vigentes, pela alta concentração da carga tributária no consumo. Nesse sentido, recorde-se que 43,3% da arrecadação tributária total de 2019 foi resultante da tributação sobre bens em serviços, ao passo em que a tributação da renda representou apenas 22,45% desse montante[9]. A concentração da carga tributária nacional sobre o consumo é tão indubitável quanto os efeitos maléficos dessa concentração.

Analisando a justificativa da proposta da PEC 45[10], é possível assinalar que a proposta é baseada na assunção de que a substituição de cinco tributos pelo IBS "terá as características de um bom imposto sobre o valor adicionado (IVA), modelo adotado pela maioria dos países para a tributação do consumo de bens e serviços". Mais à frente, deixa claro que a PEC foi criada tendo como princípios norteadores a simplicidade, a neutralidade, a equidade e a transparência.

Ademais, a justificação explica que a busca pela simplificação do sistema levaria à redução da burocracia e ao aumento de produtividade e do PIB do país, todavia, sem a demonstração da fonte de dados para essa conclusão.

[8] Mais à frente será explicado que a PEC 110/2019 apesar de prever alguma alteração em tributos sobre o patrimônio e renda não chega a tratar da questão do aumento da regressividade da tributação sobre o consumo compensada pela progressividade desses outros tributos.

[9] Ministério da Economia, Receita Federal. **Carga tributária no Brasil, 2019 – Análise por Tributos e Bases de Incidências**. Disponível em: https://www.gov.br/receitafederal/pt-br/acesso-a-informacao/dados-abertos/receitadata/estudos-e-tributarios-e-aduaneiros/estudos-e-estatisticas/carga-tributaria-no-brasil/ctb-2019-v2-publicacao.pdf, acesso em 14 jun. 2021.

[10] De autoria do Deputado Baleia Rossi, apresentada em 03/04/2019.

Ao estabelecer os problemas do sistema tributário atual, o texto indica que há questões da tributação do consumo do Brasil a serem resolvidas em razão da: (i) fragmentação em vários tributos; (ii) falta da não cumulatividade sobre o valor adicionado dos tributos atuais, o que geraria um aumento do custo de produção e de contencioso entre fisco e contribuinte; (iii) cobrança dos tributos na origem e não no destino que estimularia a guerra fiscal; e (iv) distorções na concessão de diversos incentivos fiscais com "efeitos econômicos indesejados".

Assim, propõe como solução a introdução de um imposto sobre valor agregado (IBS) em substituição aos cinco atuais tributos sobre o consumo, com incidência sobre todos os bens e serviços, com alíquota única total sendo determinada por sub alíquotas de cada ente federado e não cumulatividade ampla[11]. Estima-se que essa alíquota total seria de 25%.

Um olhar mais atento à justificação da PEC 45 revela que não há qualquer análise que tenha como objetivo reduzir a enorme desigualdade social que um sistema regressivo como o atual permite conceber. Ao contrário, ao longo do texto, verifica-se uma grande preocupação, válida, porém incompleta, com os custos de conformidade do empresariado, o que, vale dizer, podem ser até mesmo amplificados com o alargado período de dez anos de transição previsto na proposta.

É evidente que não se desconhece que a tributação do consumo não é o *locus* adequado para ponderações acerca da justiça tributária ou mesmo políticas de distribuição de renda via tributos. Ao contrário: a tributação do consumo tem natureza eminentemente arrecadatória; os papeis de redistribuição de renda via sistema tributário devem ser realizados na tributação da propriedade e da renda[12]. Isso, no entanto, não indica que uma reforma do sistema não deve prever medidas de contenção à regressividade; medidas que

[11] Sobre a aplicação dessa não cumulatividade ampla, vale verificar crítica efetuada por uma das autoras deste artigo no sentido de que, de acordo com a proposta de lei complementar do IBS, o crédito só será gerado se comprovado o recolhimento do imposto na etapa anterior: PISCITELLI, Tathiane. **Créditos do IBS e cumulatividade à espreita**. Valor Econômico, Fio da Meada, set, 2020. Disponível em: https://valor.globo.com/legislacao/fio-da-meada/post/2020/09/creditos-do-ibs-e-a-cumulatividade-a-espreita.ghtml, acesso em 04 jun. 2021.

[12] Sobre o tema, confira-se: RAWLS, John. **A Theory of Justice – revides edition.** Cambridge, Massachusetts: Belknap Press of Harvard University Press, 1999. Esp. Pp. 242 e ss.

podem se dar pelo uso de institutos já conhecidos no direito tributário, tal como a tributação seletiva de bens essenciais.

De nossa perspectiva, um projeto como a PEC 45, que propõe melhorar o ambiente econômico do país com a alteração da tributação sobre o consumo, não poderia se basear apenas na simplificação como mote para sua propositura e olvidar a tratar de um dos vetores mais importantes para o crescimento econômico, qual seja, a justiça fiscal pela redução das desigualdades sociais[13]. Como já explicitado acima, a erradicação da pobreza e a redução das desigualdades sociais estão dentre os objetivos fundamentais do estado brasileiro conforme previsto no art. 3º da Constituição Federal e qualquer alteração no sistema tributário que se afaste desses desideratos é potencialmente inconstitucional. Como pontua o manifesto da Reforma Tributária Solidária da ANFIP e ANAFISCO[14]:

> Para além do problema distributivo, a concentração da carga tributária na tributação indireta é nociva para a eficiência e para a competitividade do sistema produtivo, prejudicando a própria atividade econômica, o crescimento e a justiça social.

De outro lado, a sugestão de adoção de uma alíquota única para todos os bens e serviços, com a extinção de benefícios fiscais e da própria seletividade do ICMS e do IPI, ignora a essencialidade de produtos básicos para a existência humana, gerando um incremento na regressividade do sistema tributário brasileiro que já penaliza os menos favorecidos em razão da maior tributação sobre o consumo e menor sobre renda e patrimônio que sequer são tratados na proposta em análise[15].

13 Lembramos que, segundo dados publicados pela OXFAM, o Brasil é o 9º país mais desigual em uma lista de 140 países. Disponível em: < https://www.oxfam.org.br/um-retrato-das-desigualdades-brasileiras/pais-estagnado/>. Acesso em 04 jun. 2021.

14 Disponível em: < http://reformatributariasolidaria.com.br/manifesto/>. Acesso em 04 jun. 2021.

15 Ricardo Lodi já alertava sobre esse ponto na PEC 45 em artigo publicado em 2019. Disponível em <https://www.conjur.com.br/2019-abr-08/ricardo-lodi-reforma-tributaria-simplifica-efeitos-regressivos>. Acesso em 04 jun. 2021.

A solução indicada para a mitigação do efeito regressivo da tributação do consumo seria um mecanismo de transferência de renda como devolução de parte do tributo arrecadado pela população de baixa renda, em substituição à desoneração da cesta básica. Em texto já publicado por estas autoras[16], explicamos que:

> De nossa perspectiva, qualquer projeto de reforma tributária deve vir acompanhado de políticas públicas e programas sociais de transferência direta com o objetivo claro e transparente de redução das desigualdades sociais e regionais, inclusive de gênero, mas não pode se fiar exclusivamente na transferência como forma de aplacar a regressividade. A manutenção de programas de créditos para a população menos favorecida é dependente da situação orçamentária e é exatamente por essa razão que a necessária seletividade dos tributos sobre o consumo não pode ser ignorada.

Paulo Caliendo[17] segue a mesma linha, ao criticar a previsão de extinção da extrafiscalidade, nos termos propostos pela PEC 45/2019, bem como a adoção da substituição da desoneração da cesta básica para o sistema de transferência de renda baseado no cadastro único do governo federal (CadÚnico), administrado pela Caixa Econômica Federal:

> O fim absoluto da extrafiscalidade não encontra paralelo no mundo, que permite diversas formas de incidências especiais, bem como afetaria sobremaneira as classes mais desfavorecidas, por seu impacto sobre a cesta básica. (...) A elevada complexidade do sistema, para manter o banco de dados atualizado é uma das desvantagens. A outra desvantagem é a ampla redução dos beneficiários de isenção fiscal hoje

16 PISCITELLI, Tathiane. LARA, Daniela Silveira. **Reforma não pode potencializar as desigualdades**. Valor Econômico, 31 out 2019. Disponível em: https://valor.globo.com/reforma-tributaria/artigo/reforma-nao-pode-potencializar-as-desigualdades.ghtml, acesso em 04 jun. 2021.

17 CALIENDO, Paulo. Reforma Tributária e a necessária equação da tributação da renda, do patrimônio e do consumo. *In*: SCAFF, Fernando Facury; DERZI, Misabel Abreu Machado; BATISTA JUNIOR, Onofre Alves; TORRES, Heleno Taveira. *Reformas ou deformas tributárias e financeiras: por que, para que, para quem e como?*. Belo Horizonte: Letramento, 2020, p. 852-853.

> incidentes sobre a cesta básica. Com o modelo proposto de 'personalização' somente teriam direito a esta redução os grupos sociais mais vulneráveis, aqueles que participam de programas de renda mínima ('Bolsa Família", "Tarifa Social de Energia Elétrica", " Minha Casa, Minha Vida", "Bolsa Verde" e outros). Praticamente haveria aumento de carga tributária para a classe média, em seus estratos mais baixos ou mais elevados. O princípio da capacidade contributiva e seletividade estariam ameaçados ou expulsos do sistema tributário sobre o consumo.

Dessa forma, fica claro que qualquer proposta de reforma tributária deve ser analisada primariamente sob a ótica de qual finalidade se pretende atingir, sem escapar dos direitos e deveres previstos na nossa Constituição, como o primado central de que cada cidadão deve contribuir de acordo com sua capacidade contributiva. A proposta da PEC 45, ao valorizar a simplificação como forma de destravar investimentos e incrementar a geração de riqueza na economia, deixa de lado o outro vetor relevante para o crescimento econômico que é a redução das desigualdades sociais[18].

Nesse sentido, Evanilda Bustamante[19] aprofunda os estudos de Nagel e Murphy, bem como de Piketty, e demonstra que a concentração de riqueza produz desigualdade estrutural e que para a maior eficiência e estabilidade dos sistemas econômicos é necessário melhorar a distribuição dos recursos sociais o que pode ser efetuado com uma reforma tributária adequada e que tenha como um dos pilares a justiça distributiva e não só a simplificação e a neutralidade como se vê nas propostas discutidas neste trabalho.

[18] Concordamos com Paulo Caliendo, em texto já mencionado, que outros fatores como redução inflação, melhoria da concessão de crédito e redução de entraves ao empreendedorismo são também importantes vetores para a redução das desigualdades sociais. No entanto, é relevante mencionar que a tributação pode (e deve) ser utilizada como mecanismo de alcance da justiça distributiva, principalmente a tributação do consumo.

[19] BUSTAMENTE, Evanilda Nascimento de Godoi. Justiça Distributiva e os fundamentos do sistema tributário brasileiro: uma breve crítica às propostas de reforma tributária. *In*: SCAFF, Fernando Facury; DERZI, Misabel Abreu Machado; BATISTA JUNIOR, Onofre Alves; TORRES, Heleno Taveira. *Reformas ou deformas tributárias e financeiras: por que, para que, para quem e como?*. Belo Horizonte: Letramento, 2020, p. 318.

De outro lado, a PEC 110/2019, de autoria de diversos senadores, também trata da reforma do sistema tributário primordialmente sob o aspecto do consumo, com a criação do IBS em substituição a nove tributos, com algumas outras mudanças na tributação sobre a propriedade, como a previsão de ampliação da tributação do IPVA para embarcações e aeronaves, e a extinção da CSLL, mas que se incorpora ao IRPJ. Por outro lado, diferente da PEC 45, a PEC 110 prevê que o IBS não deverá incidir sobre medicamentos e alimentos. Paulo Caliendo, em artigo já mencionado, demonstra as virtudes da PEC 110, como o "aparente equilíbrio entre os entes federados" ao redistribuir "corretamente as bases de incidência: renda (União), Consumo (Estados) e propriedade (Municípios)".

No entanto, assim como a PEC 45, esse projeto da PEC 110 tem como vetor principal a simplificação do sistema tributário como forma única de garantir maior crescimento econômico. Ou seja, a PEC 110 também não considera a grande oportunidade de tratar o sistema tributário brasileiro como um viabilizador para o alcance de uma melhor justiça distributiva.

Além da PEC 45 e da PEC 110, estão em debate outros projetos que buscam a simplificação tributária de forma mais pontual como o Projeto de Lei nº 3.887/2020, oriundo do Ministério da Economia, que trata da unificação das contribuições ao PIS e à Cofins na Contribuição sobre Bens e Serviços (CBS); e o Simplifica Já!, projeto elaborado pelos Municípios e apresentado como emenda à PEC 110/2019 que propõe apenas a federalização do sistema de tributação do ISS e do ICMS.

Em ambos os casos, também não há um aprofundamento das questões distributivas. Todavia, por não proporem uma ruptura com o sistema atual, entendemos que a justificativa de simplificação tributária é suficiente para essas propostas, com algumas críticas, principalmente ao Projeto de Lei nº 3.887/2020 que pretende a criação da CBS e extinção de alguns benefícios fiscais do PIS e da Cofins.

Assim, de qualquer perspectiva que se analisa as propostas de reforma tributária em voga, verifica-se uma tendência louvável, porém não suficiente, de simplificação do sistema, deixando de lado princípios basilares de nosso Estado Democrático de Direito e uma grande oportunidade de tratar a seara tributária à luz da justiça perpetrada pelo sistema.

Adiciona-se ao debate outro componente relevante para o alcance da justiça social no Brasil que é a desigualdade de gênero, totalmente esquecida nos projetos em análise no Congresso Nacional. O objetivo da próxima seção será apresentar as linhas gerais desse debate no Brasil, para após, tratar dos atuais projetos em debate sobre o tema no Congresso Nacional.

2. Tributação e gênero no Brasil e as conexões com a reforma tributária

O debate sobre tributação e gênero ainda é incipiente no Brasil[20] e, como mencionado na introdução deste texto, pode ser resumido em duas grandes frentes. Em primeiro lugar, seria possível cogitar-se de uma discussão estrutural, que faça a análise do impacto do sistema tributário atual em relação às desigualdades de gênero. Ao lado de considerações mais amplas, a relação entre tributação e gênero também perpassa tópicos mais específicos, que contemplam desde a reflexão sobre a adequada tributação de produtos de higiene menstrual até a tributação da pensão alimentícia e como isso pode onerar de modo desproporcional as mulheres[21].

Neste texto, iremos nos concentrar apenas no primeiro ponto[22] e, assim, relacionar com mais clareza a regressividade do sistema atual com a desigualdade de gênero. Tal análise, no entanto, pressupõe uma rápida compilação de dados que apresente a situação real da mulher brasileira, no que se refere à distribuição de renda.

20 Para uma coletânea excelente das discussões atuais, confira-se: MELO, Luciana Grassano, SARAIVA, Ana Pontes, GODOI, Marciano Seabra de (org.). **Política Fiscal e Gênero**. Belo Horizonte: Letramento, Casa do Direito, 2020.

21 Para uma proposta aos projetos de reforma tributária que enfrentam adequadamente a dimensão de gênero, confira-se: PISCITELLI, Tathiane, et ali. **Reforma tributária e desigualdade de gênero: contextualização e propostas**, dez 2020. Disponível em: https://direitosp.fgv.br/sites/direitosp.fgv.br/files/arquivos/reforma_e_genero_-_final_1.pdf, acesso em 15 jun. 2021.

22 O argumento a seguir desenvolvido é uma versão ampliada do texto PISCITELLI, Tathiane. **É possível uma reforma tributária antirracista?** Fio da Meada, Valor Econômico, 19 nov 2020. Disponível em https://valor.globo.com/legislacao/fio-da-meada/post/2020/11/e-possivel-uma-reforma-tributaria-antirracista.ghtml, acesso em 14 jun. 2021.

De início, destaque-se que as mulheres são maioria da população brasileira: segundo os dados da PNAD 2019, Pesquisa Nacional por Amostra de Domicílios Contínua, o Brasil possui 51,8% de mulheres e mulheres negras são cerca de 28% da população nacional[23]. Além disso, em 2018, 44,3% das famílias eram chefiadas por mulheres, algo próximo a 57 milhões de lares. Dentre esses, 57% estão abaixo da linha de pobreza; se nos concentrarmos apenas nos lares chefiados por mulheres negras, o percentual daquelas abaixo da linha de pobreza aumenta para 64,4%[24].

Some-se a isso dados referentes à diferença salarial entre homens e mulheres, considerando-se, também, o recorte racial. Segundo os dados mais recentes do IBGE, as mulheres ganham, em média, 22% menos do que os homens. Já entre mulheres negras e homens brancos, a diferença de rendimentos é de 53,6% em desfavor delas. Há, ainda, forte a desigualdade intergênero: a renda de mulheres negras equivale a 58,6% daquela das mulheres brancas. Já entre mulheres brancas e homens negros, o cenário é igualmente alarmante: mulheres brancas ganham cerca de 26% mais do que homens negros[25].

Esses números são a evidência da injustiça das estruturas que determinam a distribuição de riqueza na nossa sociedade e revelam o racismo e machismo em que estamos inseridos. Mas como se relacionam com o direito tributário? Ora, um sistema tributário regressivo, tal qual o que possuímos atualmente, implica maiores ônus tributários sobre os mais pobres, que arcam proporcionalmente mais com os gravames advindos da tributação. No Brasil, esse grupo populacional tem gênero e cor: são as mulheres pretas e pardas. A tomada de consciência quanto a isso provoca uma necessária mudança de perspectiva nos debates sobre a reforma tributária. É inviável – e inconstitucional, como destacado linhas acima, cogitar de alterações que agravem ainda mais esse cenário de desigualdade gritante.

[23] IBGE, **Características gerais dos domicílios e dos moradores 2019**, PNAD Contínua. https://biblioteca.ibge.gov.br/visualizacao/livros/liv101707_informativo.pdf, acesso em 15 jun. 2021.

[24] VIECELI, Cristina Pereira; ÁVILA, Róber Iturriet; CONCEIÇÃO, João Batista Santos. **Estrutura tributária brasileira e seus reflexos nas desigualdades de gênero.** Disponível em: https://ijf.org.br/wp-content/uploads/2020/07/Artigo-Tributa%C3%A7%C3%A3o-e--G%C3%AAnero.pdf. Acesso em: 04 set. 2020.

[25] IBGE, **Desigualdades Sociais por Cor ou Raça no Brasil**. Estudos e Pesquisa, Informação Demográfica e Socioeconômica n. 41, 2019.

A doutrina tributária brasileira, por muito tempo, furtou-se de incorporar ao debate tributário os impactos da tributação sobre as finanças públicas, sob o argumento de que reflexões nesse sentido contaminariam o direito tributário com áreas que lhe eram estranhas. Em nome de pureza científica, ficamos presos à célere frase de Alfredo Augusto Becker: "o direito tributário termina no DARF"[26].

Nos últimos anos, há alterações significativas nesse cenário. A conexão do direito tributário com o direito financeiro e a percepção de que as formas de tributação têm impacto no modo de financiamento do Estado e na maior ou menor realização de valores caros à Constituição de 1988, como a redução das desigualdades sociais, tem estado presente nas reflexões acadêmicas contemporâneas[27].

O mesmo movimento deve permear as discussões sobre a reforma tributária. Propostas que ignorem o papel do direito tributário na redução das desigualdades e acirrem a regressividade do sistema devem ser arduamente combatidas. Nesse aspecto, para além do possível aumento da carga tributária sobre o consumo em razão da criação de um imposto unificado tal qual o IBS, sem a compensação devida na tributação da renda, deve-se ter claro que a impossibilidade de concessão de incentivos fiscais para bens e serviços de primeira necessidade impactará diretamente as mulheres, já que são elas as principais responsáveis pela economia do cuidado e, portanto, consumidoras majoritárias desses bens[28].

26 BECKER, Alfredo Augusto. **Teoria Geral do Direito Tributário**. São Paulo: Lejus, 2002. Especialmente capítulo II.

27 Sobre o tema, fazemos referência aos autores já citados na nota de rodapé nº 4.

28 Segundo a Oxfam, "Mulheres e meninas ao redor do mundo dedicam 12,5 bilhões de horas, todos os dias, ao trabalho de cuidado não remunerado – uma contribuição de pelo menos US$ 10,8 trilhões por ano à economia global. Isso dá mais de três vezes o valor da indústria de tecnologia do mundo. Além disso, as mulheres e meninas são responsáveis por mais de três quartos do cuidado não remunerado realizado no mundo, e representam dois terços da força de trabalho envolvida em atividades de cuidado remuneradas. Com isso, o trabalho de cuidado não remunerado e mal pago é praticamente invisível. Ele perpetua a desigualdade econômica e de gênero – e é perpetuado por ela. Por isso o trabalho de cuidado é uma importante questão econômica". OXFAM Internacional. **Tempo de cuidar – O trabalho de cuidado não remunerado e mal pago e a crise global da desigualdade**. Janeiro, 2020. Disponível em: https://d2v21prk53tg5m.cloudfront.net/wp-content/uploads/2021/04/1579272776200120_Tempo_de_Cuidar_PT-BR_sumario_executivo.pdf, acesso em 15 jun. 2021. Ainda sobre a

Sobre o tema, em recente publicação conjunta, o Fundo Monetário Internacional, a OCDE, a ONU e o Banco Mundial destacam que, a despeito das vantagens práticas e teóricas de um imposto sobre o consumo de base ampla, deve-se reconhecer que as isenções ou alíquotas favorecidas para bens e serviços essenciais são elementos centrais para atingir maior igualdade de gênero. Confira-se[29]:

> Para a maioria dos países em desenvolvimento, a maior parcela da receita total do governo é derivada de impostos de consumo de base ampla, como o imposto sobre o valor agregado (IVA), que também pode conter vieses implícitos. A natureza ampla do IVA pode aumentar o preço dos serviços, incluindo os que substituem os serviços domésticos. Isto pode criar um desestímulo para que as mulheres trabalhem. Como o IVA de base ampla tem muitas vantagens teóricas e práticas, tais desincentivos são melhor abordados através de subsídios ou do imposto de renda pessoal. Entretanto, muitos VATs também oferecem isenções ou taxas mais baixas de impostos para necessidades como

economia do cuidado, confira-se: QUEIROZ, Christina. **Economia do Cuidado**. Pesquisa Fapesp edição 299, jan. 2021. Disponível em: https://revistapesquisa.fapesp.br/economia-do--cuidado/, acesso em 15 jun. 2021.

[29] ESTEVÃO, Marcello, et. ali. **How tax reform can promote growth and gender equality in the post-COVID era**, disponível em: https://www.tax-platform.org/news/blog/Tax-Reform-Gender-Equality-in-the-Post-COVID-Era, acesso em 15 jun. 2021. Tradução livre. No original: For most developing countries, the greatest share of overall government revenues is derived from broad-based consumption taxes such as the value-added tax (VAT), which may also contain implicit biases. The broad-based nature of VATs may raise the price of services, including those that substitute for household services. This may create a disincentive for women to work. As broad-based VATs have many theoretical and practical advantages, such disincentives are best addressed through subsidies or the personal income tax. However, many VATs also provide exemptions or lower tax rates for necessities like food, education, health care, and childcare to reduce the burden on the poor, which have also been found to be important for gender equality. Governments should ensure that tax reforms undertaken to raise revenue do not undermine the affordability of these basic needs. Tax systems can contribute to redistributing income toward low-income households, including those headed by lone mothers, and VAT measures are often needed in countries where direct transfers to low-income households are not possible for administrative reasons. Some scope may exist to consider favorable treatment, under a VAT, of products disproportionately or entirely consumed by women to offset disabilities elsewhere, which meet a basic need and are critical to women's full educational and workforce participation.

alimentação, educação, assistência médica e cuidados infantis para reduzir a carga sobre os pobres, que também foram consideradas importantes para a igualdade de gênero.

De outro lado, a crise ocasionada pela pandemia de Covid-19 intensificou a desigualdade de gênero e colocou as mulheres em situação de ainda maior vulnerabilidade econômica e social. Segundo o IBGE, no quarto trimestre de 2020, a taxa de desocupação de homens era de 11,9%, enquanto a das mulheres era de 16,4%[30]. Some-se a esses dados o aumento da violência doméstica[31] e a maior responsabilidade atribuída às mulheres ao cuidado com pessoas[32].

Nesse sentido, a realização de uma reforma tributária que resulte na intensificação da regressividade do sistema atual e desconsidere as implicações que as escolhas tributárias possuem na desigualdade de gênero e raça é evidentemente contrária aos valores perpetrados pela Constituição de 1988, além de inoportuna para o atual momento do país.

Conclusões

Diante dos pontos abordados, fica claro que as propostas de reforma tributária analisadas nesse texto estão dissociadas do necessário debate que envolve a urgente redução das desigualdades sociais e, mais especificamente, das desigualdades de gênero, tendo em vista que promovem o aumento da regressividade com o argumento central da justa, mas insuficiente, simplificação do sistema tributário.

30 PNAD Contínua, **Com pandemia, 20 estados têm taxa média de desemprego recorde em 2020**. Disponível em: https://agenciadenoticias.ibge.gov.br/agencia-noticias/2012-agencia-de-noticias/noticias/30235-com-pandemia-20-estados-tem-taxa-media-de-desemprego-recorde-em-2020, acesso em 15 jun. 2021.

31 PIMENTEL, Camila, PIMENTA, Denise. Gender and COVID-19 in Brazil: Social impacts on women's lives. Aug, 2020. Gender & Covid-19. Disponível em: https://www.genderandcovid-19.org/update/gender-and-covid-19-in-brazil-social-impacts-on-womens-lives/, acesso em 15 jun. 2020.

32 Sobre o tema, confira-se: SOF, SempreViva Organização Feminista. **Sem Parar – O trabalho e a vida das mulheres na pandemia**. 2021. Disponível em: http://mulheresnapandemia.sof.org.br/wp-content/uploads/2020/08/Relatorio_Pesquisa_SemParar.pdf, acesso em 15 jun. 2021.

De nossa perspectiva, entendemos que, em um país tão desigual como o Brasil, não é razoável considerar a adoção de um imposto sobre o consumo amplo, com alíquota única, que desconsidere os elementos mais essenciais para a sobrevivência humana, como os bens de primeira necessidade. Pelo contrário, no sistema tributário atual, há a necessidade premente de adoção de políticas públicas e tributárias com o foco na redução das desigualdades sociais, voltadas primordialmente ao debate da desigualdade de gênero.

Para tanto, há projetos de lei em tramitação no Congresso Nacional que buscam esse objetivo, sem a necessária alteração constitucional, com os PL nº 1740/2021 e 1741/2021 de autoria da deputada Lídice da Mata que instituem, respectivamente, os programas de Contratação de Mulheres Vítimas de Violência Doméstica e Financeiramente Dependentes (PCMVF) e de Contratação de Mulheres de Baixa Renda Chefes de Família (PCMF), como indutores de "comportamentos para redução das desigualdades de genêro" ao concederem incentivos fiscais às empresas que admitirem funcionárias nessas situações.

Outro exemplo de situação que tem merecido a fundamental atenção dos legisladores é a alta tributação dos absorventes femininos no Brasil que não são considerados como itens básicos, demonstrando a necessidade urgente de redução da tributação sobre o consumo desse produto. Para tanto, nesse ponto, verifica-se a existência do PL 3085/2019 em trâmite no Congresso Nacional que prevê a isenção do IPI sobre esse bem de consumo essencial, e a Lei nº 8.924/2020 do estado do Rio de Janeiro que incluiu o absorvente feminino e as fraldas na lista de produtos da cesta básica que são beneficiados com reduções do ICMS.

Com efeito, em nossa compreensão, o debate de uma alteração tributária ampla no sistema brasileiro não deve ter um olhar apenas sobre a simplificação do sistema tributário, que indubitavelmente é essencial, mas a melhoria do ambiente de negócios no país também passa pela análise da melhor forma de concretização da justiça tributária, devendo ser um dos instrumentos para o alcance da redução das nossas desigualdades sociais de forma a realizar os objetivos da Constituição de 1988. Uma sociedade menos desigual é uma sociedade que consome mais, gera mais emprego e renda e, consequentemente, crescimento para o país.

Referências

BALEEIRO, Aliomar. **Limitações constitucionais ao poder de tributar**. 8. ed. atual. por Misabel Abreu Machado Derzi. Rio de Janeiro: Forense, 2010.

BECKER, Alfredo Augusto. **Teoria Geral do Direito Tributário**. São Paulo: Lejus, 2002.

BUSTAMENTE, Evanilda Nascimento de Godoi. *Justiça Distributiva e os fundamentos do sistema tributário brasileiro: uma breve crítica às propostas de reforma tributária*. *In*: SCAFF, Fernando Facury; DERZI, Misabel Abreu Machado; BATISTA JUNIOR, Onofre Alves; TORRES, Heleno Taveira. **Reformas ou deformas tributárias e financeiras: por que, para que, para quem e como?** Belo Horizonte: Letramento, 2020, p. 318.

CALIENDO, Paulo. *Reforma Tributária e a necessária equação da tributação da renda, do patrimônio e do consumo*. *In*: SCAFF, Fernando Facury; DERZI, Misabel Abreu Machado; BATISTA JUNIOR, Onofre Alves; TORRES, Heleno Taveira. **Reformas ou deformas tributárias e financeiras: por que, para que, para quem e como?** Belo Horizonte: Letramento, 2020, p. 852-853.

ESTEVÃO, Marcello, et. ali. **How tax reform can promote growth and gender equality in the post-COVID era**, disponível em: https://www.tax-platform.org/news/blog/Tax-Reform-Gender-Equality-in-the-Post-COVID-Era.

IBGE, **Características gerais dos domicílios e dos moradores 2019**, PNAD Contínua. https://biblioteca.ibge.gov.br/visualizacao/livros/liv101707_informativo.pdf.

IBGE, **Desigualdades Sociais por Cor ou Raça no Brasil**. Estudos e Pesquisa, Informação Demográfica e Socioeconômica n. 41, 2019.

MELO, Luciana Grassano, SARAIVA, Ana Pontes, GODOI, Marciano Seabra de (org.). **Política Fiscal e Gênero**. Belo Horizonte: Letramento, Casa do Direito, 2020.

MURPHY, Liam; NAGEL, Thomas. **O mito da propriedade**. São Paulo: Martins Fontes, 2005.

OECD et al. (2020), **Revenue Statistics in Latin America and the Caribbean 2020**, OECD Publishing, Paris, https://doi.org/10.1787/68739b9b-en-es

OXFAM Brasil. **País estagnado: um retrato das desigualdades brasileiras 2018**. São Paulo, 2018. Disponível em: https://www.oxfam.org.br/um-retrato-das-desigualdades-brasileiras/pais-estagnado/?_ga=2.87158232.1703516416.1596022790-1900851144.1595852226

OXFAM Internacional. **Tempo de cuidar – O trabalho de cuidado não remunerado e mal pago e a crise global da desigualdade**. Janeiro, 2020. Disponível em: https://d2v21prk53tg5m.cloudfront.net/wp-content/uploads/2021/04/1579272776200120_Tempo_de_Cuidar_PT-BR_sumario_executivo.pdf, acesso em 15 jun. 2021. Ainda sobre a economia do cuidado, confira-se: QUEIROZ, Christina. **Economia do Cuidado**. Pesquisa Fapesp edição 299, jan. 2021. Disponível em: https://revistapesquisa.fapesp.br/economia-do-cuidado/, acesso em 15 jun. 2021.

PNAD Contínua, **Com pandemia, 20 estados têm taxa média de desemprego recorde em 2020**. Disponível em: https://agenciadenoticias.ibge.gov.br/agencia-noticias/2012-agencia-de-noticias/noticias/30235-com-pandemia-20-estados-tem-taxa-media-de-desemprego-recorde-em-2020.

PIMENTEL, Camila, PIMENTA, Denise. Gender and COVID-19 in Brazil: Social impacts on women's lives. Aug, 2020. Gender & Covid-19. Disponível em: https://www.genderand-covid-19.org/update/gender-and-covid-19-in-brazil-social-impacts-on-womens-lives/.

PISCITELLI, Tathiane, et. ali. **Reforma tributária e desigualdade de gênero: contextualização e propostas**, dez 2020. Disponível em: https://direitosp.fgv.br/sites/direitosp.fgv.br/files/arquivos/reforma_e_genero_-_final_1.pdf

PISCITELLI, Tathiane. **É possível uma reforma tributária antirracista?** Fio da Meada, Valor Econômico, 19 nov 2020. Disponível em https://valor.globo.com/legislacao/fio-da-meada/post/2020/11/e-possivel-uma-reforma-tributaria-antirracista.ghtml

PISCITELLI, Tathiane. **Créditos do IBS e cumulatividade à espreita**. Valor Econômico, Fio da Meada, set, 2020. Disponível em: https://valor.globo.com/legislacao/fio-da-meada/post/2020/09/creditos-do-ibs-e-a-cumulatividade-a-espreita.ghtml.

PISCITELLI, Tathiane. LARA, Daniela Silveira. **Reforma não pode potencializar as desigualdades.** Valor Econômico, 31 out 2019. Disponível em: https://valor.globo.com/reforma-tributaria/artigo/reforma-nao-pode-potencializar-as-desigualdades.ghtml.

RAWLS, John. **A Theory of Justice – revides edition**. Cambridge, Massachusetts: Belknap Press of Harvard University Press, 1999.

SOF, SempreViva Organização Feminista. **Sem Parar – O trabalho e a vida das mulheres na pandemia**. 2021. Disponível em: http://mulheresnapandemia.sof.org.br/wp-content/uploads/2020/08/Relatorio_Pesquisa_SemParar.pdf.

VIECELI, Cristina Pereira; ÁVILA, Róber Iturriet; CONCEIÇÃO, João Batista Santos. **Estrutura tributária brasileira e seus reflexos nas desigualdades de gênero.** Disponível em: https://ijf.org.br/wp-content/uploads/2020/07/Artigo-Tributa%C3%A7%C3%A3o-e-G%C3%AAnero.pdf. Acesso em: 04 set. 2020.

21. EFEITOS POSITIVOS E NEGATIVOS DA REFORMA TRIBUTÁRIA ENVOLVENDO A FOLHA DE SALÁRIOS E A BUSCA PELA NEUTRALIZAÇÃO ARRECADATÓRIA COM A APRESENTAÇÃO DE OUTRAS PROPOSTAS INDEPENDENTES

Tatiana Midori Migiyama

Introdução

O presente artigo tem por objetivo refletir a importância de se promover no país, com responsabilidade, uma Reforma Tributária que não somente traga simplificação tributária, quer seja, do número de tributos[1] aplicáveis em cada evento, leis e normativos atualmente vigentes e, por influência, obrigações tributárias impostas à sociedade, mas também que possa assegurar o desenvolvimento econômico do país.

A construção da proposta de simplificação tributária se torna admissível pela complexidade das regras vigentes a serem observadas em diversos eventos praticados pelas companhias – dos mais simples aos mais estruturados, pois, por evidente, tais eventos influenciam na situação financeira da empresa, além de alavancar, especificamente a cada nova obrigação acessória instituída pela

[1] Considerando regimes tributários diversos, é possível considerar a existência de 96 tributos.

autoridade fiscal, custos operacionais e sistêmicos, além das contingências fiscais inerentes à sua não observância nos prazos devidamente impostos.

Tanto é assim que, conforme dados divulgados pela *Doing Business*[2], relativamente aos indicadores que tratam do número de horas gastas pelas empresas para pagamento de tributos, o país se encontrou na última posição dentre os 190 países considerados na estatística, com 1.501 horas anuais (base – 2019). Preocupa-se, pois o indicador expõe, *de per si*, que o país gasta 5 vezes mais do que a média da América Latina (317,1 horas/ano) e 10 vezes mais que a média dos países da Organização de Cooperação e de Desenvolvimento Econômico – OCDE (158,8 horas/ano).

A disfuncionalidade do Sistema Tributário e a carga tributária correspondendo a 31,64% (base – 2020) do Produto Interno Bruto – PIB Nacional, além de ocasionar deficiências operacionais e administrativas para as empresas, aduzem insegurança aos investidores estrangeiros que, por vezes, percebem a dificuldade de assimilação da complexidade das normas tributárias aplicáveis no país e a dinâmica oportuna das mudanças legislativas, muitas vezes resultado de repercussões lobistas, e não legítimas, inerentes aos benefícios fiscais concedidos em atos concessórios pelos entes governantes – Federal, Estadual ou Municipal.

Proveitoso atentar que o financiamento do país com capital estrangeiro torna-se essencial nesse momento de crise sanitária, haja vista a instabilidade do nível das reservas internacionais, que podem eventualmente sofrer quedas abruptas em decorrência da situação econômica do país, estabilização do crescimento econômico em nível ínfimo e desequilíbrio da Balança Comercial.

Fato é que as divisas internacionais foram afetadas, com restrições compulsórias, ainda que necessárias, pelo governo, nas operações de importação e exportação, sem considerar as ressalvas feitas pelos países no comércio internacional, considerando o desequilíbrio da oferta e demanda de produtos/mercadorias/insumos e oscilações monetárias – mormente do dólar e do Euro.

2 *Doing Business* – publicações do Banco Mundial, que contém estudo que mede como as leis e regulamentações promovem ou restringem atividades empresariais, apresentando indicadores quantitativos sobre a regulamentação dos negócios e a proteção dos direitos de propriedade, que podem ser comparados através de 190 economias – do Afeganistão ao Zimbáue.

Com a crise sanitária instalada pela disseminação do novo coronavírus – Covid-19 no início de 2020, observando os dados atestados no Cadastro Geral de Empregados e Desempregados – CAGED[3] do Ministério da Economia, é de se perceber que o nível de empregos celetistas sofreu negativamente impacto no mês de abril de 2020, pois, ainda que indispensável, iniciou-se naquele ano as restrições de abertura e funcionamento de diversas atividades econômicas, principalmente daquelas que não se enquadravam como atividades essenciais pelos entes Estaduais e Municipais.

Nada obstante a esse reflexo negativo, sabe-se que, em 2021, independentemente de os empregos celetistas terem aumentado consideravelmente no 1º trimestre, contabilizando cumulativamente nesse ano 40.200.042 (quarenta milhões, duzentos mil e quarenta e dois) de empregos decorrente de 4.940.568 (quatro milhões, novecentos e quarenta mil e quinhentos e sessenta e oito) admissões, é de se enfocar o expressivo aumento do número de desligamentos – qual seja, de 4.103.494 (quatro milhões, cento e três mil e quatrocentos e noventa e quatro).

Por evidente que, com a crise sanitária, a demanda e a oferta de produtos, mercadorias e serviços se desequilibraram, desestruturando o sistema de mercado, tendo em vista mudanças de perfis de consumo da população que passou a ficar mais isolada em suas casas, aumento de desempregados, aumento de pedidos de recuperação judicial por diversas empresas, etc. Esses fatores contribuíram para diminuir a representatividade da carga tributária do PIB de 2019 a 2020 – de 32,51% para 31,64% – o que pode dar a falsa impressão de que houve diminuição da carga tributária por eventual mudança legislativa ou aumento de benefício fiscal.

Recorda-se que o nível de empregos celetistas, considerando a amplitude demográfica do país, ainda que aceitável para diversos entes governamentais, ainda é considerado elevado – refletindo atualmente em 14 (quatorze) milhões de desempregados no país.

[3] Segundo a Secretaria do Trabalho do Ministério da Economia, o CAGED foi criado como registro permanente de admissões e dispensa de empregados, sob o regime da Consolidação das Leis de Trabalho – CLT, sendo utilizado pelo Programa de Seguro-Desemprego, para conferir os dados referentes aos vínculos trabalhistas, além de outros programas sociais

Certo é que, em 2017, com o intuito de diminuir o desemprego no país e, por consequência, a inadimplência e o retrocesso da demanda, antes de instalada a crise sanitária, o país sofreu uma pequena Reforma Trabalhista, com o advento da Lei 13.467, a qual promoveu mudanças no Decreto-Lei 5.452, de 1943 – Consolidação das Leis do Trabalho – CLT.

Essa Lei aproximou as relações entre empregado e empregador, flexibilizando, inclusive, algumas formalidades já ultrapassadas no mundo real, dispondo, entre outros, sobre (i) a possibilidade de o empregado fracionar as férias em 3 períodos, desde que um deles não seja inferior a 14 dias corridos e os demais inferiores a 5 dias[4], auxiliando o empregador e o empregado no crescimento da empresa; (ii) a faculdade de as partes estabelecerem horário de trabalho de 12 horas seguidas por 36 horas ininterruptas de descanso, desde que observados ou indenizados os intervalos para repouso e alimentação; (iii) a desconsideração como tempo à disposição do empregador do exercício de práticas religiosas, descanso, lazer, estudo, alimentação, atividades de relacionamento social, higiene e troca de roupa ou uniforme, quando não houver obrigatoriedade de realizar a troca na empresa[5], trazendo um conforto maior ao estilo de vida, cultural e religiosa adotado pelo empregado; (iv) a faculdade de o empregador e empregado acordar as remunerações que não integram o salário; (v) a inclusão da modalidade de trabalho remoto, com negociação da responsabilidade dos recursos que o empregado utilizará; (vi) a possibilidade de o contrato de trabalho ser extinto de comum acordo, desde que observados o pagamento de metade do aviso prévio e metade da multa de 40% sobre o FGTS, sem direito a seguro-desemprego; (v) a faculdade de se recolher a contribuição sindical; (vi) a possibilidade de a rescisão contratual ser homologada

[4] "CLT – Art. 134....................[...] §1º Desde que haja concordância do empregado, as férias poderão ser usufruídas em até três períodos, sendo que um deles não poderá ser inferior a quatorze dias corridos e os demais não poderão ser inferiores a cinco dias corridos, cada um. [...]"

[5] CLT – Art. 4º...................[...] §2º Por não se considerar tempo à disposição do empregador, não será computado como período extraordinária o que exceder a jornada normal, ainda que ultrapasse o limite de cinco minutos previsto no § 1º do art. 58 desta Consolidação, quando o empregado, por escolha própria, buscar proteção pessoal, em caso de insegurança nas vias públicas ou mas condições climáticas, bem como adentrar ou permanecer nas dependências da empresa para exercer atividades particulares, entre outras: I – práticas religiosas; II – descanso; III – lazer; IV – estudo; V – alimentação; VI – atividades de relacionamento social; VII – higiene pessoal; VIII – troca de roupa ou uniforme, quando não houver obrigatoriedade de realizar a troca na empresa.

nas dependências da empresa, desde que com a presença de advogados das partes; (vii) a obrigatoriedade de o empregado, que ingressa com medida judicial na Justiça de Trabalho, comparecer às audiências e assumir os custos do processo caso perca a ação. Nesse ponto, determinante exprimir-se que houve diminuição considerável no número de ingresso de medidas trabalhista no judiciário e aumento de homologações de acordo extrajudicial; (viii) o incentivo a terceirização da atividade fim, e não somente atividades meio e (ix) a transformação do trabalho em capital, através da Pejotização[6].

Com efeito, as providências reguladas pela Reforma Trabalhista geraram aumento de empregos e novos trabalhos, pois houve, de fato, diminuição de formalidades impostas na relação entre empregador e empregado, na disposição de se trabalhar, na constituição de empresas e nas rescisões de trabalho.

Retornando à crise sanitária, constata-se que, ainda que, em março de 2021, tenha se verificado um aumento de 18.423 (dezoito mil e quatrocentos e vinte e três) admissões e 12.897 (doze mil e oitocentos e noventa e sete) desligamentos na modalidade de trabalho intermitente, dignificado com a Reforma Trabalhista, a estatística também considerou a evolução de desligamentos até março de 2021, oscilando nos três primeiros meses desse ano. E, a partir de abril de 2021, por decorrência do agravamento da crise sanitária da disseminação do novo coronavírus – Covid-19, o desemprego aumentou, como dito alhures, expressivamente.

Dessarte, somente com essas cogitações, concebe-se fundamental incentivar a promoção de empregos e trabalhos, diminuindo a carga tributária sobre a folha de salários proporcionalmente ao potencial laboral de cada empresa.

Nada obstante a essa pretensão, sabe-se que as Reformas Tributárias em discussão no Governo e no Congresso Nacional apenas tratam (i) da simplificação tributária com a diminuição dos tributos incidentes sobre as cadeias produtivas, até mesmo de competência de entes Estaduais e Municipais, impondo, em síntese, uma única tributação – sobre o consumo -Imposto sobre o Valor Agregado; (ii) da unificação das contribuições ao PIS e Cofins incidentes sobre a receita e faturamento, sob a justificativa de que na sistemática não

[6] Pejotização se resume na contratação de serviços pessoais, exercidos por pessoas físicas, de modo subordinado, não eventual e oneroso, realizada por meio de pessoa jurídica constituída especialmente para esse fim.

cumulativa dessas contribuições, o litígio é vasto e infinito[7]; (iii) da extinção das contribuição ao PIS e Cofins pela Contribuição sobre Bens e Serviços – CBS; (iv) da simplificação das regras aplicáveis ao ICMS, através da integração das Administrações Tributárias Estaduais e Procuradorias da Fazenda e instituição de um Comitê Gestor Nacional do ICMS e (v) da simplificação do ISS, considerando que há cerca de 5.568 Municípios no país, cada um adotando normas e procedimentos próprios. O que torna o controle operacional de uma empresa que possui estabelecimentos em vários Municípios insano. A proposta teria como intento direcionar preponderantemente a tributação no destino.

Proveitoso mencionar que todas as propostas[8] não têm, teoricamente, a pretensão de se aumentar a carga tributária da sociedade, principalmente, por conta do percentual da sua representatividade no PIB, iminente possibilidade de fuga de capital estrangeiro, diminuição de investimentos/financiamento, estabilização na expansão de empreendimentos e baixa competitividade das empresas brasileiras em relação àquelas sediadas em outros países que, por sua vez, observam alíquotas corporativas mais baixas (média de 23,5) em relação ao Brasil (cerca de 43,5% – IRPJ, CSLL, PIS e Cofins, quando se tratar

[7] Independentemente dessa justificativa, fato é que com o advento da decisão do STF dada em sede de repetitivo, quando da apreciação do REsp 1.221.170, favoravelmente ao contribuinte, consolidou-se ao conceito de insumos a observância ao critério da essencialidade e pertinência à atividade do sujeito passivo para análise do enquadramento de "itens" objetos de litígio como insumos, diminuindo as contingências registradas pelas empresas. Tanto é assim, que o CARF, através de seus colegiados, proferiu várias decisões favoráveis ao contribuinte. O que torna questionável a justificativa utilizada para a instituição da CBS.

[8] Proposta de Emenda Constitucional – PEC 45, da Câmara dos Deputados – Deputado Baleia Rossi; PEC 110, do Senado Federal – Senador Davi Alcolumbre e Projeto de Lei – PL 3.887, do Governo Federal –Poder Executivo.

A PEC 45 tem como objetivo a simplificação (IPI, PIS, Cofins e ISS) e racionalização da tributação sobre a produção e a comercialização de bens e a prestação de serviços – base tributável compartilhada pela União, Estados, Distrito Federal e Municípios, com a implantação de um IVA.

A PEC 110 trata também da simplificação, envolvendo a substituição por um imposto único do seguintes tributos – IPI, IOF, PIS, Cofins, CIDE-combustíveis, Salário Educação, ICMS e ISS. O que retorna à tona a discussão acerca da não observância do Pacto Federativo contemplado pela Constituição Federal.

O PL 3887 dispõe sobre a simplificação e transparência na tributação do consumo, promovendo a substituição do PIS e Cofins pela CBS – Contribuição Social sobre Operações com Bens e Serviços.

de pessoa jurídica não financeira). Mas, sim, tornar a tributação mais coesa e, por interferência, mais transparente.

Ventiladas essas breves ponderações, passa-se a contemplar a proposta de se diminuir a carga tributária sobre a folha de salários, medida, entre outras, iminente, ainda mais no período de crise econômica que o país está passando por decorrência da Covid-19.

1. Proposição para a diminuição da carga tributária sobre a Folha de Salários

Como dito alhures, ainda que a Reforma Trabalhista que se sucedeu em 2017 tenha aprimorado as relações de trabalho entre empregado e empregador, bem como permitido outras formas de se trabalhar, sabe-se que as empresas têm sofrido com a alta carga tributária atualmente aplicável sobre a folha de salários. Ora, recorda-se que a tributação sobre a folha de salários envolve, entre outros (FGTS, INCRA e SEBRAE), por exemplo, a incidência da contribuição previdenciária patronal, de cerca de 20%, do salário educação, de 2,5%, das contribuições para o Sistema S[9] e do Seguro sobre acidentes de trabalho, de 6%.

O peso tributário, além do risco trabalhista, tem sido considerado como um dos fatores para a diminuição do número de empregos celetistas, aumento do desemprego e informalidades e, por conseguinte, diminuição da arrecadação de valores ao erário.

Ademais, com a crise sanitária e paralisação de atividades consideradas não essenciais, a proposta envolvendo a folha de salários se tornou imprescindível para o crescimento e desenvolvimento das empresas, eis que muitas delas foram obrigadas a fechar em determinado período de restrições sanitárias seus

[9] Contribuição de interesse das categorias profissionais que deve ser repassada as entidades para atender as finalidades do Serviço Nacional de Aprendizagem Rural – SENAR, Serviço Nacional de Aprendizagem Comercial – SENAC, Serviço Social do Comércio – SEC, Serviço Nacional de Aprendizagem do Cooperativismo – SECOOP, Serviço Nacional de Aprendizagem Industrial – SENAI, Serviço Social da Indústria – SESI, Serviço Social do Transporte – SEST, Serviço Brasileiro de Apoio às Micro e Pequenas Empresas – SEBRAE.

estabelecimentos, refletindo, inclusive, em eloquente aumento no número de pedidos de recuperação judicial e extrajudicial.

Independentemente das propostas para a diminuição da carga tributária sobre a folha de salários, proveitoso lembrar que medidas de desoneração não seriam consideradas disposições inovadoras, recordando-se que, em 2011, com o advento da Medida Provisória – MP 540, convertida na Lei 12.546, de 2011, passou-se a desonerar a folha de pagamento das empresas que prestavam serviços de tecnologia da informação – TI e tecnologia de informação e comunicação – TIEC, das indústrias moveleiras, de confecções e de artefatos de couro, visando o fomento das atividades de tais setores e a formalização das relações de trabalho. À opção da pessoa jurídica, as referidas empresas poderiam substituir a base da contribuição previdenciária dos setores mencionados de remuneração paga aos segurados empregados para receita bruta.

Tal medida considerou, conforme exposição de motivos[10], (i) o aumento da informalidade laboral, tendo em vista a busca pela redução do custo da

[10] 19. Nos últimos anos, em virtude da busca pela redução do custo da mão de obra, as empresas passaram a substituir os seus funcionários empregados pela prestação de serviços realizada por empresas subcontratadas ou terceirizadas. Muitas vezes, as empresas subcontratadas são compostas por uma única pessoa, evidenciando que se trata apenas de uma máscara para afastar a relação de trabalho.
20. Em virtude dessa nova relação contratual, os trabalhadores ficam sem os direitos sociais do trabalho (férias, 13º salário, seguro-desemprego, hora extra, etc.), pois se trata de uma relação jurídica entre iguais (empresa-empresa) e não entre trabalhador e empresa. Essa prática deixa os trabalhadores sem qualquer proteção social e permite que as empresas reduzam os gastos com encargos sociais.
21. Apesar da melhora do cenário econômico após a crise de 2008/2009, as empresas que prestam serviços de tecnologia da informação – TI e tecnologia da informação e comunicação – TIC, bem como as indústrias moveleiras, de confecções e de artefatos de couro têm enfrentado maiores dificuldades em retomar seu nível de atividade. Nesse contexto, a medida proposta favorece a recuperação do setor, bem como incentiva a implantação e a modernização de empresas com redução dos custos de produção.
22. A importância e a urgência da medida são facilmente percebidas em razão do planejamento tributário nocivo que tem ocorrido mediante a constituição de pessoas jurídicas de fachada com o único objetivo de reduzir a carga tributária, prática que tem conduzido a uma crescente precarização das relações de trabalho; bem como, em razão do risco de estagnação na produção industrial e na prestação de serviços nos setores contemplados.
23. No que se refere ao impacto na arrecadação, estima-se perda de receita da ordem de R$ 214 milhões (duzentos e catorze milhões de reais) para o ano de 2011 e R$ 1.430 milhões (um bilhão quatrocentos e trinta milhões de reais) para o ano de 2012.

mão de obra; (ii) a nova relação contratual e, com efeito, a perda dos direitos sociais do trabalho; (iii) a dificuldade das empresas de tecnologia, indústrias moveleiras, de confecções e de artefatos de couro têm enfrentado na retomada da atividade; (iv) o planejamento tributário nocivo que tem ocorrido mediante a constituição de pessoas jurídicas de fachada com o único objetivo de reduzir a carga tributária, prática que tem conduzido a uma crescente precarização das relações de trabalho.

A intenção do Poder Executivo, atestado pelo legislador das duas casas do Congresso Nacional, afirmou a importância de se conceder essa opção às referidas empresas, eis que, ainda que a renúncia fiscal imediata tenha sido levantada como saliente à época, mensurada em cerca de R$ 1,4 bilhão, a projeção do resultado econômico transportava um retorno compensável com a aceleração do desenvolvimento econômico dos setores em comento.

Em seguida, contempla-se a Lei 13.161, de 2015, que também tratou dessa substituição de base (de remuneração para a receita bruta para algumas outras atividades). E, por fim, a MP 774, de 2017, que revogou a desoneração para alguns setores da economia, tendo como principal motivo o déficit previdenciário. É de se mencionar que a referida MP teve seu prazo de vigência encerrado[11].

Sendo assim, vê-se que a proposta envolvendo a desoneração da folha de salários não seria efetivamente nova no mundo legislativo.

Retornando às principais reformas em discussão no Congresso Nacional, tem-se que todas elas não dispõem especificamente da mudança da tributação sobre folha de salários, sendo esta proposição coadjuvante às discussões, pois atua como mero figurante na novela da Reforma Tributária. Tanto é assim que esta proposição foi apresentada em forma de emenda às Propostas de Emenda Constitucional.

[11] Ato Declaratório do Presidente da Mesa do Congresso Nacional 70, de 2017. O presidente da Mesa do Congresso Nacional, nos termos do parágrafo único do art. 14 da Resolução mº 1, de 2002 – CN, faz saber que a Medida Provisória nº 774, de 30 de março de 2017, que "Dispõe sobre a contribuição previdenciária sobre a receita bruta", teve seu prazo de vigência encerrado no dia 8 de dezembro do corrente ano.

O que, toma-se liberdade de aludir, pela racionalidade técnica esposada, a Emenda nº 2[12] à PEC 110, de 2019, que pede a alteração do art. 195 da Constituição Federal – CF, de 1988 e a adição dos arts. 195-A e 195-B, conforme segue:

> *"Art. 195..*
>
> *I – do empregador, da empresa, da entidade a ela equiparada na forma da lei e das pessoas físicas que exerçam atividades econômicas de trabalho ou de prestação de serviços, sem vínculo empregatício, sobre:*
>
> *a) a folha de salários e demais rendimentos pagos, devidos ou creditados em decorrência das relações de trabalho ou de serviço, a qualquer título e de qualquer natureza, à exceção dos benefícios relativos à alimentação, transporte, assistência médica e odontológica, educação, previdência complementar, indenizações decorrentes da rescisão do contrato de trabalho e, nos termos da lei, os pagamentos relativos a programa de participação nos lucros.*
>
> *..(NR)*
>
> *"Art. 195-A. A contribuição social tratada no inciso I, "a", do art. 195, será cobrada com base em alíquotas regressivas, de acordo com a média aritmética das alíquotas de massa salarial e número de empregados, mediante percentuais máximos e mínimos de, respectivamente, 15% e 11%, a serem regulamentados em lei específica;*
>
> *I – A massa salarial consistirá no valor total da folha de pagamento, relativa ao mês imediatamente anterior ao da contribuição devida.*
>
> *II – O valor da média da massa salarial prevista no caput será o resultado da massa salarial dividida pelo salário mínimo vigente.*
>
> *III – A média aritmética mencionada no caput deverá considerar o enquadramento na alíquota da massa salarial estabelecida e o enquadramento da alíquota de empregados, conforme a legislação específica.*
>
> *Parágrafo único – Quanto às empresas prestadoras de serviços em geral, será cobrada alíquota única de 13% sobre o total dos rendimentos recebidos em decorrência das relações de trabalho."*
>
> *"Art. 195-B. Quanto às empresas que atuam por meio de plataformas intermediadoras de serviço de pessoas físicas que exerçam atividades econômicas de*

[12] Emenda apresentada pelo Senador Major Olímpio, líder do PSL, e elaborada em conjunto com a Associação Brasileira de Advocacia Tributária – ABAT.

> *trabalho ou de prestação de serviços, sem vínculo empregatício, será cobrada contribuição previdenciária sobre a receita bruta das comissões retidas, à alíquota única de 5%, sem prejuízo da contribuição previdenciária prevista no Art. 195, I, 'a', referente a sua própria folha de salários.*
>
> *§1º: As pessoas físicas que exerçam atividades econômicas de trabalho ou de prestação de serviços, sem vínculo empregatício nos termos do caput, estão sujeitas ao recolhimento previsto no art. 195, II, sob a forma de retenção por parte da plataforma intermediadora de serviços.*
>
> *§2º: As empresas referidas no caput serão responsáveis pela retenção da contribuição previdenciária prevista no art. 195, II das pessoas físicas que exerçam atividades econômicas de trabalho ou de prestação de serviços, sem vínculo empregatício."*

Com tais dispositivos, vê-se que a emenda teve a intenção de desregulamentar as relações entre empregador e empregado novamente, reduzindo os custos de contratação e de dispensa do empregado, visando dinamismo na mobilidade de mão de obra ao suprimir riscos inerentes a contratação na forma da CLT e promovendo maior liberdade ao empregador e empregado quanto a sua forma de trabalhar.

Oportuniza-se destacar que não se está aqui defendendo a retirada da tributação sobre a folha de salários, eis que, nos termos da própria justificação apresentada junto à emenda, foi ressaltado que diversos estudos demonstraram que a tributação da folha de salários seria regra praticada em todos os países desenvolvidos. O que, com efeito, considerando os países membros da OCDE, percebeu-se que a tributação da folha se fez presente em quase todos eles e com similitude aos percentuais atualmente aplicados no Brasil.

A proposta, *de per si*, busca a manutenção da tributação sobre a folha de salários, mas, como medida de justiça social, com aplicação de certas limitações proporcionais ao número de empregados e massa salarial (equivalente ao valor total da folha de pagamentos dividido pelo número de empregados e, posteriormente pelo valor do salário mínimo vigente), estabelecendo, para tanto, 4 pontos cardeais a serem observado na apuração do tributo, como bem explicitado na justificação, a saber: (i) aplicação de alíquotas regressivas das contribuições previdenciárias através da instituição da tabela de incidências previdenciárias – TICP; (ii) aumento da base tributável, acabando com a discussão da natureza de certas disponibilidades financeiras ou jurídicas concedidas aos colaboradores e trabalhadores – ou seja, se tal disponibilidade teria caráter remuneratório ou indenizatório, para fins de afastamento da incidência da contribuição previdenciária; (iii) aumento do rol de contribuintes, abrangendo até pessoas jurídicas sem empregados e autônomos que lhe prestem serviços. Por exemplo, passando a incluir a pessoa física que promove relações de trabalho e expressa capacidade contributiva, ainda que não seja empregador ou empregado e (iv) aplicação de alíquota única reduzida para as empresas de pequeno porte, empresas optantes pelo Simples Nacional e prestadoras de serviços.

Estabelece, pela busca da justiça social e a garantia ao financiamento da seguridade social, sobre a distribuição da carga tributária, a promoção, em síntese, do seguinte racional: o empregador que mais emprega e melhor paga os seus empregados, efetivamente teria menor carga tributária sobre a folha de salários. Ou seja, como intenção clarificada na de fato

Propõe, então, que a contribuição seria cobrada pela aplicação de alíquotas regressivas, respectivamente de 15% a 11% de acordo com a média aritmética das alíquotas de massa salarial e número de empregados. E para as empresas que atuam por meio de plataformas intermediadoras de serviço de pessoas físicas que exerçam atividades econômicas de trabalho ou de prestação de serviços, sem vínculo empregatício, a aplicação de uma alíquota única de 5%.

Constata-se que não se está, de fato, tratando da desoneração sobre a folha de salários, mas de medida de incentivo para as empresas que buscam investir em seus trabalhadores, as direcionando para uma menor tributação.

Relevante trazer que, ainda que o governo tenha adotado medidas temporárias no período de crise sanitária, tais como redução proporcional de jornada de trabalho e de salários, para a garantia da manutenção de empregos formais, primordial a análise de medidas permanentes que tragam maior justiça social, bem como incentive o empregador a empregar mais e melhor – aplicando remuneração justa a depender da atividade exercida pelo colaborador.

Tais proposições de caráter permanente poderia impactar de imediato as contas públicas de forma negativa, porém, a longo prazo, poderá inverter o resultado, com reflexos positivos na economia do país, com provável aumento de empregos formais, investimentos internacionais e nacionais e, por consequência, aumento do poder de compra. O que se busca atualmente no país, tendo em vista a estagnação econômica que se deu com a crise sanitária.

Inegável, porém, ser natural a existência de conflitos de opiniões quando da propositura de determinadas alternativas para se neutralizar os efeitos de uma diminuição da carga tributária sobre folha de salários, além de indispensável para assegurar a permanência do Estado. Nessa linha, ensina Dalmo de Abreu Dallari[13] que o conflito de interesses e de opiniões devem ser aceitos como fatos normais, componentes da realidade e participantes do processo dialético de que resulta a ordem capaz de promover e assegurar o bem comum. Sendo que, a observação cuidadosa dos fatos revela que todos os conflitos fundamentais entre pessoas são produto de necessidades naturais. Complementa o professor que, mesmo quando os conflitos são secundários, decorrem, quase sempre, da necessidade que sente cada um de fazer prevalecer suas opiniões ou seus interesses e, como não pode haver um padrão objetivo prévio que permita dizer qual a vontade que deve preponderar, é indispensável que o Estado se organize de maneira a permitir a expressão livre das ideias e das aspirações, estabelecendo regras uniformes para a escolha preponderante.

O que se espera, nesse ínterim de estudos e debates sobre a melhor proposta a ser aplicada, é que a vontade preponderante flua para um único caminho – o bem maior da sociedade, não se restringindo a interesses momentâneos e a solução de problemas pontuais.

2. Neutralização Arrecadatória com a apresentação de outras propostas independentes

Considerando a proposta de diminuição da carga tributária sobre a folha de salários posta indiretamente no Congresso Nacional, muito se tem discutido sobre qual medida seria necessária para se equilibrar o orçamento com a renúncia fiscal decorrente da referida proposição.

Uma das afamadas alternativas, que se têm aventado frequentemente pelos legisladores seria passar a tributar os dividendos e lucros distribuídos pelas pessoas jurídicas; o que se pode mencionar a apresentação: (i) do PL 3.129,

[13] DALLARI, Dalmo de Abreu. Elementos de Teoria do Estado. São Paulo. Saraiva, 2012.

de 2019, do Deputado Luis Miranda, que, além de trazer a tributação dos lucros e dividendos, revoga a disposição que trata da distribuição de Juros sobre o Capital Próprio – JCP e modifica as alíquotas do IRPJ e adicional de IRPJ, reduzindo-as; (ii) do PL 1.887, de 2015, do Deputado Lucas Vergílio, que revoga dispositivo que trata da dedutibilidade do JCP; (iii) do PL 215, de 2018, do Senador Jade Barbalho; (iv) do PL 2015, de 2018, do Senador Otto Alencar que, além de contemplar a tributação de dividendos, dispõe sobre a indedutibilidade da despesa financeira relativa a distribuição desses dividendos; (v) PL 3.061, de 2018, do Senado Flávio Arns; (vi) da EMC 130, de 2019, PEC 6, de 2019 e PL 3.129, de 2015, de integrantes do PSOL; (vii) do PL 5.308, de 2016, de integrantes do Partido dos Trabalhadores; (viii) do PL 1.285, de 2019, do Deputado Rogério Correia; (ix) PL 2.340, de 2018, do Deputado Reginaldo Lopes; (x) PL 527, de 2021, do Deputado André Janones, entre outros.

A intenção de se tributar os dividendos e lucros distribuídos pela empresa, no entanto, demanda maior análise, eis que os lucros e dividendos, antes de serem distribuídos, por evidente, já sofreram tributação na pessoa jurídica antes da deliberação da distribuição de proventos. Inclusive a isenção de IRF sobre dividendos distribuídos, à época, considerou a facilidade que a autoridade fiscal teria ao fiscalizar tal evento, concentrando-se a atividade de fiscalização apenas em uma única pessoa – a pessoa jurídica emissora das ações geradora dos proventos. Ademais, sabe-se que o imediatismo arrecadatório, ainda que positivo no primeiro momento, trazendo fôlego "repentino" ao ente governante, poderia expor impactos negativos permanentes no médio e longo prazo ao devastar a segurança jurídica travada com os investidores, quer sejam, nacionais e estrangeiros e prejudicar o financiamento das sociedades (empresas e indústrias de diversos setores).

Por óbvio, a tributação de um país deve considerar a economia do país e a possibilidade de se adotar medidas que impulsionem o seu crescimento; e não, por mais que possa impulsionar a arrecadação de forma imediata, paralisar os financiamentos em empresas emergentes e, por si só, guiar-se para a estagnação da economia.

É de se observar ainda que muitos países integrantes da OCDE, com a crise econômica instalada pela disseminação do novo vírus, têm analisado a eventualidade de se promover a concessão de reduções da tributação de dividendos através de alguns expedientes, quais sejam, entre outros, (i) isenção quando distribuídos para as pessoas jurídicas; (ii) imposição de dedução do valor recebido de percentual progressivo do valor do dividendo, em função do percentual de participação (ou seja, quanto maior o percentual de participação, maior seria o desconto, podendo chegar a 100% de dedução); (iii) constituição de "participação qualificada" com regras específicas aplicáveis.

Além disso, vê-se que a tendência, considerando todos os 35 países integrantes da OCDE, seria, caso se mantivesse a alíquota média nominal da tributação sobre dividendos (24,1% entre 2009 e 2018), diminuir a tributação corporativa (a carga média adotada pelos países, é de 23,9%).

Sendo assim, constata-se que, atualmente, considerando a tributação corporativa e a tributação dos dividendos em fase anterior (antes de sua distribuição pela pessoa jurídica), as empresas nacionais já se mostram não competitivas internacionalmente, sofrendo desvantagens tributária frente aos países integrantes da OCDE. O que, tributar os dividendos, conforme inúmeras propostas apresentadas ao Congresso Nacional, consolidaria a estagnação econômica do país. Trabalhar o planejamento tributário se resumiria, assim, em simular os efeitos econômicos de se alterar a sede da empresa para o exterior.

Ventiladas essas ponderações, passa-se a analisar brevemente a outra proposta para a neutralidade arrecadatória gerada pela diminuição da carga tributária sobre a folha de salários, qual seja, a criação de um imposto único sobre a transação financeira. Tal oneração revestida de "imposto" não é nova no ordenamento jurídico – o que se pode mencionar a Contribuição Provisório sobre Movimentação Financeira – a famosa CPMF.

Esse imposto, nos moldes da antiga CPMF, como é de conhecimento, não existe em outros países, inclusive porque afeta a economia do país, solidificando a movimentação informal de recursos, sem passagem, por exemplo, em contas correntes de depósitos dos sujeitos passivos. Ora, no tempo em que havia sido instituída a CPMF, o mundo era outro. Não existiam o pagamento com moedas virtuais e as criptomoedas, bem como a dinâmica das compras online.

Tal proposta poderá gerar ainda insegurança aos investidores estrangeiros, eis que a CPMF também incidia no fechamento de câmbio efetuados por eles. Tanto é assim, que após sua extinção, foram desenvolvidos novos dispositivos no Decreto 6.306, de 2007 – Regulamento do Imposto sobre Operações

Financeiras – IOF contemplando a aplicação da alíquota zero, atualmente vigente, para determinados eventos. Por exemplo, no ingresso e remessa de recursos relacionados a investimentos no país – para a realização de operações e aplicações financeiras de investidores não residentes, com o intuito de se promover o aumento de financiamento no país. A redução da alíquota para zero do IOF para operações desses investidores não residentes foi indispensável para o país retomar e manter uma das fontes de seu crescimento.

Ademais, a incidência desse imposto em cascata poderá também motivar a criação de grandes conglomerados sem nenhum propósito empresarial, apenas para afastar a tributação sobre as transações financeiras e onerar suas cadeias produtivas. Enfim, nota-se que há grande chance de esse imposto estimular a sonegação e desestruturar o sistema de produção do país. O mundo mudou desde a instituição da CPMF e o direito deve evoluir com o tempo.

E, por fim, releva-se destacar quanto à alíquota estudada para a instituição desse imposto único que a CPMF tinha como alíquota o percentual de 0,38%; enquanto, estuda-se a aplicação de 2,29% para esse referido imposto. O que seria inviável para a retomada do dinamismo empresarial.

Proveitoso se questionar se esse também seria o momento ideal para se discutir a instituição desse imposto, eis que o país está enfrentando com vigor a crise sanitária. Como dizem, não se pode ir ao supermercado com fome, pois tudo se torna tentador. Da mesma forma, não se poderia oferecer propostas tão impactantes à economia nesse momento, pois tudo pode passar, ainda que não seja condizente com a realidade.

Para finalizar esse item, não se pode esquecer de demonstrar outras medidas que foram estudadas pelos legisladores, mas com insucesso – entre outras, a instituição do Imposto sobre Grandes Fortunas – IGF, nos termos de que trata o art. 153, inciso VII, da nossa Carta Magna. No ano de 2020, com a crise econômica instalada, foram apresentadas várias propostas para a instituição desse imposto, quais sejam, entre outros: (i) o Projeto de Lei Complementar – PLP 38, de 2020, do Senador Regulfe, estabelecendo, em caráter temporário – no período de calamidade pública, a cobrança do IGF à alíquota de 0,5% ao ano sobre o património líquido que exceder a 50 mil salários mínimos em dezembro; (ii) o PLP 50, de 2020, da Senadora Eliziane Gama, com vigência temporária, estabelecendo alíquotas diferenciadas (de 0,5% a 1%) de IGF por faixas de patrimônio líquido; (iii) o PLP 59, de 2020, do Deputado Marcon, dispondo sobre alíquotas diferenciadas do referido imposto a depender das faixas de patrimônio líquido; (iv) o PLP 63/2020, da Deputada Rejane Dias, estabelecendo alíquotas diferenciadas, conforme faixas de património e criando penalidade de 150% sobre o imposto não recolhido.

Ainda que se possa mensurar um efeito adjacente na arrecadação desse imposto, questiona-se se, com tal exigência, não estar-se-ia consolidando o retrocesso tributário no país, eis que diversos países, que observavam essa tributação, passaram a não mais exigir o destacado imposto. Tanto é assim que, nos últimos anos, conforme dados da OCDE, de 12 países apenas 4 (França, Noruega, França e Suiça) mantinham a exigência desse imposto.

Como reflexo negativo, é de se atentar também para a iminente fuga de capitais no país, além das questões relacionadas a dupla ou mais tributação sobre o patrimônio, eis que, para assim virar, já sofreu tributação anterior quando da disponibilização da renda ou dos rendimentos decorrentes de sua aplicação.

Conclusões

Em vista de todo o exposto, repara-se que esse artigo teve o singelo intuito de ampliar as visões inerentes às reformas tributárias apresentadas no Congresso Nacional, inclusive estressando propostas independentes e que figuraram como coadjuvantes das principais, tais como a Emenda nº 2 à PEC 110, os Projetos de Lei e Projetos de Lei Complementar, já brevemente mencionados.

É de se evidenciar que muitas propostas, principalmente aquelas transportadas em proposições apartadas, têm apenas fins arrecadatórios; o que, se questiona se realmente produziria efeitos a longo prazo ou se tornaria mais um motivador ao colapso econômico do país. Ora, não se pode utilizar medidas imediatistas para se promover o crescimento econômico, mas sim outras que possam limitar e diminuir gastos públicos, equilibrar as reservas internacionais, estabilizar o câmbio, valorizar a moeda nacional e promover a segurança através dos percentuais dos juros de financiamento. Por isso, a rigor, antes ou até mesmo em paralelo, dever-se-ia discutir uma Reforma Administrativa em conjunto com as principais Reformas Tributárias apresentadas.

A confiança com os investidores estrangeiros, essencial para o financiamento empresarial e, por influência, social, merece ser melhor desenvolvida para se promover o retorno ao equilíbrio financeiro das grandes empresas. O que, invocar a proposta de tributação de dividendos poderia inegavelmente estimular a fuga de capital estrangeiro.

Enfim, há várias provocações a se fazer com as propostas em debate e que, para uma análise mais aprofundada, acredita-se ser necessário se trabalhar na construção de simulações reais, com projeções econômicas e financeiras, considerando dados de nosso país, para melhor verificar qual reforma se adequaria melhor nesse momento. Ora, nem toda medida que funciona para um país considerado modelo, para o nosso engrenaria. O Brasil apresenta, pela amplitude territorial, diversidade social, envolvendo, inclusive, diferenças na relevância de setores econômicos em cada região do país e diferentes perfis de consumo. É preciso elaborar uma Reforma Tributária que gravite particularmente em nosso país, respeitando nossa diversidade e fase de evolução econômica, e não apenas uma proposta que se espelhe em outros países que, por vezes, se encontram em outro nível de desenvolvimento com dissemelhanças empresariais.

Deve-se afastar a satelitização da inteligência na elaboração das propostas, tal como ensina o saudoso professor José Souto Maior Borges[14] quando diz que com a satelitização, há a renúncia à ousadia intelectual. Gravitar em torno de regras alheias como satélites pode não ser a melhor técnica, ainda que se possa destinar a uma meditação profunda.

Ou seja, é inevitável analisar profundamente nossas condições atuais para se promover, por exemplo, a extinção de benefícios fiscais regionais, sob ameaça de prejudicar aquela empresa, que com muito esforço, tentou expandir seus empreendimentos através do emprego de pessoas que moram naquela região menos abastada. Pessoas que não tem condições de custear sua vida em grandes metrópoles.

Finalizando, sabe-se que essa matéria mereceria inúmeras páginas, prospectando as fases de revoluções industriais, setoriais e tecnológicas em conjunto com as alterações tributárias que ocorreram ao longo do tempo, demonstrando a evolução do direito tributário ou, melhor dizendo, a adequação

[14] Borges, José Souto Maior. Ciência Feliz. São Paulo. Quartier Latin, 2007.

do direito tributário às etapas de desenvolvimento do país, formulando novas provocações, mas cabe reservá-las para uma nova oportunidade.

Referências

BERCOVICI, Gilberto. Desigualdades regionais, Estados e Constituição. São Paulo: Max Limonad, 2003.

POHLMANN, Marcelo Coleto; IUDÍCIBUS, Sérgio de. Tributação e política tributária: uma abordagem interdisciplinar. São Paulo. Atlas, 2006.

BORGES, José Souto Maior. Ciência Feliz. São Paulo. Quartier Latin, 2007.

SOARES, Murilo Rodrigues da Cunha. Reforma Tributária. Estudos técnicos da Consultoria Legislativa da Câmara dos Deputados. 2008.

DALLARI, Dalmo de Abreu. Elementos de Teoria do Estado. São Paulo. Saraiva, 2012.

SRF, Secretaria de Receita Federal (SRF). Estudos Tributários nº 15: carga tributária do Brasil. Disponível em http://www.receita.fazenda.gov.br (Acesso em 23.4.2021).

CINTRA, Marcos. A Verdade sobre o Imposto Único. São Paulo, LCTE, 2003

KOYAMA, Sergio; NAKANE, Marcio. Os efeitos da CPMF sobre a intermediação financeira. Banco Central do Brasil, 2001.

POSFÁCIO

Há mais de trinta anos, a racionalização do sistema tributário tem figurado na lista de medidas prioritárias das duas casas legislativas nacionais. A longevidade do debate é plenamente justificada: como demonstrado nas páginas deste volume, poucas são as proposições legislativas que têm, a exemplo das que visam a alterar a estrutura do sistema tributário nacional, impacto tão abrangente e profundo, afetando, nem sempre de modo equilibrado, interesses de diversos setores da sociedade.

É tarefa extremamente complexa assegurar, de um lado, recursos financeiros para que o Estado mantenha e aprimore a capacidade de prover serviços públicos em crescente demanda e garantir, de outro lado, condições para que a livre iniciativa possa florescer e desenvolver plenamente seu potencial produtivo. Como se não bastasse, esse delicado equilíbrio deve ser alcançado sem onerar desproporcionalmente os entes subnacionais, e, sobretudo, sem exacerbar – preferencialmente eliminando – a intolerável regressividade do sistema tributário nacional.

Nos últimos anos, a percepção da necessidade de reformas tributárias amplas foi acentuada pelo advento do processo, irreversível e cada vez mais acelerado, de digitalização da economia. Impulsionadas por inovações tecnológicas frenéticas e disruptivas, mais e mais atividades econômicas, transações comerciais e interações profissionais realizam-se à margem do alcance das normas tributárias convencionais, que se revelam incapazes de abarcar as realidades decorrentes do processo de desmaterialização digital. Prioridade há três décadas, a modernização tributária fez-se, em meio a essas transformações, urgência inadiável.

Os 21 capítulos desta obra são, portanto, especialmente oportunos. À medida que tramitam as principais proposições legislativas que perfazem a reforma tributária, mais prescientes e aplicáveis se revelarão as contribuições contidas nestas férteis páginas. A relação entre as reformas e as boas práticas ambientais, sociais e de governança, a importância dos mecanismos da arbitragem e da transação tributária, a desoneração da folha de pagamentos, os impactos dos contenciosos tributários, a tributação do agronegócio e da renda corporativa constituem, entre tantos outros temas aqui explorados, elementos incontornáveis da complexa equação que nos incumbe solucionar.

Aos que nos acompanharam até aqui, deixo meus agradecimentos pelo interesse e pela paciência, bem como minhas cordiais saudações. Reafirmo a condição do Senado Federal de palco natural e privilegiado para o aprofundamento do debate sobre as reformas tributárias. Como se trata de discussão capaz de redefinir os rumos do País, tenho envidado todos os esforços politicamente possíveis para que encontremos, com celeridade e segurança, soluções legislativas adequadas para os desafios apontados pelos 29 especialistas que abrilhantaram o ciclo de debates realizado, em 2020, pelo Núcleo de Estudos Luso-Brasileiro da Faculdade de Direito da Universidade de Lisboa.

Obrigado pela atenção, caro leitor.

SENADOR RODRIGO PACHECO
Presidente do Senado Federal